城市轨道交通电客车驾驶与规章（活页式）

主　编 ◎ 史富强　禹建伟
副主编 ◎ 樊永超　杨　虹

西南交通大学出版社
·成　都·

图书在版编目（CIP）数据

城市轨道交通电客车驾驶与规章：活页式 / 史富强，禹建伟主编. —成都：西南交通大学出版社，2023.6
ISBN 978-7-5643-9334-2

Ⅰ. ①城… Ⅱ. ①史… ②禹… Ⅲ. ①城市铁路 – 轨道交通 – 电车 – 驾驶员 – 安全规程 – 基本知识　Ⅳ. ①U266.2

中国国家版本馆 CIP 数据核字（2023）第 104764 号

Chengshi Guidao Jiaotong Diankeche Jiashi yu Guizhang（Huoye Shi）
城市轨道交通电客车驾驶与规章（活页式）

主　编 / 史富强　禹建伟　　　　责任编辑 / 宋浩田
　　　　　　　　　　　　　　　　封面设计 / 何东琳设计工作室

西南交通大学出版社出版发行
（四川省成都市金牛区二环路北一段 111 号西南交通大学创新大厦 21 楼　610031）
发行部电话：028-87600564　　028-87600533
网址：http://www.xnjdcbs.com
印刷：四川玖艺呈现印刷有限公司

成品尺寸　185 mm×260 mm
印张　18.75　　字数　470 千
版次　2023 年 6 月第 1 版　　印次　2023 年 6 月第 1 次

书号　ISBN 978-7-5643-9334-2
定价　49.00 元

课件咨询电话：028-81435775
图书如有印装质量问题　本社负责退换
版权所有　盗版必究　举报电话：028-87600562

前言
PREFACE

城市轨道交通是能有效缓解城市交通拥堵的交通方式之一，安全、快速、舒适、环保、运量大是其主要特点。目前，我国已成为世界上城市轨道交通发展速度最快的国家，随着城市轨道交通建设力度的不断加大，城市轨道交通专业人才需求量也在不断增长，因此培养具有良好素质的人才已经成为首要任务。

城市轨道交通系统设备先进、结构复杂，广泛应用高新技术。要保障这个庞大系统的安全和高效，必须依靠与之相匹配的高素质员工。本书的编者总结长期的工作经验，深入调研，总结部分城市的城市轨道交通、轻轨安全运营和电客车司机驾驶方面的理论与实践经验，面向高职教育学生和城市轨道交通电客车驾驶的从业者，从城轨电客车车辆应知应会的基础知识、平稳安全驾驶基本技能和应急故障处置的专业知识与技能等方面入手，全面分析、阐述了城市轨道交通的电客车司机专业性和安全性方面的基本知识与技能，能为我国高等职业院校和城轨企业电客车驾驶从业队伍培养一批责任心强、业务过硬、技艺精的能工巧匠。

教材采用项目式模块编写，内容主要包括电客车驾驶基础知识：车辆基础、通信信号基础、客运组织基础等基础知识和电客车驾驶信号系统基础、电客车驾驶牵引供电、电客车车辆正线驾驶、站场内调车作业、施工作业、突发事件、应急处理、电客车行车安全规章等专业知识与技能，全书共分11个项目进行编写，同时将电客车驾驶的其他通用性知识以附录的形式附在教材后面。教材涵盖了城轨电客车司机在工作，特别是值乘期间的必备专业知识，针对城轨电客车司机提供行车组织、车辆及信号基础、故障应急处理等相关的规定都有分析与学习。因此本书既可作为城市轨道交通车辆专业及其他相关专业的教材，也可作为城轨运营企业轨道交通运营现场的培训教材和其他对轨道交通驾驶感兴趣读者的科普读物。

本书由陕西交通职业技术学院史富强、西安地铁运营分公司禹建伟任主编，西安地铁运营分公司樊永超、宝鸡铁路技师学院杨虹任副主编，具体编写分工为：史富强编写项目一、项目十一，禹建伟编写项目三、项目

四、项目五、项目六、项目七、项目十，樊永超编写项目二、项目九和附录部分的内容，杨虹编写项目八。全书由史富强、樊永超负责统稿，教材在编写过程得到了西安地铁运营分公司的大力支持，在此表示深深的感谢。

本教材编者都是从事轨道交通电客车驾驶、维护、城市轨道交通专业培训管理与应急安全及消防处置等方面工作的高校教师和城轨行业工作人员，本书和编者都具有较为丰富的专业基础理论和实践经验，将教学和城轨运营企业实际需求有机结合，从项目式教学的角度出发，强调知识技能的系统性和实用性，理论结合实际进行剖析，是校企合作教材编写的又一个典型模范。

我国地大物博，各个城市轨道交通系统的设备和运营模式有一定差异，各个城市、同一城市不同线路，在设备、设施、作业方式和运营管理模式等方面也有一定的差异，由于作者能调研收集的资料有限，因此未能全面介绍各个城市的轨道交通电客车驾驶知识、技能与特殊性项目，加上编者水平有限，疏漏之处在所难免，欢迎读者批评指正。

编　者
2023 年 5 月

目录
CONTENT

项目一 电客车构造基础 ··· 001
    任务一　电客车概述 ··· 001
    任务二　电客车类型、组成与特点 ··· 010
    任务三　电客车司机室设备 ··· 015

项目二 电客车供电、牵引与制动基础 ··· 030
    任务一　城轨供电基础 ··· 030
    任务二　电客车牵引供电系统 ··· 035
    任务三　电客车辅助供电系统 ··· 046
    任务四　应急电源系统 ··· 053
    任务五　电客车牵引力分析 ··· 059
    任务六　电客车运行阻力 ·· 064
    任务七　电客车制动力 ··· 068

项目三 电客车通信信号知识 ·· 080
    任务一　城轨通信基础 ··· 080
    任务二　城轨信号基础 ··· 083
    任务三　城轨信号系统结构 ··· 093
    任务四　城轨信号联锁 ··· 099

项目四 电客车行车基础 ··· 103
    任务一　电客车行车概述 ·· 103
    任务二　电客车行车基础 ·· 108
    任务三　城市轨道交通行车指挥 ··· 120

项目五 电客车司机职责与正线作业 ··· 128
    任务一　电客车司机的基本要求 ··· 128
    任务二　出、退勤和交接班作业 ··· 135
    任务三　电客车整备作业 ·· 138
    任务四　电客车出、入段作业 ··· 141
    任务五　电客车正线作业 ·· 143
    任务六　电客车全自动无人驾驶 ··· 150

项目六　电客车场段与施工作业 ··· 161
任务一　车辆场段设施设备 ··· 161
任务二　电客车调车作业 ··· 167
任务三　洗车作业 ··· 171
任务四　调试作业 ··· 174
任务五　工程车作业 ··· 177
任务六　施工作业 ··· 180

项目七　非正常行车组织规范 ··· 185
任务一　非正常行车组织 ··· 185
任务二　电话闭塞行车 ··· 191
任务三　特殊情况下的行车 ··· 198

项目八　突发事件应急处置 ··· 202
任务一　突发事件概述 ··· 202
任务二　突发事件应急处理 ··· 207
任务三　突发事件应急设备 ··· 212
任务四　城轨恐怖事件的防御 ··· 216

项目九　电客车故障应急处理与救援 ··· 221
任务一　电客车故障处理基础 ··· 221
任务二　电客车故障应急处理方法 ··· 227
任务三　电客车典型故障处理 ··· 230
任务四　电客车清客与救援 ··· 242

项目十　电客车驾驶安全管理 ··· 250
任务一　电客车安全基础 ··· 250
任务二　电客车运行安全管理 ··· 254
任务三　电客车调车安全管理 ··· 259
任务四　典型驾驶事故案例分析 ··· 264

项目十一　电客车驾驶规章制度 ··· 271
任务一　电客车运营管理办法 ··· 271
任务二　电客车事故灾难应急预案 ··· 276
任务三　电客车司机素质及行车事故分类 ······································· 285

附　录　电客车名词汇总表 ··· 291

参考文献 ··· 294

项目一　电客车构造基础

学习目标

（1）掌握城轨电客车主要结构、特点和分类。
（2）掌握城轨电客车主要电气设备的结构、作用原理与基本操作。
（3）掌握城轨电客车司机室内主要操纵部件的结构、作用原理与基本操作。
（4）掌握城轨电客车主要技术特点和主要参数。
（5）熟练掌握城轨电客车司机室布局和各按钮、开关的作用。

重点难点

（1）电客车电气设备工作原理分析。
（2）机械设备的结构组成及原理。
（3）电客车主要技术参数理解与应用。
（4）司机室设备的功能与操作。

任务一　电客车概述

一、概　述

城市轨道交通电客车车辆是城市轨道交通运输乘客的工具，是技术含量极高的机电一体化综合性设备，属于城市快速轨道交通的范畴，是城市轨道交通系统中最关键和最重要的设备，是确定城市轨道交通运营管理和维修方式的基础，是城市轨道交通中确定其他设备选型和确定城市轨道交通线路运营规模的重要依据。其相关基础知识也是城市轨道电客车司机必须掌握的，现代城市轨道电客车特点如下。

（一）构造特点

城市轨道交通电客车属于动力分散牵引动车组电客车，和我国目前的高速动车组电客车有许多相同之处，动车兼有牵引和载客两大功能，城轨电客车和我国铁路客运专线常用的动车组电客车一样，不需要普通铁路客、货车类似的机车对其进行牵引，就能在城市轨道交通线路上正常运行，属于动车的一种。

电客车按有无动力可分为两大类：拖车T，本身为无动力牵引装置；动车M，本身带有动力牵引装置。城市轨道交通电客车在运营时一般采用动拖结合，固定编组，采用动力分散布置形式，两头设置操纵台，由于隧道限界的限制，电客车和其各种车载设备的设计要求相当紧凑。

（二）运用性能

城轨交通站间隔距离短，起动、制动频率高，要求城市轨道交通电客车不仅要有良好的牵引、制动性能，保证运行安全、正点、快速，而且在设计上要有较高的安全保护措施。城市轨道交通的服务对象是高强度城市活动的人群，与公交系统、小汽车形成竞争力，对安全、正点、快速有很高的要求，同时要提供给乘客适当的空间、安静的环境及空调，使乘客感到舒适、便利。

二、构造与作用

电客车是城市轨道交通系统中最关键、最复杂的设备，是多专业综合性的机电一体化的产品，主要涉及机械、电气两个方面的内容，其结构各部分的具体名称如表1-1所示，电客车是通过将各个相对独立的子系统有机地组合在一起，共同来实现电客车安全、可靠、高品质地运行。

表1-1 城轨电客车组成表

机械部分	车体	电气部分	牵引及电制动
	车钩及缓冲器		辅助电源系统
	车门系统		电客车控制和诊断系统
	转向架		广播及乘客信息系统
	空气制动		照明系统
	空调和通风		电客车自动控制（ATC）

（一）车体及客室内装

如图1-1所示是城轨电客车车体与内装实物图，由图分析可知电客车的车体钢结构普遍采用薄壁、筒型整体承载结构，一般选用高强度不锈钢SUS301L系列，在制造工艺上普遍采用全焊接结构，底架、侧墙、车顶、端墙分别组焊后再在总焊装台上被焊接成整个电客车壳体。

电客车的车底架由侧梁、端梁、牵引梁、枕梁、横梁和其他部件组焊而成。底架承受车体上部载荷并传递给整个车体，承受因各种原因而引起的横向力和走形部传来的各种振动及冲击。在两头车前端设有一撞击能量耗散区，在电客车受撞击时用以吸收传至地板水平方向的能量，最大限度地保护客室

图1-1 车体及内装

乘客的安全。车体外表面不涂漆，车体为轻量化不锈钢结构，整车除端底架采用碳钢材料外，其余各部位均采用高强度不锈钢材料。各零部件间采用点焊连接，车体总组成也是采用的点焊连接。

客室内装包括地板、预制成型的顶板、侧墙板、端墙板、侧顶盖板、车窗、空调系统进排气口等，客室内一般安装有客室座椅、照明灯、立柱扶手、灭火器、乘客文字信息显示和图像显示屏、广播喇叭、乘客司机对讲装置、紧急开门装置及车门状态显示灯、安全监控摄像头、电气控制柜等。

（二）转向架

转向架是城轨电客车的一个关键部件，是电客车良好运行品质和乘客运输安全的基本保障，也是电客车牵引力、承载力的关键。转向架按结构与作用可分为动车和拖车转向架两类，某地铁的拖车转向架实物图如图 1-2 所示。

图 1-2　拖车转向架

1. 转向架的作用

转向架的主要作用是支撑车体、传递载荷，使电客车顺利通过曲线，传递牵引力和制动力，缓和振动和冲击，提高乘坐舒适性。

2. 转向架的组成及各部分的主要作用

转向架主要由构架、轮对轴箱装置、弹簧减振装置、中央牵引连接装置、制动装置、牵引驱动装置（动车）、辅助装置等主要部件组成，各部分的主要作用概述如下。

（1）构架：转向架的骨架，承受和传递垂直力和水平力。

（2）弹簧减振装置：用来保证一定的轴重分配，缓和线路不平顺对电客车的冲击并保证电客车运行平稳性。

（3）中央牵引连接装置：用以传递车体与转向架间的垂直力和水平力（包括纵向力如牵引力或制动力，横向力如通过曲线时的车体未平衡离心力等），使转向架在电客车通过曲线时能相对于车体回转。

（4）轮对轴箱装置：轮对直接向钢轨传递电客车的重量，通过轮轨间的黏着产生牵引力或制动力，并通过轮对的回转实现电客车在钢轨上运行。轴箱是联系构架和轮对的活动关节，它除了能保证轮对进行回转运动外,还能使轮对适应线路等条件,相对于车架上、下、左、右和前、后活动。

(5)牵引驱动装置:将动力装置的功率最后传递给轮对。

(6)制动装置:由制动缸传来的力,经系统增大若干倍后传递给闸瓦,使其压紧车轮,对电客车进行制动。

(三)车 门

城轨电客车的车门是电客车驾驶工作中必须着重注意的关键部件,城轨电客车的车门包括客室车门、司机室侧门、客室与司机室通道门、司机室前端疏散门(部分新造车已经取消)。

客室门是关系到乘客生命和财产安全的关键,电客车运行过程中必须可靠锁闭,为确保安全,客车车门在设计上通过监测装置将车门状态与电客车的牵引指令电路联锁;同时为应对故障或意外紧急情况,车门配置了可现场操作的隔离装置和车门紧急解锁装置,某地铁电客车的客室车门外侧如图 1-3 所示。

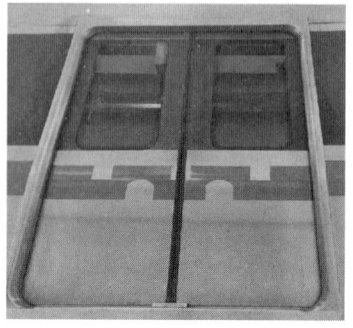

图 1-3 客车车门外侧

(四)车钩及缓冲装置

车钩及缓冲装置安装在底架牵引梁上,是电客车的一个重要部件,可分为全自动车钩、自动车钩和半永久性车钩,如图 1-4 所示是某地铁的半自动车钩。电客车两端采用自动和半自动车钩,其作用是将电客车互相连挂,连接成为一组车体,传递纵向牵引力和冲击力,缓和电客车之间的冲击作用,实现电路(全自动车钩)和气路的连接。

图 1-4 半自动车钩

(五)贯通道

贯通道是电客车编组实现两单节车辆之间柔性连接的部件,其上部的过渡平台可使乘客在车厢之间的流动均匀分布,其主要作用是挡风雨、防水、隔音,使电客车运行可靠。

如图 1-5 所示是某地铁贯通道外观实物,由图可知贯通道由波纹形折蓬,两块装在电客车端的渡板、顶板、侧护板及锁闭机构组成。贯通道是电客车上的一个柔性部件，允许车厢间的相对运动，为乘客提供安全、舒适的过道。

图 1-5　贯通道

（六）牵引与制动

牵引传动系统在城市轨道交通电客车中占有十分重要的地位，电客车通过受电弓将接触网 DC 1 500 V 的直流电引入牵引逆变器，通过逆变器将 DC 1 500 V 的直流电变为电压、频率可调的三相交流电后输送给牵引电机，从而控制电客车的牵引力和电制动力。电客车牵引电传动系统具有以下特点：

（1）牵引及其控制采用车控方式，1C4M（1 车四电机）方式高压电路，每套 VVVF 逆变器单元给 1 辆动车上的 4 台牵引电机供电。

（2）交流牵引电机采用无速度传感器式矢量控制，基于速度推算的方式进行空转/滑行控制。

（3）电制动以再生制动优先。随着再生吸收条件的变化，再生制动与电阻制动连续调节，且平滑转换。

（4）电客车全列设有贯通高压母线，且设置母线断路器，保证电客车能安全通过线路上任何一处架空线供电分段区。

（5）系统充分利用轮轨黏着条件，并按电客车载重在从空车到超员的范围内自动调整牵引力和电制动力的大小，使电客车在空车至超员范围内保持起动加速度和制动减速度基本不变，并具有反应及时、有效可靠的空转和滑行控制。

（七）辅助电源系统

辅助电源系统主要为城市轨道交通电客车上除牵引电机以外的设备提供电源，由 SIV 逆变装置、整流装置、蓄电池、紧急逆变装置、扩展供电装置等构成。

控制采用全控型大功率开关器件 IGBT，主要原理是通过 SIV 分流逆变和降压隔离将接触网 DC 1 500 V 逆变成低压 AC 380 V，为空调、通风机、司机窗加热、空压机及照明等辅助设备提供供电电源。输出的低压 AC 380 V 通过降压隔离和整流转变成 DC 110 V，为电客车牵引/制动、空调控制、网络监控、广播及车载 PIS、客室车门等提供控制电源，再经直流斩波后转变成 DC 24 V，为控制系统的各电子元件提供电源，逆变器结构如图 1-6 所示。

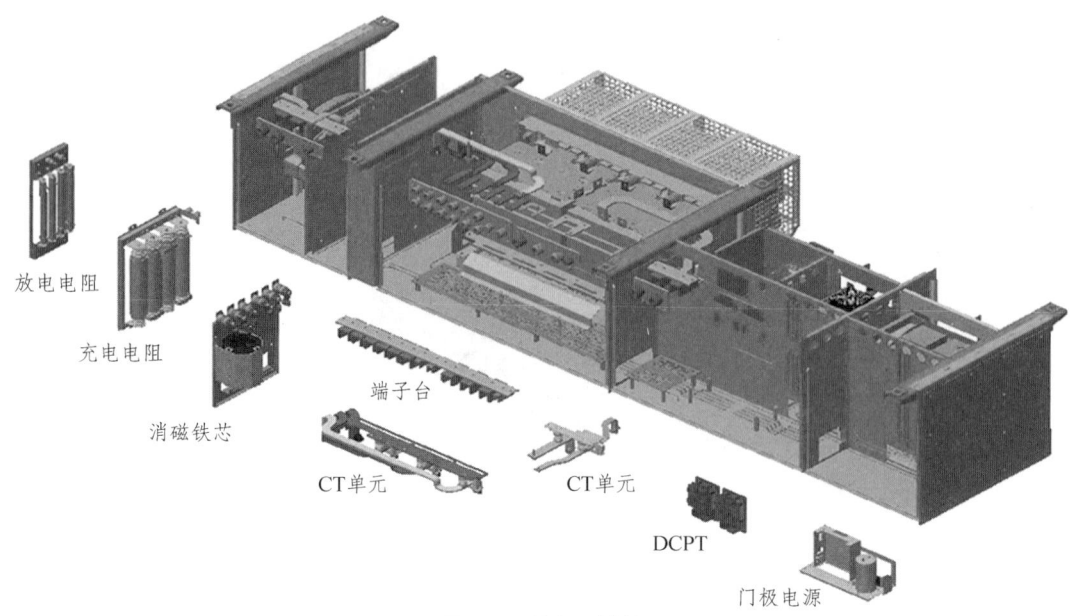

图 1-6　逆变器结构

蓄电池采用碱性镍镉电池,容量为 160 Ah。其功能为:一方面在电客车主供电系统接通前,为电客车激活提供电源;另一方面在电客车主供电系统故障时,可以提供 45 min 的紧急负载。

紧急逆变装置用于两台 SIV 均故障,电客车三相 AC 380 V、50 Hz 交流电源失效的情况,为保证乘客安全,可将蓄电池提供的 DC 110 V 紧急逆变,为空调机组送风机、幅流风机、司机室送风单元、废排风机供电,保证 45 min 的紧急通风。

(八) 空气制动与供风系统

电客车制动系统的作用是产生制动力,使电客车减速或及时停车,对保证电客车安全和正点运行具有极其重要的作用,NABTESCO 制动装置如图 1-7 所示。

图 1-7　制动装置

1. 空气制动系统

目前城轨电客车所采用的制动方式中,制动力的源动力主要是压缩空气的压力。以压缩空气为源动力的制动方式称为空气制动,以电磁力为源动力的制动方式称为电制动。

2. 电客车制动模式

电客车驾驶过程中最常用 3 种制动模式是常用制动、快速制动、紧急制动。

(1) 常用制动的减速率根据制动指令值的大小而定,以电制动优先,气制动系统根据制动需求补充电制动的不足。在常用制动的作用过程中,电客车的速度变化率受冲动极限限制,有防滑保护功能。常用制动可根据指令随时缓解。

(2) 快速制动普遍采用电制动优先,气制动补充的方式,其制动减速度率固定,与紧急制动相同,但可根据指令随时缓解,在快速制动过程中,电客车的速度变化受冲动极限的限制,有防滑保护功能。

(3) 紧急制动全部为气制动,制动减速度率固定。一旦触发不可缓解,必须制动到电客车停止为止。不受冲击极限的限制,电客车有防滑保护功能。

3. 空气制动系统的组成

一般车的空气制动系统从技术上分为 3 个基本组成部分:电子制动控制单元、空气制动控制模块和基础制动单元。

4. 供风系统

供风系统包括空气压缩机组(由压缩机、干燥器、油水过滤器组成)、各类空气阀件、空气管路和储风缸。供风系统的负载除了空气制动系统外,还有二系弹簧、受电弓等,空气压缩机如图 1-8 所示。

图 1-8 空气压缩机

(九)电客车控制和诊断系统

电客车控制和诊断系统是电客车通信网络以电客车中央控制单元为核心的一个电客车监控系统。它由具有电客车控制级和电客车控制级功能的多台计算机系统和一些专门开发的高处理速度的微机组成。由于可以通过 ATI 装置的骨干传输和对设备传输方式收发车上的主要信息，因而可以实现控制指令传输、电客车状态显示、异常检测、车上检查等功能，ATI 装置如图 1-9 所示。

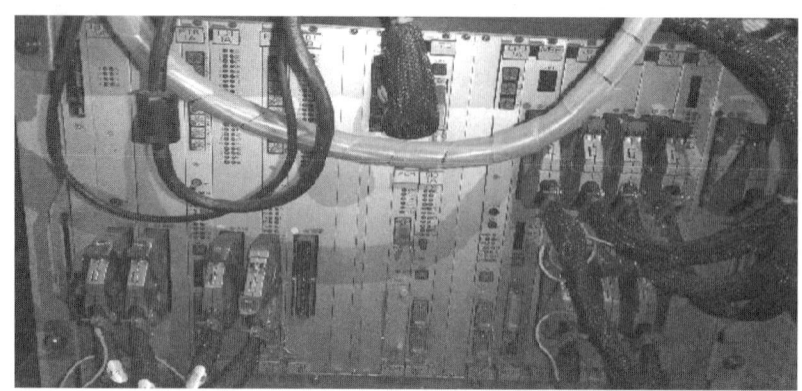

图 1-9　ATI 装置

（十）空调与通风系统

空调机组采用下送风下回风的工作方式，每辆车安装制冷能力为 29 kW 的空调机组 2 台，正常情况下，单个空调机组的通风量为 4 000 m³/h，空调装置设有 4 种工况：手动、自动、通风和停止，既可通过本车控制装置对空调进行控制，也可通过司机室内的 ATI 显示器进行控制和温度设定。在交流电源失效的情况下，空调系统自动转入紧急通风。紧急通风使用空调通风机，将蓄电池提供的 DC 110 V 电源通过紧急逆变器供给风机工作，从而提供 45 min 的紧急通风。

空调机组可与电客车总线网络进行通信，并可通过电客车总线网络对空调机组进行控制。为了加强客室内的空气流通，在每辆车上安装了适量的幅流风机，同时考虑到冬天天气比较寒冷，在客室和司机室内安装电加热器并设置"全暖""半暖"两个控制位由司机控制，从而保证冬天客室和司机室的舒适性，空调机组实物照片如图 1-10 所示。

图 1-10　空调机组

（十一）客室照明系统

在正常照明的情况下，电客车采用 AC 220 V 电源。在紧急照明时，采用 DC 110 V 电源，客室内能完成一定时间的照明，客室照明的效果如图 1-11 所示。

图 1-11　客室照明

（十二）广播及乘客信息系统

电客车广播及乘客信息系统由电客车广播、乘客信息、实时新闻播放和客室电视监控系统 CCTV 组成。具有电客车广播、实时新闻无线接入、车载乘客信息、多媒体节目播放、LCD 显示、客室视频监控等功能，广播控制盒如图 1-12 所示。

图 1-12　广播控制盒

乘客信息显示中的音频信号、视频信号经数字处理后变换成数据流，与系统控制信息一起以数据包方式分时在数字通信网络中传输，实现了通信资源高度共享，为简化系统结构、增强系统功能、提高系统可靠性提供了有力保障。

乘客信息系统设备主要包括 LCD 播放控制器、媒体网关、摄像机、CCTV 主机、LCD 监视显示器、17″ LCD 乘客信息显示器、17″ LCD 新闻信息显示器等，这些网络设备通过网络连接器挂接在 UDP 及 TCP/IP 通信网上，利用通信网络交换多媒体信息流与网络周边设备一起完成系统全部功能。电客车广播由广播主机、客室主机、终点站 LED 显示器、车门上方 LED 显示器（显示动态路线图）、乘客紧急报警器、扬声器通过 RS485 网络共同构成，实现广播功能。

（十三）电客车自动控制 ATC

电客车自动控制 ATC 车载 CBTC 系统由以下设备构成：车载控制器 CC，移动通信系统 MR、MR 天线、轴装光电速度传感器 EOSS、查询器 TI、查询器天线 TIA 以及电客车司机显示器 TOD。

任务二　电客车类型、组成与特点

一、类　型

城轨中的地铁电客车采用动力分散的编组形式，即动车 M + 拖车 T，为方便管理和维护，各地铁制造商和运营公司针对电客车按自己城市的特点进行了分类，比如上海地铁电客车 1、2 号线的电客车分为 A、B、C 三类，A 类车：拖车，一端设有驾驶室；B 类车：动车，车顶上装有受电弓；C 类车：动车，车下装有一套空气压缩机组。

轻轨电客车有 3 种编组方式：4 轴动车、6 轴单铰接式车和 8 轴双铰接式车。德国是世界上轻轨交通发展较早、技术较先进的国家。20 世纪 60 年代初修建的科隆到法兰克福轻轨，采用 U2 型 6 轴单铰双向运行的动车。接着又研制出 8 轴轻轨车，运行在汉诺威市。在莱茵—西格—鲁尔地区的城市采用 B100/80 型标准轻轨电客车，属于 6 轴单铰动车。我国广州地铁 1 号线的城轨电客车的外观与整体如图 1-13 所示。

图 1-13　城轨电客车

城轨电客车的分类方法如下。

（一）按车体宽度和驱动方式分

1. 黏着牵引系统

① A、B 型车，车体宽度为 3.0 m、2.8 m 的四轴系电客车型；

② C、D 型车，车体宽度为 2.6 m，车地板不同高度的铰接车系电客车型；

③ 单轨胶轮车，车体宽度为 3.0 m 的跨座式单轨胶轮系电客车型。

2. 非黏着牵引系统

L 型直线电机电客车系列。

（二）按电客车的牵引控制系统分

目前电客车的牵引控制系统为了满足电客车调速的需要可分为交流变压和交流变频车两种，广泛采用 VVVF 技术进行调速。

（三）按车体材料分

新型的电客车广泛采用不锈钢和铝合金，只有少部分旧车仍然采用耐候钢车材料。

（四）按受电方式分

电客车的主要受电方式可分为受电弓受电和第三轨受流器受电两种，个别城轨电客车采用受电弓和受流器混合取电的模式。

（五）按电压等级分

目前我国各城市电客车广泛采用 DC 1 500 V，少数采用 DC 750 V 和 DC 600 V。

二、组　成

（一）车　体

车体分有司机室车体和无司机室车体两种。车体的主要作用是容纳乘客、提供司机驾驶空间，安装其他设备、部件。城轨电客车车体一般采用整体承载钢结构或铝合金、不锈钢等轻金属结构，以达到满足强度、刚度要求的同时最大限度地减轻自重的目的。车体由车顶、底架、端墙、侧墙、车窗、车门等组成。城轨电客车的车体服务于市内公共交通，因此车内座位少，提供站立的空间相对大一些。

（二）转向架

转向架是城轨电客车的走行装置，安装在车体与轨道之间，用来牵引和引导电客车沿轨道行驶，承受并传递车体与轨道之间的各种载荷并缓和其动力作用，是保证电客车运行品质的关键部件。一般由构架、轮对轴箱装置、弹簧悬挂装置和制动装置等组成。城轨交通电客车转向架有动力转向架和非动力（拖车）转向架之分，动力转向架装有牵引电机及传动装置。

（三）牵引缓冲连接装置

城轨电客车的编组必须依靠车钩缓冲和贯通道装置，其中车钩是连接电客车，传递纵向力的装置，车钩上安装有缓冲器，可缓和纵向冲击力，并连接电客车之间的电路和空气管路；

贯通道是电客车队中电客车与电客车之间客室的连接通道。城轨电客车一般采用密接式车钩和宽体式贯通道。

（四）制动装置

制动装置是保证电客车运行安全必不可少的装置。不管是动车还是拖车都设有制动装置，它可以保证运行中的电客车按需要减速或在规定的距离内停车。城轨电客车制动装置除常规的空气制动装置外，还有再生制动、电阻制动和磁轨制动等先进的装置。

（五）电客车设备

电客车设备包括服务于乘客的设备和服务于电客车运行的设备；车内照明、广播、通风、取暖、空调、座椅、吊环、扶手等设备主要服务于乘客，服务于电客车运行的设备一般不占车内空间，吊挂于车底的有：蓄电池箱、斩波器、逆变器、继电器箱、主控制箱、接触器箱、空气压缩机组和储风缸等，安装于车顶的有空调单元和受电弓等。电客车电气包括电客车上的各种电气设备及其控制电路。按其作用和功能可分为主电路系统、辅助电路系统和电子与控制电路系统三个部分。

三、技术特点

（1）城市轨道交通系统属于绿色环保的新型轨道交通系统，对电客车运行时的噪声、振动和防火等有严格要求。

（2）城轨系统采用全封闭线路，双向单线运行，行车密度大，对电客车运行的可靠性有很高的要求，重要的系统部件如低压直流控制电源、空气压缩机组、蓄电池、电客车控制单元都有冗余设置等。

（3）城轨电客车在运营时如果发生故障，能使电客车凭自身动力就近驶入存车线以及时疏通线路。如果电客车确实无法启动，一般安排就近的电客车进行救援，对于地铁电客车，必须保证断电的情况下的事故照明、广播和通风。电客车上必须安装乘客紧急疏散通道。

（4）城轨电客车的发展方向是轻量化，一般采用大断面铝合金型材或不锈钢焊接车体的整体承载结构，最大限度地减少电客车自重。

（5）电客车上电气系统的设备除一些必须安装在司机室和客室的电气柜内，其他设备均分散安装在车底，空调机组装在车顶，不占用客室空间。

（6）电客车间采用封闭式全贯通通道，便于乘客走动及均匀分布，采用密接式车钩进行机械、电气、气路的贯通连接。

（7）为了在电客车停站时能使大量的上下客流交换在尽可能短的时间内完成，车门数量也比较多，每节车厢单侧门数量有3~5个。

（8）调频调压交流传动，采用电气和空气的混合制动，节省能源，电客车控制和主要子系统的运行控制实现计算机和网络化，信息传播实现多样化、实时化和分层集中化。

（9）电客车系统部件的设计、材料的选用都以电客车运行和乘客安全为首要原则，设备正常功能失效时，其响应以安全为导向目标。

（10）电客车行车实现信号控制和控制自动化，在电客车正常运行的情况下，采用自动电客车控制 ATC、电客车自动驾驶 ATO 和自动电客车保护 ATP，电客车上也配备了相应的车载设备，让一些先进电客车实现了无人驾驶。

四、典型案例

下面以某城市轨道交通 B 型电客车为例对此内容进行案例说明。

（一）主要技术特点

（1）电客车采用符合《城市轨道交通设计规范》(GB 50157—2013)规定的 B 型车。
（2）车体呈下直上鼓形，车头采用流线型玻璃钢材质。
（3）三辆车为一组电客车单元，六辆车则为一电客车编组，包括三辆动车和三辆拖车。
（4）车体采用不锈钢材料的轻量化整体承载结构，表面作不锈钢材质拉丝处理，不涂油漆；内部骨架主要采用不锈钢材料。
（5）采用 H 型钢板焊接构架、两系悬挂、无摇枕转向架。
（6）采用由日立提供的 VVVF 逆变器、交流异步牵引电机和微机控制装置组成的牵引系统。
（7）电客车制动系统采用 NABTESCO 的模拟式电-空制动装置。
（8）采用网络总线控制电客车的牵引、制动及电客车主要设备的状态及故障监视和诊断。
（9）电客车采用 LCD 广播报站和实时新闻显示系统。
（10）电客车采用 ATO 自动驾驶系统。

（二）电客车使用条件

海拔高度：	≤1 200 m；
环境温度：	−25 ℃ ~ +40 ℃；
线路平面最小曲线半径：	150 m；
线路平面最大纵坡为：	35‰；
轨距：	1 435 mm；
最大相对湿度：	90%；
站台高度：	1 050 mm；
站台边缘至线路中心线：	1 500 mm；
车站屏蔽门距轨道中心：	1 580 mm；
供电电压（额定）：	DC 1 500 V；
再生制动时电压：	≤DC 1 980 V。

（三）电客车编组方式

采用 6 辆编组电客车即：	=Tc*Mp*M*T*Mp*Tc=；
=：	半自动车钩；
*：	半永久牵引杆；
Tc 车：	有司机室的拖车；
Mp 车：	带受电弓的动车；
M 车：	不带受电弓的动车；
T 车：	不带司机室的拖车。

（四）电客车主要尺寸及性能

车体长度：　　　　　　　　　　　　　19 000 mm（Mp、M、T 车）；
　　　　　　　　　　　　　　　　　　 19 500 mm（Tc 车）；
电客车高度（不含受电弓）：　　　　　 3 800 mm；
　　　　　　（落弓时）：　　　　　　 3 810 mm；
车体宽度：　　　　　　　　　　　　　2 800 mm；
客室地板面距走行轨顶面高度：　　　　1 100 mm（新轮）；
电客车定距：　　　　　　　　　　　　12 600 mm；
转向架轴距：　　　　　　　　　　　　2 200 mm；
电客车两端车钩连接面间长度：　　　　118 360 mm；
车钩高度：　　　　　　　　　　　　　660 mm；
客室内净高：　　　　　　　　　　　　2 120 mm；
车轮直径-新轮时：　　　　　　　　　 840 mm；
半磨耗时：　　　　　　　　　　　　　805 mm；
最大磨耗时：　　　　　　　　　　　　770 mm；
轮对内侧距：　　　　　　　　　　　　$1\ 353^{+2}_{-2}$ mm。

载客能力参考表 1-2 中的相关数据。

表 1-2　载客能力

电客车载客状态	单车/人		电客车/人
	Tc 车	M、T、Mp 车	六辆编组
空车（AW0）	0	0	0
座席（AW1）	36	42	240
定员（AW2）	226	254	1 468
超员（AW3）	290	325	1 880

站立乘客：额定载客按 6 人/m^2 计算，超员载客按 8 人/m^2 计算，乘客人均重量按 60 kg/人计算。

（五）电客车自重

Tc 车：　　　　　　　　　　　　　　约 33 t；
T 车：　　　　　　　　　　　　　　 约 27 t；
M、Mp 车：　　　　　　　　　　　　约 35 t。

（六）电客车总重

总重：　　　　　　　　　　　　　　　约 200 t（AW0）。

（七）速　　度

最高运行速度：　　　　　　　　　　　80 km/h；
平均旅行速度：　　　　　　　　　　　≥35 km/h；

通过洗车机稳定运行速度： 3～4 km/h；
电客车联挂速度： ≤5 km/h。

（八）加速度

超员情况下，在平直干燥轨道上，车轮为半磨耗状态，额定电压 1 500 V 时，平均加速度为：

电客车从 0 加速到 40 km/h： ≥ 0.83 m/s^2；
电客车从 0 加速到 80 km/h： ≥ 0.5 m/s^2（计算用黏着系数：0.18）。

（九）制动减速度

额定载员情况下，在平直干燥轨道上，车轮半磨耗状态，电客车在最高运行速度 80 km/h 时，从给出制动指令到停车，平均减速度为：

最大常用制动：≥ 1.0 m/s^2。
紧急制动：≥ 1.2 m/s^2。
电阻制动能力：仅实施电阻制动时，电客车可达到的平均减速度不小于 0.8 m/s^2（50～5 km/h）；计算用黏着系数：0.16。
电客车纵向冲击率：≤0.75 m/s^3。

（十）对电客车在故障状态下的运行能力

6 辆编组电客车在超员状态下，当损失 1/3 动力时，电客车仍然可以在 30‰的坡道上启动，并能以正常的运行完成一次单程运营。

6 辆编组电客车在空载状态下，当损失 1/3 动力时，电客车仍然可以在 35‰的坡道上启动，并返回电客车段。

（十一）坡道救援能力

一列 6 辆编组的空车能将另一列停在 30‰坡道上的 6 辆编组超员故障电客车牵引至最近的车站（上坡），乘客下车后牵引至电客车段。

一列 6 辆编组的空车能将另一列停在 35‰坡道上的 6 辆编组故障空车牵引到电客车段（上坡）。

（十二）互换性

用于电客车上的动车、拖车转向架构架、动车、拖车轮对、一系悬挂装置、二系悬挂装置、牵引电机、各种电气设备箱及箱内主要部件、零部件、各种阀类、开关、车钩缓冲装置、电子线路板及空调采暖装置等，均具有良好的互换性。

任务三　电客车司机室设备

本次任务是对城市轨道交通电客车的司机室内和客室内的主要驾驶和操控设施、设备布局和操作方法进行的介绍。

司机室是城轨电客车司机驾驶电客车的主要场所，电客车司机只有对司机室的布局结构、设备、按钮、仪表和显示屏等非常熟悉，才能做到准确和高效地操纵和驾驶电客车。城轨电客车的客室虽然是运送乘客的主要场所，但客车内也有许多与电客车安全运行相关的设备，电客车的安全运行也需要客室电气设备配合，因此电客车司机也必须掌握客室内常用电气设备的布置与操作方法，才能在电客车驾驶、整备作业中全面掌握电客车的情况，保证电客车的完整性和安全性。

一、司机室内设备

城市轨道交通电客车在两端各设置一个司机室，在电客车编组中称其为 TC 车，即带司机室的拖车。

我国早期制造的电客车，在带司机室的头车前部一般都要设置紧急疏散门，配合疏散梯，可实现在紧急情况下乘客逃和疏散，近年来经过轨道交通工作者的不懈研究，我国城市轨道交通尤其是地铁电客车在隧道内设计了逃生效果更好的通道，因此紧急疏散门和疏散梯也随之取消，本书将对原有的电客车逃生系统进行简单介绍。

司机室的后部中间一般要设置一个隔离门，将司机室与客车隔开，司机室后端墙的两边是电器控制柜和电器开关柜，供司机紧急情况下处理电客车故障。

（一）司机室的设备概括

主要设有司机操纵台、控制屏柜、综合屏柜、左/右侧屏、车载无线电系统、车载 PIS（乘客广播信息服务）系统、ATO（电客车自动驾驶模式）系统等电气设备及司机室照明、司机室电热、雨刷器、电热玻璃等辅助设备。这些设备与客室内电气设备及车下电气设备共同完成车辆的牵引、制动、开关门、空调、照明、广播、客室监视及电客车自动控制、车辆通信、车辆与地面通信等功能。

司机室的内部是供电客车司机驾驶电客车的主场所，司机室的设备布局如图 1-14 所示。

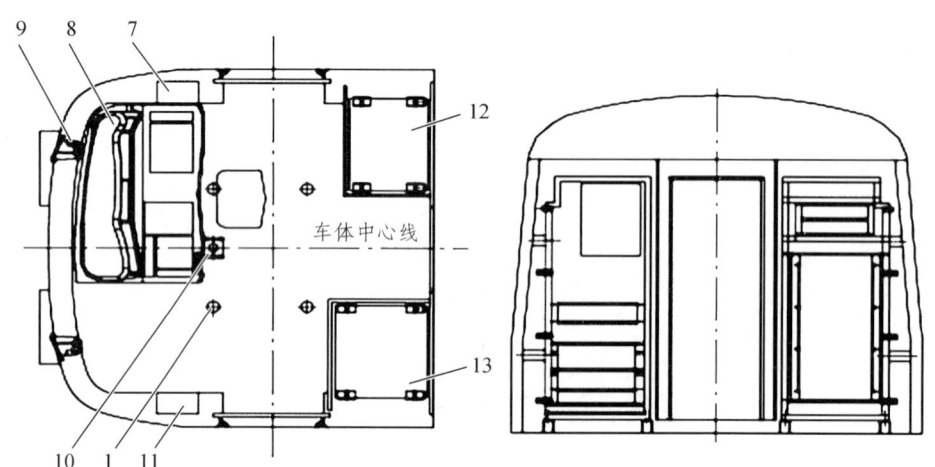

1—筒灯；2—无线电台天线；3—ATO 天线；4—客室状态监视器；5—终点站显示器；6—遮阳帘；7—右侧屏；8—司机台；9—前照灯；10—扬声器；11—左侧屏；12—控制屏柜；13—综合屏柜。

图 1-14　司机室设备布局图

（二）司机台

司机台只装在 Tc 车上，供司机驾驶电客车用。在结构上，整个司机台分两部分：台面设备和台下箱柜。司机台台面采用玻璃钢材料，台下箱柜采用钢板材料，整个司机台在底部通过螺栓与车体固定。功能上，司机台拥有电客车牵引控制、制动控制、门控制、无线电台控制、空调控制、自动电客车控制、前照灯控制及电客车故障诊断等。司机台台面设有无线电台控制器、监控显示屏、ATO 显示屏、双针压力表、司机控制器、按钮及指示灯等。司机台左侧柜设有车载电台主机、司机台用电气连接器；右侧柜内有刮雨器水箱。司机台台面布置如图 1-15 所示。

图 1-15　司机台台面

二、司机室的结构布局

（一）司机室前部结构

（1）司机室的前部包含了终点站显示屏、遮阳帘、雨刷器、前照灯、防护灯等，具体如图 1-16 所示。

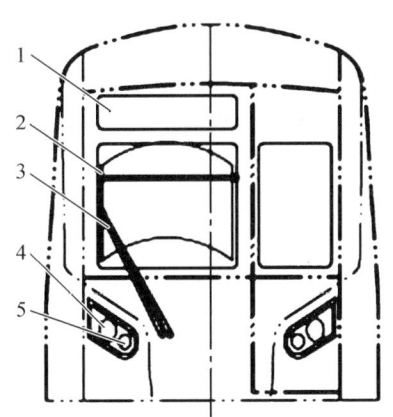 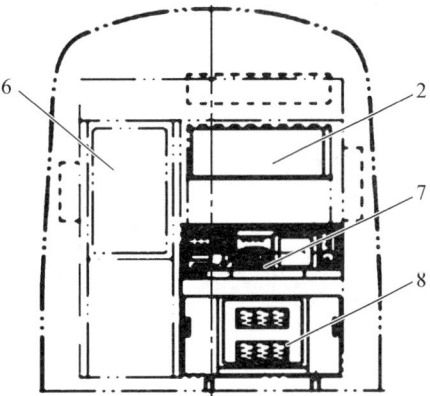

1—终点站显示屏；2—遮阳帘；3—雨刷器；4—前照灯；5—防护灯；
6—紧急疏散门；7—司机操纵台；8—电热器。

图 1-16　司机室结构布局图

（2）紧急逃生装置：城轨电客车紧急逃生装置一般设置在司机室，当电客车遇到突发情况，两侧客室车门无法打开时，可通过电客车逃生装置的逃生门、逃生梯将乘客进行疏散。紧急逃生装置一般为纯机械操作，逃生门两侧设置有气撑弹簧，可起到逃生门打开和关闭时缓冲的作用，逃生梯拉升装置两侧设有尼龙带或者链条，确保其稳定和安全性，保证乘客安全疏散。紧急逃生装置属于电客车突发情况的紧急疏散装置，除日常维护和紧急情况，禁止将其打开。紧急疏散门外观如图1-17所示，紧急逃生梯如图1-18所示。

图1-17　紧急疏散门

图1-18　紧急疏散门

（二）司机室后部结构

司机室后部两侧设有电气柜，墙壁中间设有司机室后墙门。

（1）综合屏柜设在司机室后面的左侧，负责电客车自动驾驶、电客车自动防护。在结构上综合屏柜属于框架式结构，设备包括CC机柜、断路器等，其设备布置如图1-19所示。

（2）控制屏柜设在司机室后面的右侧，功能包括电客车各系统总控断路器、应急操作开关、网压、蓄电池电压显示等，在结构上控制屏柜属于框架式结构，其设备布置如图1-20所示。

图1-19　综合屏柜

图1-20　控制屏柜布置

（3）司机室后墙门采用折页铰接式，朝着司机室开启，不占用客室空间，可保证司乘人员自如通过，提高了客室乘客的安全性。能在关闭位置锁定，在开启位置闩住。后墙门设有门锁，在司机室侧为手把锁，在客室侧为钥匙锁，门锁在司机室内外均能方便地锁闭和打开，具有足够的强度，能承受一定的冲击力，不会因为乘客产生压力或事故等导致的变形而卡滞。在电客车正常行驶时，司机室后墙门关闭，司机室侧用手操作锁闭，客室侧用钥匙锁闭，不允许乘客进入司机室内。一旦电客车发生紧急情况，乘客可以按照设置在明显位置处的操作说明通过紧急开门装置手动打开司机室后墙门（紧急方式打开），进入司机室，再通过紧急疏散门疏散到救援车辆或地面。司机室内后墙门如图 1-21 所示，司机室外（客室内）后墙门如图 1-22 所示。

图 1-21　司机室内后墙门　　　　　　图 1-22　司机室外（客室内）后墙门

（三）司机室侧部结构

司机室侧部分左侧和右侧，主要设备由两大类组成：一类为司机室侧门，另一类为侧面控制柜。司机室侧门左右侧均为单扇车门，电客车司机可以通过钥匙机械操作打开，方便进入电客车驾驶室。侧面控制柜面板一般设置一些仪表灯以及电客车客室车门的开关操作按钮，方便司机查看和操纵电客车侧门的开闭。电客车侧门如图 1-23 所示，侧面控制柜如图 1-24 所示。

图 1-23　电客车司机室侧门　　　　　　图 1-24　司机室侧面控制柜

三、客室内设备及其操作

客室内电气设备主要包括客室灯具、电客车广播和乘客信息显示系统设备、CCTV（电客车视频监控系统）系统设备、火灾报警设备、电气控制柜、空调控制柜。其中客室灯具具体分为贯通道灯、客室灯带；电客车广播和乘客信息显示系统设备具体分为扬声器、紧急报警器、动态地图、开门指示灯、门切除指示灯、LCD 显示器；CCTV 系统设备为网络摄像机。这些电气设备与司机室内电气设备及车下电气设备共同完成车辆的牵引、制动、开关门、空调、照明、广播、紧急对讲、客室监视及电客车自动控制、车辆通信、车辆与地面通信等功能。

（一）客室灯具

1. 贯通道灯

在中间车一、二位端分别设置一个贯通道灯，在两端车二位端设置一个贯通道灯，每个贯通道灯内含一个 10 W 的射灯，电源为 DC 110 V，可实现在紧急情况时贯通道的正常照明，贯通灯如图 1-25 所示。

2. 客室灯带

车体纵向两侧有两条贯穿车体的灯带，分别由两路交流电源供电（正常照明）和一路直流电源供电（应急照明）。每个客室门对应有应急照明灯，应急照明灯保证在紧急情况下客室的照明正常。客室灯如图 1-26 所示。

图 1-25　贯通道灯

图 1-26　客室灯

（二）电客车广播和乘客信息显示系统设备

1. 扬声器

客室的侧顶活门内部设有扬声器，Tc 车每车设置 6 个，中间车每车设置 8 个，在客室内均匀分布。扬声器用于播报到站信息及各种服务信息，在司机室内可监听扬声器音量，并通过广播系统控制板对音量进行调整。

2. 紧急报警器

客室的侧顶活门内部设有紧急报警器，每车设置 2 个；当车内出现紧急情况时，乘客打开小门，按动报警按钮，司机室蜂鸣器报警，同时监控装置显示报警位置。司机操作广播系统控制板可同乘客通话。紧急报警器如图 1-27 所示。

图1-27 报警器

3. 动态地图

在每个车门的上方,均装有一个动态地图,可动态地显示电客车的运行线路、区间、方向、当前及下一停靠站、换乘、开门侧等信息。动态地图如图1-28所示。

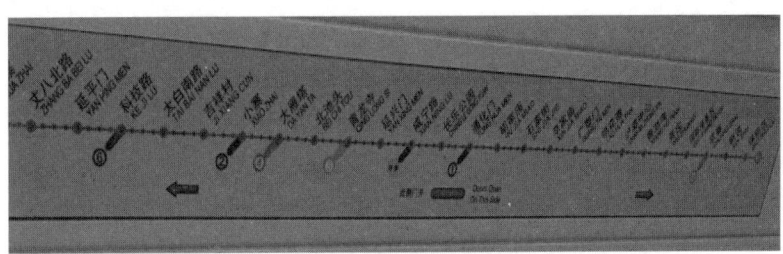

图1-28 动态地图

4. 开门指示灯、门切除指示灯

在每个车门动态线路图的左侧,均安装有一个车内开门指示灯(橙色)及一个车内门切除指示灯(红色)。当车门接到开门指令时,车内开门指示灯(橙色)常亮;当车门接到关门指令时,车内开门指示灯(橙色)闪烁,车门关闭后,车内开门指示灯(橙色)灭;当有车门故障被隔离时,门切除指示灯(红色)亮。门指示灯如图1-29所示。

图1-29 门指示灯

5. LCD 显示器

客室的侧顶活门内部设有 LCD 显示器，Tc 车每车设置 6 个，中间车每车设置 8 个。LCD 显示器能播放实时新闻、DVD 碟片和中英文文字与图像；在无线接口未开通时，也能通过设备本身采用其他方式实现播放中英文文字和图像的功能。LCD 显示器如图 1-30 所示。

图 1-30　LCD 显示器

（三）CCTV 系统设备

每车客室顶板设置 2 个球形网络摄像机，它们在车辆中部按照对角线安装，视角覆盖全车。网络摄像机捕捉到的信息传递至司机室内客室状态监视器上，司机通过司机室内客室状态监视器可观察到客室内的状态。当车内乘客按动紧急报警器开关时，网络摄像机自动聚焦报警处。CCTV 系统设备如图 1-31 所示。

图 1-31　CCTV 设备

（四）电气控制柜

在 Mp、M、T 车的一位端一位侧设有一个电气控制柜。一方面，此控制柜可实现本车的电气控制；另一方面，安装于柜内的客室广播主机、事件记录仪、烟火报警主机与司机室内电气设备及车下电气设备共同完成车辆的网络、广播及乘客信息显示和烟火报警系统的控制。电气柜如图 1-32 所示。

图 1-32 电气柜

（五）空调控制柜

在 M、Mp、T 车的一位端、二位侧和 Tc 车二位端、二位侧各设有一个空调控制柜，如图 1-33 所示。此控制柜除了包含空调控制器、空调控制调节开关、交流电源插座外，还包含一些空气断路器。它们与车下和司机室电气设备一起共同完成车辆的空调控制。空调柜如图 1-33 所示。

图 1-33 空调柜

项目实训　电客车构造基础

【实训目的】

（1）掌握电客车基本组成及编组情况。
（2）认识电客车驾驶室结构及开关按钮布局和作用。
（3）熟悉电客车车下设备的基本作用。

【实训条件】

（1）城轨电客车驾驶实训室。
（2）城轨电客车车辆实物。

【实训内容】

（1）深入电客车车辆段或停车场，参观城轨电客车实物，对电客车车下设备组成及原理进行讲解。学习电客车驾驶室布局及各开关按钮功能。

（2）学员通过参观学习，针对了解掌握的车辆知识要点，围绕电客车实物对车辆编组、车下设备作用、司机室开关功能进行讲解。

（3）围绕表1-3电客车驾驶室主要开关、按钮功能介绍进行讲解。

表1-3　电客车驾驶室开关、按钮功能

序号	开关、按钮名称	功能	图示
1	蓄电池断	断开电客车DC 110 V电源	
2	蓄电池合	接通电客车DC 110 V电源	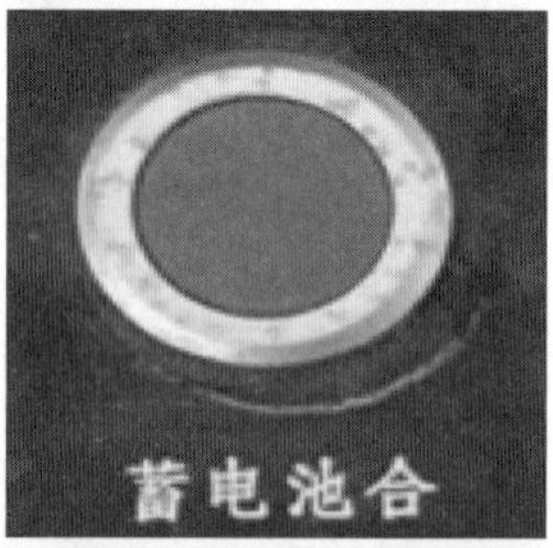
3	降弓按钮	按压可降下受电弓断开电客车DC 1 500 V电源	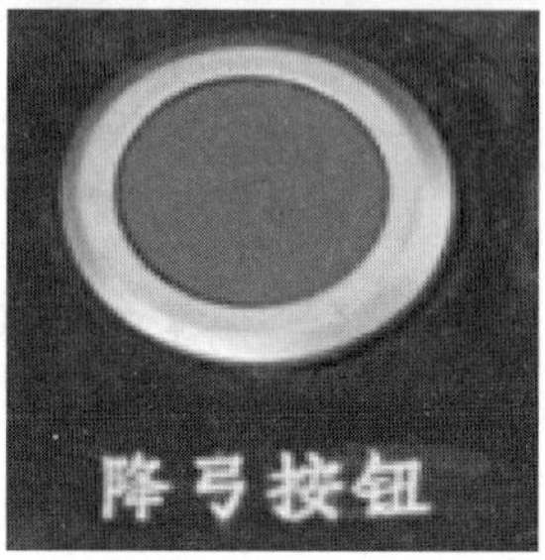

续表

序号	开关、按钮名称	功能	图示
4	升弓按钮	按压可升起受电弓接通电客车 DC 1 500 V 电源	 升弓按钮
5	空压机启动	在空气压缩机具备启动条件的情况下,按压后可启动空压机	 空压机启动
6	强迫启动	空压机停止工作后,按压强迫按钮可使空压机继续工作	 强迫启动
7	高加速	司控器推到最大牵引位后,按压高加速可继续提升牵引指令	 高加速
8	坡起	类似半坡启动,坡道牵引前为防止溜车可按下坡起,当启动平稳后可恢复该按钮	 坡起

续表

序号	开关、按钮名称	功能	图示
9	门选旋钮	在满足开门条件的情况下,可通过分别选择左右侧,确定要打开的一侧车门	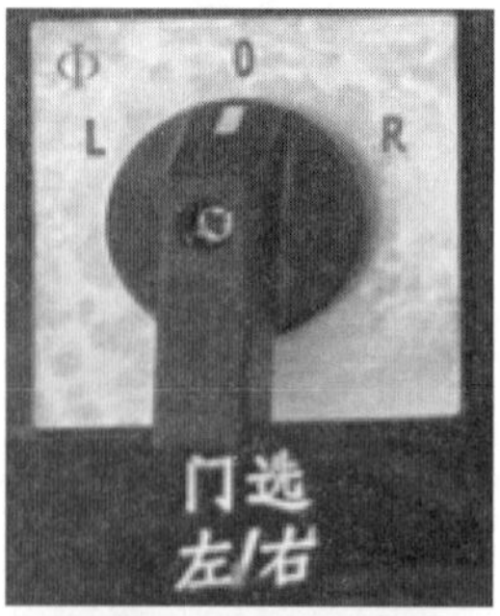
10	开左门	在满足开门条件的情况下,按下该按钮可打开对应客室车门	
11	关左门	按压可关闭已打开的客室车门	
12	紧急制动	电客车行车中遇到紧急情况拍下该按钮,可立刻投入最大的空气制动,及时刹停电客车	
13	电笛	电客车电喇叭控制按钮,按下可鸣笛	

续表

序号	开关、按钮名称	功能	图示
14	雨刷旋钮	操纵电客车车头雨刮器,分低、高速两挡	
15	水泵	按下可对电客车前挡风玻璃喷水,一般配合刮雨器使用	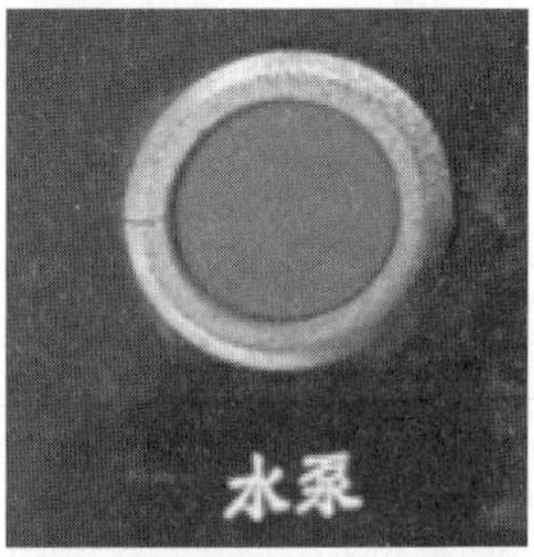
16	近远光灯旋钮	通过旋转操作,可打开电客车车头的远光、近光灯	
17	客室照明旋钮	接触网供电情况下,进行旋转操作,可打开客室照明	
18	司机室电热	接触网供电情况下,按压可打开司机室内部电热器	

续表

序号	开关、按钮名称	功能	图示
19	电热玻璃	按下可使司机室挡风玻璃电热丝发热	
20	停放制动	按下可施加停放制动，恢复可缓解停放制动	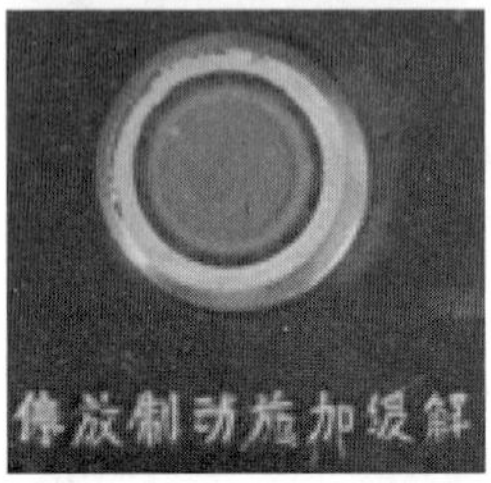
21	强迫缓解	在缓解制动时，若出现单节车制动不缓解，按下该按钮可强制缓解	
22	ATI 复位	按下可重启 ATI 显示器	
23	VVVF/SIV 复位	按下可使高速断路器闭合	
24	洗车按钮	洗车时按下，可使电客车按设定速度运行进行洗车	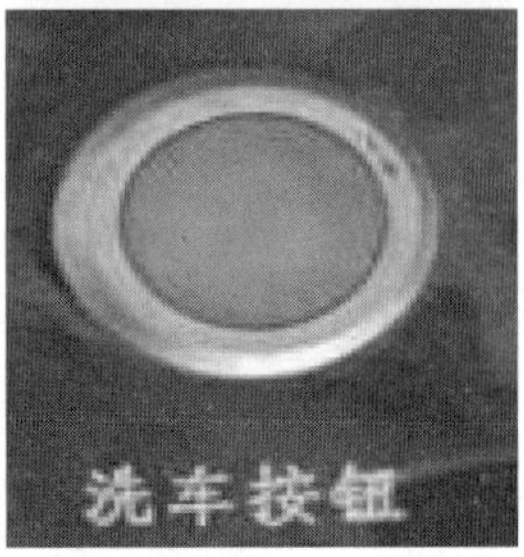

续表

序号	开关、按钮名称	功能	图示
25	ATO 模式开关 1	可通过旋转切换车辆的驾驶模式	
26	自动折返	信号模式下，在折返前按下该按钮，可自动进行折返驾驶	
27	ATO 发车	信号模式下，电客车满足启动条件后，按下该按钮可启动 ATO 自动驾驶模式	

思考与练习

1. 城轨电客车机械与电气的分类主要有哪些？
2. 简述转向架的基本作用。
3. 简述转向架的基本组成。
4. 简述电客车的编组方式。
5. 简述电客车的使用条件。
6. 简述电客车的载客能力。
7. 司机室电气设备主要包含哪些？

项目二 电客车供电、牵引与制动基础

学习目标

(1) 掌握供电系统供电的基本原理、主要电器的使用方法。
(2) 掌握电客车驾驶牵引与制动基础知识。
(3) 掌握电客车应急逆变电源原理和使用方法。

重点难点

(1) 城轨电客车牵引供电工作原理。
(2) 城轨电客车蓄电池的工作原理、使用和保养。
(3) 城轨电客车应急逆变电源的控制原理和使用。

任务一 城轨供电基础

一、城轨供电系统概述

城轨供电系统是城轨系统中一个非常重要的部分,供电系统不仅要为城市轨道交通电客车提供牵引用电,还要为照明、通风、电梯、防灾报警、通信、信号等运营服务设备提供电能,供电知识非常广泛,本次任务仅针对性地对电客车相关的供电系统进行简要的介绍和学习,使电客车司机在驾驶电客车的过程中遇到电客车供电方面的问题时能及时处理,确保电客车安全、良好地运行。

城轨电客车的牵引供电系统实际上不仅要为城轨电客车提供牵引动力,而且要为城轨电客车车辆的其他辅助系统提供控制和操作电源;另外在电客车运行过程中,城轨电客车牵引系统的牵引电机在电客车制动时可转换角色,从牵引电动机转换为制动系统的发电机,为电客车提供电制动力,确保城轨电客车的运营安全。

二、城轨外部电源供电方式

我国城市轨道交通供电系统的外部电源供电方案有集中式、分散式和混合式三种,采用不同的外部电源方案时,城轨供电系统的结构有所不同,但均主要由电源、变配电系统和电力监控系统构成。城轨供电系统可按系统功能、设计任务、采购单元来划分,在此主要讲解

按系统功能和设计任务划分的城轨供电系统的构成。集中式和分散式城轨供电系统构成框图如图 2-1 和图 2-2 所示。

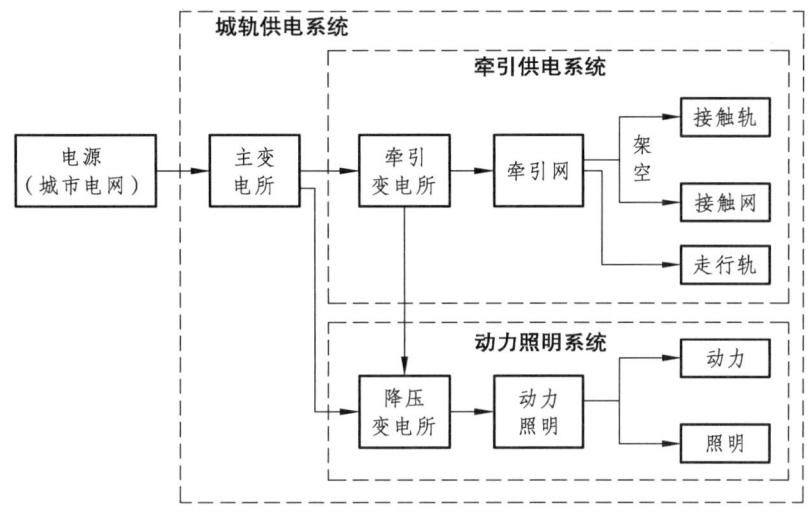

图 2-1　集中式供电方式

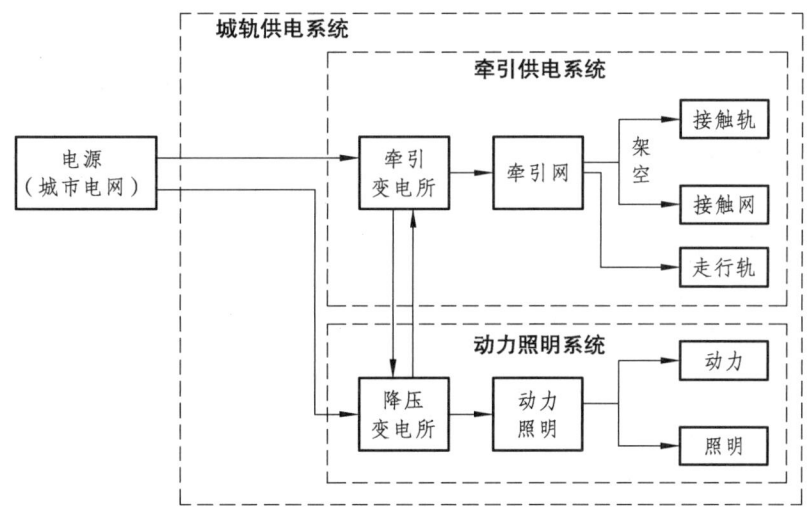

图 2-2　分散式供电方式

（一）集中式供电

集中式供电方案是指由城轨供电系统的主变电所引入两路独立的电源，降压后经中压网络集中为牵引变电所及降压变电所提供电力的外部电源供电方式，如图 2-3 所示。主变电所进线电压一般为 110 kV，经降压后变成 35 kV、10 kV 或 20 kV 进入中压网络。

每个牵引变电所和降压变电所均从中压网络获得两路独立的引入电源。集中式供电方案的主要特点是在城市轨道交通沿线建设专用主变电所，集中为牵引变电所及降压变电所供电。城轨供电系统由主变电所从城市电网引入高压电源（一般为 110 kV），每座主变电所只从城市电网引入两路独立的进线电源，与城市电网接口比较少，有利于降低相互之间的干扰。城轨供电系统相对独立，自成系统，便于运营管理。

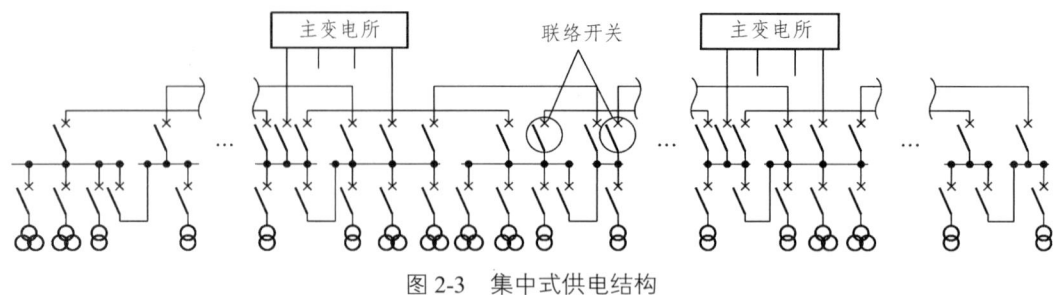

图 2-3　集中式供电结构

(二) 分散式供电

分散式供电方案是指在轨道交通沿线分散的由城市中压电网通过电源开闭所向牵引变电所及降压变电所供电,或直接由城市中压电网向牵引变电所和降压变电所供电的外部电源供电方式,其结构如图 2-4 所示。

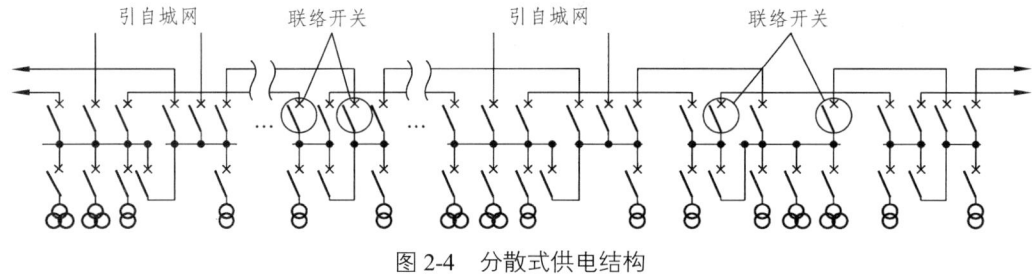

图 2-4　分散式供电结构

为了提高供电可靠性,一般要在两个电源开闭所之间建立电源联系,即两个电源开闭所之间的供电分区间通过双环网电缆进行联络。由于城市电网 35 kV 电压等级趋于淘汰,因而分散式供电一般从城市电网引入 10 kV 中压电源,当然也有少量的 35 kV 中压电源。

分散式供电方案的主要特点是在城市轨道交通沿线,分散地从城市电网引入多路中压电源作为城市轨道交通电源。由于城市轨道交通电力负荷较大,平均每 4~5 个车站就要引入两路电源,所以城轨供电系统与城市电网接口比较多。城轨供电系统与城市电网关系紧密,系统独立性差,运营管理要比集中式供电方案复杂。

(三) 混合式供电

混合式供电方案是指以集中式供电为主以分散式供电为辅或以分散式供电为主以集中式供电为辅的供电方式,是介于集中式供电与分散式供电之间的一种综合供电方案,其结构如图 2-5 所示。混合式供电方案吸收了集中式供电与分散式供电的优点,是根据城市电网现状和规划及城市轨道交通的电力需求灵活设置的系统方案,提高了城轨供电系统的可靠性。

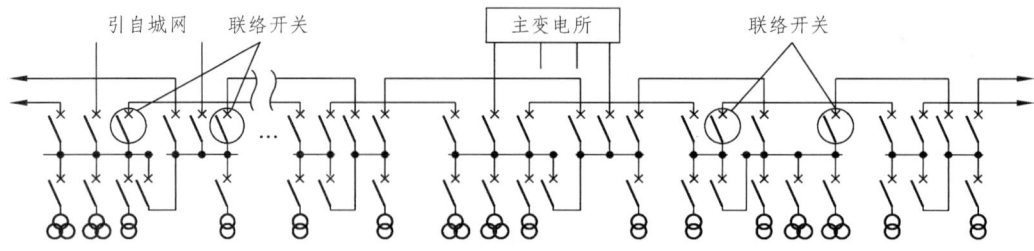

图 2-5　混合式供电结构

在采用集中式供电方案时，如果主变电所的设置不能满足线路末端中压网络电压要求，可就近从城市电网引入中压电源作为补充，构成以集中式供电为主的混合式供电方案。在采用分散式供电方案时，如果沿线有城轨供电系统的主变电所可以共享，则可从该主变电所引入中压电源代替部分城市电网中压电源引入点，构成以分散式供电为主的混合式供电方案。

三、变电站的分类与作用

（一）主变电所的作用

主变电站，简称为主变，主要作用是将城市电网提供的 110 kV 三相交流电降压至 35 kV，然后配送到城市轨道交通沿线的各个牵引变电站和中心降压变电站。主变电所承担着城市轨道所有用户的供电，一旦主变电因故出现故障不能正常供电，将直接影响 1、2 级负荷的供电，因此主变电必须可靠，一般主变电至少需要两路以上的进线电源。

（二）牵引变电所的作用

牵引变电所的作用是将主变电所提供的 AC 35 kV 或 AC 10 kV 的交流电逆变为 DC 1 500 V 的直流电，为城市轨道交通电客车提供直流牵引电源。目前我国城市轨道交通牵引供电一般都是 DC 1 500 V，极个别城市轨道交通系统线路采用 DC 750 V 和 DC 600 V 电源给电客车牵引供电。

牵引变电所是给城市轨道交通电客车提供直流牵引电源的重要设施，城市轨道交通电客车都是通过接触网或第三轨获得直流牵引电源。为确保电客车的可靠供电，一般情况下 3 座城轨车站的 2 个区间之间要设置 1 个牵引变电所，以防止局部供电故障时，牵引变电站能跨区供电，冗余的供电网络，确保电客车供电的可靠性。

（三）降压变电所

从中心降压站输出的 110 kV 电源，并不能直接提供给城市轨道交通系统内的设备使用，还必须进一步降压，经降压后再输出到不同的供电用户。城市轨道交通系统内，除电客车外，其他用电设备都从降压变电站受电。

四、接触网

（一）电客车运行对接触的基本要求

电客车在运行过程中，受电弓受流过程伴随着一定压力，并与接触线接触摩擦，动态取流。电客车在运行中不可避免地会产生受电弓离线而引起电弧，由于受到气温、风、潮气及大气污染的影响，接触网长时间，甚至全天候处于振动、摩擦、电弧、污染、伸缩的动态运行状态，因此接触网发生供电故障概率很大。

为了保证电客车的良好供电，要求接触网在任何不良外界环境和不良气象条件（比如冰、风、雨、雪等）和在电客车最大运行速度下能保证安全供电，在任何不良条件下都能顺直平滑、高度一致、在高速行车中能始终正常平稳地接触受流。接触网应具有足够的耐磨性、抗腐蚀能力强、电损耗小、良好的导电性、使用寿命长等特征，并力求结构简单，易于施工和维修。

由于接触网是一种既无备用又易损耗的供电装置，还会受到环境和气候条件的影响，一旦发生故障，整个供电区间将中断供电，在其运行的电动电客车会因此失去电能供电，造成停运。因此，接触网应满足以下基本要求：

（1）在恶劣的气候条件下，机械结构具有稳定性。

（2）设备及零件具有足够的耐磨性和抗腐蚀能力。

（3）设备结构简单，零部件互换性强，便于维护、抢修。

（4）电动电客车受流器与接触网直接接触面，保持平滑过渡无突变。

总的来说，无论是悬挂式还是接触轨式接触网都必须确保其能可靠地为电动电客车供电，要求接触网无论在任何情况下都能保证良好地供给电动电客车电能，并在符合上述要求的情况下尽可能地节省投资、结构合理、维修简单，便于新技术的应用。

（二）接触网的结构形式及悬挂类型

1. 架空式

架空悬挂式接触网将接触线与承力索相连，将其悬挂在空中，把导电体、支持装置、绝缘元件、电气设备等连成一个能传递电且能有支持功能，同时具备相应强度的整体系统，以确保牵引电流不间断地供给。架空悬挂式接触网在地面和在地下隧道内的架设方法是不同的。隧道架空式接触网分为柔性接触网和刚性接触网。柔性接触网采用弹性支架、链形悬挂形式；刚性悬挂则是采用刚性汇流排悬挂形式。

（1）柔性悬挂式接触网。

柔性悬挂可以概括为简单悬挂和链形悬挂两大类，其特点是受电弓与接触悬挂接触良好，适应较高速运行。柔性悬挂式接触网如图 2-6 所示。

图 2-6　柔性悬挂式接触网

（2）刚性悬挂式接触网。

刚性悬挂如图 2-7 所示，是指固定的导电体受流过程在受电弓或集电靴的作用下基本不变形。汇流排是刚性悬挂的关键部件，一般用铝合金材料制成。刚性悬挂接触网，将传统的接触线加装在汇流排中，用汇流排取得了承力索和馈线，并靠它自身的刚性保持接触线的固定位置，使接触线不因重力而产生较大的弛度。刚性悬挂主要由铝合金汇流排、接触导线、绝缘元件和悬挂装置组成，一般用于隧道段。其中铝合金汇流排既作为固定接触线的嵌体，又作为导电截面的一部分。刚性悬挂将传统的接触线夹装在汇流排中，汇流排取得了承力索，靠它自身的刚性保持接触线的恒定位置，使接触线不因重力而产生弛度。

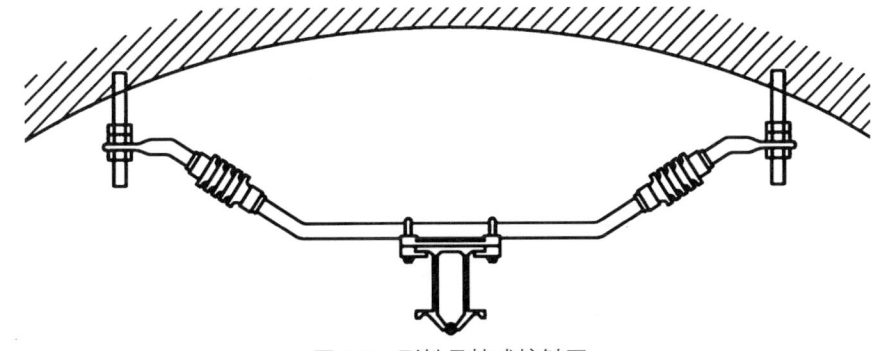

图 2-7　刚性悬挂式接触网

2. 接触轨式

在城市轨道交通牵引供电系统中，直流 DC 750 V 一般采用第三轨供电方式，主要优点是：隧道净高度低，结构简单，造价低；缺点是：人身安全难以保证，防火方面安全性差，与架空接触网难以衔接。

如图 2-8 所示，接触轨系统主要由接触轨、接触轨支架或绝缘纸、绝缘防护罩、弯头连接板、膨胀接头、锚接、隔离开关、电缆等主要部件构成。其中接触轨、弯头、连接板、膨胀接头、锚接一般由接触轨厂家配套。

接触轨式按受流方式分为：上接触受流、下接触受流、侧接触受流等。

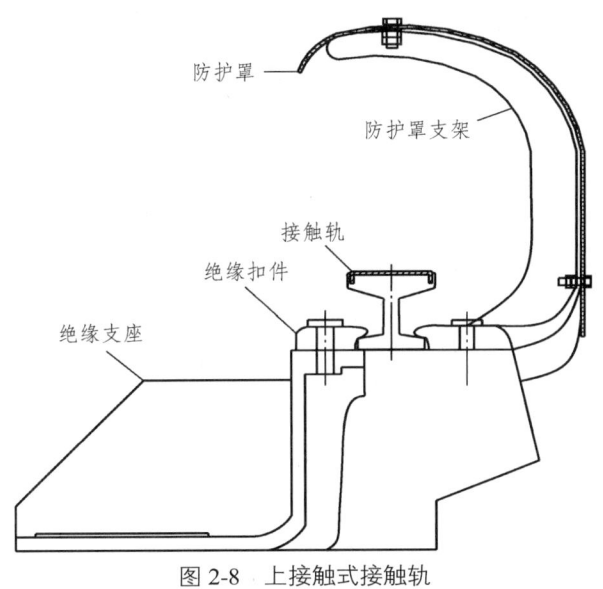

图 2-8　上接触式接触轨

任务二　电客车牵引供电系统

城轨牵引供电系统的相关内容是城轨电客车司机岗位必须掌握的重要基础技术与技能，我国城轨电客车普遍采用电力传动系统，分直流传动系统和交流传动系统。我国的城轨电客车牵引供电系统普遍采用先进的无速度传感器的矢量控制方式,虽然城轨电客车有多种供电传动系统,但其基本作用原理和操作控制方法大同小异。对于城轨电客车牵引动力的交流传动系统,采用能实现高效节能的 IGBT 逆变器装置,可大幅度提高可保养性能;城轨电客车为保证 IGBT 元件控制的高可靠性,采用了光反馈方式,另外为确保城轨牵引与辅助供电互不干扰的同时保证作业人员的安全,一般将城轨电客车的牵引系统和辅助电源系统的完全分离进行供电。散热方面优先导入自然风冷却方式,提高可保养性,减少强迫冷却风机的保养。

一、电客车牵引供电设备

城轨电客车牵引供电系统的主要设备有:受电弓 PAN、避雷器 ARR、高速断路器 HB、主隔离开关 MS、滤波器电抗器 FL、滤波电容 FC、制动电阻 BRe、VVVF 逆变器(包括制动斩波器),线路接触器 LB1、LB2,电流/电压传感器、电流传感器 CTU、CTV、CTW、BCT、CTS,电压传感器 DCPT1、DCPT2,交流牵引电机,齿轮箱及联轴节,接地装置等,下面简要说明。

如表 2-1 所示是我国城轨电客车牵引供电系统的主要部件及参数一览表。

表 2-1 电客车供电系统主要部件及参数

名称	参数
制动电阻	2.277 Ω(常温 200 ℃),2.452 Ω(高温 4 700 ℃)
滤波电抗器	8×(1±10%)mH
滤波电容	9 600 F
放点电阻	500 Ω
充电电阻	10 Ω
IGBT	1 200 A/3 300 V
主隔离开关(MS)	额定电压:1 500 V,额定电流:1 000 A
接地开关(GS)	额定电压:1 500 V,额定电流:1 000 A
高速断路器(HB)	额定电流:1 000 A,额定电压:2 000 V

(一)主母线隔离开关

如图 2-9 所示为某地铁城轨电客车主母隔离开关箱内部部件实物图,由图可知某地铁电客车牵引供电的"主隔离+母线隔离"开关中设置三个刀闸开关,作用是截断受电弓至牵引逆变器和整电客车的母线,在接线处有电缆防水夹紧接头和四根 150 mm² 线缆和两根 16 mm² 电缆。

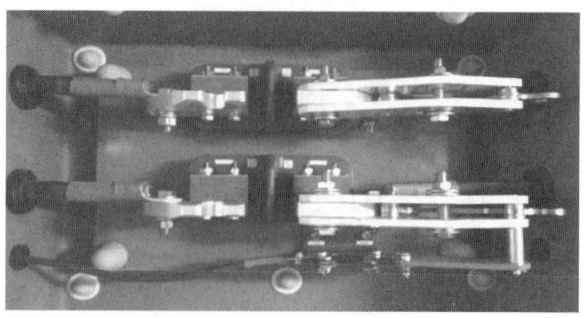

图 2-9 主母隔离开关箱

(二)高速断路器

如图 2-10 所示为城轨电客车高速断路器的实物外观图,由图可知高速断路器接线分为两个电缆防水夹紧接头,连接两根 150 mm² 电缆。一个电气连接器插座,连接一束控制线,电客车高速断路器的机械耐久寿命:开闭动作 50 万次,每 10 万次更换一次,拉开动作 2 万次。主接点动作时间:接通 70~150 ms,断开 8~15 ms。

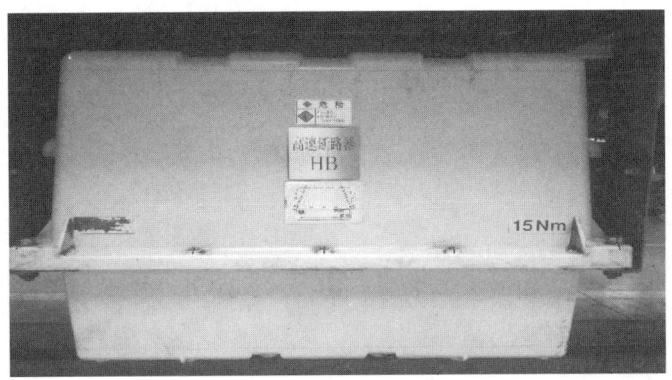

图 2-10　高速断路器

(三)制动电阻

如图 2-11 所示是城轨电客车制动电阻及散热装置实物图,由图可知城轨电客车电阻制动采用制动斩波器控制型式,斩波器的开关元件采用 IGBT,每台 VVVF 逆变器设置一套电阻制动装置;电客车产生制动作用时,再生制动优先;随着再生吸收条件的变化,再生制动与电阻制动能连续调节,平滑转换;制动电阻采用车下部安装,自然通风冷却方式。制动电阻的容量满足无再生条件下,速度从 50 km/h 降为 5 km/h,平均减速度不小于 0.8 m/s²,且制动电阻有充分的耐热裕度。在制动电阻斩波器中设有温度检测,制动电阻中根据计算预测设有温度检测保护,当制动电阻温度上升值大于 455 ℃ 时制动电阻自动停止工作,同时给 ATI 故障信息。电阻器采取隔热措施,发热不对车下其他设备及车体产生任何不良影响。

图 2-11　制动电阻

(四)滤波电抗器

如图 2-12 所示是城轨电客车的滤波电抗器,城轨电客车的每台 VVVF 逆变器均配备一个滤波电抗器。滤波电抗器由电抗器、电容器及其他高压器件组成。滤波电抗器的设计与高速断路器的分断能力协调一致,保证当滤波电抗器突然接地时,不损坏任何其他设备。滤波电抗器的安装采用屏蔽板结构,以减小磁通密度对客室的影响。

(五)接地开关箱

如图 2-13 所示是城轨电客车的接地开关箱装置,由图可知接地开关箱内设置大量的接地开关,主要作用是截断电客车各系统的接地线或负线,特别是对于带受电弓的 MP 车,为确保安全,必须采用 PAS36 软管走线。

图 2-12　滤波电抗器

图 2-13　接地开关箱

(六)母线熔断器

如图 2-14 所示为城轨电客车受电接触器的母线熔断器,其主要作用是当母线电流发生突变增大时,母线熔断器会熔断,以保证城轨供电主回路中设备的安全。

(七)主隔离开关

如图 2-15 所示是主隔离开关,其作用是截断母线与 M 车牵引逆变器之间的连通,接线采用电缆防水夹紧接头,两根 150 mm² 电缆,两根 16 mm² 电缆。

图 2-14　母线熔断器

图 2-15　主隔离开关

二、高压回路

如图 2-16 所示是城轨电客车的高压回路,由图可知城轨电客车 Mp 车上的受电弓从接触网接触受电弓取电供给电客车牵引与其他电器装置。为防雷击等浪涌电压的侵袭,设置避雷器,安装在受电弓附近。每辆动车配置主隔离开关和接地开关。

通过主隔离开关的操作,可将牵引设备与受电弓隔离,使滤波电容器经限流电阻放电。高速断路器电气连接方面,通过主隔离开关与受电弓相连。每一个高速断路器为每辆动车的 VVVF 逆变器提供保护。每台 VVVF 逆变器需配备线路接触器、线路输入滤波器。每台 VVVF 逆变器有一个预充电回路以限制对线路滤波器的冲击电流,每台 VVVF 逆变器有一个放电回路,电客车高压回路的保护与电站的馈出保护相协调。

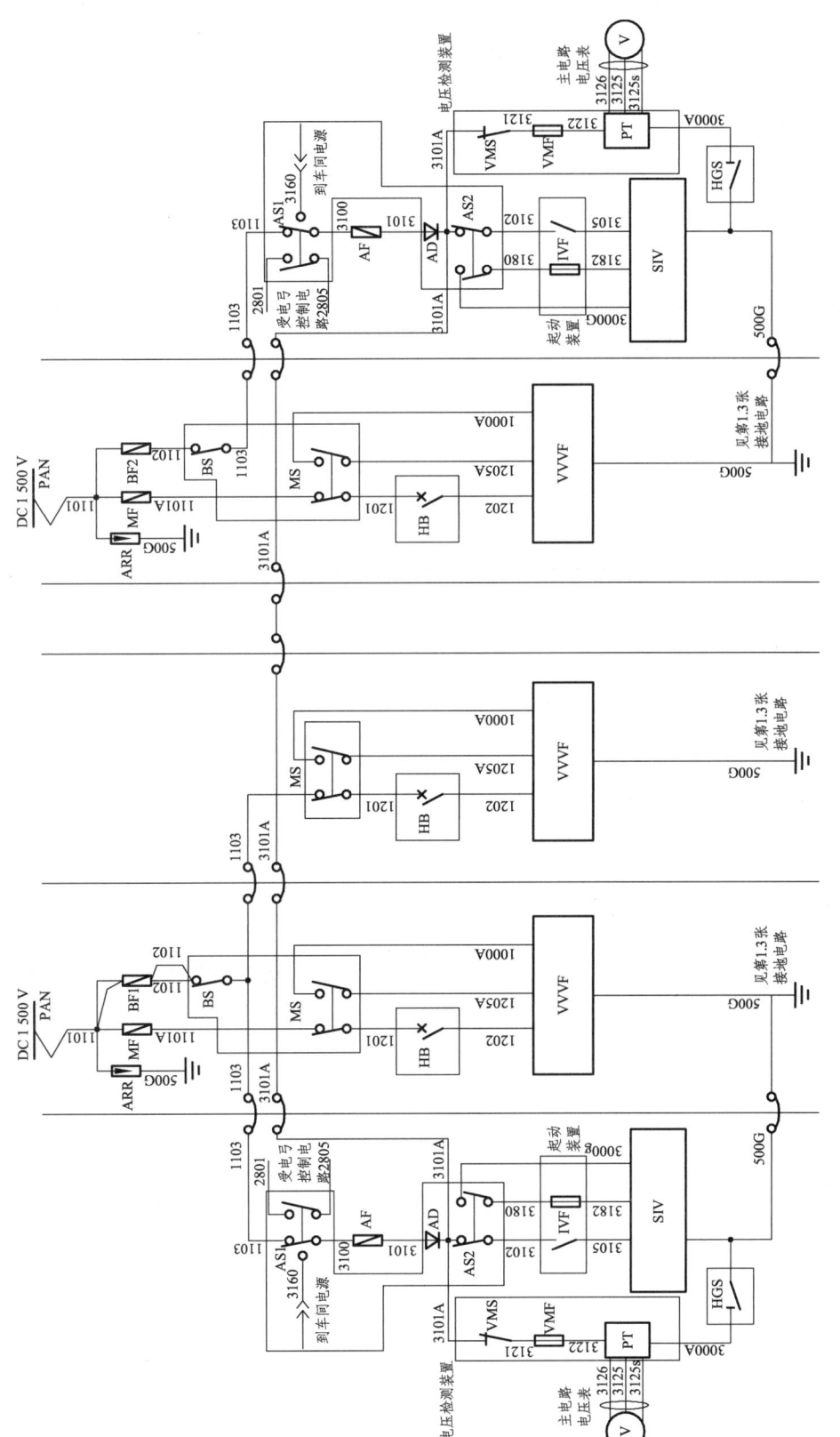

图 2-16 高压回路电路图

三、电客车牵引/电制动系统的工作原理

电客车牵引、电制动系统工况基本分为 5 种:

充电工况:当 DC 1 500 V 高压输入 VVVF 时,首先开启第一种充电工况,此时 FC 进入充电状态。

牵引工况:VVVF 逻辑部收到牵引指令时,通过控制 PU 的 6 个 IGBT 将 DC 1 500 V 进行逆变给牵引电机供电。

再生制动工况:VVVF 逻辑部收到制动指令时,通过控制 PU 的制动斩波器,进行再生制动工况,此时牵引电动机进入发电状态。

电阻制动工况:再生制动时通过 VVVF 将再生电压反馈至接触网,当网压高于 1 780 V 时,电阻制动投入,可通过制动电阻片发热将高出的电能消耗掉。

放电工况:当需要对 VVVF 内部进行拆卸或者维护时,可通过 VVVF 中放电电阻将 FC 的电压放掉,确保 VVVF 无电,设备维护安全。

(一)充 电

城轨电客车蓄电池的充电回路如图 2-17 所示。城轨电客车在牵引工况时,电客车司机按下 RS 复位开关,HB 合,断流器 LB_1 合,网侧电压通过 LB_1、10 Ω 充电电阻给电容 FC 充电,相隔 0.32 s,断流器 LB_2 合,充电电阻短路,此时牵引控制单元同时控制逆变器中 6 个 IGBT 的通与断,从而给电机提供电能。

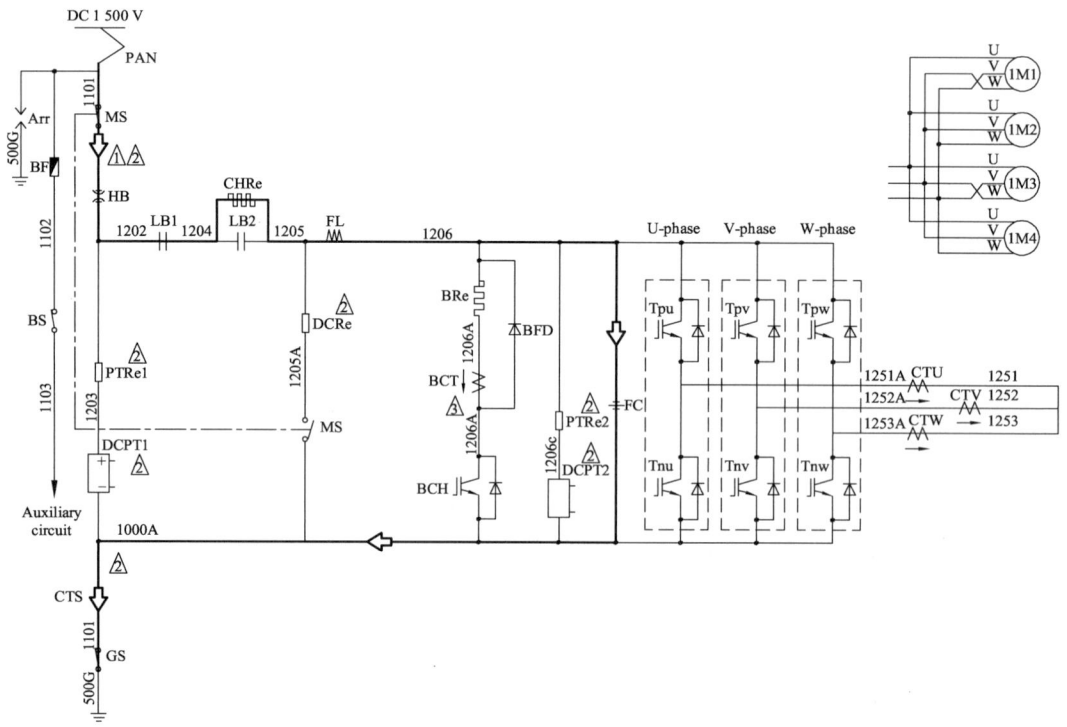

图 2-17 充电工况

(二)牵引

城轨电客车的牵引主回路如图 2-18 所示,当电客车司机操作电客车在牵引工况时,牵引控制单元通过控制逆变器中 6 个 IGBT 的导通时间和周期来改变输入给牵引电机的电压与频率,从而控制牵引力的大小,实现电客车的调速作用。

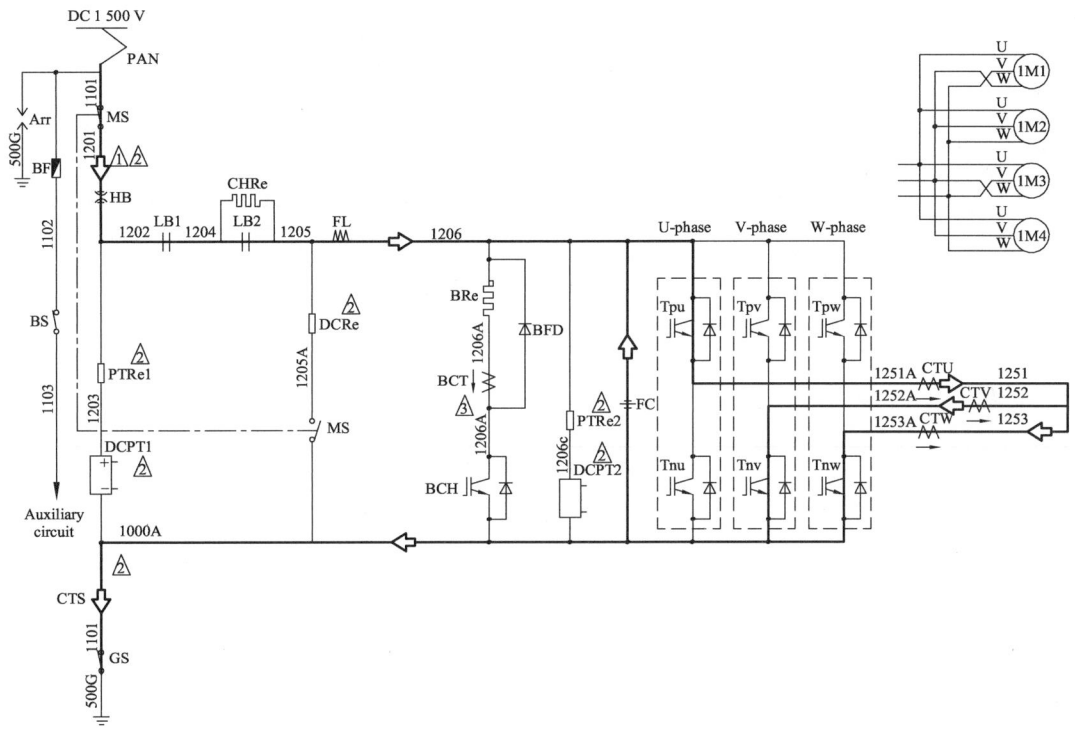

图 2-18 牵引工况

(三)电制动回路

城轨电客车除牵引工况外,还有一个非常重要的工况即制动工况,城轨电客车的制动按源动力可分为机械制动或摩擦制动和电气制动,电气制动又可分为再生制动和电阻制动。

1. 再生制动

城轨电客车的再生制动电气回路如图 2-19 所示,再生制动是制动时将电客车的动能通过电机功能转换转化成电能反馈送回接触网或储存起来。其工作原理是:制动时电动机的工作方式从原来的受电转动转变为轮对带动电动机转动而发电,等效于发电机,把电客车的动能转成电能储起来或透过电网馈送出去,再生循环,可供后续电客车使用。

2. 电阻制动

城轨电客车的电阻制动回路如图 2-20 所示,再生制动产生的能量不断地增加,使供电接触网上电压升高,超出一定的范围时,为保证设备的正常使用,就必须通过强制消耗电能来降压。电客车就是通过安装的制动电阻来消耗过多的能量,称为电阻制动。一般制动电阻安装在电客车上,也有的装在地面上。

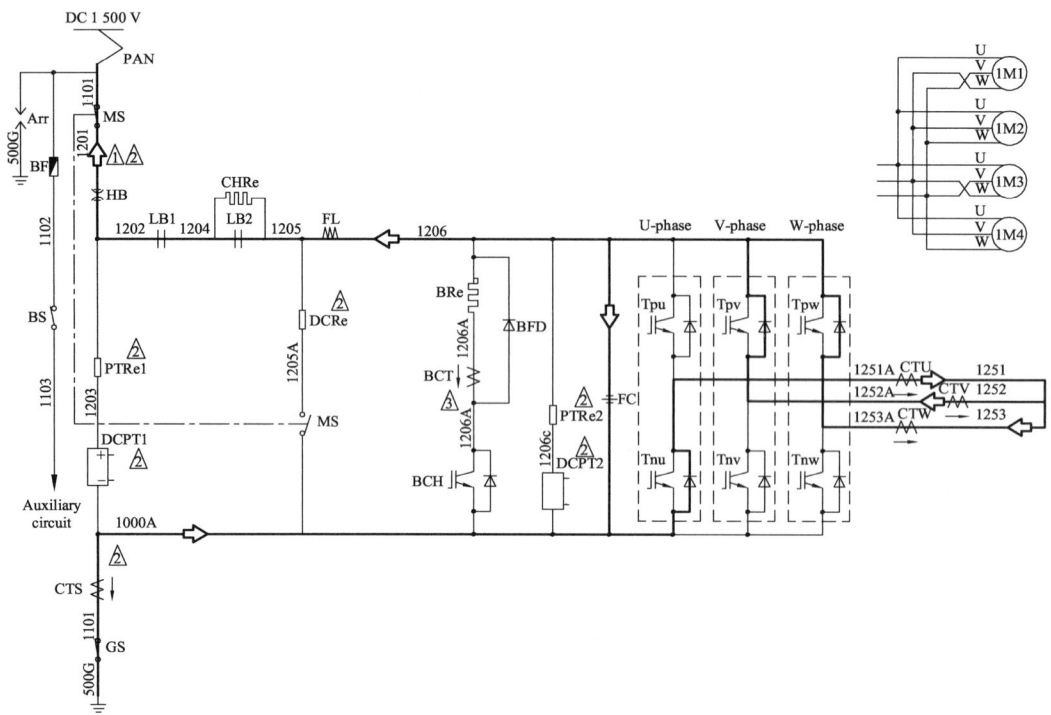

图 2-19 再生制动工况

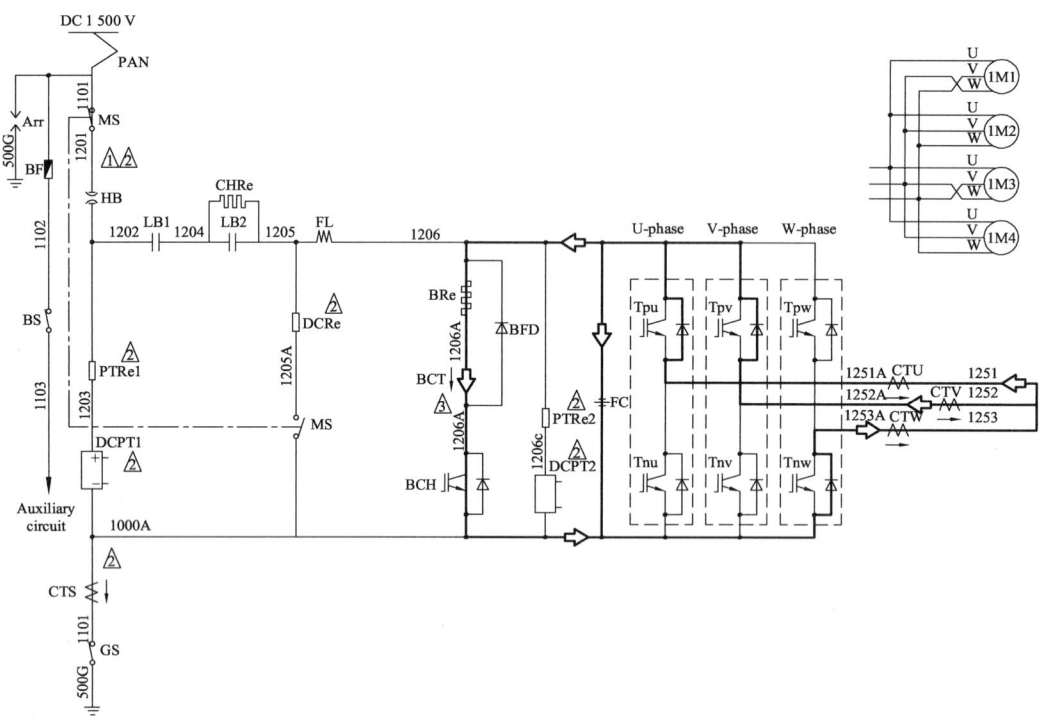

图 2-20 电阻制动工况

(四) 放电回路

电客车在进行开箱检修时,必须将牵引逆变器充电电容中的电放掉,此时需手动操作主隔离开关,接通放电回路,对电容进行放电的电路如图 2-21 所示。

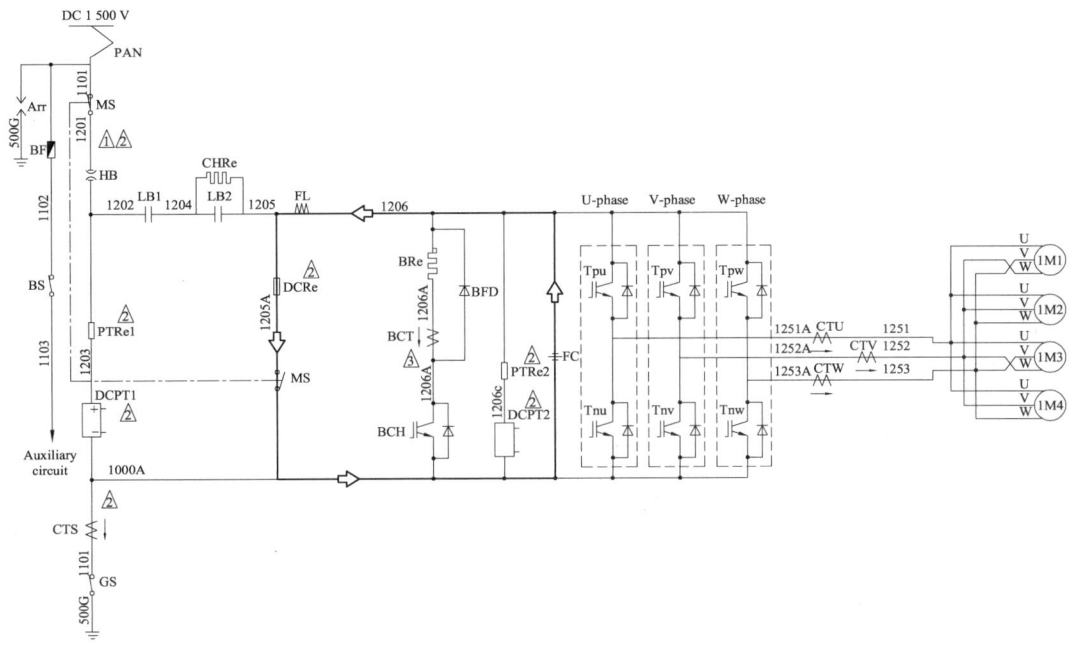

图 2-21 放电工况

四、受电弓组成、作用原理和日常检查

如图 2-22 所示是城轨电客车受电弓的实物图照片，受电弓是为电客车提供电能的重要装置，一般由底架、绝缘子、气源控制箱、拉杆、下臂杆、软连线、液压阻尼器、平衡杆、上臂杆、调整钢丝、弓头、电气控制箱、气囊和钢丝绳等组成。

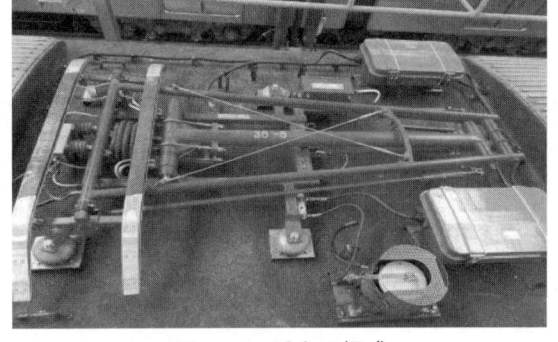

图 2-22 受电弓组成

（一）受电弓的主要作用

受电弓是城轨电客车从车顶将接触网 DC 1 500 V 高压引入车辆的一种受流设备，一列编组的电客车一般在中间车车顶设置受电弓装置，每列电客车设置两台，相互之间形成冗余工作方式。常见受电弓的升降控制方式有气动控制和电动控制两种。受电弓的主要作用为：受电弓升起时可通过弓头顶部的碳滑板将接触网 DC 1 500 V 的高压引入受电弓底架，电客车车顶高压线缆与受电弓底架相连，从而完成车辆高压受流。此时车辆供电母排可将 DC 1 500 V 的高压分别输送给电客车的牵引和辅助供电系统，为其主电路提供电源。当受电弓降下时，受电弓弓头碳滑板与接触网脱离，此时电客车失去 DC 1 500 V 高压，车辆牵引辅助系统主电路将无法工作，如：牵引电机无法动作，车辆动力丧失，空调无法启动等。

（二）工作原理

如图 2-23 所示，城轨电客车的受电弓控制气路板采用板式安装阀类，用于受电弓的升降控制，安装在带受电弓的动车 Mp 车的二位端端墙内，设置检查门。

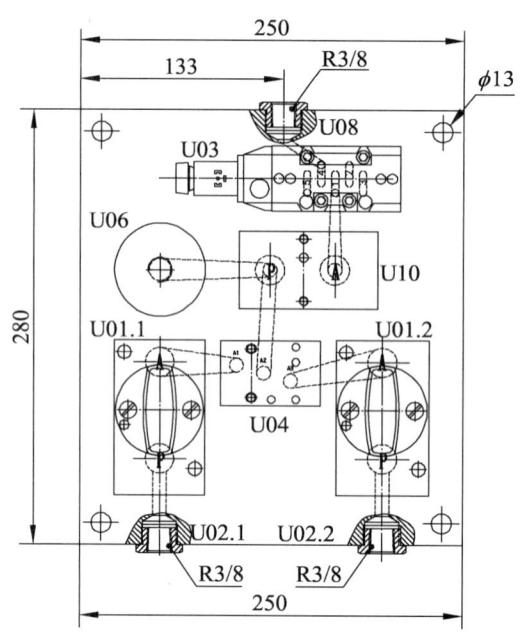

U01.1—截断塞门（不带排风）；U01.2—截断塞门（不带排风）；U02.1—进气口—接脚踏泵；U02.2—进气口—接总风管；U03—电磁阀；U04—双向阀；U06—压力表（压力范围为 0～12 bar）；U08—出气口—接受电弓；U10—过滤器。

图 2-23 受电弓工作原理图

电客车司机通过司机台上的控制按钮，可以使电磁阀 U03 得电，从而使压缩空气供应到受电弓的气囊内，产生升弓动作。当电磁阀 U03 失电，气囊内的压缩空气通过电磁阀排向大气，从而产生降弓动作。在主风管压力不足的情况下，可以通过安装在受电弓控制模块下方的脚踏泵来进行脚踏充气，此时应该使电磁阀 U03 得电，如果不能得电，需要手动操作此电磁阀，从而保证气路的畅通。

升弓压缩空气经过路径：气源先后经过电磁阀、空气过滤器、精密减压阀、节流阀、快速排气阀、四通座、车顶气源孔、绝缘气管、小控制箱、气囊。

降弓压缩空气经过路径：降弓过程与升弓过程相反，压缩空气最后从电磁阀的排气口进入大气。

升弓：按下升弓按钮，压缩空气经车内电磁阀、受电弓控制箱进入空气弹簧，空气弹簧膨胀推动钢丝绳带动下臂杆运动，下臂杆在拉杆的协助下托起上臂杆及弓头，弓头在平衡杆的作用下，在工作高度范围内始终保持水平状态，并按规定的时间平稳地升至网线高度，完成整个升弓过程。整个升弓过程中受电弓的运动平稳，不对架空接触网线产生有害的冲击。

降弓：按下降弓按钮，控制箱释放空气弹簧中的压缩空气，受电弓在重力作用和阻尼器的辅助作用下平稳地落到底架上的橡胶止挡上，完成整个降弓动作。整个降弓过程在规定的时间内完成，并且受电弓的运动平稳，对底架和车顶无有害冲击。

（三）受电弓日常检修和维护

受电弓日常检修和维护对电客车司机来说也是一个重要的内容，主要包括双周检及月检。检查的项目主要有：紧固螺栓松动情况；接线紧固，有无断股；碳滑板表面有无裂纹；绝缘子及绝缘气管有无裂纹；升弓钢丝绳有无断股；升降弓功能是否正常；接触压力是否在正常范围内；受电弓气囊运动路线是否为一条直线；阻尼器有无漏油。

升降弓时间的调整：受电弓的升弓和降弓时间可通过安装在车内的受电弓大控制箱中的节流阀来进行调整。控制阀板气路如图 2-24 所示，调整方法如下：调整阀 3 可对升弓时间进行调整；调整阀 9 可对降弓时间进行调整。升弓：受电弓弓头从离开止挡开始动作到最高工作位置的时间不大于 8 s，且对接触网线没有有害冲击；降弓：受电弓从最高工作位置下降到静止位置的时间不大于 8 s，且对车顶无有害冲击。调整结束后将阀 3 和阀 9 的紧固螺母锁紧；调整时可用计数秒表核对调整时间。

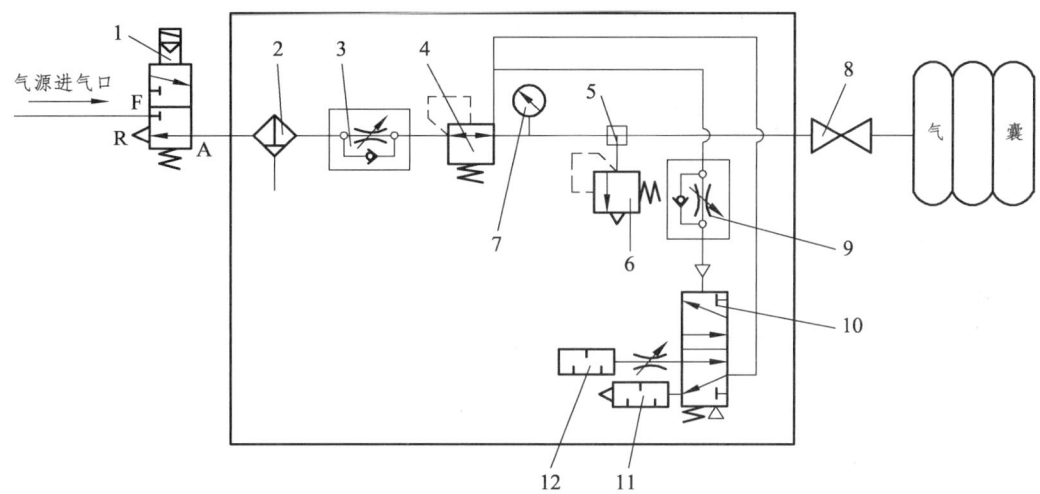

1—电磁阀；2—空气过滤器；3—节流阀；4—精密减压阀；5—三通座；6—安全阀；7—压力表；
8—球阀；9—节流阀；10—换向阀；11—消音器；12—消音节流阀。

图 2-24　控制阀板气路图

接触压力的调整，如果测量所得的标准静态压力不在 120 ± 10 N 范围内，应将受电弓的控制箱打开，如图 2-25 所示，确认控制箱内的精密减压阀的压力是否在额定值，如果不在额定值，请顺时针方向旋转精密减压阀的手轮，使空气压力增大，直至测量的标准静态压力满足上述要求；反之，静态压力过大可逆时针旋转精密减压阀的手轮，使空气压力减小，直至测量的标准静态压力满足上述要求的压力值。

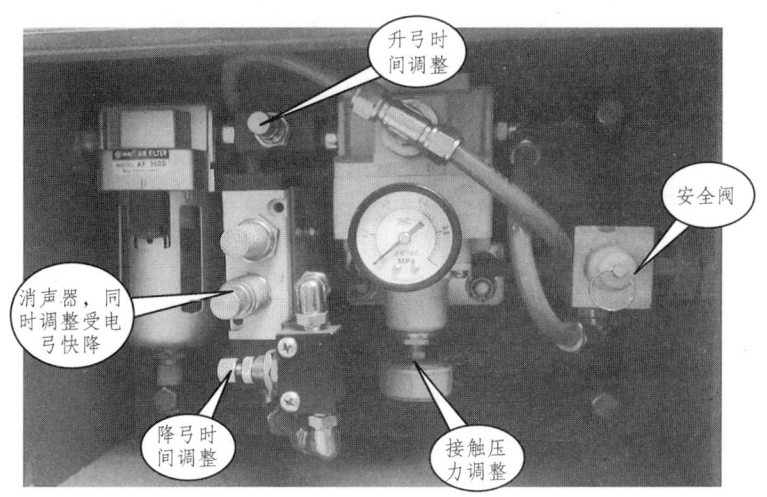

图 2-25　气源箱

调整结束后请将精密减压阀手轮上的螺母锁紧，以防止在电客车运行过程中精密减压阀的压力发生变化后影响受电弓的标准静态接触压力值。

任务三　电客车辅助供电系统

一、电客车助供电系统概述

辅助供电系统是城市电客车必不可少的关键电气部分，主要为城轨电客车上非 1 500 V 的电源设备提供相应的电源，采用全控型开关器件 IGBT，通过复杂的逆变、斩波、整流、变压等电力电子技术，将城轨接触网直流高压电转变成低压，利用电客车的 DC 110 V 直流线路及 AC 380 V 交流线路将电能提供给分布在电客车各部位的设备，保证电客车的舒适、安全运行。

二、技术参数

（1）额定电压：　　　　　　　　　DC 1 500 V；

电压波动范围：　　　　　　　　　DC 1 000 V ~ DC 1 800 V；

当电客车处于再生制动时其输入电压瞬时可达 DC 1 980 V。

（2）控制电压。

额定电压：　　　　　　　　　　　DC 110 V；

变化范围：　　　　　　　　　　　DC 77 V ~ DC 121 V。

（3）三相 AC 380 V，50 Hz，三相四线制（含单相 220 V）。

容量：　　　　　　　　　　　　　185 kVA。

负载：空调或电热采暖装置、空气压缩机组、客室及司机室照明和 DC 110 V（客室电动门、前大灯等）、DC 24 V 等用电装置。

负载功率因数：　　　　　　　　　>0.85（电感性负载）；

电压精度：　　　　　　　　　　　380 V ± 5%；

频率精度：　　　　　　　　　　　50 Hz ± 1 Hz；

波形畸变因数：　　　　　　　　　<5%。

瞬间电压变化范围：±20%以内（负载突变从100%到70%额定值或从70%到100%额定值，输入电压突变 DC ± 300 V/20 ms）。

瞬间电压变化调整时间：　　　　　<0.1 s。

（4）直流输出（DC 110 V）。

容量：　　　　　　　　　　　　　18 kW；

电压精度：　　　　　　　　　　　110 V ± 3%；

纹波系数：　　　　　　　　　　　<5%；

瞬间电压变化调整时间：　　　　　<0.1 s；

用于对 110 V 蓄电池组进行浮充电，整流变压器带有调压抽头。

(5)直流输出(DC 24 V)。

容量:	1 kW;
电压精度:	24 V±3%;
纹波系数:	<5%;
瞬间电压变化调整时间:	<0.1 s;
静止逆变器的总效率:	>90%(在额定工况下);
噪声等级:	1 m 处<70 dB(A)。

三、辅助供电系统设备

(一)SIV 装置

SIV 静止逆变器从架空网上受电用作辅助电源。每列电客车的 2 套静止逆变器(SIV)向全电客车辅助系统的负载提供电源。主要部件构成:功率单元、逻辑部、直流电容、交流电抗器、交流电容、三相输出变压器,SIV 逆变器如图 2-26 所示。

图 2-26 SIV 装置

SIV 系统的主要部件及技术参数如下:

① 逆变器:IGBT 逆变器,控制方式。
② PWM 矢量控制。
③ 主元件:IGBT。
④ 冷却方式:自然风冷。
⑤ 额定电压:DC 1 500 V。
⑥ 电压波动范围:DC 1 000 V~DC 1 800 V。
⑦ 当电客车处于再生制动时其输入电压瞬时可达 DC 1 980 V。
⑧ 控制电源。

额定电压:DC 110 V;变化范围:DC 77 V~DC 121 V。

(二)启动箱

进入 SIV 的输入电源进行开关控制,对输入电源起到滤波的作用,还有对 SIV 装置进行放电的放电电阻及接触器。主要部件构成:直流电抗器、线路接触器、放电电阻、放电接触器等,启动箱内部如图 2-27 所示。

图 2-27　启动箱

（三）整流装置

整流装置的主要功能是从 SIV 输出的低压、大电流的三相电源整定为稳定的工频 AC 380 V、DC 110 V、DC 24 V 辅助电源供电客车的空调、照明、电热等辅助系统工作。主要部件构成：110 V 用变压器、110 V 用整流回路、24 V 用变压器、24 V 用整流回路，整流装置如图 2-28 所示。

图 2-28　整流装置

整流装置采用二极管电桥；交流输出三相 AC 380 V, 50 Hz, 三相四线制，含单相 220 V；负载：空调或电热采暖装置、空气压缩机组、客室及司机室照明和 DC 110 V（客室电动门、头灯等）、DC 24 V 等用电装置；负载功率因数 > 0.85；电压精度 380 V ± 5%；频率精度 50 Hz ± 1 Hz；波形畸变因数 < 5%；瞬间电压变化范围在 ± 20% 以内，负载突变从 100% 到 70% 额定值或从 70% 到 100% 额定值，输入电压突变 DC ± 300 V/20 ms；瞬间电压变化调整时间 < 0.1 s；直流输出 DC 110 V，电压精度 110 V ± 3%；纹波系数 < 5%；用于对 110 V 蓄电池组进行浮充电，整流变压器带有调压抽头；直流输出 DC 110 V，电压精度 24 V ± 3%；纹波系数 < 5%。

（四）辅助隔离开关箱

辅助隔离开关箱用以在维修时将系统与高压输入隔离，同时箱内设有 DC 1 500 V 的车间电源插头以代替受电弓向整电客车辅助系统供电。任何一个车间电源接通时，均可向整电客车辅助系统供电。车间电源供电与受电弓供电之间有联锁，以保证整电客车任何时候只有一种供电，且在由车间电源供电时牵引系统不能得电。主要部件构成：断路器、外部电源输入插座，辅助隔离开关箱如图 2-29 所示。

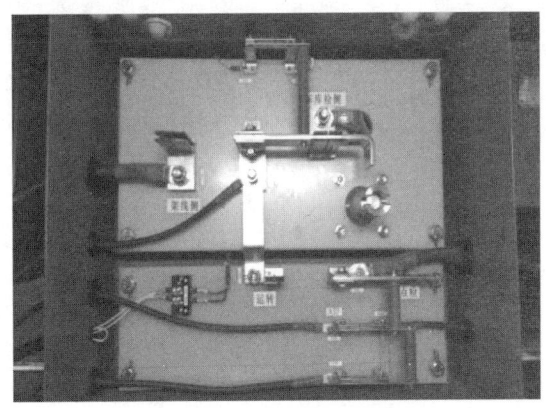

图 2-29　辅助隔离开关箱

（五）辅助熔断器箱

辅助隔离开关箱从架空网上受电过流时，对辅助系统起限流保护作用。流过超出限制电流值的过大电流时，熔断器元件熔断，熔断器主要部件及构成如图 2-30 所示。

图 2-30　熔断器箱

技术参数：

① 额定电流：350 A。
② 输入电压，额定电压：DC 1 500 V。
③ 电压波动范围：DC 1 000 V ~ DC 1 800 V。
④ 当电客车处于再生制动时其输入电压瞬时可达 DC 1 980 V。

（六）扩展供电装置

扩展供电箱如图 2-31 所示，扩展供电装置的功能为：当 1 台 SIV 装置因保护动作停止时，SIV 装置输出扩展供电指令，交流接触器闭合，另外 1 台 SIV 装置将提供全电客车的基本负载并保证电客车的正常运行。基本负载是指从全部负载中减掉全电客车每套空调机组的一台压缩机。

图 2-31 扩展供电箱

四、辅助供电系统工作原理

DC 1 500 V 通过线路滤波器、充电电阻及电容器进行稳压后进入 SIV 两路逆变单元，逆变器出的三相电达成与的关系后输出，通过隔离变压器降成 AC 380 V，进入整流降压装置整流为 DC 110 V，通过斩波器形成 DC 24 V，供电原理如图 2-32、2-33 所示。

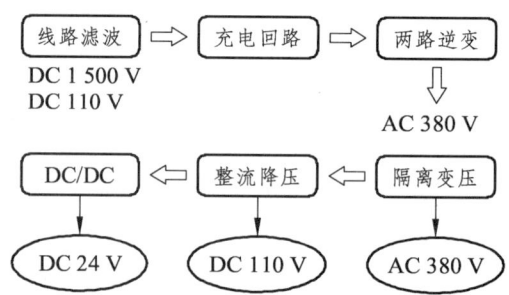

图 2-32 SIV 辅助供电原理图

在正常情况下，每列电客车的 2 套静止逆变器 SIV 向电客车辅助系统的负载提供电源，当其中 1 套静止逆变器 SIV 故障时，余下的 1 套能承担 6 辆车的基本负载并保证电客车的正常运行。

供电模式主要有：交叉供电，两路 AC 380 V 供电线路贯穿整列电客车，分别与 2 个辅助逆变器相连接。将每节车厢的交流负载根据功率平均分为两组，分别由两个辅助逆变器供电。对于牵引和辅助逆变器的冷却风机等重要设备，两个辅助逆变器均为其供电，以便在一个逆变器故障时起到冗余的作用；扩展供电，一路 AC 380 V 供电主干线贯穿整列电客车，2 个辅助逆变器均连接到该线路上，但在其中的一个 C 车上安装有一个接触器，称为扩展接触器，将两个辅助逆变器分断，以使其不会并网运行。当 2 个逆变器都正常工作时，扩展接触器处于断开状态，每个逆变器为本单元 3 节车的所有交流负载供电。当其中一个逆变器故障时，扩展接触器闭合，由状态良好的逆变器为整电客车的交流负载供电，考虑到逆变器的容量限制，这时每节车的空调负载要减载，扩展供电如图 2-34 所示。

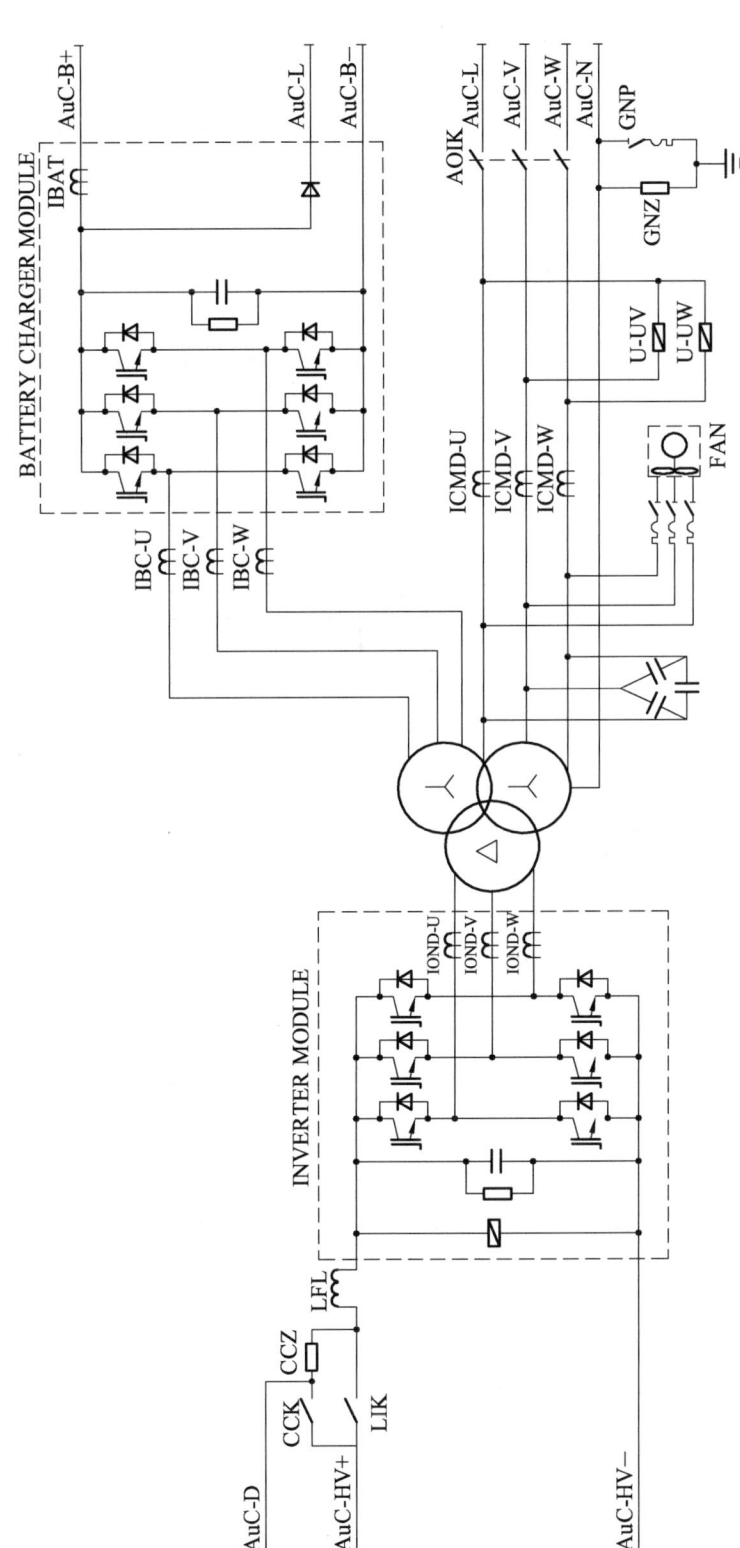

图 2-33　SIV 辅助供电原理图

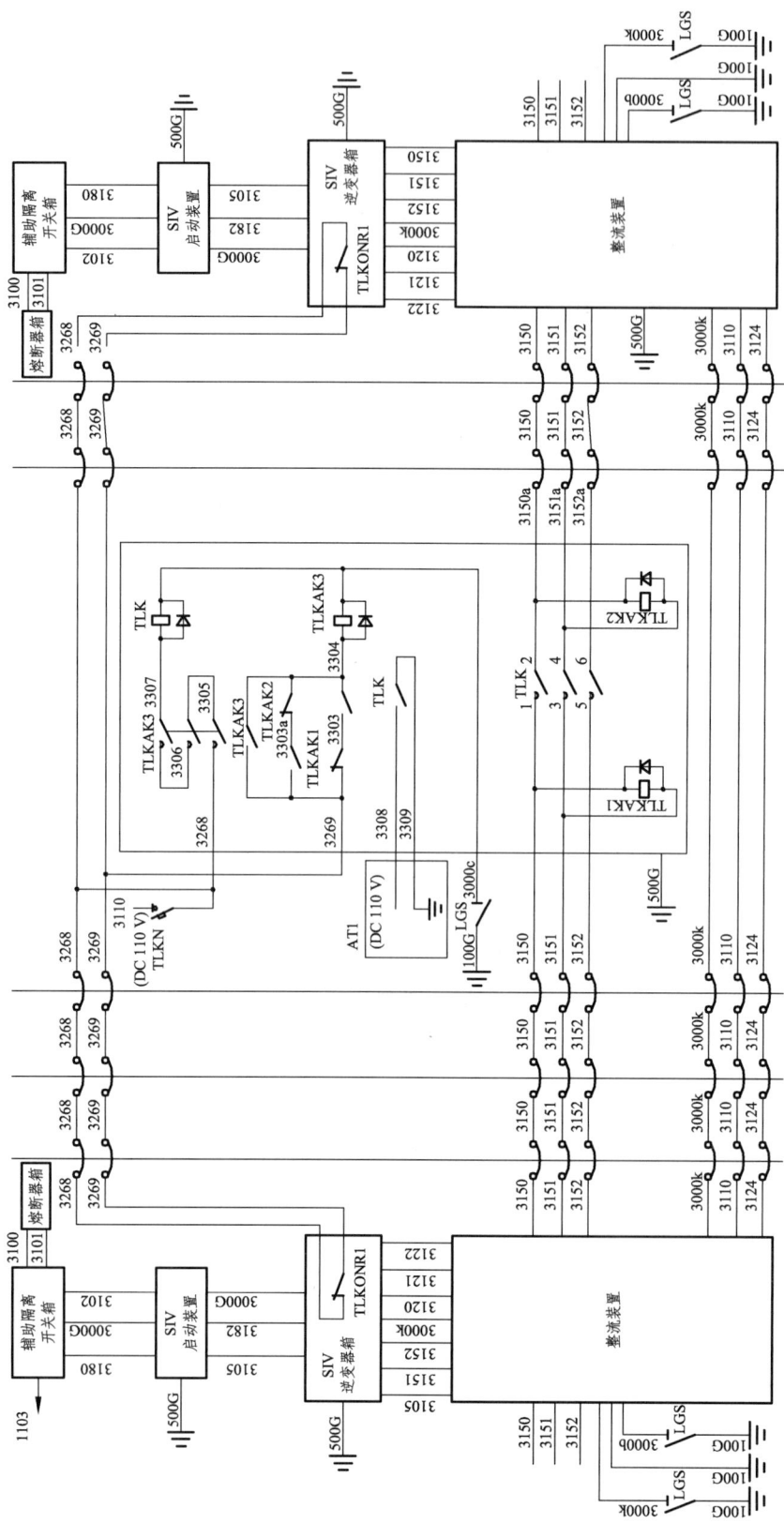

图 2-34 扩展供电

任务四　应急电源系统

一、电客车应急电源-蓄电池组概述

城轨电客车采用的是荷贝克 FNC 蓄电池，每列电客车一般配有 2 套蓄电池组。荷贝克 FNC 蓄电池为单体形态，其正极与负极均是纤维结构，不含石墨和铁等活性物质，安全防火能力提高。因为每个极板纤维结构的设计，不需要石墨来增加其导电性，也不需要其他活性物质，因此在电池的整个寿命周期内不需要更换电解液，蓄电池如图 2-35 所示。

图 2-35　蓄电池

二、蓄电池基本结构

蓄电池结构如图 2-36 所示，蓄电池正极板为氧化镍，负极板为镉，采用三维结构的纤维极板，将活性物质镶嵌在纤维内，内阻极小、导电性好、重量轻、富有弹性，抗震强度极大，采用特殊的微孔隔离板。

蓄电池壳盖采用防火、阻燃、无毒、不含卤的特殊 PP 材料或 Grilon-VO 组成；所有的金属配件采用铜镀镍材料，极柱用特制的 O 型套圈密封；电解液采用 1.19 kg/L 的 KOH 溶液，整个使用过程中，不用更换电解液，从而有效地保护环境不受污染。

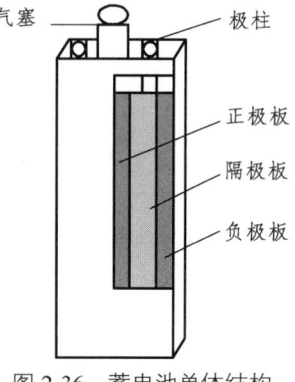

图 2-36　蓄电池单体结构

三、主要性能

1. 自放电

满充电的状态下，在 20±5 ℃ 的环境温度下放置 28 d，剩余容量在额定容量 98% 以上。

2. 浮充电接受能力

蓄电池完全放电后，1.55~1.6 V 恒压充电 7.5~10 h，获得容量在 90% 以上。

3. 浮充电压差

蓄电池在浮充电时，电池组中单只电池的电压最高与最低的差值小于 0.02 V。

4. 过放电性能

以 0.515 的固定阻抗连接 3 周后，以 1.55 V 电压恒压充电 24 h，获得容量在额定容量的 90% 以上。

5. 低温性能

在环境温度 -18 ± 2 ℃ 时放电容量在额定容量 90% 以上；在环境温度 -40 ± 2 ℃ 时放电容量在额定容量 50% 以上。

6. 内　阻

充电态内阻小于 3 mΩ。

7. 机械性能

冲击加速度 10 g。

8. 震　动

产品应能承受振动频率为 1～100 Hz 的垂直、横向和纵向的正弦振动，能承受电客车在联挂和正常运行时的冲击和振动。

四、充电方式

应急电源采用温度补偿两种级别的恒压充电方式。为了减少充电时间，充电过程可直接过渡到充电电压为 1.55 V/cell 至 1.65 V/cell，即均充阶段。直到达到稳定电压，电流也趋于稳定，在此之后，充电电流也稳定于一个恒压。8～12 h 后，正常状态下，均充会自动转为浮冲。为进入充电状态或者进行充电，应用不同的充电特性：充电 7.5 h 过程中，保持恒压充电的过程。充电过程中，电池会达到很高的电压，每个单体大概是 1.85 ± 0.05 V/cell，须采用适当测量方式及措施进行高电压保护。

五、蓄电池布局

蓄电池主要分布在电客车两端的 Tc 车上，一电客车共两组，单组单体数目为 78 块，分两个箱体安装，数目分别为 36 块和 42 块，如图 2-37 所示。

图 2-37　蓄电池布局图

六、蓄电池组控制

(一) 蓄电池箱体

蓄电池安装采用小车结构,设有防止小车滑动及跳动的小车紧固装置及防止小车冲出滑道的止挡和方便小车拉出的把手。小车能够顺利沿滑道滑动,在正常滑动范围内无阻塞现象。小车拉出时无需松开蓄电池连接电缆,并且能够方便地更换蓄电池,蓄电池箱如图2-38所示。

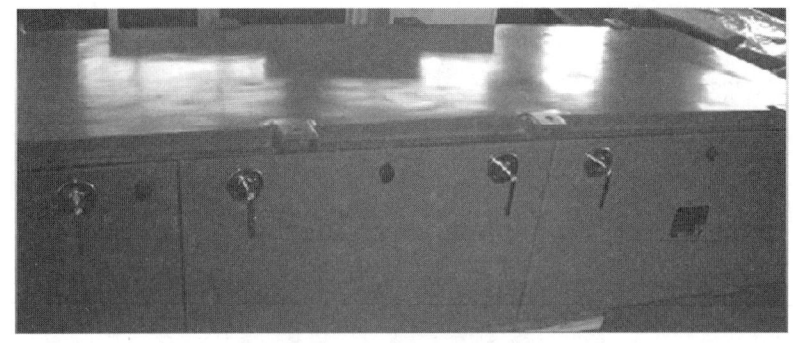

图 2-38　蓄电池箱体

用统一四角钥匙开启门锁,并将箱盖把手调整至水平位置;打开蓄电池箱门板至水平位置。将蓄电池小车下方的锁紧蝶形螺母松开,如图2-39所示,将蓄电池小车拉出箱体,方便蓄电池组操作和维护。

图 2-39　蓄电池组锁紧装置

蓄电池组检修或维护完毕后,将蓄电池小车推入箱体内,将小车下方锁紧螺母锁紧。关闭蓄电池箱门板,并将门板扳把式门锁调整至竖直方向,使用四角钥匙关闭门锁。

(二) 蓄电池控制

蓄电池控制箱原理如图2-40所示,电气元件布置情况如图2-41所示。

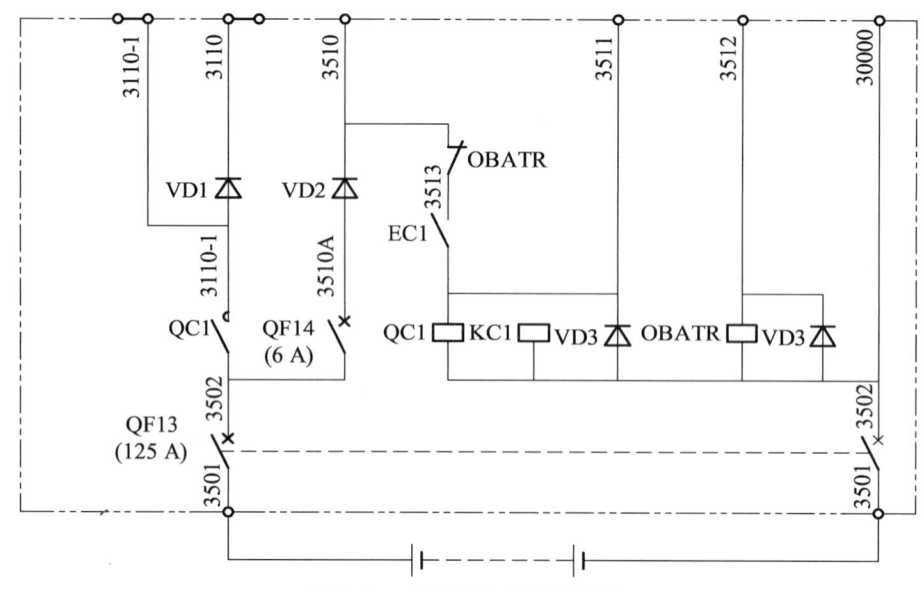

图 2-40 蓄电池控制箱原理图

1—接线端子排；2—接触器；3—断路器；4—双排断路器；5—二极管；
6—中间继电器；7—欠压继电器。

图 2-41 控制箱内元件排布

七、蓄电池维护及故障排查

电客车检修人员需定期对蓄电池箱体功能及单体进行检查维护，定期检查门锁是很必要的，以确保箱体的有效锁闭和密封，定期检查密封胶条，密封胶条老化或失去密封作用时，及时更换密封胶条。蓄电池箱体表面的涂装能够有效避免周围污染物的损坏或腐蚀。

八、应急电源逆变装置

当电客车两台 SIV 均故障，三相 380 V、50 Hz 交流电源失效的情况下，为保证乘客安全，由电客车 DC 110 V 蓄电池组经紧急逆变器为空调机组送风机、司机室送风单元、应急照明以及车门和广播系统供电，保证维持 45 min。其主要特点有：具有输入欠压保护，负载短路保护；具有自我检测及给电客车发出故障和节点信号；逆变器接到允许工作信号后，自检，等待启动信号；逆变器接到启动信号后，10 s 内输出三相电压；采用自然通风的散热方式等5 个。

（一）维护检查

为了使逆变电源能长期可靠连续运行，防患于未然，应进行日常检查和定期检查。

1. 日常检查

日常检查不用开盖检查，仅通电运行，目视、耳检逆变电源启动、运行情况，确认风机无异常；检查以下各点：运行情况是否符合标准规范；周围环境是否符合标准规范；风机是否平稳起动运行；有无异常的噪声、振动和气味；有无过热或变色灯等异常情况。

2. 定期检查

定期检查时，必须停止运行，切断电源和去外盖。在检查之前，支撑电容 C3 和 C4 应放电完毕，用电压表测试，确认电容上电压低于安全值，即小于等于 25 V DC 后，才能开始检查作业。定期检查项目如下：

（1）主电路部分：IGBT、IPM 是否有爆裂等明显烧毁的迹象；螺栓等有没有松动和脱落；导线有没有变形、裂纹、破损或由于过热和老化变色；端子排上有没有损伤或控制线脱落；滤波电容 C1、C2 有没有漏液、变色、裂纹和外壳膨胀；充电电阻 R1 有没有变色等；直流滤波器 FIL2 有没有松动、变色等；滤波电抗 LM 和电容板有没有烧毁、变色、松动的现象。

（2）控制电路部分：电源板有没有烧毁、变色的现象；控制板有没有烧毁、变色等现象；电源板和控制板与母板的连接是否松动；检测板有没有烧毁、变色等现象；各处固定螺丝有没有松动。

（二）故障维修

在运行过程中，为方便找到应急逆变器故障，需要牢记其故障代码表，故障代码如表 2-2 所示。

表 2-2　应急逆变器故障代码表

代码	说明	代码	说明
STT	系统启动	STP	正常停止
IOU	输入 DC 110 V 过压	IUU	输入 DC 110 V 欠压
OOU	中间直流过压	OI	过流保护
OT	过温保护	ALN	IPM 报警
PdP	外部硬件保护	Err	未知故障

（三）主要故障

逆变电源正常运行时，控制板上的频率显示正常，控制板上绿灯常亮，若逆变电源处于非正常运行状态，其主要故障状态有以下几种：

① 不能正常起动，合启动信号，逆变电源没有任何动作；
② 电源板故障。
③ IPM 故障。
④ 过压保护。
⑤ 超温保护。
⑥ 过流保护。
⑦ 控制接触器 KM3 故障。
⑧ 母板故障。
⑨ IGBT 故障。
⑩ 控制板故障。

（四）故障状态分析及解决方案

1. 不能正常起动

故障状态如果为不能正常起动，确认有启动信号，逆变电源没有任何动作。分析故障的主因可能是接线不对，因此首先要检查 710 是否接到 DC+，810 是否接到 DC-，若正负电源线连接没有错误，再检查控制电源线是否接好。

2. 电源板故障

电源板故障有两种现象，一种是电源指示灯闪烁，另一种是没有任何显示。首先检查母板上的 10、1 端子之间的电压是否正常，若正常，且电源指示灯闪烁，这种情况是由于环境温度太低引起的（-40 ℃或以下），再重新启动即可；对于没有任何显示的情况，拔下电源板看是否有明显烧毁的迹象，若有则更换电源板。

3. IPM 故障

IPM 故障的现象就是控制板上的告警灯（红灯）亮，正常情况时，IPM 的告警灯在电源开始上电的时候闪烁一下，此后即灭。如果 IPM 告警灯一直亮，察看 IPM 是否有烧毁的迹象，再用万用表测 IPM 的三相输出端，看是否有短路的情况，若有明显烧毁的迹象或短路，更换 IPM，否则重新进行上电（测试 IPM 是否烧毁时，必须在下电情况下进行）。

4. 过压保护

过压保护是指中间直流电压高于设定值，现象就是控制板上的过压显示灯亮（红灯）。当出现过压保护时，可以重新上电试验，再次出现过压保护时，换控制板，若仍然出现则换 LEM 检测板。

5. 超温保护

超温保护是指散热器的温度超过设定值，出现这种情况只能等待逆变电源冷却后，再进行上电试验，若还是不能运行 45 min，换控制板。

6. 过流保护

过流保护时，控制板上的过流显示灯亮（红灯），此时检查负载是否过载，若负载接线正确，且没有过载，重新进行上电试验，仍然过流保护，即换控制板和 LEM 检测板。

7. 控制接触器 KM3 故障

发生控制接触器 KM3 故障的原因一般是 KM3 发生粘合,现象是逆变电源不能人为停止运行。下电查看 KM3 的触头是否粘合,若粘合换接触器。

8. 母板故障

母板出现故障时,可能的原因是电容短路把控制电源回路烧断,应有明显烧毁的迹象,换母板再进行上电测试。

9. IGBT 故障

IGBT 故障一般就是因 IGBT 烧毁所致。若控制板上的显示都正常,接触器也正常吸合,但风机不工作,即 IPM 没有输出电压,可能是 IGBT 故障,首先应该查看 IGBT 是否有明显烧毁的迹象,若没有烧毁的迹象,再用万用表测试 IGBT 是否有短路或断路的情况(下电的情况下测试)。

任务五　电客车牵引力分析

一、电客车的牵引力

城轨电客车一般依靠车轮和钢轨之间的相互作用使电客车运行,而车轮和钢轨之间相互作用的理论是轨道交通牵引的基本理论。城轨电客车的牵引力、牵引特性、运动规律等都与此理论有密切的联系。城轨是一个庞大而又复杂的系统,科学地使用好城轨电客车,充分发挥它的效能,掌握运行规律是提高电客车运用质量和运行速度,使其最终能安全正点地完成运输任务的必要条件之一。

(一)牵引力的概念

图 2-42 所示为城轨电客车牵引力产生示意图。城轨电客车的牵引力是动车的动力装置引起,通过轮轴之间的相互作用而产生的与电客车运行方向相同的力,司机可以控制和调节其大小。

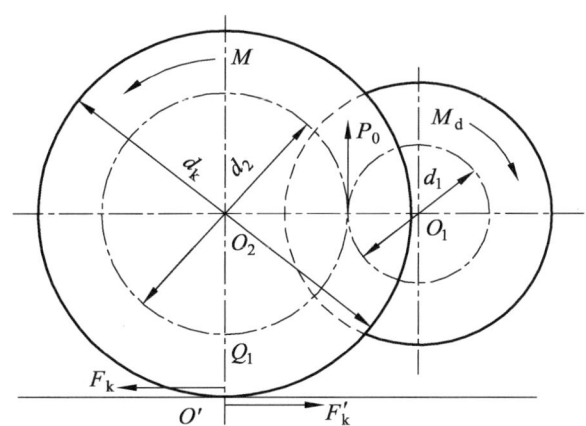

图 2-42　城轨电客车牵引力产生示意图

分析图 2-42 可知，城轨电客车中牵引传动装置中的主动齿轮轴通过联轴节与电动机轴固定在一起，从动齿轮轴固定在车轴上，而主动齿轮与从动齿轮是相互啮合的。城轨电客车中的牵引电动机输出的力矩联轴节传递到主动齿轮上，在轮轨间黏着作用下，按平衡原理，在黏着范围内，两者大小相等，方向相反。轴箱装置的作用下可使电客车产生平移运动。牵引力产生的条件可归纳为：动轮与钢轨间具有黏着作用，动轮上有动力传动装置传递旋转力矩而使电客车前进。

（二）牵引力的分类

城轨电客车的牵引力来自动车，按照动车牵引力各部分工作能力的限制，牵引动力有动力传动装置牵引力和黏着牵引力之分，根据机械传功过程，牵引力有轮周牵引力和车钩牵引力之分。

1. 轮周牵引力

如图 2-34 所示，使城轨电客车发生运动或加速度的外力是动力矩 M 引起的钢轨对动轮的纵向反作用力，这个力称为牵引力，也称为轮周牵引力。

2. 车钩牵引力

车钩牵引力就是动车通过车钩牵引拖车的纵向作用力。作用在动车车钩上的力等于轮周牵引力减去动车运行阻力后的值。即

$$F_g = F - W' - aM_m \quad (\text{kN}) \tag{2-1}$$

式中，W'——动车车身阻力，kN；

M_m——动车质量，kN；

a——动车加速度（km/h^2）。

当 $a = 0$ 时，$F_g = Fk - W'$。

城轨电客车匀速运行时，车钩牵引力等于电客车的总阻力。由于车钩牵引力的作用点在动车车钩上，动车运行时，为克服其自身阻力和各种附加力，不可避免地要消耗一部分轮周牵引力，所以车钩牵引力永远小于轮周牵引力。

在一般的计算中通常以轮周牵引力为计算标准，以轮周牵引力来衡量和表示动车牵引力的大小。

（三）黏着对牵引力的限制

调节牵引电动机转矩，改变切向力 F 的值以得到不同的轮周牵引力的前提条件是不破坏黏着。也就是说，动车所能实现的最大牵引力受黏着的限制，即在任何时候、任何速度下，动车真正能够实现的牵引力都不能超过轮轨间的黏着力。

由黏着条件决定的最大钻着力，即动轮不空转所能实现的最大牵引力，称为黏着牵引力，用 F_μ 表示。

$$F_\mu \leq \mu(\sum M_m \cdot g) \quad (\text{kN}) \tag{2-2}$$

式中，μ——黏着系数；

$\sum M_m$——全部动轮的黏着质量；

g——重力加速度（取 9.81 m/s²）。

当各动轴驱动转矩归算到轮缘的作用力之和超出上式的限制时，黏着条件相对最差的动轮就会产生空转，动车的牵引力会立即下降。动车牵引力最大值在任何时候都不得超过动轮与钢轨间黏着力的最大值的总和，这一原理称为黏着定律。

（四）动轮空转的产生和危害

当动轮对的牵引力大于轮轨间的最大黏着力时，轮轨接触点的作用将不再平衡，车轮开始沿钢轨向后滑动，在强大力矩作用下，车轮飞快转动，而轮轨间的纵向水平作用力变成了滑动摩擦力，其值比最大静摩擦小得多，因而电客车运行速度并不高，这种状态称为空转。空转的危害性是很大的，当空转发生时，轮对转速迅速上升，如果任其发展，往往可能在数秒时间内超出电客车构造速度，不仅使动车牵引力下降，还会使钢轨和车轮遭受剧烈磨耗。若电客车在起动时发生空转，电客车没有起动，而司机又没有及时采取措施，减小驱动力矩，轻则不能充分发挥动车的牵引能力，造成电客车晚点；重则可能造成钢轨和动轮严重磨损，从而降低电客车的使用寿命。因此，我们必须对空转加以防范。

（五）牵引特性和牵引特定曲线

1. 牵引特性

当电客车在某一特定的功率下运行时，随着运行速度的变化，其轮周牵引力也会有相应的变化，这种牵引力随速度变化而变化的规律称为电客车牵引特性。

2. 牵引特性曲线

电客车牵引力可以通过计算和实测得出，将电客车轮周牵引力与速度的关系曲线绘在一张图上，即构成了牵引力的变化规律曲线。通过牵引特性曲线不仅可以查取得各速度的牵引力，还可以用来判定和比较不同类型动车的牵引性能。动车的牵引特性曲线根据生产厂家的数据不同，有的以单电机的特性曲线方式给出，有的以牵引单元的特性曲线方式给出。

从城轨运输要求和特点来看，为了提高线路通过能力，电客车应能在保证行车安全的前提下以尽可能高的速度运行（不超过最大限制速度）；而在起动或低速时，又能很快加速。因此，动车在以其最低持续速度与最大速度之间的任何一种速度运行时，都要求它的功率是恒定不变或是接近恒定的，只有这样，才能充分地发挥动车牵引力的作用。

二、城轨电客车牵引传动系统

城轨电客车的牵引力是由城轨电客车的牵引系统产生的，因此要想掌握城轨电客车牵引力的知识，就必须先掌握电客车牵引传动系统的基础知识。

目前城轨电客车的牵引传动系统基本都采用电力牵引传动系统，其基本的工作过程是：电能经过电客车供电系统传输和相应的转换，提供给电客车的牵引电动机，电能转换成机械能，从而驱动电客车运行。

城轨电客车牵引供电的电源来自城市电网，城市电网提供的电能经过牵引变电所的降压、整流，将高压交流电变成 DC 1 500 V（或 DC 750 V），通过馈电线将电能传递给接触网，然后通过受流装置取电,由钢轨和回流线流回牵引变电所形成回流。

城轨电客车牵引传动系统的基本特点是牵线功率大、传动效率高、能源利用率高、环保绿色、产生污染很少、容易实现自动化控制。

城轨电客车的牵引电动机为电客车提供动力,牵引电动机按工作原理可分为直流电动机、交流异步电动机、交流同步牵引电动机三种。由于交流电动机与直流电动机相比不需要换向器,结构简单,可靠性高,维护量少,可以减小电机的重量,并能获得较大的单位重量功率,具有良好的牵引性能,同时三相交流牵引电动机的调频、调压特性如果设计合理,可以实现大范围的平滑调速,还具有防空转的性能,使黏着利用率提高;三相交流牵引电动机对瞬时过电压和过电流很不敏感,在起动时能在更长的时间内发出较大的起动力矩,因此,交流异步电动机有取代直流电动机的趋势。

(一)牵引传动系统的工作工况

城轨电客车的牵引传动系统有两个工作工况:牵引工况和制动工况。

(1)在牵引工况下,电客车牵引传动系统为电客车提供牵引动力,将供电接触网上的电能转换为电客车在轨道上运行的机械能。

(2)制动工况可以分为再生制动工况和电阻制动工况。再生制动就是将电客车的机械能转换成电能反馈到电网再供给其他电客车或车站设备使用,这种方式能最大幅度地降低电能的损耗。当电客车制动时牵引传动系统反馈的电能超过了接触网上的限值(DC 1 800 V)时,电客车电制动产生的电能将会消耗在制动电阻上,通过电阻发热最终消耗到大气中去,这种通过制动电阻消耗电能的电制动工况被称为电阻制动工况。

(二)直流牵引传动系统

直流牵引传动系统由接触网侧高压电路和直流电动机调速电路组成,主要包括受流器、断路器、接触器、直流牵引电动机、齿轮箱、轮对及接地回流装置等,其中直流牵引电动机是核心部件。

直流牵引传动系统按电动机调速的原理不同可分为变阻调压控制和斩波调压控制两种类型。变阻调压控制通过调节串入电机回路的电阻,改变直流牵引电机的端电压而达到调速目的,有凸轮调阻和斩波调阻。斩波调压控制通过控制接在电网与牵引电动机之间的斩波器的导通与关断来改变牵引电动机的端电压从而实现调速目的,斩波控制装置代替了起动、制动电阻,在起动过程中减少了电能的消耗,在再生制动的过程中能回收一部分电能,与凸轮变阻车相比节约电能20%~30%,并且起动、制动过程是完全无级平滑调节的,提高了平稳性。

图 2-43 所示为直流电动机的模型,导体受力方向由左手定则确定,位于 N 极下的导体 ab 受力方向为从右向左,而位于 S 极下的导体 cd 受力方向为从左到右。导体所受电磁力对轴产生一个转矩,这种由于电磁作用而产生的转矩称为电磁转矩,电磁转矩的方向为逆时针方向。当电磁转矩大于阻力矩时,线圈按逆时针方向旋转,当电枢转动到第二个位置时,原位于 S 极下的导体 cd 转到 N 极下,其受力方向变为从右向左;而原位于 N 极下的导体 ab 转到 S 极下,其受力方向变为从左向右,该转矩的方向仍为逆时针方向,线圈在此转矩作用下继续按逆时针方向旋转。这样虽然导体中流通的电流为交变的,但 N 极下的导体受力方向和 S 极下导体的受力方向并未发生变化,电动机在此方向不变的转矩作用下转动。

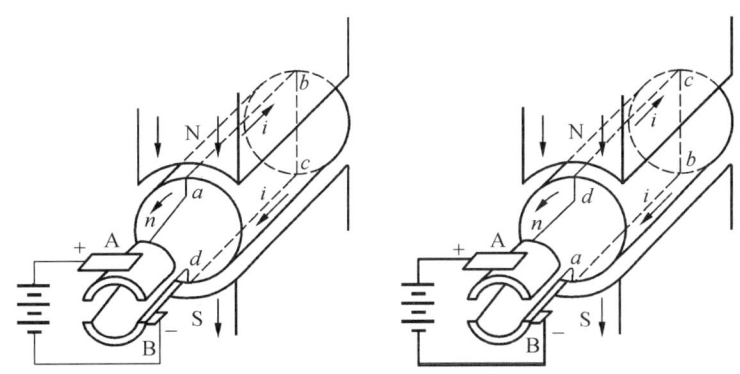

图 2-43 直流电动机的模型

实际直流电动机的电枢根据具体应用情况需要有多个线圈。线圈分布于电枢表面的不同位置上,并按照一定的规定联结起来,构成直流电机的电枢绕组。磁极也是根据需要,N、S极交替放置多对。

直流牵引电动机分为可旋转部分和静止部分。静止部分称为定子,可旋转部分称为转子,在定子和转子之间存在着气隙。定子的作用是:在电磁方面是产生磁场和构成磁路,在机械方面是作为整个电机的支撑。定子由磁极、机座、换向极、电刷装置、端盖和轴承等组成。转子又称电枢,是电动机的转动部分,是用来产生感应电动势和电磁转矩,从而实现机电能量转换的关键部分,它包括电枢铁芯、换向器、电机转轴、电枢绕组、轴承和风扇等。

直流牵引电动机具有良好的牵引和制动性能,调速方便;但防空转性能较差,等功率下电动机的体积和重量较大,换向困难,电位条件差,易产生环火和复杂的维护,特别是在高电压大功率时,换向困难,电位条件更差,使电动机的工作可靠性降低。

(三) 交流牵引传动系统

交流异步牵引电动机的转速控制是通过在保持电源频率恒定的条件下改变定子电压的大小实现的。目前我国的城轨电客车多采用闭环控制系统,基本采用转差-电流控制,如上海地铁 2 号线电客车;也有采用矢量控制,如西安地铁 2 号线 DKZ27 型电客车、广州地铁 1 号线和北京地铁 1 号线 SMF04 型电客车等;还有采用直接转矩控制,如深圳地铁 1 号线电客车。

随着电子技术的不断发展与成熟,交流传动技术越来越受到重视,交流电动机有全面取代直流电动机的趋势。大功率晶闸管技术的成熟与发展,特别是近年来全控电力电子器件的迅速发展,可调压调频的逆变装置成功解决了交流电动机的调速问题。交流牵引电动机有同步和异步之分,目前城轨交通电客车普遍采用的是交流异步牵引电动机,因为交流同步牵引电动机需要集电环和电刷或者在转子上安装旋转整流器,不适于频繁起动和停止的工作需要,也不能在轮径不同或牵引电动机转速有差别时,由一台逆变器驱动多台电动机并联工作。交流异步牵引电动机在空间利用和重量上都优于交流同步牵引电动机,因此被广泛应用。交流异步牵引电动机采用 VVVF 控制,即直流电通过逆变器变为三相交流电,用电压和频率的变化来控制异步电动机的转速变化,获得最佳的调速性能,并实现再生制动。

城轨电客车使用的交流感应电动机主要是结构简单的鼠笼式感应电动机,如图 2-44 所示,它主要由定子和转子构成,定子上加载三相交流电压时,间隙磁通量就会发生变化,从而使转子受到感应,产生扭矩。

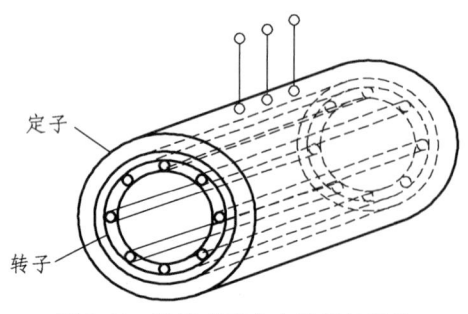

图 2-44 鼠笼式感应电动机的构造

（四）直线电动机牵引系统

直线电动机可认为是旋转电动机的结构的转变，即将旋转电动机沿轴向切开，按水平方向展开，从而使旋转电动机的定子演变为初级，转子演变为次级，以直线运动取代旋转运动。由于直线电动机无旋转部件，因此可大大降低城轨电客车的高度，缩小隧道直径，降低工程成本。此外，直线电动机环保性能好，电客车运行噪声小。直线电动机在城轨电客车上应用时，初级既可设在车上，也可设在地面，分别称为车载初级式和地面初级式。目前，城轨电客车多采用车载初级式异步的方式，初级安装在动车的转向架上，从受电轨受电，电源的变换和控制设备安装在车上；次级沿线路敷设在两根走行钢轨之间的导体板上，建设费用低。广州地铁 4 号线和北京机场线地铁电客车均采用直线电动机牵引传动系统，采用一台 VVVF 逆变器向两台三相八极的直线感应电动机供电，采用 IGBT 器件和脉冲调制技术的牵引逆变器，实现牵引、再生制动控制。

任务六　电客车运行阻力

一、电客车运行阻力的定义和分类

城轨电客车的运行过程，就是牵引力不断克服运行阻力的过程。

（一）运行阻力

电客车运行中产生的一种与其运行方向相反、阻止其运行并且大小不能由司机控制的外力称为电客车运行阻力。

（二）运行阻力分类

1. 按阻力作用部位分类

按阻力作用部位不同，电客车运行阻力可分为动车阻力和电客车（拖车）阻力。

（1）动车阻力：动车惰行工况下由于牵引齿轮及电枢轴的机械阻力存在，所以惰行工况下的动车阻力大于拖车阻力。

（2）电客车（拖车）阻力：电客车（拖车）阻力是指车身移动阻力。

2. 按阻力形成的原因分类

按阻力形成的原因不同，电客车运行阻力可分为基本阻力和附加阻力。

（1）基本阻力：基本阻力是电客车在任何运行情况下都存在的阻力。由于电客车在空旷、平直道上运行时一般只有基本阻力，基本阻力即为空旷、平直线路上的阻力。

（2）附加阻力：附加阻力是电客车在个别情况下运行时才遇到的阻力。电客车在坡道上运行时有坡道附加阻力，在曲线上运行时有曲线附加阻力，在隧道中运行时有隧道附加阻力。

（三）总　结

综上所述，电客车在平直道上运行，由于轴颈与轴承间的摩擦，车轮与钢轨间的作用及周围空气影响等所引起的始终存在的阻力，称为基本阻力。除基本阻力外产生的额外阻力，称为附加阻力，如坡道阻力、曲线阻力、隧道阻力、起动阻力、大风、低温阻力等。

二、电客车运行阻力分析与计算

（一）基本阻力计算

城轨电客车运行时的基本阻力是在城轨电客车运行时始终存在的阻力。轨道交通电客车运行阻力绝大多数与电客车的重量成正比，在实际中经常用单位车重的阻力来计算，称为单位阻力。相应的基本阻力与车重之比称为单位基本阻力，用 ω_0 表示，单位为 N/t。

由于影响基本阻力的因素较为复杂，在实际运用中很难用理论公式来计算，通常按照大量试验综合得出的经验公式进行计算。

下面是我国轨道交通科研部门经过大量的测试和试验给出的国内外部分轨道交通电客车的单位阻力计算的经验公式。

21、22 型客车（v_{max} = 120 km/h）单位阻力的计算公式为

$$\omega_0 = 16.28 + 0.073\,6v + 0.001\,521v_2 \tag{2-3}$$

式中，v 为速度（km/h）。

25B、25G 型客车（v_{max} = 140 km/h）单位阻力的计算公式为

$$\omega_0 = 17.85 + 0.098\,1v + 0.001\,422v_2 \tag{2-4}$$

准高速单层客车（v_{max} = 160 km/h）单位阻力的计算公式为

$$\omega_0 = 15.79 + 0.039\,2v + 0.001\,853v_2 \tag{2-5}$$

准高速双层客车（v_{max} = 160 km/h）单位阻力的计算公式为

$$\omega_0 = 12.16 + 0.034\,3v + 0.001\,540v_2 \tag{2-6}$$

日本新干线 O 系电动车组单位阻力的计算公式为

$$\omega_0 = 11.77 + 0.152\,1v + 0.001\,436v_2 \tag{2-7}$$

日本新干线 100 系电动车组单位阻力的计算公式为

$$\omega_0 = 12.50 + 0.016\,0v + 0.001\,449v_2 \tag{2-8}$$

日本新干线200系电动车组单位阻力的计算公式为

$$\omega_0 = 11.54 + 0.151\ 1v + 0.000\ 883v^2 \tag{2-9}$$

法国TGV电动车组（2辆动车、8辆拖车）单位阻力的计算公式为

$$\omega_0 = 7.132 + 0.078\ 5v + 0.001\ 450v^2 \tag{2-10}$$

德国ICE电动车组（2辆动车、14辆拖车）单位阻力的计算公式为

$$\omega_0 = 11.381 + 0.052\ 0v + 0.001\ 177v^2 \tag{2-11}$$

意大利ETR500电动车组单位阻力的计算公式为

$$\omega_0 = 5.984 + 0.100\ 1v + 0.001\ 109v^2 \tag{2-12}$$

（二）附加阻力计算

附加阻力只在一些特殊情况下存在，当然对于地铁电客车，整条线路均在地下的情况，隧道阻力也可按基本阻力进行计算。在此，我们着重对坡道阻力和曲线阻力的计算问题进行讨论。在附加阻力的计算中，附加阻力与车重之比称为单位附加阻力。习惯上用ω_i表示单位坡道阻力，ω_r表示单位曲线阻力等，它们的单位均为N/t。

1. 坡道阻力分析与计算

坡道阻力实际上就是城轨电动车组在坡道上运行时沿坡道方向的分力，如图2-45所示。当电动车组上坡时，坡道阻力与电动车组运行方向相反，阻力是正值；反之，坡道阻力是负值。显然坡道阻力的大小与坡道的陡峭程度有关。标示坡道陡峭程度的参数是坡度，用字母i表示。它是指坡道终点对起点的高度差与两点之间的距离之比，其值是千分数计，即

$$i = \frac{BC}{AB} \times 1\ 000\ ‰ \tag{2-13}$$

式中，BC——标高差（m）；

AB——坡道长度（m）。

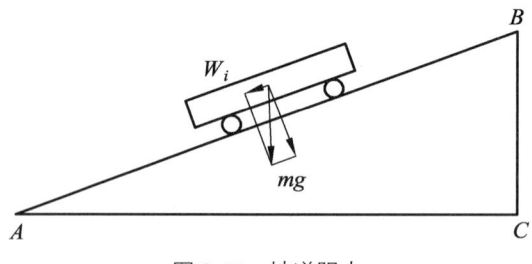

图2-45 坡道阻力

若是上坡道，则标高差为正值；若是下坡道，则标高差为负值，坡度同样为负值。

由图2-45可得

$$\frac{W_i}{mg} = \frac{BC}{AB} \tag{2-14}$$

$$W_i = \frac{BC}{AB}mg\,(\text{kN}) = 1\,000 \times \frac{BC}{AB}mg\,(\text{N}) \tag{2-15}$$

式中，m 为电动车组质量（t）。

单位坡道阻力为

$$\omega_i = \frac{W_i}{m} = 1\,000 \times \frac{BC}{AB}g = ig \tag{2-16}$$

即电动车组的单位坡道阻力在数值上等于该坡道的坡度与重力加速度的乘积。

2. 曲线阻力分析与计算

电动车组进入曲线运行时，车轮轮缘压向外轨头产生滑动摩擦，车轮在轨面产生横向滑动以及电客车心盘和旁承因转向架的转动而产生摩擦等。这些增加的摩擦损失造成的阻力称为曲线阻力。曲线阻力与曲线半径、电动车组运行速度、曲线的外轨超高等许多因素有关，难以用理论方法推导，一般按大量试验得出的经验公式来计算。

单位曲线阻力是曲线半径的函数，其公式为

$$\omega_i = \frac{A}{R}g \tag{2-17}$$

式中，R——曲线半径（m）；

A——用试验方法确定的常数，其值各国有差异，取值范围为 450~800，我国采用 700。

3. 加算坡道单位阻力分析与计算

当坡道与曲线同时出现时，电动车组在该区段的单位附加阻力为单位坡道阻力和单位坡道曲线阻力之和。为方便起见，常将单位曲线阻力看成相当的单位坡道阻力，并与实际的单位坡道阻力相加，称为加算坡道单位阻力，即

$$W_j = \omega_i + \omega_r = ig + \frac{A}{R}g = \left(i + \frac{A}{R}\right)g = i_k g \tag{2-18}$$

式中，i_k——加算坡道的坡度（‰）。

4. 电动车组运行阻力计算

有单位阻力和加算坡道单位阻力，可按式（2-19）计算电动车组运行阻力。

$$W_k = W_0 + W_j = \omega_0 m + i_k gm = (\omega_0 + i_k g)m \tag{2-19}$$

式中，W_j——电动车组加算阻力（N）；

m——电动车组质量（t）。

电动车组单位运行阻力的计算公式为

$$\omega_k = \frac{W_k}{m} = \omega_0 + i_k g \tag{2-20}$$

三、减少电客车运行阻力的措施

针对城轨电客车运行阻力的产生原因，采取有效措施，尽可能地减少运行阻力，相应地提高运行速度、旅客装载量及其他技术经济指标，具有十分重要的意义。

减少运行阻力的措施如下：
（1）按季节变化选用适当牌号的润滑油，以保证轴承良好润滑。
（2）维护好电客车走行部，保证正常的技术状态。
（3）提高载客率，增加电客车重量，减少单位基本阻力。
（4）维护动车组所有制动装置良好的技术状态，避免出现自然制动和缓解不良现象。
（5）采用动力制动，以减小制动损失。
（6）电客车滚动轴承化，电客车外形流线化。

任务七　电客车制动力

一、电客车制动力基础知识

（一）制动的重要意义

人为地使运动物体减速或阻止其加速叫做制动，对于城轨电客车来说，为了使运行着的电客车能迅速地减速或停车，必须对它施行制动；为了防止电客车在下坡道上运行时由于重力作用导致速度增加，需要对它施行制动；为避免停放的电客车因重力作用或风力吹动而溜走，要对它施行制动（称为停放制动）。因此，电客车制动系统对保证电客车安全和正点运行具有极其重要的意义。

（二）制动力

电客车制动力是由制动装置产生的与电客车的运行方向相反并阻碍电客车运动的司机可以根据需要或由自动驾驶装置控制和调节的外力。制动力和电客车运行阻力虽然都阻止电客车的运动，但是制动力是人为和可控的。所以，在电客车制动减速过程中，尽管运行阻力也在起作用，但起主要作用的还是电客车制动力。

（三）制动功率与制动能力

从能量的观点看，制动的实质就是将电客车所具有的动能转移出去，制动系统转移动能的能力称为制动功率。在一定的制动距离条件下，电客车的制动功率是其速度的三次函数。列客车的最高运行速度虽然与其牵引功率有关，但也受其制动能力的限制。电客车的制动能力是指制动系统能使其在规定的制动距离内安全停车的能力。按照城市轨道电客车的运行规程，要求电客车在非常情况下的制动距离（称紧急制动距离）不超过某一规定值。例如，地铁规定的紧急制动距离一般为 180 m。这个距离要比启动加速距离短得多，因此电客车的制动功率要比驱动功率大 5~10 倍。

（四）制动的类型

踏面（闸瓦）制动、盘形制动、电阻制动、再生制动和液力制动都需要通过轮轨黏着来产生制动力，故习惯上把它们归为一类，称为黏着制动。

轨道电磁制动（包括摩擦式和涡流式）和翼板制动都不需要通过轮轨黏着来产生制动力，故习惯上把它们归为一类，称为非黏着制动。

在各种制动中，踏面制动、盘形制动、磁轨制动等都通过摩擦来产生制动作用，所以有时也把它们统称为摩擦制动，把其他不通过摩擦来产生制动作用的统称为非摩擦制动，如轨道涡流制动。

（五）制动系统应具备的条件

城轨的站距较短，因此电客车的调速及停车都比较频繁。为了提高运行速度，尤其是对于高架有轨交通电客车和地铁电客车，必须使其启动快，制动距离短。同时，城轨电客车的旅客上下车造成的车辆波动较大，对电客车载重有较大的影响。针对这些特点，城轨电客车的制动系统应具备以下条件：

（1）操纵灵活，制动减速快，作用灵敏可靠，电客车前后电客车制动、缓解作用一致。

（2）具有足够的制动能力时，其制动力不会衰减。保证电客车在规定的制动距离内停车、在长大下坡道上运行。

（3）具有动力制动与摩擦制动的联合制动能力。在正常制动过程中，优先使用动力制动，以减少对城市环境的污染和降低运行成本。

（4）具有载荷校正能力，能根据乘客载荷的变化自动调节制动力，使电客车制动率保持恒定，以减小电客车冲动，保证乘客乘坐的舒适性。

（5）具有紧急制动性能，遇有紧急情况时，能使电客车在规定距离内安全停车。紧急制动作用除可由司机操纵外，必要时还可由行车有关人员利用紧急按钮（紧急阀）进行操纵。此外，电客车在运行中发生电客车分离、制动系统故障等危及行车安全的事故时，应能自动产生紧急制动作用。

二、电客车制动力形成的机理分析

目前，城轨电客车中除了橡胶车轮电客车和磁悬浮电客车等特殊交通系统外，绝大部分城轨电客车采用的是钢轨钢轮的走行方式。因此，首先要来研究钢轨与钢轮之间的相互关系，以及它们在运行中的各种工况。

轮对由一根车轴与两个车轮组成，在钢轨上运行时，一般承受垂直载荷、纵向载荷和横向载荷。垂直载荷来自电客车对轮对的正压力，纵向载荷主要来自牵引及制动，横向载荷来自电客车的蛇行运动。牵引时，牵引电动机通过传动机构将牵引动力传递给动车的动力轮对（动轮），通过车轮和钢轨的相互作用产生使电客车运动的反作用力。根据物理学中有关机械摩擦的理论，轮轨间的切向作用力就是静摩擦力。而最大静摩擦力就是钢轨对车轮的反作用力的法向分力与静摩擦系数的乘积。稳态前进的非动力轮的车轮在不制动时，其纵向切向力平衡轴承阻力和蛇行时的惯性力。因此，无论是动轮对还是从动轮对都存在着纵向切向力，它导致了轮轨之间出现纵向相对运动。但实际上，事情并非那么简单，动轮与钢轨间切向作用力的最大值与物理学上的最大静摩擦力相比要小一些，情况也更复杂一些。在分析轨道电客车的轮轨关系时，通常必须引入两个十分重要的概念，即黏着和蠕滑。

（一）黏　着

图 2-46 所示为某城轨电客车的动车以速度 V 在直线线路上运行时，它的一个动力轮对的

受力情况（图中忽略了其内部的各种摩擦阻力）。为了更清楚地表示该图中物理量的各种关系，我们把实际上相互接触的车轮与钢轨稍稍分开画出。

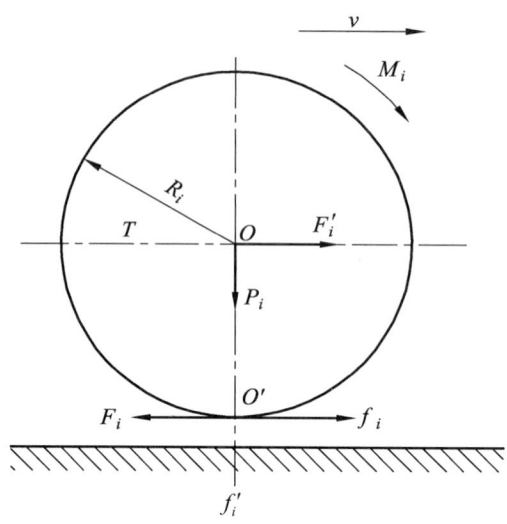

图 2-46　在直线线路上运行的轮对与钢轨受力分析

在图 2-46 中，P_i 为一个动轮对作用在钢轨上的正压力，又称为轮对的轴重；M_i 为牵引电动机作用在动轮对上的驱动转矩，可以用一对力（F_i' 和 F_i）形成的力偶代替。力 F_i' 和 F_i 分别作用在轮轴中心的 O 点和轮轨接触处的 O' 点，其大小为

$$F_i = F_i' = \frac{M_i}{R_i} \tag{2-21}$$

式中，R_i——动轮半径。

在正压力 P_i 的作用下，车轮与钢轨的接触部分紧紧压在一起。

F_i 使车轮上的 O' 点具有向左运动的趋势，并通过 O' 点作用在钢轨上。f_i' 表示车轮作用在钢轨上的力，$f_i' = F_i$。由于轮轨接触处存在着摩擦，车轮上 O' 点向左运动的趋势将引起向右的静摩擦力 f_i，即钢轨对车轮的反作用力，$f_i = f_i'$。因此，车轮上的 O' 点受到两个相反方向的力 F_i 和 f_i 的作用，而且 $f_i = F_i$。所以，O' 点保持相对静止，轮轨之间没有相对滑动，在力 F_i' 的作用下，轮对做纯滚动运动。

由于正压力而保持车轮与钢轨接触处相对静止的现象称为黏着，黏着状态下的静摩擦力 f_i 称为黏着力。

轮轨间的黏着与静力学中的静摩擦的物理性质十分相似。驱动转矩 M_i 产生的切向力 F_i 增大时，黏着力 f_i 也随之增大，并保持与 F_i 相等。当切向力 F_i 增大到某个数值时，黏着力 f_i 达到最大值。此后，切向力 F_i 如果再增大，f_i 反而迅速减小。试验证明，黏着力 f_i 的最大值 f_{max} 与动力轮对的正压力 P_i 成正比，其比例常数称为黏着系数，用 μ 表示，即

$$f_{max} = \mu P_i \tag{2-22}$$

式（2-22）表明，在轴重一定的条件下，轮轨间的最大黏着力由轮轨间系数的大小决定。当轮轨间出现最大黏着力时，若继续加大驱动转矩，一旦切向力 F_i 大于最大黏着力，车轮上的 O' 点将向左移动，轮轨间出现相对滑动，黏着状态被破坏。这时，车轮与钢轨的相对运动

由纯滚动变为既有滚动也有滑动。此时，钢轨对车轮的反作用力 f_i 由静摩擦力变为滑动摩擦，其值迅速减小，并使车轮的转速上升。这种因驱动转矩过大，破坏黏着关系，使轮轨间出现相对滑动的现象称为空转。当车轮出现空转时，轮轨间只能依靠滑动摩擦力传递切向力，因而传递切向力的能力大大减小，并且会造成车轮踏面和轨面的擦伤。因此，牵引运动应尽量防止出现车轮的空转。

黏着系数是由轮轨间的物理状态确定的。加大每个轮对作用在钢轨上的压力，即增加轴重，可以提高每个动轮对的黏着力和牵引力。但是，轴重也受到钢轨、路基和桥梁等各种条件的限制，不可能无限制地增加。城轨电客车由于采用动车组形式，动轮对数量比一般铁路电客车多，动力和黏着力比较分散，牵引力总量又很容易达到，与铁路电客车的动力轮对和牵引力都集中在机车头的情况相比，城轨电客车利用黏着条件就相对好得多，因而对于保护轮轨间的正常作用是很有利的。

（二）蠕 滑

传统理论认为，车轮相对钢轨滚动时，接触面是一种干摩擦的黏着状态，制动力或牵引力大于黏着力时才会转入滑动摩擦状态。但是现代研究表明，由于车轮和钢轨都是弹性体，滚动时轮轨接触处会产生弹性变形，这种新的弹性变形会使接触面发生微量滑动，称为蠕滑。对蠕滑进行研究和分析可以进一步深化对黏着的认识。

在车轮上正压力的作用下，轮轨接触处产生弹性变形，形成椭圆形的接触面。从微观上仔细观察，两个接触面是粗糙不平的。由于切向力 F_i 的作用，车轮在钢轨上滚动时，车轮和钢轨的粗糙接触面间产生新的弹性变形，接触面间出现微量滑动，即蠕滑。

蠕滑的产生主要是因为在车轮接触面的前部产生压缩，后部产生拉伸；而在钢轨接触面的前部产生拉伸，后部产生压缩。随着车轮的滚动，车轮上原来被压缩的金属陆续放松，并被拉伸，而钢轨上原来被拉伸的金属陆续被压缩，因而在接触面的后部出现滑动。

图 2-47 中，切向力在接触面上形成两个性质不同的状态和区域：接触面的前部，轮轨间没有相对滑动，称为滚动区，用阴影线表示；接触面的后部，轮轨间有相对滑动，称为滑动区，这两个区域的大小随切向力的变化而变化。当切向力增大时，滑动区面积增大，滚动区面积减小；当切向力超过某一极限值时，滚动区面积为零，只剩下滑动区，整个接触面间出现相对滑动，轮轨间的黏着被破坏，车轮开始在钢轨上明显打滑，即出现空转。

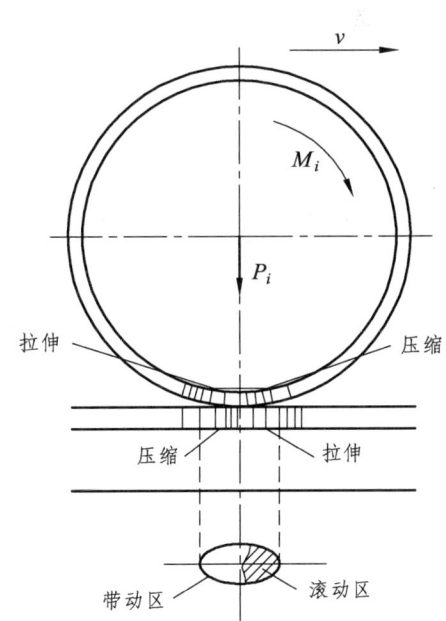

图 2-47 切向力在接触面上形成的滚动区和滑动区

蠕滑是滚动体的正常滑动。车轮在滚动过程中必然会产生蠕滑现象。静摩擦力伴随着蠕滑产生，轮轨之间才能传递切向力。由于蠕滑的存在，牵引时车轮的滚动圆周速度将比其轮心前进速度要大。这两种速度之间的差值称为蠕滑速度，并以一个无量纲比值蠕滑率 σ 来表示蠕滑的大小，即

$$\sigma = \frac{\omega R_i - v}{v} \tag{2-23}$$

式中：ω——车轮转动的角速度；
　　　R_i——车轮的半径；
　　　v——车轮轮心前进速度。

轮轨间由于摩擦产生的切向力反过来作用于驱动机构，随着切向力的增大，驱动机构内的弹性应力也增大。当切向力达到极限时，由于蠕滑的积累波及整个接触面，发展成为真滑动。积累的能量使车轮本身加速，这时驱动机构内的弹性应力被解除。由于车轮的惯性和驱动机构的弹性，在轮轨间出现滑动—黏着—再滑动—再黏着的反复振荡过程，一直持续到重新在驱动机构中建立起稳定的弹性应力为止。

（三）制动力的形成

与牵引运行类似，制动力也是通过轮轨间的黏着产生的。为了降低电客车运行速度或者为了停车，必须用外力将电客车动能移走。这个移走电客车动能的过程称为制动。一般城轨电客车的制动方式有三类，即摩擦制动（包括闸瓦制动和盘式制动）、动力制动（包括再生制动和电阻制动）和电磁制动（包括磁轨制动和涡流制动）。其中，摩擦制动和动力制动都是通过轮轨黏着产生制动力的。下面以闸瓦制动为例，说明通过轮轨黏着产生制动力的过程。

图 2-48 所示为一个轮对利用闸瓦制动产生制动力的示意图。

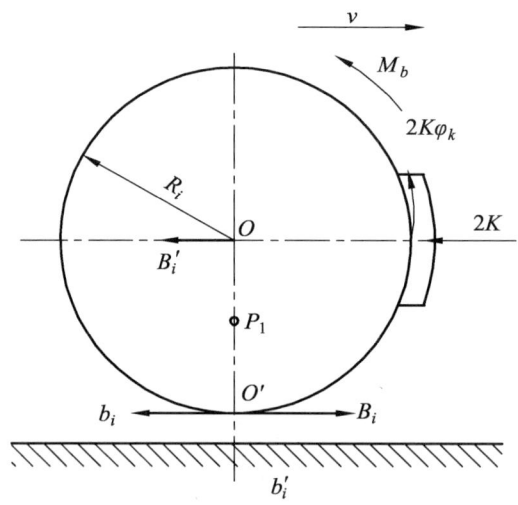

图 2-48　闸瓦制动时轮对与钢轨受力分析

假设一个轮对上有两块闸瓦，在忽略其他各种摩擦阻力的情况下，轮对在平直道上滚动惰行。若每块闸瓦以压力 K 压向车轮踏面，闸瓦和踏面间引起与车轮转动方向相反的滑动摩擦 $2K\varphi_k$（φ_k 为车轮踏面与闸瓦间的滑动摩擦系数）。对于电客车来说，该摩擦力是内力，不能使电客车减速，但是它可以通过轮轨间的黏着引起与电客车运动方向相反的外力，以此来实现电客车的减速或停车。

摩擦力 $2K\varphi_k$ 对车轮的作用效果相当于制动转矩 M_b，即

$$M_b = 2K\varphi_k R_i \tag{2-24}$$

用类似牵引力形成的分析方法,转矩 M_b 可以用轴心和轮轨接触处的力偶(B_i,B_i')代替。力偶的力臂为车轮 R_i,作用力 $B_i = B_i' = \dfrac{M_b}{R_i} = 2K\varphi_k$。轮轨接触处因轮对的正压力 P_i 而存在黏着,切向力 B_i 将引起钢轨对车轮的静摩擦反作用力 b_i,$b_i = B_i = 2K\varphi_k$。b_i 作用在车轮踏面的 O' 点处,作用方向与电客车运行方向相反,是阻止电客车运行的外力,称为制动力。制动力 b_i 也是轮轨间的黏着力,因而也受到黏着条件的限制,即

$$b_i \leqslant P_i \mu_i \tag{2-25}$$

式中,P_i 为动车或拖车轮对的轴重;μ_i 为制动时轮对间的黏着系数。

整个电客车的总闸瓦制动力为所有轮对闸瓦制动力之和,即

$$B = \sum b_i \tag{2-26}$$

制动力的大小可以通过增加或减小闸瓦的压力来调节,但不得大于黏着条件所允许的最大值。否则,车轮被闸瓦"抱死",车轮与钢轨间产生相对滑动,车轮的制动力变为滑动摩擦力,数值立即减小,产生滑行。滑行是与牵引时的空转相对应的一种黏着状态被破坏的现象。滑行时,制动力大大下降,制动距离增加,还会造成车轮踏面与钢轨的擦伤,因此也必须尽量避免。

动力制动产生制动力的过程与摩擦制动产生制动力的过程基本类似,只是动力制动的制动转矩是由电动机(这时电动机处于发电机状态)产生的,而不是闸瓦产生的,但它们都是通过轮轨黏着产生的。因此,牵引力、摩擦制动力和动力(电气)制动力都是黏着力,它们与黏着关系密切。充分利用好黏着条件,不仅是牵引必须注意的,对于制动来说也是同样重要的。滑行和空转都是必须避免出现的。

唯一不受黏着条件限制的制动是电磁制动。电磁制动有两种形式,即磁轨制动和涡流制动。磁轨制动是将带有磨耗板的电磁铁落在钢轨上,接通励磁电流,使电磁铁紧紧吸附在钢轨上,并通过磨耗板与轨面产生制动力。涡流制动的电磁铁没有磨耗板,它将电磁铁落在距轨面 7~10 mm 处,电磁铁与钢轨间的相对运动引起电涡流作用形成制动力。磁轨制动在欧洲的轻轨电客车或有轨电车上经常能看见,主要用于紧急制动。磁轨制动应用最多的是高速电客车和磁悬浮电客车。

(四)黏着控制的必要性和黏着控制系统

现代城轨电客车上多装有防空转检测保护装置,使动车在空转刚刚发生时,就能将其检测出来,并能自动采取措施,消除空转,以保证电客车正常运行。

1. 黏着控制的必要性

城轨电客车在设计时,虽然充分考虑了轮轨之间的黏着利用,但是没有黏着控制系统的轨道,电客车动车只能靠其自然特性运行,难以运用到黏着极限,即使短时达到较大的牵引力,也难以维持,因为轮对空转随时可能发生,因此只能远离黏着极限使用。同样,在电客车制动时,若无防滑行保护装置,一旦制动力大于轮轨黏着极限,就会出现滑行,将导致轮对擦伤和制动距离增加。因此,在现代电客车的控制中,一般都设有黏着控制系统——防空转/滑行保护系统。

2. 黏着控制系统

目前，国内外常见的黏着控制系统主要是校正型和蠕滑率控制型两大类。城轨电客车要求动车具有良好的防空转和防滑行性能，大多采用校正型黏着控制系统。

当城轨电客车产生空转时，会产生如下信号：空转轮对转速不正常的大幅度上升，空转牵引电动机电流不正常地大幅度下降，串联电路中一台电动机的端电压迅速上升，而另一台迅速下降；轮对空转前有某种一定频率的扭振。

黏着控制系统通过检测装置测得上述空转信号。当动车牵引力超过黏着值，空转或空转趋势达到一定程度时，黏着控制系统快速并深度削减动轮驱动转矩，使空转得到强烈的抑制，进入再黏着恢复区后，迅速恢复牵引力；当回升到空转前转矩的一定比例时，再以缓慢速率增长，以便寻找一个黏着极限点。采用这种短时超越黏着的最大值，又不让空转发展的简单办法，可使轮轨经常运用在高黏着区，而每次校正削减造成的牵引力损失都减到最小。

（五）影响黏着系数的因素

由于黏着系数与制动有相当重要的关系，所以长期以来，影响黏着系数的主要因素就成为世界上众多科技专家研究的对象。对轨道黏着系数的研究主要依靠试验。不同轨道的黏着系数不同，需要经过大量试验和对试验数据的计算分析才能得到。专家们的试验分析表明，黏着系数是一个由多因素决定的变数，当动车黏着重量确定后，黏着系数就是决定黏着牵引力大小的因素。影响黏着系数的主要因素有以下几项。

1. 动轮踏面与钢轨表面状态

干燥清洁的动轮踏面与钢轨表面黏着系数高，冰、霜、雪等天气的冷凝作用或小雨使轨面轻微潮湿时轨面黏着系数低，大雨冲刷、雨后生成薄锈则会使黏着系数增大，油垢又会使黏着系数减小。

2. 线路质量

钢轨越软或道碴的下沉量越大，黏着系数越小。钢轨不平或直线地段两侧轨顶不在同一水平面，动轮所处位置的轨面状态不同，都会使黏着系数减小。

3. 电客车运行速度和状态

电客车运行速度增高，加剧了动轮对钢轨的纵向和横向滑动及电客车振动，使黏着系数减小。特别是在轮轨表面被水污染的情况下，黏着系数随速度的增加而急剧下降。电客车运行中由各种因素导致的轴重转移，也影响着黏着系数，如电客车过弯道时，车轮一侧增载，另一侧减载，会造成黏着系数大幅降低。曲线半径越小，黏着系数降低越大。

4. 动车有关部件的状态

各动轴上牵引电动机的特性不完全相同，在同一运行速度下产生牵引力大的轮对将首先发生空转；各个动轮的直径不同，直径小的动轮发出的牵引力大，容易首先发生空转；各个动轮的动负荷不同，运行中动负荷轻的动轮将首先空转。空转必然导致动车的黏着系数减小。

5. 改善黏着的方法

改善黏着的方法主要有两大类：一大类是修正轮轨表面接触条件，改善轮轨表面不清洁状态；另一大类是设法改善轨道电客车的悬挂系统，以减轻轮轨对减载带来的不利影响。通常采用以下改善黏着的措施：从电客车上往钢轨上撒沙；用机械或化学方法清洗钢轨、打磨钢轨；改进闸瓦材料，如用增黏闸瓦材料；改善电客车悬挂，减小轴重转移等。

三、电客车制动力计算

以闸瓦制动（见图2-49）为例，制动时，设每个轮对的闸瓦压力为 K，车轮与闸瓦的摩擦系数为 ϕ。制动前，电客车以速度 v 运行，轮对以角速度 ω 在轨面上滚动。制动时，闸瓦作用于车轮踏面的压力 K 引起闸瓦作用于轮对的摩擦力 $K\varphi$，这个摩擦力对轮对中心形成一个力矩 $K\varphi R$，它的方向与轮对转动方向相反。

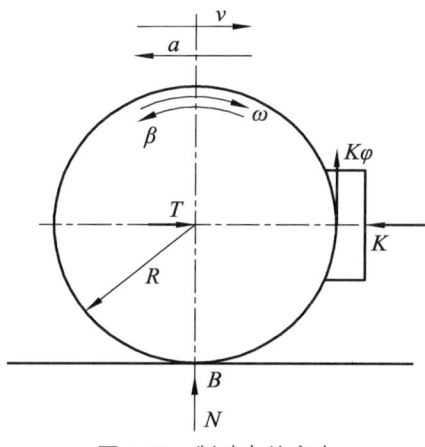

图2-49 制动力的产生

上述摩擦力矩起着两方面的作用：一方面，阻止轮对转动，使轮对获得角减加速度 β，轮对转速因而迅速减慢以至停止转动；另一方面，由于轮对的转动被阻止，势必引起轮轨间的相对滑动趋势，从而使轮轨之间产生相互作用力，即由于闸瓦摩擦力矩而在轮轨接触点引起了车轮对钢轨的纵向水平作用力和钢轨对车轮的反作用力 B。反作用力 B 对于轮对及本电客车来说都是与电客车运行方向相反的外力，起着阻碍电客车运行的作用，使电客车获得减加速度 α，这就是制动力。根据图2-49，将轮对作为分离体，建立力矩平衡方程，可以得到制动力大小，即

$$K\varphi R - BR = I\beta \tag{2-27}$$

式中，R——车轮半径；

I——轮对的转动惯量。

在式（2-27）中，$I\beta$ 所占的比例很小，为了简化起见，通常忽略不计（假定 $I=0$），留到计算转动距离时再加考虑。这样，转动力在数值上等于闸瓦摩擦力，即

$$B = K\varphi \tag{2-28}$$

全电客车的制动力为

$$B_m = \sum(K\varphi) \tag{2-29}$$

从式（2-29）可以看到，制动力 B 随着车轮和闸瓦间摩擦力的增大而增大。但也不是无限制地增大，制动力要受到黏着力的限制，即

$$B = K\phi \leq F_\psi = N\psi \tag{2-30}$$

或

$$\frac{K}{N} \leq \frac{\psi}{\varphi} \tag{2-31}$$

式中，F_ψ——轮轨间的黏着力；
N——钢轨对轮对轴重的反作用力；
ψ——轮对间的黏着常数。

令 $\delta_0 = \dfrac{K}{N}$，称为轴制动率。因此，黏着条件可表示为

$$\delta_0 \leq \frac{\psi}{\varphi} \tag{2-32}$$

由于制动方式不同，制动力的计算方式也有所不同。这里仅就空气制动和动力制动作简单介绍。

（一）空气制动的制动力计算

闸瓦制动时，当动车组各节车的车轮闸瓦间摩擦系数相同时，制动力计算公式为

$$B_m = \sum (K\varphi)$$

车轮与闸瓦的摩擦系数 φ 主要由闸瓦的材料决定，以式（2-33）至式（2-39）作为参考。
中磷铸铁闸瓦：

$$\varphi = 0.64 \times \frac{K+100}{5K+100} \times \frac{3.6v+100}{14v+100} + 0.000\,7(110-v_0) \tag{2-33}$$

高磷铸铁闸瓦：

$$\varphi = 0.819 \times \frac{K+100}{7K+100} \times \frac{17v+100}{60v+100} + 0.001\,2(120-v_0) \tag{2-34}$$

低摩合成闸瓦：

$$\varphi = 0.25 \times \frac{K+500}{6K+500} \times \frac{4v+150}{10v+150} + 0.000\,6(100-v_0) \tag{2-35}$$

高摩合成闸瓦：

$$\varphi = 0.41 \times \frac{K+200}{46K+200} \times \frac{v+150}{2v+150} \tag{2-36}$$

式中，K——闸瓦压力；
v——电客车运行瞬时速度；
v_0——制动初速度。

闸瓦压力的大小与基础制动形式和制动缸压力大小有关。当采用单元制动时，每个轮对的闸瓦压力 K 为

$$K = \left(\frac{\pi}{4}d^2 p_z - F_G\right)n\eta m \qquad (2\text{-}37)$$

式中，d——制动缸直径；
$\quad\quad p_z$——制动缸压力；
$\quad\quad F_G$——制动缸复原簧反力；
$\quad\quad n$——单元制动缸倍率；
$\quad\quad \eta$——单元制动传动效率；
$\quad\quad m$——每个轮对上单元制动数量。

将 $K = \left(\frac{\pi}{4}d^2 p_z - F_G\right)n\eta m$ 代入 $B_m = \sum(K\varphi)$，得闸瓦制动时每个轮对的制动力 B 为

$$B = \sum 1\,000\left(\frac{\pi}{4}d^2 p_z - F_G\right)n\eta m\varphi \qquad (2\text{-}38)$$

由于盘形制动闸片的摩擦半径 r 小于车轮半径 R，所以每个轮对产生的制动力 B 为

$$B = 1\,000\left(\frac{\pi}{4}d^2 p_z - F_G\right)n\eta m\frac{r}{R}\varphi \qquad (2\text{-}39)$$

式中，r——制动盘摩擦半径；
$\quad\quad R$——车轮半径。

（二）动力制动的制动力计算

动力制动是利用牵引电动机的可逆原理，制动工况时，将牵引电动机变为发电机，由轮对驱动，把动车组的动能转化成电能。然后，或者将电能反馈给电网，或者将电能通过电阻转变为热能散逸到大气中。

在制动工况时，牵引电动机中的电流与感应电动势方向相同，而电磁转矩与电枢的旋转方向相反。这个反向转矩通过传动齿轮传到动车的动轴上，与闸瓦制动一样，在动轴的轮轨间产生了钢轨对车轮的纵向水平作用力——制动力。

设动车组中动车每台电动机产生的电磁转矩为 M，则该动车产生的动力制动力 B_d 为

$$B_d = \frac{m_d \mu}{R\eta_d}M \qquad (2\text{-}40)$$

式中，m_d——每辆车上牵引电机台数；
$\quad\quad \mu$——传动齿轮传动比；
$\quad\quad R$——车轮直径；
$\quad\quad \eta_d$——传动效率；
$\quad\quad M$——电机电磁转矩。

（三）制动距离的认知

从司机将制动控制器手柄置于制动位的瞬间至动车组停车为止，动车组所走过的距离称为制动距离。制动距离是反映制动系统综合性能的重要指标。

由于在施行制动时，动车组中各电客车的制动力产生的起始时间并非完全同步，尤其是制动力的上升不可能同步。因此，从动车组开始制动到制动力上升到最大值是一个过程，如图 2-50 中的实线所示。为了便于计算，通常假定动车组各电客车的制动力在制动开始后某一瞬间 t_k 同时产生并立即达到最大值，如图 2-9 中虚线所示。这样，动车组的制动分成两段：第一段为从施行制动到 t_k，称为空走过程，t_k 称为空走时间，动车组在空走时间内惰行的距离称为空走距离 s_k；第二段从这假设的瞬间开始到动车组停车，称为实制动过程，其经历的时间称为实制动时间 t_e，该过程中动车组所运行的距离称为实制动距离 s_e。因此，制动时动车组的制动距离为

$$s_z = s_k + s_e \tag{2-41}$$

上述制动距离计算是否准确，显然与空走时间的确定有关，因此空走时间必须按制动距离等效的原则来确定，即空走距离与实制动距离之和应等于实际的制动距离。

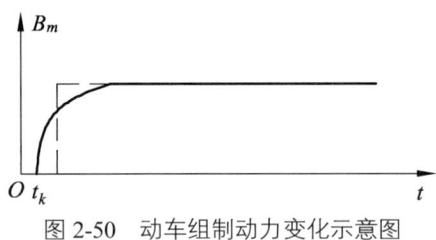

图 2-50 动车组制动力变化示意图

项目实训　电客车供电、牵引与制动基础

【实训目的】

（1）掌握城轨电客车牵引力与制动力的计算。
（2）认识城轨电客车牵引与制动系统及零部件结构与作用。

【实训条件】

（1）电客车牵引计算软件。
（2）城轨电客车段或培训机构实训室。

【实训内容】

（1）学习电客车牵引计算软件的使用方法，输入实际数据，对某城轨电客车运行数据进行计算和分析。
（2）深入城轨电客车段的检修部门对电客车的牵引与制动部件的结构及作用进行了解，并说明其主要特点和相互之间的作用。

思考与练习

1. 简述城轨电客车牵引供电设备的组成。
2. 简述城轨电客车牵引供电系统四种工作状态的基本原理。
3. 简述城轨电客车辅助供电设备的组成。
4. 简述城轨电客车辅助供电系统的供电原理。
5. 简述扩展供电的定义。
6. 简述蓄电池的性能参数。
7. 城轨电客车牵引力是如何产生的?牵引力如何进行分类?
8. 简述城轨电客车黏着限制的概念、影响黏着系数的因素。
9. 城轨电客车牵引特性、牵引曲线的概念各是什么?
10. 简述城轨电客车牵引系统、电客车运行阻力的概念和分类。
11. 城轨电客车运行主要附加运行阻力应如何计算?减少运行阻力的主要措施有哪些?

项目三 电客车通信信号知识

学习目标

（1）了解并掌握通信、信号在城市电客车的应用与重要性。
（2）掌握电客车进路控制的基本方法。
（3）掌握城市轨道交通信号在电客车各种驾驶模式的中的应用与实践。

重点难点

（1）通信、信号系统在城轨系统中的要求及组成。
（2）城市轨道交通电客车进路控制的基本方法。
（3）移动闭塞在城轨信号系统中的应用。

任务一　城轨通信基础

城市轨道交通通信系统是城轨行车调度指挥、运营服务管理、内外联络的重要工具，是信息系统的基础设施，在城市轨道交通电客车运行中为其安全运行提供可靠的语音、数据和图像信息传送和交换。城轨通信系统最大的特点是本身具有网络监控和管理功能，在突发事件和紧急情况下，能为抢险救灾提供一定的应急通信功能，同时也是构成城市轨道交通各部门之间信息交换和业务联系的工具，能使城轨运营实现集中统一指挥、行车调度自动化、电客车运行自动化，是提高城轨运营效率的必备工具与手段之一。

一、分　类

城市轨道交通通信按用途不同可分为：城市地区通信、城市轨道交通专用通信、有线广播、闭路电视、无线通信以及子母钟报时系统、会议系统、传真及计算机通信系统。

按信息传输的媒介不同可分为：线通信和无线通信。有线通信又可分为光缆和电缆通信。城市轨道交通通信系统是既能传输语言，又能传输文字、数据、图像等各种信息的综合性数字通信网。

二、组　成

城市轨道交通通信系统一般情况下由传输系统、无线通信系统、公务通信系统、调度专用通信系统、闭路电视监控系统、乘客信息服务显示系统、广播系统、时钟分配系统、通信综合网络管理系统、计算机网络系统、通信电源及接地系统公务电话系统、专用电话系统、闭路电视监控系统、办公自动化系统、无线集群通信系统、消防无线系统、公安无线系统、集中监控系统、公众移动通信接入系统、通信电源系统等专业子系统组成。下面对其主要的部分进行简介。

（一）传输系统

传输网络是城市轨道交通通信的基础，传输网络要求具有高可靠性和丰富的业务接口，其底层一般采用 SDH 或 OTH 光纤自愈环路，提供各种业务接口，具备传输各种信息的能力，包括普通话音、宽带广播、数据及图像信息等，如电话、广播和防灾报警、视频等。城轨的通信传输网可分为专用传输网、综合办公自动化和公众移动接入传输网，它们是完全互相隔离的三个网络。

（二）无线通信系统

无线集群通信系统是用无线方式进行调度指挥的系统，为城市轨道交通内部固定工作人员与流动工作人员及机车之间提供话音通信和高效数据短信息；为运营控制指挥中心的行车调度员、环境控制调度员、公安值班员、维修调度员等对电客车司机、运营人员、维护人员和现场工作人员等无线用户分别实施无线通信；为车辆段值班员对段内的无线用户实施无线通信；相应的无线用户之间必要的无线通信。同时还具有相应的呼叫、广播、录音、存储、显示、检测和优先权等功能。系统以调度组通信为主，同时还可实现用户间一对一的单独通信。无线通信系统在保证行车安全及处理紧急突发事件方面有不可替代的作用。

（三）公务通信系统

公务通信系统相当于企业内部电话系统，采用通用的程控数字交换机组网，为轨道交通管理部门、运营部门、维修部门提供一般公务联络，主要有电话业务和部分非话业务，具有交换、计费功能，具有识别非话业务能力和 2B + D 交换接续，能与分组交换网连接，能实现会议电话、自我诊断、维护管理、新业务等功能，应能与本地公用电话网互联，实现与消防报警 119、公安报警 110、医疗急救 120 等通话，还可以实现国内、国际长途通信。

（四）调度及专用通信系统

调度及专用通信系统包括调度电话、站间行车电话、轨旁电话及站内电话等专用电话。调度电话是为电客车运营、电力供应、日常维修、防灾救护等提供指挥调度的手段，要求迅速、直达，不允许与运营无关的其他用户接入。调度电话分为行车调度电话、牵引供电调度电话、环控调度电话和维修调度电话。

调度及专用通信系统主要由调度电话系统和站间、站内及轨旁电话系统组成。调度电话系统与站间、站内、轨旁电话既可合设也可分别构成系统，网络构成方式主要有以下三种：纳入程控交换机方式，单独设置调度程控交换机方式，设置数字调度及专用通信系统方式。调度电话是为电客车运营、电力供应、日常维修、防灾救护提供指挥调度的手段，要求迅速、直达，不允许与运营无关的其他用户接入。调度电话分为行车调度电话、牵引供电调度电话、环控调度电话和维修调度电话。

（五）闭路电视监视系统

闭路电视监视系统是轨道交通运营管理现代化的配套设备，供控制指挥中心调度管理人员、车站值班员、站台工作人员及司机实时监视车站客流、电客车出入站及旅客上下车等情况，以提高城市轨道交通运行组织管理效率，保证电客车安全、正点地运送旅客；为车站值班员提供对车站的站厅、站台等主要区域的监视；为电客车司机提供对相应站台旅客上、下车等情况的监视；为中心调度员提供对各车站的监视。三方监视员是相互独立的，其中车站值班员、中心调度员具有人工和自动选择的功能，同时具有录像功能。

（六）乘客信息服务系统

乘客信息服务系统是一个综合计算机网络技术和电子媒体技术的综合服务性系统，是一个多媒体资讯发布、播控与管理平台。能发布乘客导乘信息、电客车到站信息、票务政策信息、乘车指引、换乘信息、电子地图、运营安全信息等运营服务信息，为乘客提供丰富的资讯与娱乐信息，包括天气预报、时事新闻、视频节目、股市行情以及各种商业广告等。

（七）广播系统

城轨系统的广播系统由运营线广播、车辆段广播和停车场广播三个独立系统组成，其中运营线广播又分为车站广播和电客车广播。电客车广播系统与车辆设计有关，由城轨的车辆部门统一进行系统设计与安装。

车站广播系统：车站广播主要用于对车站乘客、维修和运行人员进行广播，通知有关时刻表的变更、电客车的误点、安全状况、偶发事件等信息或预先录制的通告等。车站广播采用车站和控制指挥中心两级控制方式，平时以车站广播为主，控制指挥中心可以插入，但在事故抢险、组织指挥、疏导乘客安全撤离时，则以控制中心防灾广播为主。

车辆段和停车场广播系统：车辆段和停车场广播系统为一套独立的区域广播系统，供车辆段和停车场车厂（场）调度对车库播音区进行定向语音广播，运转值班员的播音控制台应具备对其播音区的监听功能。

（八）时钟分配系统

时钟分配系统作为轨道交通通信系统的一个部分，在轨道交通运营过程中为工作人员、乘客及全线自动化系统、信号系统、FAS、BAS、SCADA、AFC 等提供统一的时间标准，以提高运营效率和质量，同时还应为通信系统本身提供必要的同步信号。

（九）通信综合网络管理系统

通信综合网络管理系统是利用计算机网络技术和计算机本身的数据处理能力，对通信系统中的各子系统进行集中管理，将各系统的运行状态集中反映到网管终端设备上，使通信维护人员能及时、准确了解整个通信系统设备的运行状况和故障信息，以便于处理。系统应具备故障管理、配置管理、性能管理、安全管理等基本功能。能够对子系统的告警进行汇总、显示、确认及报告，能进行故障定位，达到综合的管理目的。

（十）计算机网络系统

计算机网络系统是实现企业办公自动化的有效手段，它能为轨道交通客运营销、经营管理提供服务，借助于相应的软硬件系统，能够实现设备维护管理、财务管理、办公自动化、邮件传输、门户网站等功能。

（十一）通信电源及接地系统功能

通信电源系统主要为控制指挥中心、车站和车辆段（停车场）通信设备提供高质量、高可靠的电源供应，保证在主电源中断或发生超限波动的情况下，通信设备在规定的时间内仍能正常工作，等待主电源恢复正常。通信设备的接地系统应做到确保人身、通信设备安全和通信设备的正常工作，防止通信电源系统引入串杂音、强电干扰和雷击，确保整个通信系统安全。

三、通信系统的功能与作用

（一）行车调度指挥

通信系统提供的专用电话为运营控制中心各类调度提供与车站各类专业人员传递调度生产命令的有线语音通信，这种语音通信是无阻塞的，必须确保畅通，无线列调功能为运营控制中心行车调度提供与电客车司机间的无线联络，是行车调度指挥的重要功能。

（二）运营服务管理、内外联络

通信系统中的公务电话为轨道交通内、外部公务业务联系提供服务。视频监控系统为运营管理者提供重要的辅助管理手段，同时也是轨道交通安全防范系统的主要组成部分，为轨道交通安全运营提供技术手段。

（三）信息传送

通信系统中的传输系统是线路站间的长距离传送平台，为各类轨道交通内专业系统提供传输通道，如信号、电力监控、自动售票检票和其他业务通信系统。

（四）应急通信

城市轨道交通在发生事故和灾害时需要提供相应的应急通信，作为专用通信系统，除了承担日常运营作用外，还需要提供一定的应急通信功能，但目前设计的通信系统只在各通信子系统中提供除消防通信外的有限的应急通信功能，没有单独的应急通信系统。

任务二　城轨信号基础

信号是保证城市轨道交通行车安全的重要设备，是指示电客车运行及调车作业进行的命令。为了指挥电客车运行及调车作业、指示运行条件、表示相关设备所处位置和状态，城市轨道交通必须设置信号，同时信号也可以作为城市轨道交通运营线路上划分闭塞分区、站间区间等的分界标志。

城市轨道交通电客车的基本任务是安全、准时、高效率、高密度地运送乘客到达目的地，因此必须有可靠的控制运营设备来指挥电客车的运行，以确保其运行的绝对安全，担任指挥城轨系统运营的系统就是城轨信号系统,轨道交通和其他交通的主要区别是城市运营依靠信号系统的正确指挥,电客车司机只能认真执行信号系统发出的指令,因此城轨信号系统的工作原理和工作方法是一名合格电客车司机必须掌握的内容。

目前我国轨道交通信号系统已经从传统的"闭塞、联锁"的信号设备转变为轨道交通车辆广泛使用的自动控制系统 CBTC 和 CTC,城市轨道交通信号系统较多地采用 CBTC 系统,这是我国轨道交通工作者长期工作实践和经验积累的结果,是我国城轨交通行车指挥技术不断发展的结果。

一、信号在电客车驾驶中的作用

城轨信号系统是城市轨道交通保障运输安全与提高运营效率的重要设备,对电客车司机有非常重要的作用,信号系统设备的选型直接关系到城市轨道交通项目建设的投资、项目建成后的电客车驾驶的方式和模式、运营能力、运营成本以及系统的维修成本,信号系统在城市轨道交通系统中具有重要的地位。随着现代通信、控制、信息、计算机及网络技术的发展。

城市轨道交通信号系统是指挥电客车安全运行的关键设备,担负着确保运输安全的使命,有信号系统的保障,可杜绝和减少电客车运行事故的发生。只有在电客车运行前方轨道区间没有被占用,道岔位置正确,敌对或相抵触的信号没有建立等条件满足时,才允许向电客车发出前行信号,只有严格遵守信号的指示运行,才能有效地防止电客车追尾、正向、侧身冲突以及超速等安全事故的发生,保证电客车的安全运行。功能完备的信号系统能在有限的路网建设规模下,最大限度地发挥运输能力,提高电客车运行速度、运输效率和服务质量,并能通过现代化的设备大大降低工作人员的劳动强度、降低运营成本。

二、信号的分类

(一)按信号的接收效果

按信号的接收效果,可以将其分为视觉信号和听觉信号。

视觉信号是以信号的颜色、形状、显示数目和灯光的显示状态等视觉效果来表现的信号,如:地面信号机、手信号、信号旗、手信号,火炬信号和信号牌等。

火炬信号是一种临时紧急信号,是当电客车发生事故而妨碍邻线行车时,在采取其他防护措施之前所使用的一种应急停车信号,出现火光表示要求紧急停车。

听觉信号是通过不同器具发生的音响的次数、长短、强弱的听觉效果来表示的信号,如电笛、铃声以及电客车的鸣笛声等。

(二)按安装方式

按信号的安装方式,可将其分为移动信号、固定信号和手信号。

1. 移动信号

当电客车的运行线路遇到特殊情况,比如需要施工、救援,要求电客车禁止驶入某地点、区域或须减速运行时,应设置移动信号。移动信号可根据需要临时设置或撤除,如停车信号牌或信号灯、减速信号牌或信号灯、减速防护地段终端信号牌或信号灯。

2. 固定信号

固定信号是设置在运行线路规定位置的信号装置，用以指示电客车运行和调车工作，如地面信号机、行车信号标志牌、信号表示器等。

3. 手信号

手信号是行车有关人员拿信号旗、信号灯或者直接用手臂显示的信号，用来表达相关的含义，指示电客车或车辆的允许和禁止条件。

（三）按信号的使用时间

按信号的使用时间可以将其分为昼间信号、夜间信号和昼夜信号。

昼间信号如信号旗、信号牌；夜间信号如信号灯。

城市轨道交通信号机采用昼夜通用信号，在隧道内采用夜间信号，在地面上遇到雾、风、雨、雪天以及其他情况，致使调车手信号的显示距离不足 100 m，引导手信号的显示距离不足 50 m 时，应采用夜间信号。

三、信号机的基本类型

城市轨道交通采用右侧行车制，其地面信号机设于电客车运行方向的右侧，与司机的驾驶位置相同，便于司机瞭望和确认信号。在地下部分一般安装在隧道壁上，特殊情况如受到设备、限界、其他建筑物或线路条件等影响时，可设置于电客车运行方向的左侧或其他位置。

（一）正线地面信号机

在采用电客车自动控制系统 ATC 的正线上，一般区间不设地面信号机，各站不设进、出站信号机，只在道岔区段设置进路防护信号机，线路尽头设置阻挡信号机。

1. 防护信号机

防护信号机通常设置在正线道岔前适当地点，向司机提示道岔状态及位置，指示电客车的运行方向。现在常用的防护信号机采用红、黄、绿三显示机构，具体的显示意义为：

（1）红灯：禁止通行，电客车必须在该信号机前停车。

（2）黄灯：允许通行，表示前方进路道岔开通侧向位置，允许电客车以不超过道岔侧向限制的速度越过该信号机。

（3）绿灯：允许通行，表示前方道岔开通直向位置，允许电客车按照规定速度越过该信号机。

（4）红色灯光 + 黄色灯光：引导信号，允许电客车以不大于规定速度 25 km/h，越过该信号机，并随时准备停车。

2. 阻挡信号机

在调车线路尽头线处设置阻挡信号机，表示电客车位置或在停运、检修期间批示检修作业位置，阻挡电客车越过，确保安全。

线路尽头线是指线路一端已经终止，无任何道岔连接，并设置安全车挡，以防车辆溜出的线路。

阻挡信号机为单红显示，电客车应在距信号机至少 10 m 的安全距离前停下。

（二）车场信号机

在车辆段或停车场的转换轨正线一段分别设置进出段、场信号机，进段、场信号机由车辆段停车场信号楼控制；出段、场信号机由 OCC 控制中心和正线车站控制。车辆段或停车场内设置红、白两显示调车信号机。

1. 进段、场信号机

进段、场信号机采用高柱（高度可根据车辆高度确定）黄、绿、红三灯位信号机，绿灯封闭，红灯为常态，其显示意义如下：

（1）黄灯：表示进段、场的进路开通，允许电客车按规定速度越过该架信号机进段或场。

（2）红灯：禁止越过，不允许电客车越过该架信号机。

（3）红色灯光+黄色灯光：引导信号，允许电客车以不大于 25 km/h 的速度越过该架信号机并随时准备停车。

2. 出段、场信号机

出段、场信号机采用高柱黄、绿、红三灯位信号机，绿灯封闭，红灯为常态，其显示意义如下：

（1）黄灯：允许电客车按规定的速度越过该架信号机，运行至正线转换轨处一度停车。

（2）红灯：禁止越过，不允许电客车越过该架信号机。

3. 调车信号机

车辆段、场内其他地点，根据需要设置矮型调车信号机，调车信号机采用的是蓝、白两灯位信号机，蓝灯为指令，其显示意义如下：

（1）蓝灯：禁止越过该架信号机。

（2）白灯：允许按规定的速度越过该架信号机进行调车作业。

任何信号机的灯光熄灭，显示不明或显示不正确时，均视为停车信号。

四、手信号显示

手信号是电客车在运行过程中需要掌握的一个重要内容，是城轨行车运行系统中一个重要信号显示。在运行实践中，行车人员经常要使用手信号来表达或传达相关行车指令和命令，与运行过程以及运行安全有着密切的关系，行车人员应严格遵守手信号的指示。

手信号分为徒手信号、信号旗（昼间）及信号灯（夜间）。在昼间遇降大雾、暴风雨雪及其他情况而导致视野不明朗时，由行车调度员指示，使用夜间信号，任何不明确或不正确的手信号都应视为危险信号，司机必须立即停车。

（一）手信号的显示原则

手信号的显示原则是指在进行手信号显示时的规定，也即在显示手信号时要遵循的制度和规范，否则信号将失去意义或者说是无效的。

（1）地面车站及基地内，昼间使用信号旗，夜间使用信号灯。

（2）地下车站一律使用信号灯，按夜间规定办理。

（3）显示手信号时左手持信号红旗，右手持信号绿旗，注意如果是扳道员则右手持黄旗。

（二）手信号的显示时机

（1）显示通过、停车等信号时，必须在看见电客车灯光时开始显示，待电客车头部越过显示信号地点后方可收回。

（2）显示发车信号必须在确认电客车起动后方可收回。

（3）显示引导信号要待电客车越过显示地点后方可收回。

（4）显示调车手信号须待司机回示后方可收回。

（5）显示停车信号和临时停车信号须待电客车停车后方可收回。

（三）手信号的显示方式

1. 紧急停车信号

（1）白天：展开红旗下压数次，无信号旗时，两臂高举头上，向两侧急剧摇动，白天紧急停车手信号示意图如图3-1所示，左边有红旗的情形，右边是无红旗的情形。

（2）晚上：红色灯光下压数次，无红色灯光时，用白色灯光上下急剧摇动。

图 3-1　白天紧急停车手信号示意图

2. 减速信号

（1）白天：展开的黄色信号旗，无黄色信号旗时，用绿色信号旗下压数次，如图3-2所示；

（2）夜晚：黄色信号灯光，无黄色灯光时，用白色或绿色灯光下压数次，如图3-3所示。

图 3-2　白天减速信号　　　　　　图 3-3　夜晚减速信号

3. 停车信号

停车信号如图 3-4 所示。

（1）白天：展开的红色信号旗，无红色信号旗时，两臂高举头上，向两侧急剧摇动。

（2）晚上：红色灯光，无红色灯光时，用白色灯光上、下急剧摇动。

图 3-4　停车信号

4. 发车信号

发车信号如图 3-5 所示。

（1）白天：展开的绿色信号旗上弧线向电客车方面作圆形转动。

（2）夜晚：绿色灯光上弧线向电客车方面作圆形转动。

图 3-5　发车信号

5. 通过信号

通过信号如图 3-6 所示。

（1）白天：展开的绿色信号旗。

（2）夜晚：绿色灯光。

图 3-6　通过信号

6. 引导信号

（1）白天：展开黄色信号旗高举头上左右摇动，如图 3-7 的左图所示；
（2）夜晚：黄色灯光高举头上左右摇动，如图 3-7 的右图所示。

图 3-7　引导信号

7. 连挂作业

白天：连挂作业两臂高举头上，拢起的手信号旗杆成水平末端相接，如图 3-8 的左图所示。
夜晚：红、绿色灯光（无绿色灯用白色灯光代替）交互显示数次，如图 3-8 的右图所示。

图 3-8　连挂作业信号显示

8. 道岔开通信号

道岔开通信号如图 3-9 所示，表示进路道岔准备妥当。

① 白天：地下车站为绿色灯光高举头上左右小动；车厂（或地上车站）为拢起的黄色信号旗高举头上左右摇动。

② 夜晚：绿色灯光（无绿色灯光时为白色灯光）高举头上左右小动。

图 3-9　道岔开通信号

五、行车标志牌

城市轨道交通电客车司机驾驶电客车在轨道交通线路的运行中要时刻注意分布在轨旁指示行车的标志,这些标志能为司机提供行车的注意事项,这些标志主要包括线路标志和信号标志,是电客车行车工作中一个很重要的组成部分。

(一)线路标志

表示建筑物及线路设备位置或状态的标志称为线路标志,包括百米标、曲线标、坡度标、限速标等。

1. 百米标

城市轨道交通的线路设有百米标,它是表示正线每百米离该线路起点的长度,以将这种长度从起点算起,以百米为单位,用数字标在白色方形板上,固定于右侧边墙的上部。

2. 曲线标

曲线标是曲线起点和曲线终点标志的简称。设在曲线线路中点的右侧边墙上,在标识方面,通常标明了曲线长、曲线半径、圆曲线及缓和曲线长度、超高、加宽等有关数据。

3. 坡度标

如图 3-10 所示,坡度标设在线路纵断面的变坡点处。它在正面与背面分别表示两边的坡度与坡段长度,箭头所指为上坡或下坡,箭尾数字表示坡度千分率,侧面标明变坡点位置。

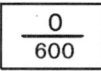 坡度为 0,长度为 600 m,一般出现在高架车站进站前某位置

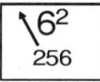 坡度标:表示从该位置起线路为上坡道,坡度为 6.2‰,长度为 256 m

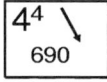 坡度标:表示从该位置起线路为下坡道,坡度为 4.4‰,长度为 690 m

图 3-10 坡度标

4. 限速标

限速标如图 3-11 所示,解除限速标如图 3-12 所示,这些标志设在城轨电客车运行方向右侧,用数字标明限速线路地段的最大速度。

图 3-11 限速标　　　　图 3-12 解除限速标

（二）信号标志图

信号标志图表示运行线路所在地点的情况和状态。指示行车人员依据标志的要求，及时、正确地进行相关作业与操作的标志被称为信号标志，包括停车标、站名标、鸣笛标、一度停车标、接触网终止标、预告标、警冲标等。

1. 停车标

电客车的停车标如图 3-13 所示，停车标是指示电客车到站停车位置的标志，一般情况下设置在车站站台规定的乘客上下车的停车地点以及电客车折返时指示驾驶员停车的地点，设置在规定位置，电客车司机驾驶电客车到站停车和停车标中心距离的误差有一定的限制，一般不大于 30 cm。

2. 站名标

如图 3-14 所示是某城市轨道交通的线路站名标，轨道交通的站名标主要是为了提醒电客车司机到站停车，一般在距车站 100 m 处设站名标，提醒电客车司机即将到站的站名信息。

图 3-13　电客车停车标　　　　图 3-14　线路站名标

3. 鸣笛标

提醒电客车驾驶员必须鸣笛的标志；一般设在道口、桥梁、隧道口以及线路状况复杂地段的外方规定位置。

4. 一度停车标

如图 3-15 所示为某城轨线路的一度停车标示意图，一度停车标主要的作用是提醒并要求电客车或工程车司机必须在该地点停车后进行确认线路、道岔等相关操作后继续行驶。

5. 车档表示器

如图 3-16 所示是某城市轨道交通的线路车档表示器实物图，车档一般设在线路尽头，便于电客车驾驶员确认车挡位置。隧道内显示红色灯光；地面线路昼间使用红色方牌，夜间显示红色灯光。

图 3-15　一度停车标

图 3-16　车档表示器

6. 接触网终止标

接触网终止标是表示接触网已终止的标志，设在接触网终端，警告驾驶员不准越过该标，防止脱弓。

7. 预告标

如图 3-17 所示是城市轨道交通的线路预告牌示意图，预告标通常设于非自动闭塞区段进站信号机外方，是用以预告进站信号机位置距离的标志。预告牌（警告牌）为直立白色长方形牌，三个为一组，牌上分别涂有三条、二条、一条黑色斜线，分别表示距车站或尽头止挡 300 m、200 m、100 m。

8. 警冲标

如图 3-18 所示是城市轨道交通的线路警冲标实物图，警冲标作为重要的线路标志，一般设置在两条线路的汇合处，是为了防止停留在一条线路的车辆与邻线上的车辆发生侧面冲撞一般设置在两汇合线路之间间隔 4 m 的中间。股道之间间距不足 4 m 时应设在两线路中心线最大间距的起点处。

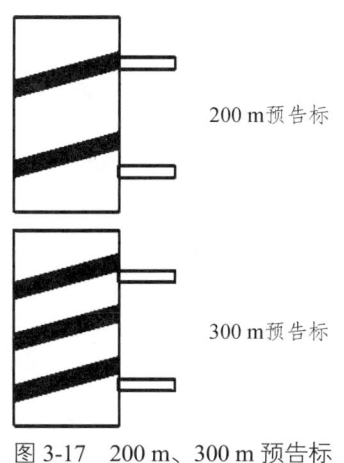

图 3-17　200 m、300 m 预告标

图 3-18　警冲标

任务三　城轨信号系统结构

一、信号系统基本组成框架

城市轨道信号系统组成、控制结构如图 3-19 所示，由图可知其基本框架分为两大部分：正线信号系统和车辆段/停车场信号系统。

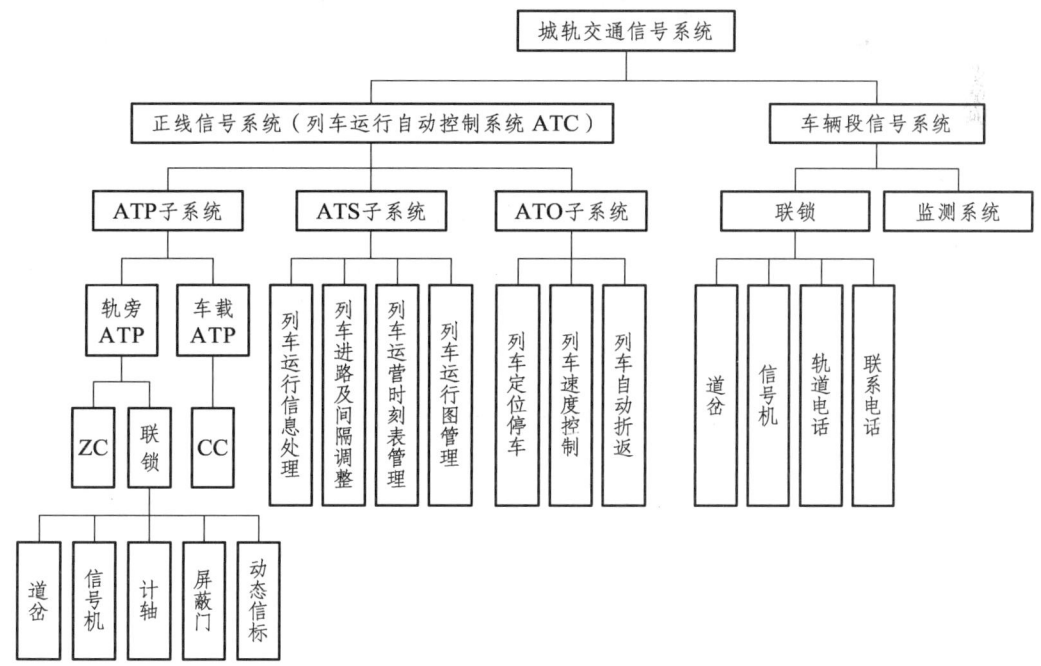

图 3-19　信号系统控制结构

以速度控制为基础的电客车自动控制 ATC 系统和联锁系统成为现代城市轨道交通信号系统的主要组成部分。

ATC 系统由三个子系统组成：即电客车自动监控系统 ATS 或调度集中系统 CTC、电客车自动防护 ATP 系统、电客车自动运行 ATO 系统。

联锁系统主要分为车辆段联锁系统和正线联锁系统。信号系统用于电客车进路控制、电客车间隔控制和调整、行车指挥、信息管理、设备监测和维护管理，从而构成了高效的综合自动化系统。

二、自动控制 ATC 系统

电客车运行自动控制系统 ATC 包括电客车自动防护系统 ATP、电客车自动监控系统 ATS、电客车自动运行系统 ATO、计算机连锁子系统 CBI 四个子系统。系统设置有行车控制中心、沿线各车站联锁区，此外电客车上装备车载控制设备，控制中心与各控制站通过有线数据网连接，控制站、控制中心与电客车之间通过无线网完成车地之间的通信。

（一）自动监控子系统 ATS

电客车自动监控子系统简称 ATS 子系统，ATS 子系统的作用为：监视和控制正线上的所有电客车的运行，辅助行车人员对全线电客车的运行进行管理，统一指挥调度；可以为行车指挥人员提供全线电客车的运行状态显示，监督和记录运行图的执行情况，在电客车的运行偏离运行图时自动调整，不仅保证电客车按时刻表正点运行，还可通过系统接口向 PAS 广播系统，系统和 PIS 乘客信息系统发送电客车实时运营信息，从而向旅客实时提供诸如电客车到站时间、出发时间、运行方向、停靠站名、各条线路乘客流量状况等运行信息。

ATS 子系统包括控制中心 ATS 设备、车站 ATS 设备、车辆段/停车场 ATS 设备。中央 ATS 子系统由设备、电缆、计算机外设、网络、计算机软件等构成；ATS 子系统通过数据网络与其他 CBTC 子系统交换数据和命令。

车站 ATS 设备包括一套远程 ATS 主机服务器和远程 ATS 通信服务器，放置于车站位置，在中央 ATS 服务器不可用时，这些服务器为中央 ATS 服务器提供备份服务。

车辆段/停车场 ATS 设备包括两台车辆段/停车场工作站，放置于车辆段/停车场。其中一台工作站用于行车计划切换，放置于司机派班室，用于前往正线运行和返回车辆段/停车场的电客车行车计划的调整。另一台工作站用于根据 ATS 电客车时刻表，为进、出车辆段/停车场的电客车进路计划提供支持信息。此外，还有一台试车线工作站置于试车线，提供试车线的本地控制和监控。

（二）自动防护子系统 ATP

ATP 是实现电客车的间隔控制、超速防护和进路的安全监控，保证电客车行车安全，主要设备包括车载设备和地面设备。车站联锁也纳入 ATP 系统之中。ATP 系统主要实现以下功能。

1. 自动检测

目前我国城轨信号普遍采用数字轨道电路或扩频通信技术作为电客车占用检查设备，连续地对电客车占用/空闲状态进行检测。通过对电客车位置的监测，可以保证系统对电客车进路的安全控制和对电客车的安全控制。

2. 车地信息传输

城轨地面信号对车的 ATP/ATO 信息传输采用轨道电路或通信设备，连续进行地对车数据传输。确定电客车运行的安全保护速度：ATP 地面设备通过钢轨、环线或无线等方式频繁地向电客车发送必要的速度、距离、线路条件等信息，车载设备制定电客车运行的安全保护速度曲线，保护电客车在安全保护速度曲线下运行。列控方式：采用一次模式速度曲线，有效缩短追踪间隔、提高线路通过能力。测速定位功能：车载测速定位系统的误差应控制在一定范围内，为此通过两个独立的测速定位系统（装设在惰行轮上或两个不同的车轴上）来检测电客车实际速度以及确定电客车位置，并具有轮径磨耗补偿功能。与电客车车辆动力设备的接口：车载 ATP 设备和车辆动力控制设备的接口应保证安全和能对电客车实施连续有效的控制。车站设备故障时应实施紧急制动。

3. 安全联锁控制

车载设备连续监测电客车的运行速度，在电客车运行速度接近保护速度时，采用常用制动使电客车减速运行，当常用制动率达不到规定值或车速未按要求进行减速而超出保护速度时，施行紧急制动，防止电客车超速运行。控制电客车运行间隔：提高电客车运行效率，满足设计追踪间隔和通过能力。电客车进路的安全联锁控制：联锁设备保证信号机、道岔、轨道电路间的安全联锁关系，控制车站的接发车进路、自动折返进路、自动通过进路、引导进路、进路解锁和取消、轨道电路故障恢复、信号机关闭、道岔单独操纵及锁闭、区间临时限速、区间封锁、扣车、站控/遥控等。

4. 安全监控

监督车门、屏蔽门的开启和关闭，为电客车车门和屏蔽门的开、关提供安全保证。只有当电客车停在规定停车范围内，才允许向电客车和站台相应侧的屏蔽门发送开门命令，电客车开左门还是右门应根据站台位置和电客车允许方向。对于反向运行的电客车，车门及屏蔽门/安全门的监督和控制完全由司机负责，司机通过按压司机台和站台 PSL 上的有关按钮，可控制车门及屏蔽门/安全门的开、关。运行中的电客车应连续检查电客车车门的状态，在车门因故开启时应立即触发紧急制动；在车门及屏蔽门/安全门因故不能关闭时，应可采用特定的操作方式启动电客车。正向运行的电客车停站后，当电客车未停在规定的停车范围内（超过 0.5 m）时，ATP 将实施保护，不允许打开车门和屏蔽门。同时允许电客车以不大于 5 km/h 的速度前进或后退以达到停车对标位置，最大后退距离不大于 5 m。站台紧急停车功能：在每个车站的车控室、站台及站台监控亭设紧急停车按钮。电客车非正常移动（溜车）监控：在 ATP 监督下的人工驾驶模式、ATO 自动驾驶模式和电客车有人或无人自动折返模式中，始终具备此监控功能。如果电客车在正线线路上运行，在限速人工驾驶模式中此监控功能有效。支持不同驾驶模式下电客车控制，车载 ATP 设备应在下列驾驶模式中对电客车实施监控：① ATO 自动驾驶模式：电客车有人或无人自动折返模式；② ATP 监督下的人工驾驶模式；③ ATP 固定限速下的人工驾驶模式。与 ATO 子系统、ATS 子系统、联锁子系统交换信息；地面 ATP 设备的监测报警功能，地面设备应具有自诊断和对自身健康状况的报警功能以及系统或设备状态记录的统计、打印功能。

5. 车载信号显示、报警

车载信号设备的显示及报警的内容包括:

① 实际速度。

② 允许速度（只在 ATP 监督下的人工驾驶模式、ATO 自动驾驶模式和电客车有人或无人自动折返模式中）。

③ 从最大限制的 ATP 功能条件下推算出的目标距离/速度。

④ "驾驶状态"，即牵引时电客车加速或巡航、惰行和制动。

⑤ "驾驶模式"，即 ATP 监督下的人工驾驶模式、ATO 自动驾驶模式和电客车有人/无人自动折返模式或限速人工驾驶模式。

⑥ 电客车折返运行状态显示。

⑦ 电客车停在预定位置范围以外。

⑧ 车门释放有效，向司机提供电客车车门打开一侧的显示。

⑨ 关门指令。

⑩ 出站命令。

⑪ 电客车在车场及车辆段时识别显示。

⑫ 实施紧急制动。

⑬ ATP/ATO 故障。

⑭ 电客车速度/位置超过告警速度曲线音响报警。

⑮ 紧急制动触发时音响报警。

⑯ ATP 系统车上设备日检。

（三）自动运行 ATO 子系统

ATO 子系统是自动控制电客车运行的设备。在 ATP 的保护下，根据 ATS 的指令实现电客车的自动驾驶，能够自动完成对电客车的启动、牵引、巡航、惰行和制动的控制，确保达到设计间隔及旅行速度。

1. 车地信息传输

车地信息传输就是向地面信号系统传输电客车的身份信息和运行速度信息，获取地面的停车目标信息等，合理控制电客车运行。ATO 子系统是在 ATP 的保护曲线下，制定电客车的运行曲线，实现对电客车运行状态的合理控制，包括启动、加速、惰行、巡航及制动等。在对牵引及制动的控制方面，要满足舒适度的要求。

2. 电客车启动控制

电客车在车站的启动必须在车站经人工确认车门关好后，人工启动电客车进入区间运行。区间停车后，根据 ATP 的释放命令，自动启动电客车运行。

区间运行自动调速：ATO 车载设备根据 ATP 的保护曲线，在满足电客车运行间隔要求的前提下，合理制定电客车在区间运行的 ATO 曲线，合理控制电客车的牵引、惰行、制动。

电客车区间运行时分的控制：在 ATO 自动驾驶模式下，可根据 ATS 的调整指令分级（正常区间走行时分的 10% 为一级）或无级改变区间走行时间，区间实际走行时间与规定值的误差不大于 ±5%。

3. 进站定位停车

电客车的 ATO 车载设备根据 ATP 的保护曲线，在满足电客车运行间隔要求的前提下，合理制定电客车在车站内运行的 ATO 曲线，保证停车精度。

采用地面标志器、环线或其他措施实现电客车车站定点停车，ATO 自动驾驶时的停车精度应保证误差在 ±0.5 m。

开关车门：能根据停车站台的位置及停车精度对车门进行监控，可人工或自动开启/关闭车门。

电客车在站台停稳，ATP 释放车门后，ATO 控制车门打开。

ATO 控制车门的关闭，在车门关闭、电客车尚未启动过程中，可人工打开车门。

4. 电客车运行状态自诊断

电客车的车载 ATO 子系统具有自诊断功能，发生故障时立即向司机报警。根据故障性质可实施常用制动和紧急制动，并能防止电客车在车站自动启动。

电客车运行自动调整：根据 ATS 的指令，实现电客车在区间运行的自动调整和车站停车时分的自动调整，确保达到设计间隔及旅行速度。

5. 节能运行

电客车在运行过程能根据不同的条件选择最佳的运行曲线，在确保电客车按照运行图运行的基础上，合理控制电客车运行，达到节能及自动调整电客车运行的目的。

6. 广播联播

与 ATS 子系统、ATP 子系统交换信息及控制车载广播。ATO 子系统与 ATS 子系统、ATP 子系统交换信息及控制车载广播接口实现以下功能：在 ATS 监控范围的入口及各站停车区域或所有正线区段，进行车-地通信，将电客车的有关信息传送至 ATS 系统，以便于 ATS 系统能对在线电客车进行监控。与 ATS 和 ATP 结合，高效及经济地实现电客车自动驾驶、有人或无人驾驶自动折返。电客车广播设备和车厢信息显示牌可传输下一（几）站站名（号）及目的地信息、有关乘客信息。

三、车辆段/停车场信号

城轨电客非运营时间停放的车辆段/停车场信号系统主要是独立的一套联锁设备，可以用来实现车辆段内进路的控制，同时通过联系电路实现与正线的接口，从而实现电客车正常的出、入段进路办理。同时为了便于维修和故障处理，现在的车辆段/停车场还增设一套微机监测设备作为附属设备。为实现信号一体化，车辆段/停车场信号系统通过数据通信子系统 DCS 与中央相连，保证车辆出入段线的监控。

车辆段/停车场设备主要包括 ATS 车辆段分机、微机联锁设备、微机监测设备、轨道电路、信号机、转辙机、电源设备等，场段信号控制逻辑如图 3-20 所示。

（1）ATS 分机：城轨电客车停车的车辆段/停车场设一台 ATS 分机，用于采集车辆段内存车库线的电客车占用情况以及进或出车辆段的电客车信号机的状态，并在控制中心的显示屏上给出以上信息的显示。

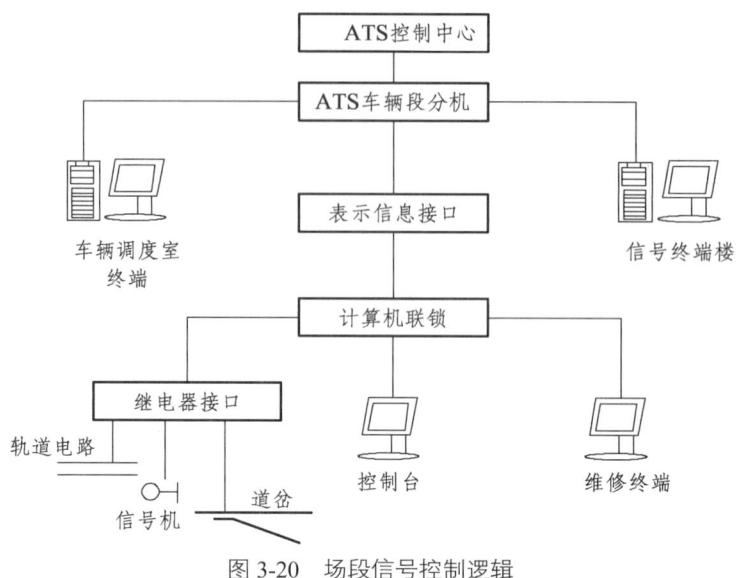

图 3-20 场段信号控制逻辑

（2）联锁设备：车辆段/停车场独立设一套联锁设备，实现车辆段内的信号控制，并通过 ATS 车辆段分机与控制中心交换信息。

（3）计算机监测设备：计算机监测设备主要实现对车辆段/停车场范围内基础设备的实时状态监测。例如，信号灯丝状态、轨道电路、转辙机、电源、电缆绝缘等的实时状态监测，是信号设备实现"状态修"的必要手段。

（4）轨道电路：车辆段/停车场内轨道电路多采用 50 Hz 相敏轨道电路，用来检查电客车的占用和空闲。

（5）信号机：在车辆段/停车场的入口处设进段（场）信号机，出口处设出段（场）信号机，存车库线中间进段方向设电客车阻挡信号机，段内其他地点根据需要设调车信号机。

信号机采用绿、黄、红三灯位信号机构，信号机实物如图 3-21 所示，下面分别进行表述。

图 3-21 信号机

绿色灯光：表示道岔已锁闭并开通直向，准许电客车按规定速度越过该架信号机。

黄色灯光：表示道岔已锁闭，进路中至少有一组道岔开通侧向，准许电客车按道岔侧向通过速度越过该架信号机。

红色灯光：禁止电客车越过信号机。

黄色灯光＋红色灯光：表明开放引导信号，准许电客车以不大于一个规定的速度（如 25 km/h）越过该架信号机并随时准备停车。在移动闭塞模式下运行，地面信号机的显示为灭灯状态。

（6）转辙机：车辆段/停车场内每组道岔一般设一台转辙机进行牵引。ZD6 型转辙机如图 3-22 所示。

图 3-22　ZD6 型转辙机

（7）电源设备：车辆段/停车场信号设备设有专用电源屏供电，电源屏一般采用模块化结构。对有不间断供电和抗干扰要求的设备应设不间断（UPS）电源设备，UPS 电池采用免维护电池，其后备时间一般按 30 min 设计。

任务四　城轨信号联锁

一、联　锁

轨道交通中将有关的信号机和道岔、信号机与信号机间建立的保障行车和线路安全，互相制约的以保证车站、站场和行车的安全的相互制约的关系，叫作联锁。其中，车站联锁设备是保证站内电客车和调车作业的安全，以及提高车站通过能力的一种信号设备。

二、联锁的要求与条件

联锁设备应满足下列几项要求。

（1）当开放某一进路时，必须先将进路上的所有道岔扳到正确位置后，防护这一进路的信号机才能开放。

（2）当防护某一进路的信号机开放以后，这一进路上的道岔应被锁闭，不能再扳动。

（3）当某一进路的信号机开放以后，与之相对的进路，两条或两条以上的进路，有一部分相互重叠或交叉，因此有可能发生电客车或机车车辆冲突的进路的信号机应全部被关闭，不能开放。

主体信号机开放前，预告信号机不能开放；在正线出站信号机开放前，进站信号机不能显示正线通过信号。A 站下行 1 道电客车出站联锁设备应满足的条件如图 3-23 所示。

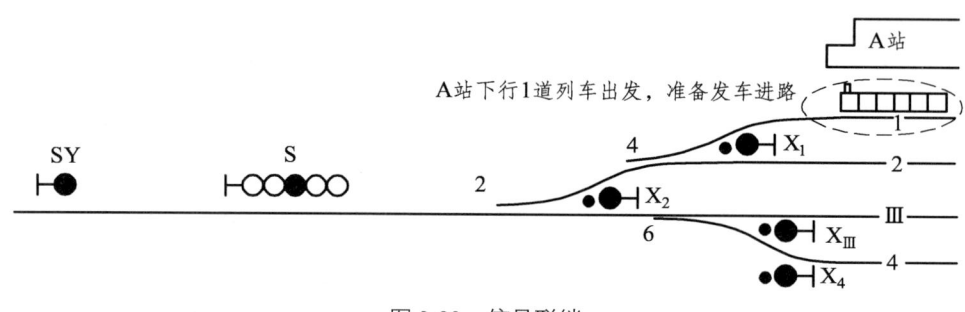

图 3-23　信号联锁

三、进路的基本概念及控制

（一）进路的定义

电客车在车站内运行的轨道线路，叫做进路。

电客车必须保证其在轨道上安全运行，轨道由钢轨、轨枕、道床、道岔、联结零件及防爬设备组成。道岔是电客车从一股轨道转入或越过另一股轨道时必不可少的线路设备，是轨道的一个重要组成部分。

联锁系统主要是车辆段联锁系统和正线联锁系统。连锁是指在信号系统中，进路、道岔和信号机之间建立的一种相互制约的关系。如近路防护信号机在开放前检查进路空闲，敌对进路未建立，道岔位置正确等。信号机开放后，道岔位置不能动，这种相互制约的关系称为连锁。

（二）电客车运行、进路的信号控制系统

电客车进路的控制包括自动控制和人工控制。电客车进路自动控制可分为 ATS 中央自动和 ATS 车站自动。人工控制电客车进路可分为调度员控制电客车进路和车站值班员控制电客车进路。

当中央 ATS 设备故障时，可由取得控制权的车站值班员通过本站的 ATS 现地控制工作站控制全线的进路和信号；当中央 ATS 系统的传输通道故障时，可由 ATS 车站设备根据电客车识别号自动地进行进路和信号机控制。与微机联锁系统结合，能在车站控制状态下将部分或所有信号置于自动进路模式状态，在中央控制状态下将部分或所有信号置于自动追踪模式状态。下面对控制设备功能进行说明。

（1）行车信息：电客车的行车信息可以根据要求分别进行全景显示和细景显示。在控制中心采用电客车识别号的跟踪和有关信号设备的状态变化来自动模拟和描述监控范围内电客车的实际运行。电客车运行图/时刻表的管理：系统应允许调度员编制和储存电客车基本运行图/时刻表、编制计划运行图/时刻表、运营计划的调整、电客车运用计划的编制、实际运行图的描绘等。

（2）电客车运行的调整：电客车的实际运行与计划运行之间发生偏差或检测到其他情况时，自动调整电客车运行计划并控制电客车运行至正点状态。当电客车的实际运行与计划运行发生的偏差超出一定的范围而系统发出报警或调度员认为有必要对计划运行图/时刻表进行修改时，调度员可人工介入调整电客车运行计划。系统自动执行调整计划并控制电客车运行。

（3）节能运行控制：信号控制系统能对高峰和非高峰运营时段的电客车运营实施不同的能源优化方案，在不降低服务质量的前提下，采用节能曲线控制电客车运行和保证乘客的舒适度。可实现相同牵引区域内电客车的协调运行，充分利用能源。

（4）电客车运行情况的查询：调度员既可查询某电客车计划运行的时间表，也可以查询某站的计划运行电客车的时刻表，还可查询电客车运行的实际信息。系统能自动进行运行统计，包括电客车报告、车站报告、车次号报告以及各种运行指标等。具有自行制表功能，工作人员能对运行资料库进行访问，根据需求自行制表。所有报告均能根据要求进行显示和打印。

（5）乘客向导和司机发车信息：信号控制系统可在车站站台层设置旅客向导系统，显示与旅客乘车有关的信息，如下次电客车到达时间、目的地、电客车直通、电客车编组等；在电客车运行正方向的站台端部，设置发车指示器，倒计时显示发车时间，指挥电客车司机准时发车。另外还可与其他系统交换信息，在控制中心、ATS子系统与时钟系统、无线传输系统、电力监控系统SCADA、综合监控、防灾报警系统FAS之间进行信息交换与共享。

（6）停车场及车辆段电客车自动监控系统：信号系统的中央ATS子系统通过通信传输网，与停车场及车辆段车辆调度员室或信号控制室的ATS工作站连接，向车辆段管理及行车人员提供必要的信息，停车场及车辆段调度员根据当天采用的电客车计划运行图编制车辆运营计划和行车计划，并传送到中央ATS系统。停车场及车辆段信号值班员根据车辆运营计划及采用的电客车计划运行图设置相应进路，以满足电客车出入场、段及库内停车作业需求。停车场及车辆段的ATS设备，可将电客车作业和用车计划信息显示在停车场及车辆段的派班室的终端上。方便司乘人员出乘，确保用车作业。

（7）系统的自诊断与监测报警：信号控制系统通过运行模拟屏及调度台显示器，能对车辆段线路（通常模拟屏只显示转换轨及停车库的股道状态，工作站显示器可显示整个车辆段的线路及进路状态），正线车站及区间轨道区段、道岔、信号机、标识号、在线运行电客车状态、命令执行情况及系统设备状态等进行监视。当电客车运行过程中或信号设备发生异常时，控制中心计算机自动地将有关信息在行调工作站上给出报警及故障源提示。

项目实训　电客车通信信号知识

【实训目的】

（1）掌握通信系统设备组成。

（2）掌握信号系统设备组成。

（3）了解信号系统连锁的基本技术条件。

【实训条件】

（1）模拟地铁场段实际信号楼工作场景。

（2）观看电客车及通信、信号系统设备实物。参观地铁场段及电客车通信系统相关设备组成和维护方式。

【实训内容】

（1）参观地铁场段信号楼信号控制设备和基本操作要求，对电客车出入场、调车、施工等信号联锁方式进行讲解。

（2）学员通过参观学习，在了解掌握的通信、信号设备相关的知识要点的基础上，分别围绕、通信、信号在电客车实际中的应用场景进行讲解。

思考与练习

1. 简述城市轨道交通信号系统的基本组成。
2. 简述电客车自动监控子系统 ATS 的组成及作用。
3. 简述进路的定义。
4. 简述车自动控制系统（ATC）的构成。
5. 简述移动闭塞信号系统的作用。
6. 简述广播系统的主要功能。
7. 简述城市轨道交通通信系统的基本组成。

项目四　电客车行车基础

学习目标

（1）掌握城轨电客车行车的基本特点、限界、线路和车站相关知识。
（2）城市轨道交通行车总则及组织原则。
（3）掌握城市轨道交通行车信号基础。
（4）了解行车闭塞法。

重点难点

（1）移动闭塞和固定闭塞的区别。
（2）城市轨道交通行车指挥层级。
（3）城市轨道交通行车指挥各层级的职责范围。
（4）城市轨道交通行车指挥的原则。

任务一　电客车行车概述

城市轨道交通行车组织工作是指在运输生产过程中，为完成运输乘客的任务所进行的一系列与电客车运行、运输相关的工作，其担负着指挥电客车运行，保证行车安全，提高运输效率的任务，是城市轨道交通运营的核心。本任务将简要介绍与电客车安全运行相关的设施设备系统。

一、电客车行车基本特点

城市轨道交通电客车是城市公共交通工具，因而有着区别于其他城市公共交通工具和其他轨道交通运输工具的特点，主要表现在以下三个方面。

（一）客运服务

城市轨道交通电客车主要是在城市内、城市间完成客运服务的交通运输工具，非特殊情况不进行货物运输等其他非客运服务项目。

由于是针对城市广大市民的客运服务，因此对电客车整体环境设置与车站的整体设置有较高要求。电客车运营期间必须按"城市轨道交通电客车运营时刻表"的要求，以安全、准点、舒适、快捷的运营服务为宗旨，电客车行车的各部门必须在集中领导，统一指挥的原则下，紧密配合、协调动作，确保行车和乘客安全。

（二）距离短，客流不定

城市轨道交通与航海、航空运输、轨道交通的普通铁路和高速动车组电客车的中、长途运输相比较，其运输过程短，服务简单，是典型的城市短途客运行形式；城轨运营的客流量相对集中，有很明显的客流分布时间差异，有日客流高峰、平峰和低峰等现象。

（三）便捷换乘

城市轨道交通具有与其他城市交通工具互相联系的网络和辐射能力，一般城市轨道交通车站的设立首要考虑满足与其他公共交通便捷的换乘。由于城市轨道交通的建设投资费用巨大，因此一般城市轨道交通的车站站距比公路交通的公共交通工具的站间距大，但站点的设置一般和公共交通车站基本一致，主要设置在城市的商业区和交通枢纽。

二、限　界

限界是确定城市轨道电客车与行车有关的构筑物净空大小和各种设备安全位置的依据，其存在是为了保障城轨电客车运营的安全，是比其路面交通系统安全净空要求更严格的一个安全空间方面的特别要求。

城市轨道交通电客车需要沿着特定的轨道线路运行，且必须在特定的空间运行。为防止电客车车辆撞击临近的建筑物或其他设备，确保城轨电客车在地铁线路上的运行安全，城轨线路边的一切建筑物在任何情况下都不得侵入建筑物限界，一切设备在任何情况下都不得侵入设备限界，电客车无论在空载或满载状态均不得超出电客车的限界。因此为保障轨道交通电客车有安全的运营空间，对轨道交通机车、城轨电客车车辆、线路旁的建筑物、行车设备等有严格的规定，规定其尺寸必须在一定的范围内，下面以城市轨道交通为例进行具体说明。

图 4-1、4-2 分别是直线地段圆形隧道限界和直线地段矩形限界示意图，由图可知限界是确定城市轨道交通系统与行车有关的建筑物净空大小和设备相互位置的依据。地下铁道的限界包括城轨电客车车辆限界、设备限界、建筑限界、接触轨限界等。

（一）城轨电客车车辆限界

城轨电客车车辆限界是指电客车城轨电客车车辆最外轮廓线的限界尺寸，根据电客车城轨电客车车辆的轮廓尺寸和技术参数，参考在静态及动态情况下所能达到的横向和纵向的偏移量及偏转角度，按可能产生的最不利情况进行组合确定。

（二）设备限界

设备限界是指轨道交通线路上各种设备不得侵入的轮廓线，是在城轨电客车车辆限界的基础上再计入轨道出现最大允许误差时，引起城轨电客车车辆的偏移和倾斜等附加偏移量，以及考虑设计、施工、运营中难以预计等因素后的安全预留量。

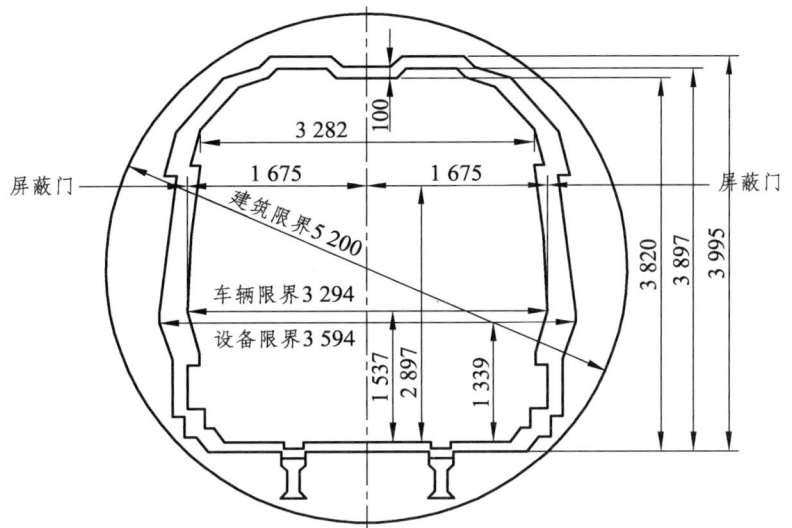

图 4-1 直线地段圆形隧道、设备及城轨电客车车辆限界（单位：mm）

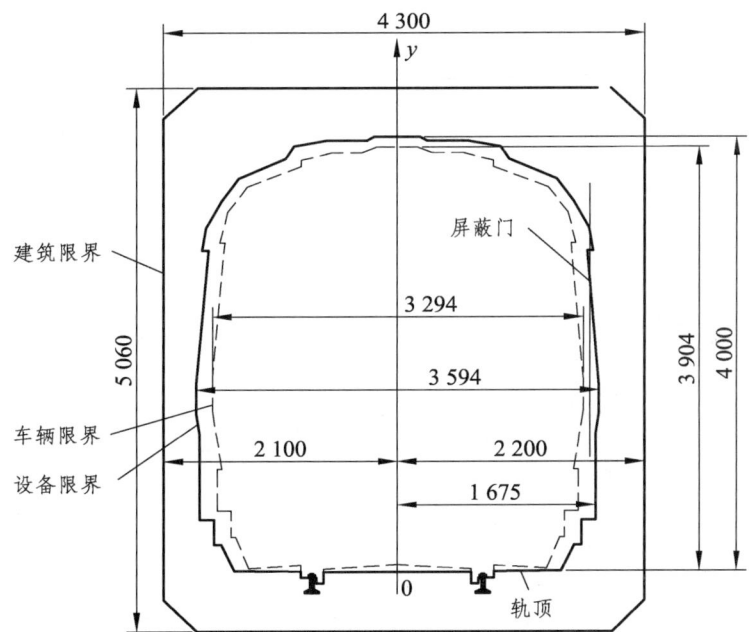

图 4-2 直线地段圆矩形隧道、设备及城轨电客车车辆限界（单位：mm）

（三）隧道建筑限界

建筑限界是行车隧道和高架桥等结构物的最小横断面有效内轮廓线。在建筑限界以内、设备限界以外的空间，除应能满足固定设备和管线安装的需要，还需考虑其他误差、测量误差、结构变形等。其他类型与施工的隧道建筑限界，应符合《地铁设计规范》的相关要求。

（四）接触轨限界

接触轨限界根据受流器的偏移、倾斜和磨耗、接触轨安装误差、轨道偏差、电间隙等进行确定。

以某城市轨道交通 1 号线为例，地下车站有效站台长度范围内，站台面距轨顶面高度为

1 050 mm；线路中心线至站台边缘为 1 500 mm（曲线站台为 1 540～1 550 mm）。屏蔽门至线路中心线为 1 570 mm（曲线站台为 1 610～1 620 mm）。有效站台范围外的站台边缘至线路中心线的距离不小于 1 700 mm（曲线站台为 1 750 mm）。

三、线路与车站

（一）线　路

线路是机车城轨电客车车辆和电客车运行的基础，主要由路基和轨道（包括钢轨、连接零件、轨枕、道床、防爬设备和道岔等）组成。线路按其所处环境的不同可分为地面线路、地下线路及高架线路；按其在运营中的作用不同可分为正线、辅助线、车厂线。本书车厂指城轨电客车车辆段或停车场，亦称为段（场）。

1. 正　线

正线为城轨电客车载客运营线路，分区间正线和车站正线。正线中车站两端墙间内方的线路为站内线路，简称站线；两相邻车站相邻端墙间的线路范围称为区间。端墙外方与车站站台相连的延伸走廊及其护栏内侧归站内管理，尽头站尽头端端墙外轨行区比照区间管理，具体范围由车站在各自的《车站行车工作细则》中作出明确界定。城市轨道交通线路的正线为全封闭线路，一般按双线设计，遵循右侧行车制，并焊成无缝线路，与其他交通线路相交处，一般采用立体交叉。

2. 辅助线

辅助线是为保证正线正常运营而设置的线路，是为电客车提供折返、停放、检查、转线及出入段作业的线路。辅助线包括折返线、渡线、联络线、出入段线、存车线等。

（1）折返线：折返线是指在线路两端终点站或中间站，为能开行折返电客车而设置的专供改变电客车运行方向的线路，有些也可以作为夜间存车使用。折返线的形式应满足折返能力的要求。

常见的折返线形式中，单折返如图 4-3 所示，双折返如图 4-4 所示。

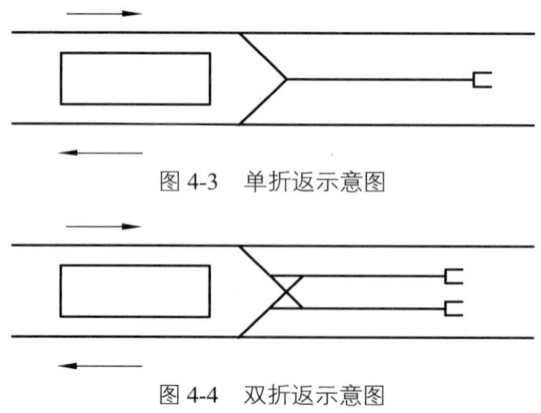

图 4-3　单折返示意图

图 4-4　双折返示意图

（2）渡线：渡线是指在上下行正线之间设置的连接线，通过一组联动道岔达到转线的目的。渡线有单渡线和交叉渡线之分。常见的渡线形式如图 4-5 所示。

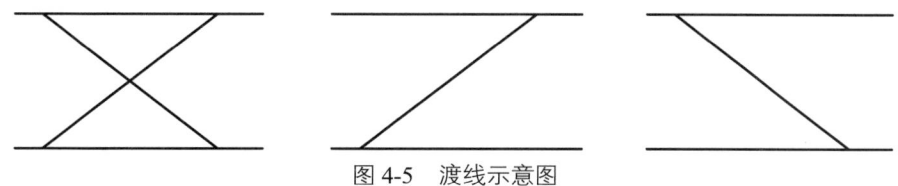

图 4-5 渡线示意图

（3）联络线：联络线主要是指两条正线间的连接线，如图 4-6 所示，主要供调运城轨电客车车辆、设备使用。因为不载客，所以设置单线联络就可以了。联络线所连接的轨道交通线往往不在一个平面上，因此有较大的坡道与较小的曲线半径，电客车运行速度不高。

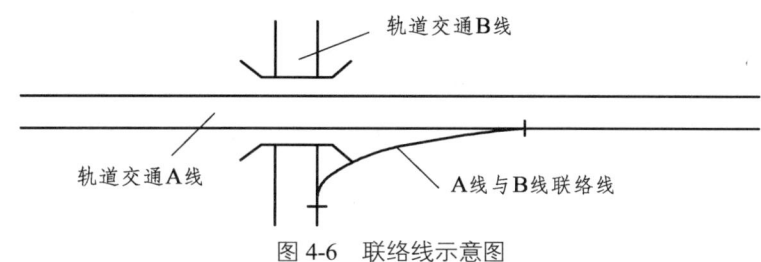

图 4-6 联络线示意图

（4）出入段线：出入段线是从城轨电客车车辆段到运营正线之间的连接线，视为区间，属正线管辖。城轨电客车车辆段与出入段线以进段信号机的中心线为界，可设计为单线或双线，与城市道路或其他交通方式的交叉处可采用平面或立体交叉。

（5）存车线：存车线一般设置在终点站或区间车站，专门用于电客车停放，并可进行少量检修作业。在正线运营过程中，电客车运行间隔通常很小，如出现非正常情况，为使故障电客车能及时退出正线运营而不影响后续电客车运行，通常每隔 3~5 个车站应加设存车线和渡线。而在城轨电客车车辆基地内，要设有足够的停车线以供夜间停止运营后的电客车存放。

（二）车 站

车站是城市轨道交通的重要组成部分，是客流集散的场所，具有供电客车停车、折返、检修、临时待避、存放城轨电客车车辆及供乘客候车、乘降、换乘等功能。因此，要求车站能安全、迅速、方便地组织乘客进出，能全面、可靠地满足运营的需求，同时具备良好的通风、除湿、照明、防灾、清洁卫生、减噪减振等条件。下面介绍几种常见的车站分类方法。

1. 按运营功能分

（1）始发（终到）站：一般设置在线路两端，除具有供乘客乘降的基本功能之外，还可供电客车折返、停留、临时检修之用。

（2）中间站：中间站是线路中数量最多的站型，主要作用是供乘客乘降，但有些中间站还设有折返线、渡线和存车线等，可供电客车折返或进行电客车运行调整。

（3）换乘站：设置在两条及两条以上的轨道交通线路交叉点。除具有供乘客乘降的基本功能之外，其最大的特点是乘客可从一条线路换乘另一条线路。换乘方式有平面换乘和立体换乘之分，换乘站在最大限度上节省了乘客出站、进站及排队购票的时间，为乘客换乘提供方便。

2. 按车站客流量分

（1）大车站：高峰每小时客流量达3万人次以上。

（2）中等车站：高峰每小时客流量在2万~3万人次。

（3）小车站：高峰每小时客流量在2万人次以下。

3. 按车站设置的位置分

（1）地下站：设置在地下隧道，由于地面建筑已固定，或是要节省地面空间，埋藏于地下，通过出入口及通道吸引客流，其造价比地面站高很多。其中，按埋藏深度不同又可分为浅埋式车站和深埋式车站两种。

（2）地面站：设置在地面层，地面车站造价比较低，但占用地面空间，其缺点是会造成轨道交通线路所经过的地面区域分割，所以，一般常在城乡接合部采用此类型的车站。

（3）高架站：设置在高架桥上，其缺点是占用地面空间较大，对城市景观影响也大。

4. 按车站站台形式分

（1）侧式站台车站。

侧式站台车站是指站台位于上、下行线路两侧的车站，如图4-7所示。其优点是站台的横向扩展余地大，上、下行线路乘客上车、下车无干扰，不易乘错方向，且对线路设计影响不大，工程造价相对岛式站台低；缺点则是站厅客流组织难度大。

（2）岛式站台车站。

岛式站台车站是指站台位于上行、下行线路中间的车站，如图4-8所示。其优点是站台面积可以得到充分利用、便于集中管理、车站结构紧凑、设备使用率高、乘客换乘方便；缺点则是对线路设计影响大、设计难度大、造价高。

（3）混合式站台车站。

混合式站台车站是指同时具有侧式站台和岛式站台的车站，如图4-9所示。有一岛两侧式、两岛一侧式等。一般多为终点站（始发站），设有道岔和信号联锁等设备，行车组织上增加了灵活度，通过不同站台同时接发电客车，缩短了电客车行车间隔、提高了电客车运行效率。乘客可以在不同的站台上车、下车，方便车站的客流组织。

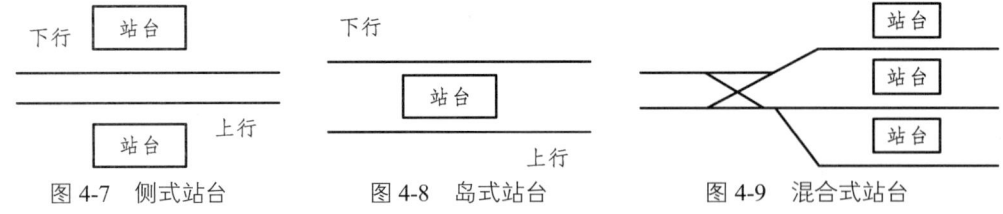

图4-7 侧式站台　　　图4-8 岛式站台　　　图4-9 混合式站台

任务二　电客车行车基础

一、运行的概念

1. 运营时刻表

运营时刻表是行车组织工作的基础，规定了运营线路的每个运营周期（一般为一天）的起止时间、高峰期起止时间、各次电客车占有区间的顺序、电客车在一个车站到达和出发（通过）的时刻、电客车在区间的运行时分、电客车在车站的停站时分、折返站电客车折返作业时间及电客车出入车厂的时刻。

"运营时刻表"分为日常、工作日、周六日、特殊和演练时刻表。

正常时刻表的编号为Z××××，特殊时刻表编号为T××××，演练时刻表编号为Y××××。其中，"××××"的千位数字代表线别（如APM线为A，广佛线为F），百位数字代表正常情况下的适用范围时段（0代表日常通用、1代表工作日、6代表周六日、9代表通宵），十位至个位数字为电客车运行计划（运营时刻表）顺序号，从01到09。特殊情况下会在个位后增加识别码。

2. 电客车运行图

电客车运行图是利用坐标原理来表示电客车运行的图解形式，是运营方案的直接体现，它规定了电客车区间运行时间、停站时间、折返时间以及电客车运行交路等，同时也是运营时刻表编制的依据。

3. 最小行车间隔时间

行车间隔是指电客车更替时间，通俗地说是两列同方向载客电客车的间隔时间。

缩短行车间隔时间可以减少旅客在站候车时间，有利于提高服务质量，增大对乘客的吸引力，也有利于减少电客车编组辆数，节省工程投资。但是，缩小行车间隔时间受到多种因素的制约。一般来说，行车间隔时间的极小值取决于信号系统、车辆性能、折返能力、停站时间等诸多因素。

4. 停站时间

电客车停站时间是指电客车停站作业时间，他的计算方法是从电客车对标停妥时刻起至电客车从本站发出（不再停下）的时刻止，包括客流上下车时间、开关门时间和车门关闭后的等待开车时间三个部分。

停站时间既是影响行车间隔的最大因素，也是最难控制的因素。影响电客车停站时间的主要因素有：车门、屏蔽门的开关时间，电客车满员和乘客拥挤程度，乘客或其物品挡住车门、屏蔽门，驾驶员确认车门、屏蔽门关好的时间等。

5. 电客车延误与晚点

电客车延误是指运营电客车在某一位置（一般指车站）的时刻比照其在时刻表规定的时刻延后的现象。电客车晚点是指电客车延误发生在本列次终点站时且符合电客车晚点范围的现象。

6. 电客车到、发、通过时刻的确认

到达时刻：以电客车在规定位置对正停稳为准。

出发时刻：以电客车由车站（包括车厂规定发车地点）前进起动（不再停下）时为准。

通过时刻：以电客车最前部通过站线规定位置时为准。

7. 电客车种类及车次的规定

按用途电客车可分为：图定电客车、图外电客车、调试电客车、专用电客车、工程电客车和救援电客车。不同城市轨道交通系统根据各自运营实际,对电客车种类及车次的规定各不相同。

8. 行车时间的规定

行车时间以北京时间为准,从零时起计算,实行 24 小时制。行车日期划分以零时为界。零时以前办妥的行车手续,零时以后仍视为有效。

二、基本行车闭塞法

为了确保电客车在区间的运行安全,电客车由车站向区间发车时,必须确认区间有没有电客车,并需遵循一定的规律组织行车,以免发生电客车正面冲突或追尾等事故。这种为保证电客车运行的安全,在组织电客车运行时,通过设备或人工控制,使连续发出的电客车保持一定间隔距离安全行车的办法,称为行车闭塞法,简称闭塞。

(一)基本闭塞法

1. 传统闭塞法

传统自动闭塞是用信号机将线路划分为若干个固定的闭塞区间,电客车以闭塞区间为间隔,按追踪方式运行。由于闭塞区间都设有轨道电路,信号机能根据电客车占用或离去自动变换信号显示,指示电客车运行。它是由运行的电客车自动完成闭塞作用的一种行车闭塞方法。

2. 自动控制闭塞法

从闭塞制式来看,装备电客车自动控制系统的自动闭塞可分为三类:固定闭塞、准移动闭塞和移动闭塞。

(1)固定闭塞。

固定闭塞的速度控制模式是分级的。运行电客车间的空间间隔是若干个闭塞分区,闭塞分区数依划分的速度级别而定。一般情况下,闭塞分区是用轨道电路或计轴装置来划分的,它具有电客车定位和占用轨道检查功能。固定闭塞的追踪目标点为前行电客车所占用闭塞分区的始端,后行电客车从最高速开始制动的计算点为要求开始减速的闭塞分区的始端,这两个点都是固定的,空间间隔的长度也是固定的,所以称为固定闭塞。

固定闭塞的特点:固定闭塞的闭塞长度较大,并且一个分区只能被一辆电客车占用,所以不利于缩短行车时间间隔。除此之外,固定闭塞模式下无论是前后电客车的位置还是前后电客车的间距都是由固定的地面设备检测和表示的,系统只知道电客车在哪个区段中,而不知道在区段中的具体位置,因此需要在两辆电客车之间增加一个防护区段,这使得电客车间的安全间隔较大,影响了线路的使用效率。

(2)准移动闭塞。

如图 4-10 所示是准移动闭塞的原理图,由图可知准移动闭塞方式的列控系统采取目标距离控制模式(又称连续式一次速度控制)。目标距离控制模式根据目标距离、目标速度及电客车本身的性能确定电客车制动曲线,不设定每个闭塞分区速度等级,采用一次制动方式。准移动闭塞的追踪目标点是前行电客车所占用闭塞分区的始端,当然会留有一定的安全距离,而后行电客车从最高速开始制动的计算点是根据目标距离、目标速度及电客车本身的性能计算决定的。目标点相对固定,在同一闭塞分区内不依前行电客车的走行而变化,而制动的起始点是随线路参数和电客车本身性能不同而变化的。空间间隔的长度是不固定的,由于要与移动闭塞相区别,所以称为准移动闭塞。

准移动闭塞也可称为半固定闭塞,是介于固定闭塞和移动闭塞之间的一种闭塞方式。它对前后电客车的定位方式是不同的,前行电客车定位仍然用固定闭塞的方式,而后续电客车的定位则采用连续的方式。

准移动闭塞在控制电客车安全间隔方面比固定闭塞更进一步,可以告知后续电客车继续前行的距离,后续电客车也可以通过这一距离合理地采取减速或制动。从而改善电客车控制,缩小时间间隔,提高线路的使用效率。但准移动闭塞中后续电客车的最大目标制动点仍必须在先行电客车占用分区的外方,因此它没有完全突破轨道电路的限制。

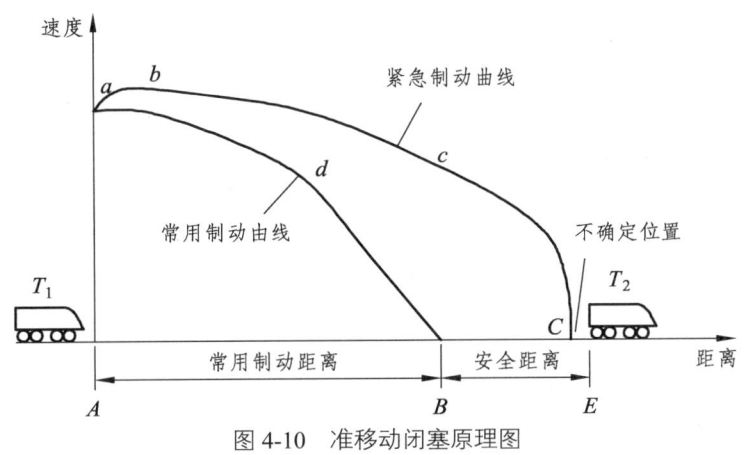

图 4-10 准移动闭塞原理图

(3)移动闭塞。

在城市轨道交通中,移动闭塞是一种将先进通信、计算机控制技术相结合的电客车行车控制技术,在世界轨道交通界上一般将习惯称之为基于通信的电客车控制系统,即 CBTC(Communication Based Train Control)。它是目前轨道交通界公认的最先进的电客车控制技术,引领当今世界范围内信号技术的发展。

移动闭塞方式的列控系统采取目标距离控制模式。移动闭塞的追踪目标点是前行电客车的尾部,不需将线路划分成固定的闭塞区间,而是在前后两个电客车之间自动地调整运行间隔,使之经常保持一定的距离。这种空间间隔的长度是不固定的,是由电客车按前后两电客车的运行速度及线路状况自动地调整,所以称为移动闭塞。

移动闭塞与固定闭塞相比,最显著的特点是取消了以通过信号机分隔的固定闭塞分区,取消了轨道电路。电客车间的最小运行间隔距离由电客车在线路上的实际运行位置和运行状态确定,闭塞分区随着电客车的行驶,不断地向前移动和调整。

移动闭塞一般采用无线通信和无线定位技术,可以实现车载设备和轨旁设备不间断的信息双向传输,使电客车定位更加精确,控制更加灵活,可以有效地缩短电客车间隔,提高电客车运行的安全性与可靠性,降低电客车运营和维护成本。

在移动闭塞技术中,闭塞分区仅仅是保证电客车安全运行的逻辑间隔,与实际线路并无物理上的对应关系。因此，移动闭塞在设计与时间上与固定闭塞有比较大的区别，其中电客车定位、安全距离和目标点是移动闭塞技术中最重要的三个概念，可以被称为移动闭塞的三个基本要素。

为了使电客车司机更好驾驶车，下面我们围绕移动闭塞三个基本要素——电客车定位（Train Position）、安全距离（Safety Distance）和目标点（Target Point）进行简要的分析。

电客车定位是移动闭塞技术的基础。要实现闭塞分区的动态移动，首先必须实时、准确地掌握电客车的位置信息，确定电客车间的相对距离。系统不断地将该距离与所要求的运行间隔距离相比较，确定电客车的安全运行速度。可以说，没有准确的电客车定位，就没有移动闭塞。

安全距离是后续追踪电客车的命令停车点与其前方障碍物之间的一个固定距离。障碍物可以是确认了的前行电客车尾部的位置或者无道岔表示（道岔故障）的道岔位置。安全距离是移动闭塞系统中的关键，是整个系统设计的理论基础和安全依据。安全距离是基于电客车安全制动模型计算得到的一个附加距离，电客车行驶过程中，追踪电客车和前行电客车始终保持一个常用制动距离再加上一个安全距离的移动闭塞间隔，确保追踪电客车在最不利条件下能够安全地停止在前行电客车的后方不发生冲撞。

目标点是电客车运行的行车凭证，如同固定闭塞系统中的允许信号，电客车只有获得了目标点，才能够向前移动。目标点通常是设在电客车前方一定距离的某个位置点，一旦设定，即表明电客车可以安全运行至该点，但不能超过该点。移动闭塞系统就是通过不断前移电客车的目标点，引导电客车在线路上安全运行。

（二）电话闭塞

当基本闭塞设备发生故障或其他原因不能使用时，为维持电客车运行，应采用代用闭塞法——电话闭塞。电话闭塞是由闭塞区间两端车站值班员利用站间行车电话以发出电话记录号码的方式办理闭塞的一种方法。电话闭塞不论单线或双线，均按站间区间办理。由于没有机械、电气设备控制，全凭制度约束来保证行车安全，因此手续的办理必须严格。为保证同一区间在同一时间内不会用两种闭塞法，在停用基本闭塞法改按电话闭塞法或恢复基本闭塞法时，均须在行车调度员下达调度命令后方准采用。遇行车调度电话不通时，行车闭塞法的变更或恢复，应由该区间两端站的车站值班员确认区间空闲后，直接以电话记录办理。

1. 电话闭塞的使用时机

① 基本闭塞设备发生故障时：自动闭塞设备发生故障或停电，包括区间内两架及其以上信号机故障或灯光熄灭；移动闭塞采用全人工后退模式。

② 无双向闭塞设备的双线区间反方向发车或改按单线行车时：无双向闭塞设备的双线区间反方向发车只能改按电话闭塞进行；当无双向闭塞设备的双线区间的一条正线因施工或其他原因封锁，另一条正线改按单线行车时，上、下行运行的电客车均须改用电话闭塞。

2. 占用区间的行车凭证

使用电话闭塞法行车时，电客车占用区间的行车凭证，不论单线或双线均为路票，有的城市轨道交通企业如深圳地铁公司，使用的行车凭证为行车许可证，名称不同而作用相同。

3. 电话闭塞办理作业的程序和要求

（1）电话记录。

电话记录是采用电话闭塞法行车时，区间两端站办理行车闭塞事项的记录。车站在发出电话记录的同时还要编写电话记录号码，以明确办理的事项和责任。承认闭塞、电客车到达、取消闭塞等行车事项应发出电话记录，电话记录应登记在《行车日志》上，以防遗漏。电话记录号码自每日 0:00 起至 24:00 止，按日循环编号，编号方法由运营部门规定。如深圳地铁公司规定电话记录号码上行自 2 开始连续偶数，下行自 1 开始连续奇数，一个运营日内不得重复。

（2）路票的填写。

发车时发车站须查明区间空闲，取得接车站承认，在发车进路准备妥当后，方可填写路票；路票应由车站值班员或值班站长亲自填写。填写好后的路票，车站值班员应根据《行车日志》的记录进行认真检查，确认无误并加盖行车专用章后，方可送交司机。路票上的项目必须填写齐全、正确，否则会导致驾驶员凭路票动车时由于进路不对发生挤岔事故，或错办凭证引发车事故。电客车反向运行时车站需在路票左上角加盖"反方向运行"专用章，非固定股道接车、折返或电客车进出基地时应写明接车股道。路票不得在未得到电话记录号码前预先填写，也不能在进路准备妥当之前填写。路票已交司机，因特殊原因停止发车时，应及时收回路票。填写的路票，字迹应清楚，不得涂改。当填写后发现错误时，应在路票上划"×"注销，重新填写，路票如图 4-11 所示。

（3）路票的交接。

路票的交接地点为司机所在驾驶室旁的站台上，路票的交接必须由车站值班员指定的行车人员负责。

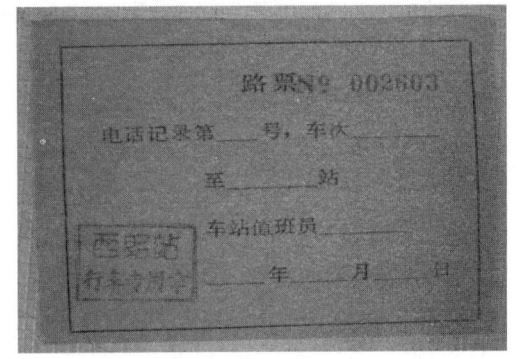

图 4-11　路票

（4）车站报点。

接车站在电客车到达并由车站出发后，应向相邻车站和行车调度员通报发车车次和时分。

三、电客车运行图

（一）电客车运行图的基础知识

电客车运行图原理与结构框架如图 4-12 所示，电客车运行图是运用坐标原理图解电客车运行的时空过程，是电客车在区间运行及在车站的到发或通过时刻的技术文件。它规定各次电客车占用区间的顺序、电客车在每个车站的到达和出发（或通过）时刻、电客车在区间的运行时分、电客车在车站的停站时分以及折返站电客车折返作业时间及电动电客车出入厂时刻等内容。

电客车运行图是利用坐标原理来表示电客车运行的图解形式，一般由下列线条组成。目前我国城市轨道交通系统所采用的电客车运行图都是以横轴表示时间，以纵轴表示距离。

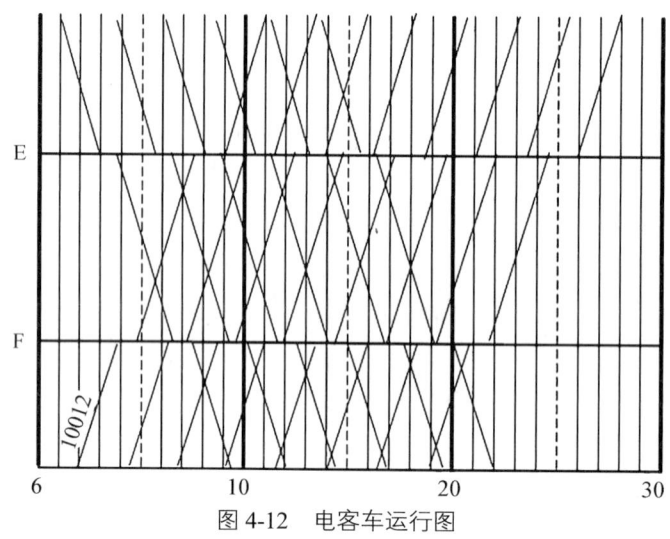

图 4-12 电客车运行图

1. 横坐标

电客车运行图上横坐标表示电客车运行的时间变量,按要求用不定的比例进行时间划分,一般城市轨道交通电客车运行图采用 1 分格或 2 分格,即每一等分表示 1 min 或 2 min。

2. 纵坐标

电客车运行图上纵坐标表示距离分割,根据区间实际里程,采用规定的比例,以车站中心线所在位置进行距离定点。

3. 垂直线

电客车运行图上的垂直线是一族平行的等分线,表示时间等分段,一般整小时和整 10 min 用粗线表示,半小时用虚线表示,一分线或二分线用细线表示。

4. 水平线

电客车运行图上的水平线是一族平行的不等分线,表示各个车站中心线所在的位置,各水平线间距离的远近基本表示了各站之间的距离远近。中间车站中心线用细线表示,换乘站、折返站和终点站中心线用粗线表示。

5. 斜 线

电客车运行图上的斜线是电客车运行轨迹(径路)线即电客车运行线,一般以上斜线表示上行电客车,下斜线表示下行电客车。

6. 运行线与车站交点

在电客车运行图上,电客车运行线与车站的交点即表示该电客车到达、出发或通过的时刻。由于城市轨道交通电客车停站时间较短,一般不标明到、发不同时刻。

7. 表示时刻的数字填记

在电客车运行图上,所有表示时刻的数字都填写在电客车运行线与横线相交的钝角内,电客车通过车站的时刻,一般填写在出站一端的钝角内。

8. 车次的规定

在电客车运行图上，上行电客车车次为双数，下行电客车车次为单数，车次标在区段的首末两端区间相应电客车运行线的上方。

（二）电客车运行图的分类

1. 按时间轴的刻度划分

（1）1 min 格运行图。

如图 4-13 所示是电客车运行图的 1 min 格图，由图可知横轴以 1 min 为单位用细竖线加以划分，10 min 格和小时格用较粗的竖线表示，一般一分格运行图主要在编制电客车新运行图和调度指挥时使用。

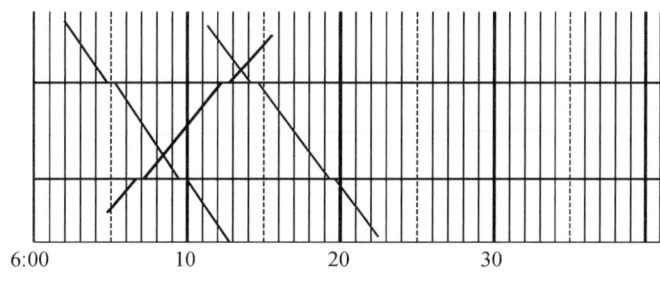

图 4-13　1 min 格运行图

（2）2 min 格运行图。

如图 4-14 所示是电客车运行图的 2 min 格图，它的横轴以 2 min 为单位用细竖线加以划分，城市轨道交通电客车运行图常用这种格式。

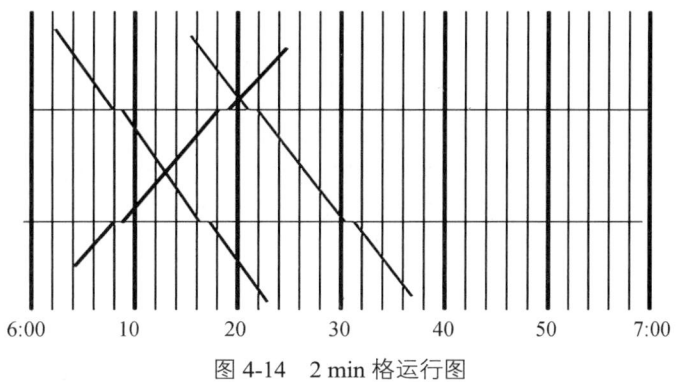

图 4-14　2 min 格运行图

（3）10 min 格运行图。

如图 4-15 所示是电客车运行图的 10 min 格图，它的横轴以 10 min 为单位用细竖线加以划分，半小时格用虚线表示，小时格用较粗的竖线表示，并且在运行图上需标注 10 min 以下的数字。这种十分格运行图常用于铁路运输企业，主要供调度员在日常指挥工作中绘制实绩运行图时使用。

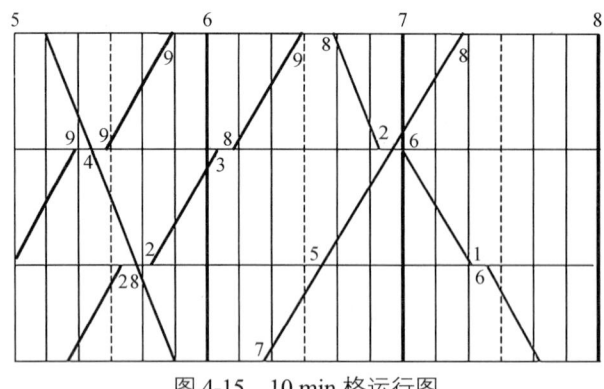

图 4-15 10 min 格运行图

（4）小时格运行图。

如图 4-16 所示是电客车运行图的 1 h 格图，它的横轴以 1 h 为单位用竖线加以划分，并且在运行图上标注 60 min 以下的数字。这种小时格运行图主要用于铁路在编制旅客电客车方案图和机车周转图时使用。

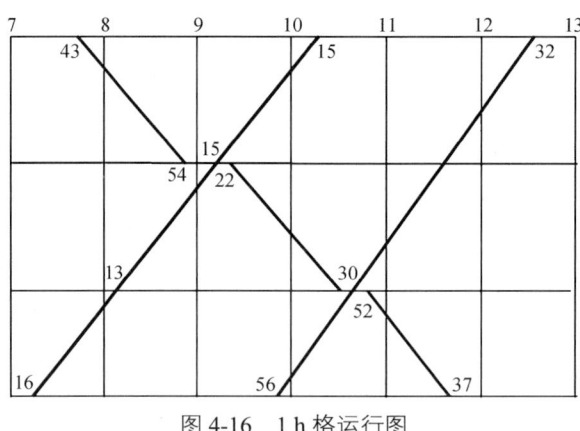

图 4-16 1 h 格运行图

2. 按区间正线数分

（1）单线运行图。

在单线区段，上下行方向的电客车都在同一正线上运行的情况如图 4-17 所示，因此，两个方向的电客车必须在车站上进行交会。在城市轨道交通系统中，单线运行图很少采用，只有在非正常情况下的运行调整期间或在运量不大的市郊铁路使用。

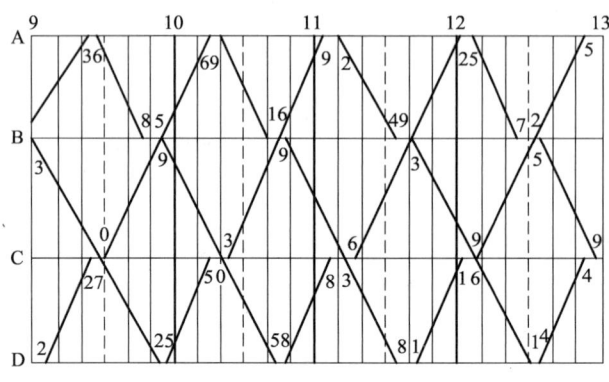

图 4-17 单线运行图

（2）双线运行图。

在双线区段，上下行电客车在各自的正线上运行的情况如图 4-18 所示，因此上下行方向电客车的运行互不干扰，可以在区间内或车站上交会，但电客车的越行必须在车站上进行。绝大多数地铁、轻轨都采用此种类型的运行图。

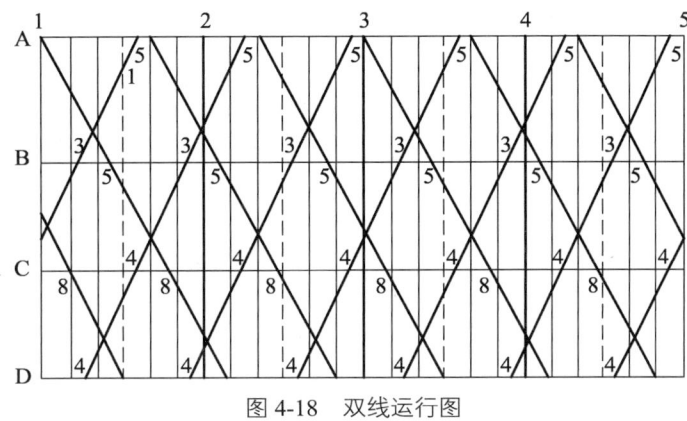

图 4-18　双线运行图

（3）单双线运行图。

在有部分双线的区段，单线区间和双线区间各按单线运行图和双线运行图的特点铺画运行线，在城市轨道交通线网中只在非正常情况下的电客车运行调整期间使用，如图 4-19 所示。

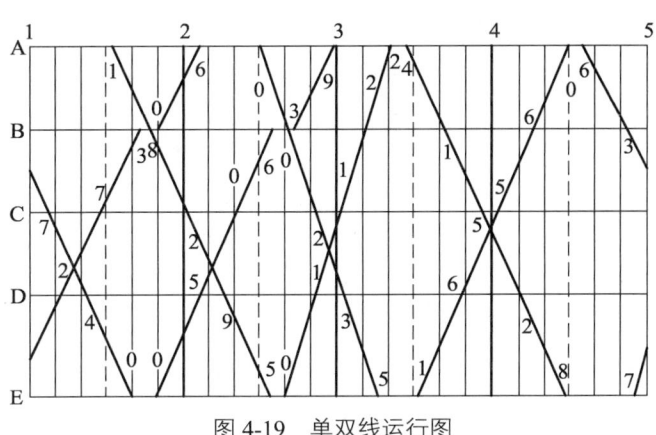

图 4-19　单双线运行图

3. 按照电客车运行速度的不同分

（1）平行运行图。

在同一区间内，同一方向电客车的运行速度相同，且电客车在区间两端站的到、发或通过的运行方式也相同，因而运行线相互平行，并且在区段内没有电客车越行。

（2）非平行运行图。

在电客车运行图上铺有各种不同速度和不同种类的电客车，且电客车在区间两端站的到、发或通过的运行方式不同，因而电客车运行线不相平行。

4. 按照上下行方向电客车数目的不同分

（1）成对运行图。

在这种运行图中，上下行方向的电客车数目是相等的。

（2）不成对运行图。

在这种运行图中，上下行方向的电客车数目是不相等的。大部分区段的上、下行电客车数是相等的，因此一般多采用成对运行图。只有在上、下行方向运量不等的个别区段，行车量较大方向的能力不足时，才采用不成对运行图。

5. 按照同方向电客车运行方式的不同分

（1）连发运行图。

在这种运行图上，同方向电客车的运行以站间区间为间隔。在单线区段采用这种运行图时，在连发的一组电客车之间不能铺画对向电客车。由于城轨交通系统基本都采用双线自动闭塞，因此，这种运行图很少被采用，只有在非正常行车和运行调整时使用。

（2）追踪运行图。

在这种运行图上，同方向电客车的运行以闭塞分区为间隔，一个站间区间内允许几列同向电客车同时运行。

6. 按使用情况分

按使用情况可分为基本运行图、节假日运行图和其他运行图。

7. 按使用范围分

（1）地铁企业内部使用的电客车运行图。

通常以图形的电客车运行图形式提供使用。

（2）供社会使用的电客车运行图。

通常以旅客电客车时刻表形式供社会使用，旅客电客车时刻表应在新运行图实行之前向社会公布。

四、电客车运行图的要素及计算指标

（一）时间要素

1. 区间运行时分

电客车区间运行时分是指电客车在两个相邻车站之间的运行时间标准，即电客车由某站启动不再停车，按规定速度运行至另一站完全停稳这一系列作业所需要的时间。电客车区间运行时分按车站中心线或通过信号机之间的距离计算。

由于不同电客车的运行速度不同，上下行方向的线路平面、纵断面条件不同，所以电客车区间运行时分应按各种电客车和上下行方向分别查定。对于城市轨道交通，一般所有的车站均会办理客运作业，因此不需要分别查定停车与不停车的情况。

2. 停站时间

电客车在中间站的停站时间指电客车在中间站办理乘客乘降作业所需要的停车时间总和。影响电客车停站时间的因素主要有：车站上下车人数、平均上（下）一个乘客所需时间、开关门时间、车门和屏蔽门的不同步时间、确认车门关妥与信号显示时间、司机反应时间等。

在停站时间的实际确定过程中，除个别客流量较大的车站外，一般车站的停站时间应控制在 20~30 s，停站时间过长不仅会降低电客车旅行速度，在高密度行车情况下，还会影响到后续电客车的运行。

3. 折返作业时分

折返作业时分是指电客车到达终点站或在区间站进行折返作业的时间总和。包括确认信号的时间、出入折返线的时间、办理进路时间、驾驶员走行或换岗时间等。折返作业的时间受折返线折返方式、电客车长度、电客车制动能力、信号设备水平、驾驶员操作水平等多因素的影响。

折返时分的确定不仅是电客车运行图中的一个重要因素，而且是实际行车组织工作中非常重要的一环。电客车折返能力直接决定着一条线路的通过能力，电客车折返时分的确定也要根据折返线设置的不同、折返方式的不同分别进行计算。

4. 电客车出入车厂的作业时间

电客车出入车厂的作业时间是指电客车从车厂到达与其衔接的车站正线或返回的作业时间，可以采用超标的方式确定。

5. 追踪电客车间隔时间

在自动闭塞区段，同方向有两列或两列以上电客车以闭塞分区为间隔运行的，称为追踪运行。追踪运行电客车之间的最小间隔时间称为追踪电客车间隔时间。

追踪电客车间隔时间的大小，与信号类型、车辆性能、接近车站的线路平纵断面情况、电客车停站时间和行车组织方法等因素有关。

在自动闭塞区段，电客车追踪间隔时间的长短，决定了电客车密度和运能的大小。为缩小追踪间隔时间，应在保证安全的基础上，缩短闭塞分区的长度，提高电客车的运行速度。

6. 车站间隔时间

车站间隔时间是指车站办理两电客车的到达、出发或通过作业所需要的最小间隔时间。车站间隔时间在市郊铁路、城际铁路等轨道交通系统中使用，在地铁、轻轨等系统中，只有在运行调整或者线路信号设备不完善的情况下才会使用。

7. 调车时分

指办理调车作业所需要的时间标准。

8. 营运时间

是指城市轨道交通运营线路运送乘客的时间，它一般和该城市的工作时间及生活习惯有关。一般说来，各国城市轨道交通系统均有一定的夜间时间（2~6 h 不等）用作设备、设施的维修和保养时间。

9. 停送电时间

指每天营运开始前送电和运营结束后停电所需的操作和确认时间。

（二）数量要素

数量要素是地铁电客车运行图的重要条件因素，是客观存在的一些数量指标，它直接影响电客车运行图的全部内容。包括客流、全天客流分布、断面客流量、最大断面客流量、高峰小时最大断面客流量、线路断面满载率、平均满载率、平均运用电动客车组数、运用电客车回段组数及库停时间、电动客车连续运用圈数、车站吞吐能力等。

（三）相关要素

这部分内容较为广泛，涉及面较大，对编制电客车运行图有直接影响并密切相关，很多问题都是管理方面的问题，因此在编制电客车运行图时必须进行充分考虑，当然这种考虑必须是在满足时间及数量两大要素的前提下。包括：与路面公共交通的衔接、客车检修作业的要求、调试车开行、乘务制度、行车组织办法、存车线存车能力、区间及车站通过能力、通勤车的开行、轧道车的开行、换乘站的均衡换乘、其他因素（如线路设计缺陷、车辆段设置、设备落后等方面的因素）。

任务三　城市轨道交通行车指挥

电客车的行车组织工作必须坚持安全第一的生产方针，贯彻高度集中、统一指挥、逐级负责的原则，发扬协作精神，城市轨道交通运营公司的各单位、各部门主动配合，紧密联系，协同动作，不断提高效率，安全、准时、高效地完成城市轨道交通的客运服务工作。

一、电客车行车基本原则

以下是电客车在城市轨道交通行车工作应该遵循的基本原则，作为电客车司机一定要认真学习并领会其中的含义，且不能盲目行车。

（1）指挥电客车在正线运行的命令只能由行调发布，电客车司机必须严格遵照《电客车运行计划》规定的时刻及信号显示要求行车，并服从行调指挥。

（2）电客车行车时间以北京时间为准，从 0 时起计算，实行 24 小时制。行车日期的划分以 0 时为界，0 时以前办妥的行车手续，0 时以后仍视为有效。

（3）正线和辅助线属行调管理，城轨电客车车辆段线路由城轨电客车车辆段调度管理，停车场线路由停车场调度管理。

（4）CBTC 控制的城轨系统，电客车司机可采用 AM、CM 驾驶模式驾驶；CBTC 模式下 ATS 具备时刻表功能时，计划内的城轨电客车到达转换轨时自动接收行车信息；非 CBTC 模式城轨电客车在正线运行时的车次号需行调人工输入目的地号。

（5）电客车等级由高到低依次为专列、载客电客车、空驶电客车、调试电客车和其他电客车。开往事故现场的抢险救援车，在确保乘客安全的前提下，应优先办理行车。空载电客车、工程车、救援电客车、调试电客车出入城轨电客车车辆段/停车场均按电客车办理。

（6）CBTC 正常情况下，正线司机凭车载允许信号显示或行调命令行车，按《电客车运行计划》和 TDT（TDT 停站时间为 ATS 对电客车早晚点自动调整后的数据）显示时分掌握运行及停站时间。在 BM 模式下正线司机凭车载及地面允许信号或行调命令行车，司机应根据电客车推荐速度严格控制进出站、过岔、线路限制等特殊运行速度。在联锁模式下正线司机凭地面信号或行调命令行车，司机应严格掌握进出站、过岔、线路限制等特殊运行速度。

（7）城轨电客车在运行过程中，司机应在前端驾驶，如推进运行，应有引导员在前端驾驶室引导和监控城轨电客车运行。

（8）调度电话、无线电话用于行车工作联系，须使用标准用语；数字标准发音如表 4-1 所示。

表 4-1　数字标准发音

1	2	3	4	5	6	7	8	9	0
yao	liang	san	si	wu	liu	guai	ba	jiu	dong
幺	两	三	四	五	六	拐	八	九	洞

（9）城轨电客车晚点统计比照《电客车运行计划》单程每列晚点 2 min 及以下为正点，2 min 以上为晚点的标准进行。排队晚点时的统计则按统计的相关要求进行。行调应根据城轨电客车晚点情况采取相应措施，调整城轨电客车运行。

（10）城轨电客车车辆段救援机车及各类抢修城轨电客车车辆，应处于整备待发状态，其工具备品应保持齐全整洁、状态良好。

二、城市轨道交通行车指挥层级

如图 4-20 和 4-21 所示分别是城市轨道交通 OCC 和 NCC 级别的调度指挥层级图，分析两个图，可以看出最上方的指挥顶层有很大的区别，第一张图的内容包含在第二图中，行车指挥层级自上而下分为：线网监控级、线路控制级、现场执行级，下级服从上级。我国部分地铁公司未建设 NCC，因此在此特别附上两种指挥层图。地铁行车指挥分为一级、二级两个指挥层级，二级服从一级指挥。一级指挥为行车、电力和环控调度、值班主任助理；二级指挥为车站值班站长、车厂调度、DCC 检修调度、部门调度（其中，电力调度员兼任供电部部门调度、环控调度员兼任机电部部门调度）。各级指挥要根据各自职责任务独立开展工作，并服从 OCC 值班主任的总体协调和指挥。

城市轨道交通运营的行车组织指挥工作，必须坚持安全生产的方针，贯彻高度集中，统一指挥，逐级负责的原则。

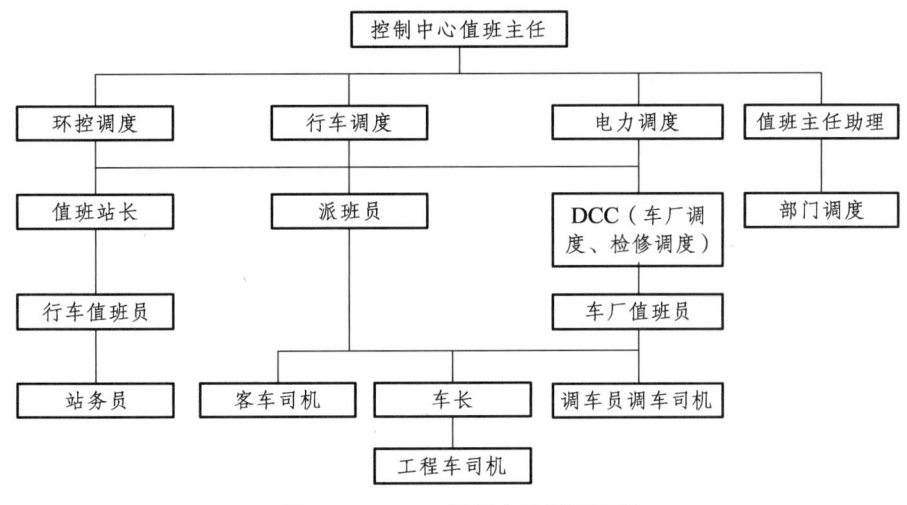

图 4-20　OCC 级行车指挥层级图

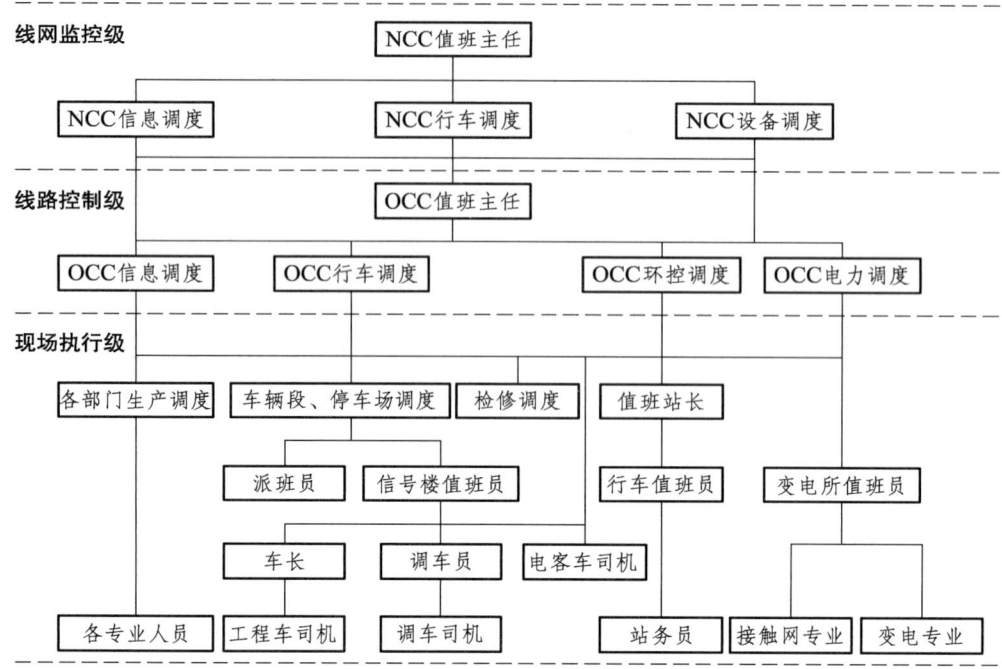

图 4-21 NCC 级线网指挥层级图

(一)城市轨道交通行车指挥执行层级

行车指挥层级自上而下分为:线网监控级、线路控制级、现场执行级,下级服从上级。

线网监控级负责监控线网运行状态,统筹线网运营生产,指挥应急情况下线网电客车运行调整以及对外联络协调。线路控制级负责本线路的运营状态监控、运行调整和应急指挥。现场执行级负责具体执行行车计划及现场应急处置。

(二)城市轨道交通运营控制中心(OCC)

(1)OCC 是城市轨道交通日常运营、设备维护、行车组织的指挥中心。

(2)OCC 是城市轨道交通运营信息收发中心。

(3)OCC 代表分公司总经理指挥运营工作。

(4)OCC 各调度员由值班主任协调统一指挥。在处理突发事件、事故时,各调度员有责任向值班主任提供本岗位的协助处理方案,并及时报告相关信息,行车工作由行车调度员(以下简称行调)统一指挥。供电设备、环控和防灾报警由电力及防灾调度员(以下简称电调)统一指挥,非城轨电客车车辆专业设备的抢修组织工作由行车调度员(以下简称行调)统一指挥。

(三)城轨电客车车辆段检修控制中心(室)(DCC)

(1)城轨电客车车辆段控制室是城轨电客车车辆维修管理的中心,负责城轨电客车车辆维修管理,城轨电客车车辆段控制室设有城轨电客车车辆检修调度员。

(2)城轨电客车车辆段检修调度员负责城轨电客车车辆日常检修、清洁、定修和临修工作控制,为城市轨道交通运营及设备维修施工提供状态良好和数量足够的城轨电客车或工程车。

（四）城轨电客车车辆段信号楼

（1）城轨电客车车辆段信号楼是城轨电客车车辆段内所有轨道线路的信号联锁设备的集中控制点和行车管理的中心，负责城轨电客车车辆段内行车管理与信号联锁系统的控制。城轨电客车车辆段信号楼控制室设有城轨电客车车辆段调度和信号楼值班员。

（2）城轨电客车车辆段调度员负责城轨电客车车辆段范围内的行车组织、维修施工管理。

（3）城轨电客车车辆段信号楼值班员在段调的指挥下，负责排城轨电客车在车辆段内的调车作业和电客车出入城轨电客车车辆段的运行进路。

（五）停车场信号楼

（1）停车场信号楼是停车场内所有轨道线路的信号联锁设备的集中控制点和行车管理的中心，负责停车场内行车管理与信号联锁系统的控制。停车场信号楼控制室设有停车场调度和信号楼值班员。

（2）停车场调度员负责停车场范围内的行车组织、维修施工管理。

（3）停车场信号楼值班员在场调的指挥下，负责排列停车场内的调车作业和电客车出入停车场的运行进路。

三、OCC、城轨电客车车辆段/停车场、车站的指挥工作关系

（1）车站由值班站长，城轨电客车车辆段/停车场由城轨电客车车辆段段调/停车场场调统一指挥。

（2）电客车在区间时，城轨电客车由司机负责指挥，工程车由车长负责指挥；电客车在车站时，由车站值班站长负责指挥，或由行调用无线调度台直接指挥电客车司机。

（3）发生行车设备故障，车站值班站长（行车值班员）应及时报告相关部门生产调度和行调；城轨电客车车辆段（停车场）调度应及时报告相关部门生产调度，如影响正线接发作业时还须报告行调；需要抢修时，由行车调度发布抢修令。

四、行车指挥原则

（1）行车调度命令是指挥电客车运行的命令，只能由行调发布，行车各相关岗位人员必须服从行调指挥，严格执行行调命令，行调应严格按《电客车运行计划》指挥行车。

（2）行调应通过无线调度台、有线调度台、施工系统发布行调命令，做到一事一令。

（3）行调命令分为书面命令和口头命令，书面命令包含纸质命令和电子命令。书面命令应包含发令日期、时间、命令号码、发令人、命令内容、受令人等要素。口头命令应包含命令内容、受令人等要素，发令人应使用普通话，受令人应复诵命令内容。命令记录应至少保存一年。

（4）行调在发布命令前应详细了解现场情况，听取有关人员意见。

（5）发布口头命令的内容有：临时加开或停开电客车（包括城轨电客车、工程车及救援电客车），城轨电客车推进运行、退行，工程车退行，停站城轨电客车临时变通过，改变电客

车驾驶模式，电客车救援时，电客车中途清客，变更电客车进路，变更电客车运行交路，变更闭塞方式。

（6）发布书面命令的内容有：线路限速或取消限速，封锁、开通线路。

（7）行调认为有必要记录的命令。行调的命令一般都需要记录，特殊情况下可先用口头命令，事后补发书面，下面1~7是调度命令号码。

值班主任101—199。

行车调度201—299。

城轨电客车车辆段调度301—349。

停车场调度351—399。

电力调度：变电所倒闸命令401—499。

接触网倒闸命令501—599。

电力施工作业令601—699。

环控调度701—799。

（8）行调发布命令时，在城轨电客车车辆段由派班员或城轨电客车车辆段调度员负责传达，在停车场由派班员或停车场调度负责传达，城轨电客车车辆段工程车司机由检调负责传达；在正线（辅助线）由行调直接发布或者由车站值班站长（行车值班员）负责传达，传达给司机或其他有关人员的书面命令须加盖行车专用章。

（9）同时向几个单位或部门发布调度命令时，行调应指定其中一人复诵，其他人核对，确保无误。行调应掌握正线工程车的运行，了解施工作业进度，检查工程车占用施工区段的情况，确保安全。需取消电客车进路或关闭信号时，应先通知司机，在确认电客车尚未启动时方可取消电客车进路或关闭信号。当电客车以AM模式进入站台区域或电客车头部未越过出站信号机时，如操作人员需要取消或改变电客车至下一站台的相应进路，应及时通知司机停车后再操作。

五、行车指挥机构的作用

（一）地铁运营控制中心（OCC）

OCC是城市轨道交通系统运营日常管理、设备维修、行车组织的指挥中心，设有主任调度员、行调、电调、环调，通过各调度员，对全线电客车运营和设备运行情况进行总的监视、控制、协调、指挥和调度。运营控制中心也是城市轨道交通系统运营信息收发中心，所有与行车有关的信息必须通过OCC集散。

OCC代表公司总经理指挥运营工作，代表公司与外界协调联络地铁运营支援工作。

（二）维修组织（部门调度）

各维修部门设置部门调度。部门调度是除车辆设备以外的地铁设备计划性维修和故障维（抢）修的组织中心，主要负责本部门检修作业计划的审核、协调及作业的实施监控等工作。跨部门间设备抢修配合工作由值班主任助理负责协调。

（三）车厂控制中心（DCC）

车厂控制中心（DCC）是车厂运作管理、车辆维修组织和作业的控制中心，设有车辆检修调度、车厂调度员,负责车厂范围内的行车组织、维修施工管理以及车辆日常检修、清洁、定修和临修工作控制,为轨道交通系统运营及设备维修施工提供数量足够和工况良好的客车和工程电客车。

(四)车厂信号控制室

车厂信号控制室是车厂内所有轨道线路的信号联锁设备的集中控制点,集中控制车厂范围内的进路、道岔和信号机,隶属车厂调度员管理。车厂信号控制室与其邻接车站通过进路照查电路,共同组织与监控电客车进出车厂。

车厂信号控制室设车厂值班员,负责安排电客车厂内的调车作业和电客车进出车厂的运行进路。

(五)车　站

车站设有车控室,主要任务是接发电客车,并做好乘客服务工作,遇突发情况进行应急处理,以确保行车安全和乘客的人身安全。

(六)OCC、DCC及车站的指挥工作关系

车站由值班站长,车厂由车厂调度员统一指挥。

电客车在区间时,客车由司机负责指挥,工程车由车长负责指挥;电客车在车站时,由车站值班站长负责指挥,或由行调用无线电话直接指挥电客车司机。

发生行车设备故障,车站值班站长(值班员)应及时报告该设备所属的分部生产调度和行调,行调需跟进值班主任助理或DCC派人组织抢修处理的情况。

六、主要行车人员的任务

(一)行车调度员

作为实现电客车时刻表的实际组织者,行车调度员肩负着控制整体系统,指挥电客车运行,处理突发事件的重大责任。

行车调度员负责城市轨道交通的日常行车组织、指挥工作,按照"运营时刻表"的要求组织行车,实现运营服务的安全、准点和优质;负责监督控制全线客流变化情况,调集人力、物力和备用车辆,疏导突发大客流;负责组织实施正线、辅助线范围内的行车设备检修以及各种施工、工程车运输作业;负责组织、处理在运作过程中发生的各种故障、事件、事故;负责监督、协调供电系统的运作。

(二)电客车司机

身为行车组织的最前线执行人员,电客车驾驶员肩负着安全驾驶电客车,快捷运送乘客,保障人身安全的重大任务。因此,要求电客车驾驶员时刻牢记安全第一的方针,严格遵守各种规章制度,正确执行各种作业程序,确保客车运行安全;严格按照"运营时刻表"行车,工作时严守岗位,不得擅自离岗,班前做好行车预想,班后做好总结;服从行车调度员指挥,精心操纵电客车,发现问题要及时向行车调度员汇报,及时处理危机,为广大乘客提供优质的旅程服务。

（三）车站行车值班员和站务员

车站行车值班员和站务员负责车站行车工作，既要确保自动化设备和所提供的服务能满足乘客的需求，也要保障在车站管辖范围内乘客的安全；车站的运输服务工作需要与控制中心紧密合作，车站人员随时准备执行行车调度员命令，协助行车调度员完成行车组织工作，根据客流状况做出适当的安排；控制车站广播，密切关注监视屏，掌握站台乘客动态，并视情况及时广播；非运营时间做好巡道、设备维修的登记和注销手续，保管使用行车设备备品，正确填写各种行车日志。

（四）车辆检修调度员

车辆检修调度员全面负责车辆的计划维修、故障抢修、事故处理、调试、改造作业安排及组织实施，监视所有车辆技术状态，提供运行图所规定的客车数上线服务，并确保其状态良好，符合有关规定；负责车辆检修内务管理及协调、调配车辆部各中心的生产任务。

（五）车厂调度员

车厂调度员统一指挥车厂内的行车组织工作，全面负责组织实施客车、机车车辆转轨、取送、检查作业，组织实施调试作业、电客车出入车厂等工作，合理科学地调配人员、机车车辆协调、安排车厂内行车设备、消防设备及库房等设备设施的检修维护。向行调通报运用客车情况，负责与车辆检修调度交接检修及运用客车，与出/退勤司机交接运营客车。协调车厂内与外部的工作接口问题，组织相关部门及时处理设备故障问题。

（六）信号楼值班员

信号楼微机联锁设备控制室设置有信号楼值班员，负责接收车厂信号楼调度员的接发电客车、调车作业计划等，操作微机设备，实现微机联锁设备的用途及功能。

项目实训　电客车行车基础

【实训目的】

（1）掌握城市轨道交通线路的分类和结构特点。

（2）掌握城轨电客车车辆段、停车场信号设备应用特点。

（3）掌握行车信号显示的方式和应用场景。

【实训条件】

（1）电客车行车信号有关的视频。

（2）各类显示信号机实物。

（3）带有行车信号控制的模拟驾驶实训室。

【实训内容】

（1）观看行车信号方面的视频或参观城市轨道交通场段信号楼发送电客车的过程。

（2）操纵模拟驾驶，学习行车信号的基本控制要求。

思考与练习

1. 简述行车组织总则的主要内容。
2. 简述无线电数字发音表格（如表 4-1）的具体内容。
3. 简述城轨供电系统的功能及供电方式。
4. 简述城轨电客车车辆段控制室定义及职责。
5. 简述城轨电客车车辆段信号楼的定义及职责。
6. 简述停车场信号楼的定义及职责。
7. 简述什么是行车调度命令。
8. 简述 OCC、城轨电客车车辆段/停车场、车站的指挥工作关系。

项目五　电客车司机职责与正线作业

学习目标

（1）掌握城轨电客车司机的岗位职责和要求。
（2）了解电客车司机出勤作业的基本标准。
（3）掌握电客车正线出勤、退勤和整备作业的标准。
（4）了解全自动的运行模式。
（5）熟悉全自动运行模式和传统城轨驾驶模式的差异。
（6）了解全自动的功能。

重点难点

（1）正线作业注意事项及要求。
（2）对标停车及开门注意事项。
（3）段（场）作业呼唤应答标准。
（4）全自动驾驶的特点及功能。

任务一　电客车司机的基本要求

一、基本概念

电客车司机，又可称为电客车乘务员，在电客车值乘时全面负责或协助负责电客车的运行安全的城轨运营公司的工作人员。城轨电客车司机负责驾驶正线运行、调试，调车司机负责场/段内调车、城轨电客车调试等作业，其中见习司机是指在跟岗实习阶段，不具备独立驾驶城轨电客车资格的人员，主要是协助城轨电客车司机前方瞭望、监控速度、开关站台门。

（一）电客车司机

电客车司机是指持有地铁公司颁发的"电客车司机驾驶证"，具备独立操纵电客车资格的驾驶人员。客车司机按技术等级分为三级、二级、一级、高级、特级和首席六个级别。

（二）引导员

引导员是指电客车故障需要电客车司机在尾部驾驶室驾驶时，在客车前端瞭望，监控电客车运行速度及运行安全,与司机随时保持联系控制电客车的运行及停车等事项的人员。一般由车站值班员或值班站长担任。

(三) URM 监控员

URM 监控员是指在电客车因车载信号设备故障而采用非限制性模式驾驶时,登乘司机室,协助司机瞭望进路,并监控电客车运行速度及运行安全的电客车驾驶辅助人员,一般由车站值班员及以上级别人员担任。

(四) 屏蔽门操作员

屏蔽门操作员系指在车站屏蔽门与电客车车门联动功能尚未实现时,通过随车或驻守方式,协助司机开关屏蔽门的操作人员。

(五) 行车凭证

如图 5-1 和 5-2 所示是两种常用的行车凭证——调度命令和路票。行车凭证是电客车占用前方进路的凭据。根据行车条件和电客车驾驶模式的不同,行车凭证分为信号机显示的开放信号、ATC 车载信号、调度命令、路票等。

调度命令

表号:			年　月　日　时　分
受令处所		命令号码	行调姓名
命令内容			
		行车专用章＿＿＿	车站值班站长＿＿＿

注:规格 110 mm×160 mm

图 5-1 调度命令样本

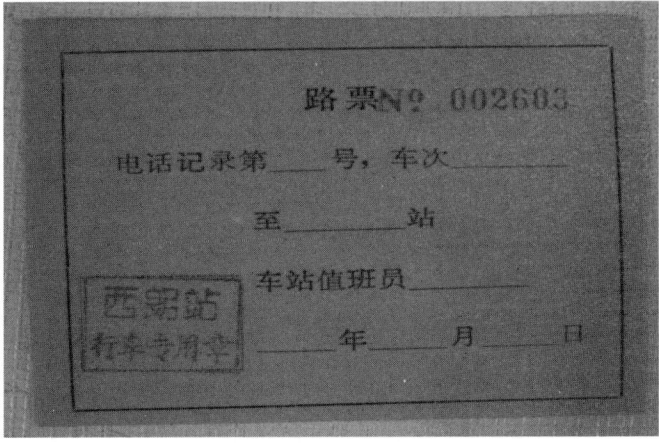

图 5-2 路票样本

（六）登乘证

登乘证指在运营时间内登乘客车司机驾驶室的凭证。登乘证按使用时效分为永久登乘证、三年期登乘证和一年期登乘证；按使用属性分为个人登乘证和公共登乘证。

二、电客车司机要求

一名合格的电客车司机不仅要能规范驾驶电客车，而且能在运营线路或非运营线路上独立从事电客车的检查、试验、故障以及突发事件的处置等作业。因此，要想成为一名称职的电客车司机，必须注重对综合素质和能力的培养。

（一）健康要求

电客车司机作为一线行车岗位，其工作内容涉及行车的安全，因此需保持良好的身体状态，避免因人的因素影响了行车安全，严禁班前 10 h 以及班中饮酒或服用影响精神状态的药物。在班前或工作中突遇身体不适时，应及时报告值班队长或副队长，不可带病上岗。城市轨道交通，特别是地铁电客车的行车环境比较特殊，大多数线路在地下隧道中，光线相对较暗，因此要求电客车司机必须保证矫正视力达到 5.0 以上，无色弱、色盲等视力问题，为保证电客车司机身体素质，必须要求电客车及时参加每年度的公司体检并跟进体检结果，切实掌握自身身体状况，身体有异常情况及时报告车队长或副队长。

（二）知识技能要求

1. 基础知识

（1）电工电子：要求掌握电路的基本知识、基本概念、基本定律和分析方法、掌握三相电路、三相交流、电源与负载的连接、晶体管与基本放大电路、半导体基础知识、安全用电常识等。

（2）机械基础：要求掌握机械制图、视图、公差的概念，掌握常见机械结构、机构的原理、机械传动原理及常见部件、材料等知识。

（3）常用工具和灭火器：要求掌握万用表的使用，各类机械钳工和电工电锯的使用，常见量具的使用、泡沫气体干粉灭火器的使用方法和注意事项，了解消防相关知识，学会扑灭初期火灾的方法。

2. 专业知识

（1）车辆构造。

车辆构造是关于城市轨道交通车辆的基础知识，包括车辆基本组成、电客车编组、车体结构、车门系统、车钩缓冲装置、转向架、制动系统、车辆主要电气设备、车辆主电路和气路原理等相关知识。司机必须掌握电客车的基本构造和性能，对电客车有一个较完整的了解，主要表现在对操作电客车技能的掌握和对主要部件构造、性能的了解上。只有在掌握和了解了电客车各系统性能、作用的基础上，才能够具备处理故障的能力，而能否在规定时间内及时、准确地排除故障已经成为衡量司机基础业务能力的标志之一。

（2）信号系统。

信号系统与电客车驾驶息息相关，要求司机必须掌握：信号机的种类和显示，基础信号设备（转辙机、轨道电路、应答器、计轴器等）及其工作原理，ATC、ATO、ATP、ATS 基本作用和工作原理，各种闭塞形式、工作原理及相关技术，CBTC 系统相关知识等。

（3）行车组织。

行车组织是关于电客车运行组织的知识，要求司机必须掌握：轨道线路的相关基础知识（如轨道组成、道岔、线路特点等），各线路标识、信号标识的作用，手信号的显示方式和现实意义，相关行车凭证与行车命令，电客车运行图和轮乘表、电客车开行车次的规定，段、场、正线的线路布局、股道特点，正线屏蔽门的种类和分布，屏蔽门在正常和非正常情况下的操作方法。

司机必须熟悉运行线路和停车场等基本设施情况，熟练掌握驾驶区段、停车场线路纵断面情况，并在驾驶技术上得到体现。经过学习和经验积累，较好地掌握线路纵断面状况后就能得心应手地驾驶电客车投入运行，应对运行过程中的各种事件。对一名司机来说，特殊情况下的处置方法，同样是基本常识和必须明确的业务。

（三）规章制度要求

规章制度是电客车司机行车的基本准则，每名电客车司机在正式驾驶电客车前，均需熟悉电客车行车相关规程，具体内容如下。

1. 电客车操作规程

电客车操作规程是车辆系统各有关工种和车辆技术管理人员、乘务管理人员及电客车司机在工作中或作业中的工作标准，对司机出退勤、电客车检查作业、出入库作业、电客车操纵和运行、特殊情况下的处理与操作等进行了规定。一般各地铁线路根据电客车技术特点、信号系统、线路设备、站场设施、环境条件特点等制定各自的规程。

2. 技术管理规程

技术管理规程类似于地铁公司技术管理的纲领性文件，规定了地铁公司各部门、各单位、各专业在从事运营生产时，必须遵循的基本原则、基本要求、责任范围、工作模式和相互关系等。地铁运营具有高度集中、统一指挥、紧密联系和协同动作的特点，在技术管理规程的指导和规范下，能规范运营管理活动，提升技术管理水平，确保轨道交通路网运营安全、正点优质服务。

3. 行车组织规定

行车组织规定是各地铁线路针对信号系统设备及运营模式的特点而制定的，规定了行车人员在行车组织工作中必须遵循的基本原则、工作模式、作业程序和相互关系等。

4. 运营事故处理规程

运营事故处理规程制定的目的是及时、正确地处理地铁运营事故，使处理工作的流程更科学、规范、有据可依。

5. 其　他

《中华人民共和国劳动法》相关知识、《中华人民共和国安全生产法》相关知识、《中华人民共和国环境保护法》相关知识。

从目前各地铁运营公司对电动电客车司机的培训周期和项目来看,司机除了必须学习和掌握地铁公司的安全规程、事故处理规程、电客车操作规程、技术管理规程外,还应注重培养包括心理素质、抗压能力、反应能力、表达和语言能力等在内的综合素质,而这些综合素质无法靠理论知识来弥补,需要学员在日常生活中有意识地进行针对性培养。

三、电客车司机的基本素质和工作标准

（一）基本素质

（1）思想品德方面,要自尊自重、遵章守纪、爱岗敬业、团结协作、敢负责任、讲究效益、品行高尚、言行端庄。

（2）业务素质方面,要取得相应的职业资格证书和岗位任职资格,具有扎实的专业知识、练实操技能、较强的应变能力,服从命令,听从指挥,为乘客提供"安全、准点、快捷、舒适"的服务。

（3）个人身心方面,要身体、心理健康,人格健全。

（二）司机的基本工作标准

（1）严格遵守各项规章制度和命令。
（2）坚持安全生产的方针,牢固树立"安全第一"的思想。
（3）具备全心全意为乘客服务的职业道德。
（4）拥有良好的心理素质和应变能力。
（5）具备熟练的岗位操作技能。
（6）拥有健康的人际关系。

四、司机的分类与岗位职责

（一）司机分类

电客车的司机一般都必须是持有轨道交通服务单位颁发的"城市轨道交通电客车司机"上岗证,并具备独立驾驶城轨电客车资格的人员,包括城轨电客车司机、调车司机和见习司机。

1. 电客车司机按其资格不同可以分为电客车司机、调试电客车司机和见习电客车司机

电客车司机是指具有政府部门颁发的职业技能鉴定证,并通过轨道交通运营公司上岗考试,具备驾驶电客车载客运营资格的公司员工。

调试电客车司机是指具有政府部门颁发的职业技能鉴定证,但尚未通过轨道交通运营公司上岗考试,不具备独立驾驶电客车载客运营资格,但具备独立调车、调试作业驾驶资质的公司员工。

见习电客车司机是指尚未考取政府部门颁发的职业技能鉴定证和轨道交通运营公司内部颁发的上岗证,但理论与实操培训合格,可从事协助瞭望、开关安全门等辅助行车工作的公司员工。

持有服务单位颁发的"城市轨道交通电客车司机"上岗证，并具备独立驾驶城轨电客车资格的人员有城轨电客车司机与调车司机。城轨电客车司机负责驾驶正线运行、调试，调车司机负责场/段内调车、城轨电客车调试等作业。

见习电客车司机是通过服务单位跟岗实习生阶段性测试，不具备独立驾驶城轨电客车资格的人员，主要是协助城轨电客车司机前方瞭望、监控速度、开关站台门。

2. 按工作的业务不同可分为正司机和副司机

（1）正司机。

正司机是指电客车运营或调试期间，全面负责整个电客车值乘工作的乘务员，正司机必须由具有电客车司机或调试电客车司机资质的人员担任。

正司机负责驾驶电客车在正线上运行及在车场内的调车作业和电客车运行的安全，是当次电客车的主要负责人，必须熟悉当次电客车的各种电客车信息和出乘信息。若正司机和副司机进行互换操作，副司机在正司机的监督下驾驶，此时正司机仍为当次电客车运行的主要负责人。

（2）副司机。

副司机是指运营或调试期间，协助正司机进行值乘作业的乘务员。副司机负责协助正司机瞭望线路情况、安全门的开闭及其他辅助行车的工作，遇突发紧急情况应及时提醒正司机注意，对当次电客车运行负有次要责任。

（二）司机岗位职责

城轨电客车司机在取得运营分公司"城市轨道交通电客车司机上岗证"，并经培训中心鉴定合格后，方准独立驾驶城轨电客车，实习司机则必须在司机的监督下才能操纵电客车。严格按照"电客车运行图"动车，严格遵守各项规章制度。运行中，必须集中精力，加强瞭望，确认设备状态，严禁做与行车无关的事。发现可能危及行车、人身安全的情况时，果断采取停车措施。操作电客车保护装置前，必须确认其符合安全条件，并得到行调口头命令允许。（按照运作规定执行）电客车进站、停车过程中，除紧急呼叫外，可不接听调度电话。等电客车停妥开门后，再联系行调，说明原因。值乘司机运行中遇身体不适且难以继续驾驶时，应及时报告车队长，车队长安排人员替换，并按相关应急预案执行。

1. 正司机的岗位职责

（1）城轨电客车司机是城市轨道交通运营的关键岗位，负责驾驶电客车及监控电客车运行情况，对所值乘电客车的安全全面负责，有权拒绝违章指挥和强令冒险作业。

（2）严格遵守各项安全规章制度、行车组织规则及岗位工作手册等，服从调度指挥，确保电客车安全运行。

（3）做好出车前的检查准备工作，对不满足上线运营条件的电客车，及时报告车辆段（停车场）调度，按其指示执行。

（4）正线运营时，严格按照"电客车运行图"及调度命令行车，确认行车凭证和电客车进路，执行呼唤应答制度。

(5)场(段)内调车作业时,严格把好计划关、进路关、速度关,确保场(段)内的运作安全。

(6)电客车运行中认真执行"动车集中看,瞭望不间断",按照规定速度运行。遇突发事件或发现危及行车安全情况时立即采取紧急措施,做好乘客安抚及应急处置。

(7)及时完成电客车状态卡及事故(事件)报告单的填写。

(8)服从城轨电客车队长及派班员的管理和安排,团结协作,树立全心全意为乘客服务的职业道德,认真学习专业知识,努力提高业务水平。

(9)对实习司机进行业务指导。

(10)完成上级领导交办的其他工作。

2. 副(实习)司机岗位职责

(1)按规定完成城轨电客车司机学习任务。

(2)负责对站台门状态的监控和对站台、空隙安全的确认。

(3)出现站台门故障或其他应急情况时,立即通知城轨电客车司机,并协助城轨电客车司机处理。

(4)负责协助城轨电客车司机瞭望前方进路及信号,发现危及行车及人身安全时,及时通知城轨电客车司机,同时采取紧急停车措施。

(5)负责确认行车凭证,发现城轨电客车司机违章动车时,立即制止并采取紧急停车措施。

(6)服从城轨电客车司机的领导、监督,完成好本职工作。

五、电客车司机作业流程与行车备品

(一)出勤作业必备用品

城轨电客车司机出勤作业时必须带上的备品主要包括安全帽、荧光衣、手电筒、电客车钥匙、手持台、工具箱、司机手账等,这些物品是保证电客车司机能顺利完成作业的必需品和应急品,如图5-3所示。

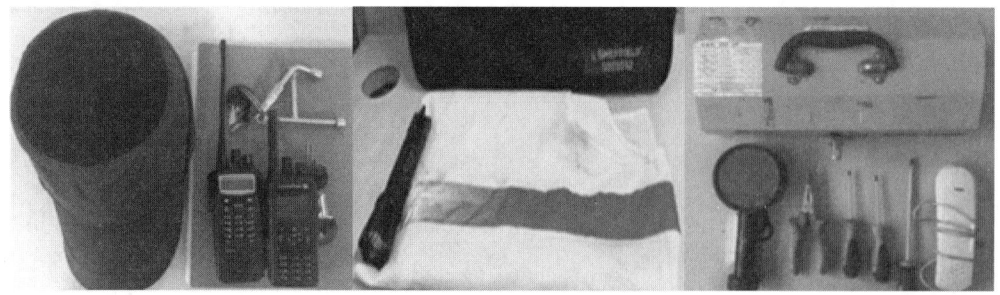

图5-3 司机行车备品

(二)城轨电客车司机一次作业流程图

如图5-4所示是电客车司机出勤、整备作业、场段作业、正线作业、退勤作业等环节基本操作流程。

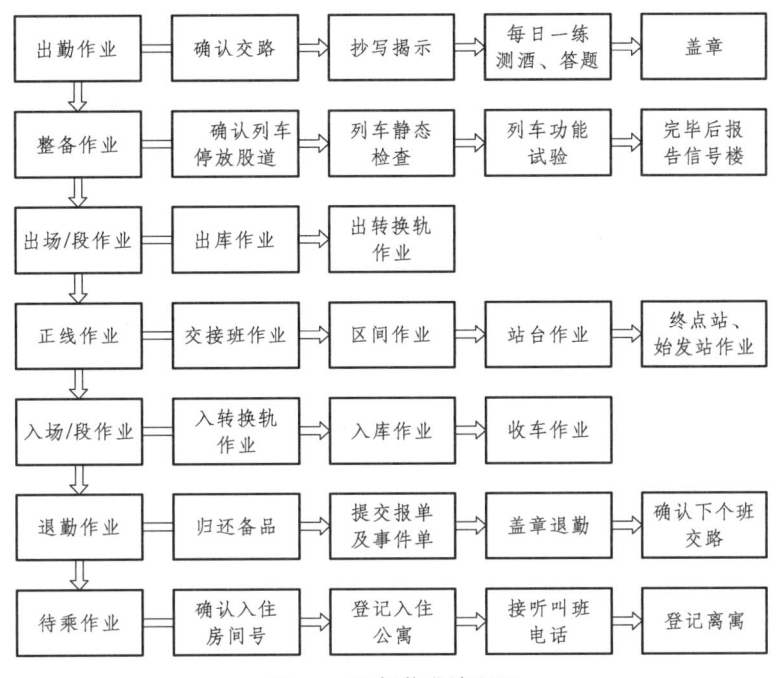

图 5-4 司机作业流程图

任务二　出、退勤和交接班作业

一、正司机出勤

（一）作业标准

（1）出乘前 10 h 严禁饮酒或服用影响精神状态的药物，充分休息，保持精力充沛。

（2）电客车司机必须在出勤时间前 15 min 到达派班室的规定着装，如图 5-5 所示。

（3）电客车司机还要测酒。

（4）抄写当日行车揭示、调度命令，做好安全预想。

（5）学习相关文件，班前提问（出勤答题），到派班员处办理出勤。

（6）出勤时领取"司机报单"及行车备品，此外场段出勤还需要领取"电客车状态记录卡"，确认其数量齐全、状态良好，在借用登记簿上进行记录。

（7）在场段出勤后了解电客车状态和停放股道位置，到达相应股道后按规定整备电客车。在正线出勤后认真确认接车车次和位置，提前 1 min 到达指定位置立岗接车。

（8）出乘前，必须认真听取派班员指示及要求，有疑问时及时询问。

图 5-5　司机着装

（二）技术标准

（1）工装应当保持整洁，配套穿着。着衬衣（长袖、短袖）时，领带尾部要与腰带扣对齐，衬衣下摆扎于裤内，内着毛衣、绒衣、棉衣等内衣时，下摆不得外露，领型为"U"领或"V"领，不遮挡领带扣，着工装要配套穿黑色或深棕色皮鞋，工作场合不得着拖鞋、赤脚和赤脚穿鞋。

（2）仪容仪表方面，要求男性不得留长发、剃光头、留胡须、染发。

（3）测酒：测酒如图 5-6 所示，司机面向测酒仪，听到测酒提示音后，进行吹气测酒，听到"测试正常"提示音，测酒完毕。

（4）派班员办理出勤：派班员按出勤时间顺序安排司机叫号出勤，司机按照交路号到达派班员处，将司机手账和手机交给派班员，检查司机手机是否处于关机状态并查看注意事项、预想、调度命令、交路抄写无误后在司机手账上盖章并发放司机报单。

（5）确认行车备品数量齐全（比照正线交接备品）、状态良好，在场/段出勤时需在借用登记簿上进行记录。

（6）早班按照出勤时间提前 21 min 到达派班室，做好每日一练。

（7）中、夜班按照出勤时间提前 15 min 到达派班室。

图 5-6　酒精测试

二、调车、调试司机出勤

（1）按规定着装，进行测酒，抄写当日行车揭示、调度命令，做好安全预想，学习相关文件，班前提问（出勤答题），到派班员处办理出勤。

（2）出勤时领取"司机报单"，听取派班员传达当日的调车计划、调试计划（适用调试）及注意事项。

（3）调车司机、调试司机出勤后了解电客车状态和停放股道位置，到达相应股道后按规定整备电客车。

（4）运营电客车转调试电客车时，调试司机与到达司机做好交接，报行调核对调度命令，确认调试内容、调试范围等。

三、退勤作业

（一）段（场）派班室退勤

（1）城轨电客车到达指定股道对位停稳后，记录本端电客车走行公里、施加停放制动、关闭本端司机室所有负载。

（2）换端后记录本端电客车走行公里，关闭所有负载，降弓关闭主控钥匙，断蓄电池，下车时锁好驾驶室侧门，汇报段（场）信号楼。

（3）到派班员处，归还所有行车备品、交回"电客车状态记录卡"，并说明电客车状态。

（4）填写"司机报单"，发生事件晚点 2 min 及以上时填写"行车事故（事件）报告"单，2 min 以内填写"行车事故（事件）报告"登记表，由车队长审核并签字确认。

（5）派班员了解清楚"行车事故（事件）报告"，检查"司机手帐"内容（包括填写下次当班出勤时间、地点、电客车运行图和交路正确）盖章确认后，司机方可打指纹退勤。

（6）退勤完毕后派班员确认"城轨电客车状态记录卡"数量齐全后，转交段（场）检修调度处。

（二）正线交接班作业标准

（1）电客车到达车站开门作业完毕后，到达司机开端墙门与接车司核对车次，清点备品，交接电客车状态、行调命令以及早晚点信息，由到达的操纵司机驾驶电客车运行至下一站。

（2）运行时全员（司机室不得超过 5 人）负责电客车安全运行，下一站对标停稳、开门作业完毕，到达司机下车，接车司机开始站台作业。

（三）注意事项

（1）与接班司机交接前，本班司机要对交接的内容提前做好准备，做到心中有数。

（2）交接时调理清晰、内容简明、顺序清楚，避免重复交接。

（3）当电客车发生故障需立即处理时，由交班司机进行处理，接班司机协助处理，处理完毕后再进行交接。

（4）如电客车为非正常状态，到达司机除正常交接外，需多添乘 1~2 个区间进行电客车状态的详细交接。

（四）正线退勤作业标准

（1）司机在正线交接班完毕后，到正线派班室办理退勤。

（2）填写"司机报单"，发生事件时填写"行车事故（事件）报告"，由车队长审核并签字确认。

（3）派班员了解清楚"行车事故（事件）报告"，检查"司机手帐"内容（包括填写下次当班出勤时间和交路）盖章确认后，司机方可打指纹退勤，如图 5-7 所示。

图 5-7　退勤

（五）正线调试、试验人员退勤及交接规定

（1）参与调试司机必须与接班司机交接当日行车注意事项，将备品、"司机报单"等交接齐全，司机认真交接"调试、试验作业任务书"及行车命令。

（2）调试人员需要在规定地点进行接车，严禁在电客车运行时进行交接。

（3）调试司机接班后需报行调，并向行调确认调试内容，调试范围等。

（4）正线调试、试验人员作业完毕后按照要求办理退勤，并交回行车命令。

（六）交接班作业

严格遵守交接班制度。电客车停稳后，方能上下车。折返至发车站台后，接班司机必须确认交班司机下车后，才能关车门、站台门。

任务三　电客车整备作业

一、整备作业要求

（一）运营电客车整备作业要求

（1）司机在出勤后 5 min 之内报信号楼开始整备作业。整备作业时到达规定的股道，核对电客车状态、停放股道位置与"电客车状态记录卡"一致，作业前确认电客车无警示标志，周围无异物侵限，库门开启等，并对电客车状态记录卡中记录的故障进行现场确认。

（2）整备电客车作业标准，按附录整备电客车作业标准执行，发现电客车故障及时报信号楼值班员。

（3）司机室检查时须确认设备柜内影响运行的自动开关正常的工作状态，运营期间均须保持在正常位置。

（4）电客车出库前将门模式打至自动开/手动关，停站不开门电客车打至手动开/手动关。确认出库模式正确，预选模式设定为当天的驾驶模式。

（5）城轨电客车司机出勤及整备电客车作业按"城轨电客车整备作业用时卡控表"的相关要求，在规定时间完成整备作业，具体如表 5-1 所示。

表 5-1　城轨电客车整备作业用时卡控表

作业项目	作业用时/min	距出库动车计划点倒排时间
公寓到派班室	15	动车计划前 60 min 完成
出勤开始至出勤结束	10	动车计划前 45 min 完成
派班室到接车股道	5	动车计划前 35 min 完成
非出库端地沟及车体两侧确认	3	动车计划前 30 min 完成
非出库端司机室检车完至客室检车完毕	10	动车计划前 27 min 完成
客室检车完至出库端检车完毕	8	动车计划前 17 min 完成
出库端检车完毕至汇报作业完毕	2	动车计划前 9 min 完成
动车时间	—	出库动车计划时间

（二）调车整备作业要求

（1）城轨电客车凭自身动力调车前，司机按照调车计划单到达规定的股道后，确认股道、车组号符合计划，电客车两端无警示标志，周围无异物侵限。

（2）城轨电客车凭自身动力调车前需完成整备作业内容

（3）库内 A 端转 B 端、B 端转 A 端（早发车除外）。

① 从非出库端检查电客车走行部一周，对电客车走行部、设备箱锁闭状态、截断塞门、制动缓解塞门位置进行检查。

② 操纵端照明状态良好。

③ 操纵端牵引、制动性能良好。

（三）转线调车整备作业要求

（1）从非出库端检查电客车走行部一周，对电客车走行部、设备箱锁闭状态、截断塞门、制动缓解塞门位置进行检查。

（2）电客车两端照明、雨刮器状态良好（需洗车作业时，两端雨刮器保持在洗车位）、ATP 开关正常位。

（3）电客车两端牵引、制动性能良好。

（4）发现城轨电客车故障或不符合运行安全要求时应立即向车辆段/停车场调度报告并按车辆段/停车场调度的指示执行。

如发现下列情况之一者，严禁动车。

① 城轨电客车停放股道上挂有接地线时。

② 有维修人员正在作业影响行车时。

③ 城轨电客车两端自动车钩处有挂安全禁动牌时。

④ 设备或障碍物侵入线路设备限界时。

⑤ 城轨电客车转向架液压减震器被拆除及空气弹簧无气时。

⑥ 走行部下的设备箱无法锁闭时。

⑦ 制动系统故障时。

⑧ 受电弓、车间电源等高压设备故障，致使城轨电客车无 DC 1 500 V 电源时。

⑨ 其他影响调车作业安全的情况出现时。

⑩ 车下防溜工具未撤除时。

（四）热备车整备作业要求

（1）热备车按运营电客车整备作业标准执行。

（2）热备车转运营电客车整备作业，只需进行出库端牵引、制动试验（四号线库内热备车动车前需按压一次"蓄电池合"按钮）。

（3）解除热备车整备作业按整备电客车作业标准关车程序执行。

（4）热备车上线用时标准如下。

① 正常情况下场段加开电客车上线时间为 10 min。

② 热备车司机担当调车任务时，场段加开电客车上线时间为 20 min。

③ 热备车司机担当洗车任务时，场段加开电客车上线时间为 25 min。

（五）调试车整备作业要求

（1）调试车外部整备作业按照运营电客车整备作业标准执行。
（2）调试车内部检查作业内容如下。
① 电客车前后照明、雨刮器。
② 电客车车载台与信号楼通信。
③ 牵引、制动性能良好。

二、整备作业标准

（1）司机在出勤后 5 min 之内报信号楼开始整备作业，整备作业准备工作，参考如图 5-8 所示的示范动作。

图 5-8　整备作业

（2）非出库端确认电客车停放股道、车底号与状态卡一致，使用对讲机（优先使用手持台）报告信号楼。
（3）检查车下部分：地沟无人无异物，车体无倾斜。
（4）检查车上部分：司机室工具箱状态良好，各设备柜锁闭良好且开关位置正确，司机台各开关位置正确。
（5）功能试验：闭合蓄电池，激活司机台，按压升弓按钮（备注：升弓前确认车体两侧无人后高呼升弓）。
（6）检查负载：闭合空压机，PIS，启动车载电台，开启客室照明（备注：目视客室灯亮），开启客室空调，广播功能试验（备注：监听客室广播），前照灯检查。
（7）车门试验：左、右侧墙开关门功能试验各一次（备注：手指口呼切除信号）。
（8）制动试验：停放制动试验（备注：只确认一侧车体外侧停放制动灯，试验完毕后保持停放制动缓解状态）、常用制动试验、紧急制动试验。
（9）牵引试验（备注：牵引动车前必须鸣笛，在蹬车梯侧开门高呼动车，非蹬车梯侧开司机室侧窗高呼动车）。
（10）填写状态卡公里数（备注：设置→输入密码→累计设置→累计行驶距离）。
（11）驾驶模式转至 ATB 模式。
（12）到出库端，目视客室内 LCD 显示，激活司机台，执行上述（4）（6）~（10）的步骤。
（13）报信号楼电客车整备完毕，具备动车条件。

三、整备作业安全卡控措施

（1）检车作业前做好个人防护，按规定佩戴个人劳动防护。
（2）上下蹬车梯时扶好抓牢，防止滑倒摔伤。
（3）检查未安装蹬车梯侧车辆状态时，需要打开司机室侧窗进行确认，严禁打开司机室侧门。
（4）升弓试验、牵引试验时鸣笛警示，并确认车体两侧无人员侵限。
（5）熟练掌握设备状态，严格执行检车作业程序，检车过程中执行手指口呼制度，做好自控。

任务四　电客车出、入段作业

一、出段（场）行车要求

（一）出段行车要求

（1）电客车整备完毕向信号楼值班员汇报，信号楼值班员安排电客车出段/场（库）。
（2）凭信号楼值班员指示、出库黄灯（白灯）库内限速 5 km/h 运行，城轨电客车车头出库即可提速至 15 km/h，城轨电客车尾部出库后按照 RM 速度要求运行至总出段信号机前停车。
（3）凭信号楼值班员指示通过出段（场）信号机绿灯进入转换轨。

（二）出段行车标准

出段操作标准参考图 5-9。
（1）电客车整备完毕后，司机报告信号楼，信号楼发令后司机复诵。司机联控派班室报告××车广播功能测试正常，广播在全自动位，空调功能正常（空调季进行确认）。
（2）手指口呼确认出库信号正确，库门开启到位、车体两侧无人（开侧窗目视），鸣笛以 RM（人工）模式限速 5 km/h 动车，运行至库门口处一度停车，确认平交乘务标准道口无人，鸣笛以 RM 模式限速 15 km/h 运行至电客车尾部出清车库后按 RM 限速运行至总出段（场）信号机前停车报信号楼，凭总出段场信号机显示进入转换轨。
（3）手指口呼确认总出段/场信号显示正确以 RM 模式限速运行至转换轨Ⅱ/Ⅲ道。

图 5-9　出段操作

(三）出段行车安全卡控

（1）派班员及时传达相关安全注意事项。

（2）司机做好安全预想。

（3）电客车运行中加强瞭望，停车时观察制动力，有异常立即采取措施。

（4）场/段内动车前须鸣笛警示。

（5）因运营秩序调整或生产需要等其他特殊原因，需要城轨电客车在出段（场）信号机前不停车直接进入转换轨时，信号楼向司机口头命令通知，司机确认出段（场）信号机开放正确，按照信号楼通知命令在出段（场）信号机前不停车直接运行到转换轨停车。

二、入段（场）行车要求

（一）入段行车要求

电客车运行至入段（场）信号机前停稳后转 RM 模式，报信号楼，与信号楼值班员联控完毕凭信号机显示黄灯（白灯）运行至库门口一度停车标处停车，确认库门开启到位、平交道口安全、股道正确空闲后动车，车头越过库门后停车确认平交道、地沟安全后动车进入相应股道停稳，报告信号楼，严禁越过信号机。

（二）入段行车标准

（1）回场/段电客车终点站清客时，打开通道门确认客室乘客遗留情况，确认站台清客"好了"信号后，使用对讲机回复："清客好了"，关闭双门，手指口呼"道岔直股/侧股，推荐速度有"，口呼"ATO 发车"，按压 ATO 发车按钮。

（2）电客车出隧道时鸣笛警示，运行至转换轨对标停稳后，将主控手柄拉至 FB 位。

（3）根据信号屏显示转换驾驶模式至 RM 模式。

（4）将手持台通话频道转至停车场/车辆段工作组。

（5）与信号楼值班员进行联控入场/段。

（三）入段行车安全卡控

（1）车队长及时传达相关安全注意事项。

（2）电客车运行中加强瞭望，停车时观察制动力，有异常立即采取措施。

（3）场/段内动车前须鸣笛警示。

（4）因运营秩序调整或生产需要等其他特殊原因，需要城轨电客车在入段（场）信号机前不停车直接进入转换轨时，信号楼向司机口头命令通知，司机确认入段（场）信号机开放正确，按照信号楼通知命令在入段（场）信号机前不停车直接运行到转换轨停车。出段操作标准可参考图 5-10。

图 5-10　入段操作

三、雨雪天气出段/场作业程序

（1）遇雨雪天气出车时，队长、副队长、派班员应高度重视，组织司机进行充分安全预想，司机必须掌握相关操作指南及注意事项后方可出乘。
（2）出段/场电客车司机，严格控制速度，运行过程中加强瞭望。
（3）派班员应提前安排司机出勤，运行速度低于限制速度 5 km/h。
（4）电客车在转换轨运行期间严格控制速度，不得高于 10 km/h。

任务五　电客车正线作业

一、正线行车注意事项

（一）正线作业注意事项及要求

（1）司机在驾驶电客车时，除了认真留意显示屏、各种指示灯/按钮的状态之外，还要加强在运行中眼观、耳听、鼻闻的意识，时刻注意电客车运行中的变化。发现异常时，立即采取措施并报行调，按行调指示执行。
（2）电客车运行中坚持"动车集中看，瞭望不间断"，确认进路安全。严格按照"电客车运行图"及行调命令执行，按线路限速和驾驶模式限制速度控制电客车运行速度（火车站未正式启用前按照分公司相关卡控措施要求执行）。
（3）严格执行呼唤应答制度，做到呼唤时机恰当、用语准确、声音响亮，做好自控、互控、他控。进行手指口呼确认时，胳膊须伸直，呼唤声音须洪亮。
（4）电客车动车前必须关闭好司机室侧门侧窗，运行中禁止打开司机室侧门侧窗将身体任何部位伸出侧门侧窗外。
（5）司机必须掌握线路平面布置图，按照信号显示行车，准确对标，防止越出停车标、错开车门。
（6）电客车正线运行时驾驶模式从高到低转换时，必须得到行调允许后方可进行操作。从低到高转换时，司机视情况进行操作后，要及时报告行调。
（7）司机采用人工驾驶模式时，确保"三稳、一准"（起动稳、运行稳、停车稳、对标准），运行中必须时刻保持按压警惕按钮的状态，制动时采取早拉少拉的原则，避免因空转/滑行或因超速（或松开警惕按钮）而产生紧急制动。
（8）当车辆或信号设备发生故障时，司机按照相应的应急预案和故障处理指南进行现场处理，当自动设备和自动模式错误时及时人工介入。
（9）发现弓网故障、线路及其他轨旁设备损坏或超限等影响行车安全时，司机立即采取紧急停车措施。
（10）故障电客车需维持运行至终点站时，司机加强监控及时汇报行调，防止电客车故障的进一步扩大。
（11）人工驾驶下，电客车在进站对标过程中原则上不回复行调或其他人（车载台，手持台、对讲机、客室紧急广播）的普通呼叫，电客车停稳后回复。如行调使用紧急呼叫模式呼叫司机，司机应立即应答。

（12）司机加强与车站的联系，对于需经车站中转的行车指示或命令，必须执行复诵制度，命令不清严禁臆测行车。

（13）司机操作各种开关按钮前，必须先进行确认，然后再进行操作，防止误操作；发生EB及其他故障先报行调后进行缓解或处理故障。转换轨无行调命令严禁早于电客车运行图规定的时间发车（精确到秒）。动车先确认"行车凭证"，任何情况下无"行车凭证"严禁动车。

（14）运行中故障或其他原因导致电客车停车时司机应加强与行调联系，对停车时间进行预判，若非设备故障引发的临时停车（如客流较大等），应播放临时停车广播，若因设备故障引发长时间停车，应播放电客车停站时间延长广播，做好乘客服务工作。

（二）行车凭证使用要求

（1）信号模式保护情况下，司机凭车载信号显示、地面信号显示或行调命令动车；无信号模式保护的情况下，司机凭地面信号显示或行调命令动车。

（2）当站间电话闭塞法行车时，行车凭证为路票，司机凭路票关门和发车手信号动车。

（3）当出现开行救援电客车、封锁区间开行电客车、区间越红灯等其他情况，行车凭证为行调命令。

（4）使用引导信号时，行车凭证为地面信号显示的红灯+黄灯，司机必须以RM模式或EUM模式限速通过。

（5）使用人工引导时，行车凭证为接车人员的引导手信号。

（三）对标停车及开门注意事项

（1）严格按《行车组织规则》的规定速度驾驶电客车，严禁超速，进站对标停车，确认信号屏有相应侧开门使能图标，电客车停站越过停车标未超过可退行距离需退行时，驾驶员应退行电客车，推进退行速度不应超过5 km/h。按规定开站台门、车门上/下客。

（2）如电客车对标停车，若信号屏无相应侧开门使能图标时，司机必须确认电客车停在停车窗以内按照相关规定处理。

（3）开门操作时，必须严格执行，"一确认，二呼唤，跨半步，再开门"的开门作业程序，防止误操作造成错开车门。

（4）在站台区域发生紧急制动时，司机报告行调，如因站台门开启或者信号、进路有问题触发紧急制动时，按行调指示执行。如需降级对标时需经行调同意，确认线路安全降级模式后对标停车，并询问行调恢复驾驶模式地点。

二、正线行车交接班作业

（一）交接班作业标准

（1）电客车到达车站开门作业完毕后，到达司机关门后动车，接车司机与到达司机核对车次，清点备品，确认状态卡，交接电客车状态，行调命令以及早晚点信息并运行至下一站。

（2）交接班司机共同执行"手指口呼"制度。

（3）下一站对标停稳、开门作业完毕，到达司机下车，接车司机开始站台作业。正线交接班作业如图5-11所示。

图5-11　正线交接班作业

（二）安全卡控措施

（1）接车司机确认接车车次及电客车达到时间提前到达指定地点立岗处接车。

（2）电客车进站过程中禁止打开端墙门。

（3）若有调度命令或遇电客车故障，必须交接调度命令及故障信息，若交接班时遇电客车故障，到达司机及时处理，接车司机协助处理，禁止相互推卸责任，造成电客车晚点扩大化。

（4）防止错接、漏乘电客车，人员伤害、设备损坏，漏传调度命令及电客车故障信息。

（5）接班人行车备品：主控钥匙、方孔钥匙各两套、PSL盘钥匙、屏蔽门钥匙、手持台、对讲机、文件夹、荧光衣（两件）、手电筒、时刻表、司机行车备品包。

（6）行车备品要求：身背对讲机，手拿手持台，备用钥匙挂腰间，时刻表置于司机台。

（7）交接内容：××次电客车车况良好，运行正常无延误。调度命令：行调当日所发出的行车命令。

（8）电客车运行时司机室不得超过5人。

（9）手指要求：左（右）手食指与中指并拢，其他三指紧握，手臂伸直，抬起与肩同高，指向待确认的要素或条件。

（10）交接时间至少为一个区间。

三、正线行车区间作业

（一）区间作业标准

（1）电客车运行中严格执行"动车集中看，瞭望不间断"行车原则，保持坐姿端正，双手按规定摆放。

（2）出站200 m左右监听广播。

（3）遇道岔、百米标、站名标及电客车运至站台中部时执行呼唤应答制度。

（4）电客车运行中双手平放在司机台上，右手位于主控手柄下方，左手位于紧急制动按钮附近（例如电笛处），双眼平视前方。

（5）监听广播时口呼"注意报站，下一站××站"。

（6）区间若遇道岔时手指口呼"道岔直股/侧股"；遇三百米标时口呼"三百米"，遇两百米标时口呼"二百米"，遇站名标时口呼"××站到了，进站注意"，电客车运至站台中部时口呼"对标停车"。

（二）安全卡控措施

（1）运行中加强注意瞭望，若发现有胀轨、断轨、接触网异物等现象时立即采取措施并及时报告行调。

（2）电客车在进站对标过程中，加强对电客车速度的监控，发现异常及时采取措施。

（3）运行中注意线路异常、速度异常。

四、正线站台作业

（一）站台作业标准

正线站台作业标准如图 5-12 所示。

图 5-12　站台作业标准

1. 开门作业

（1）电客车对标停稳后，车门、站台门联动自动开启的情况下，司机通过车辆显示屏显示确认车门开启，将主控手柄拉至 FB 位（即快速制动位，以下简称<FB>位），司机到站台立岗处确认客室门、站台门正常开启。

（2）车门、站台门联动手动开启情况下，确认信号屏有开门信号显示。按压开门按钮开门，先到站台确认客室门、站台门全部打开，再进司机室确认车辆显示屏显示车门开启。

（3）车门、站台门不能联动手动开启的情况下，司机确认电客车对标停稳，操作门模式、门选开关至相应位置，再按照"先开站台门、再开客室门"的原则，进行开门作业程序。

（4）司机确认车门、站台门全部正常打开后，监视乘客上下车。

2. 关门作业

（1）司机在站台确认乘客上下车完毕及满足时刻表停站时间要求后，按压"关门"按钮关左门/右门。

（2）终点站确认车站清客"好了"手信号，如有扣点先关站台门，待扣点结束后再按压关门按钮，关好门后确认车门与站台门之间无夹人、夹物。

（3）认真确认电客车与站台间空隙内情况，待车门与站台门关闭后确认司机台"门关好"

指示灯亮，站台门全部关闭且锁闭指示灯亮，确认空隙、站台 CCTV 安全后进入驾驶室凭信号显示动车。

（4）如遇大客流及换乘站，或遇弯道车站时，司机关门前及时与车站做好联控。

（二）安全卡控措施

（1）在车辆屏上确认车门开启状态，立岗作业时，面向站台方向，目视确认屏蔽门全部开启。

（2）关门时注意确认空隙安全，大客流关门时需要与车站联控："站台，上/下行电客车准备关门"。遇夹人夹物立即打开双门，联系站务人员处理，凭站台"好了"信号关门。

（3）动车前确认有推荐速度，道岔位置正确。

（4）口呼"关左/右门"，需眼看相应侧关门按钮再按压关门按钮并保持 1 s 以上。

（5）口呼"双门关闭"，眼看 PSL 盘关闭且紧锁指示灯亮、司机台"门关好"灯亮，在空隙处确认车体侧墙灯灭、双门之间无夹人夹物（确认空隙时须保持 1 s。）手指口呼："空隙安全"。

（6）按压 ATO 发车按钮须确认信号显示屏显示"允许司机释放 ATO 发车按钮"图标出现且速度达到 10 km/h 以上方可松开。

（7）大客流站联控用语："××站台，上/下行电客车准备关门"。

（8）严格执行眼看、手指、口呼制度，手指口呼时胳膊须伸直，应采用普通话标准用语，做到呼唤时机恰当、声音响亮，做好自控、互控、他控。

（9）门关好至动车时间 9 s（无岔站）/10 s（有岔站）。

五、折返作业

（一）ATB 自动折返操作

1. 接车司机

（1）在站台尾端提前 1 min 立岗接车，并确认发车时间。

（2）到达电客车头部越过车站端墙后用对讲机联控到达司机。

（3）待电客车停稳后，经客室门通过通道门进入司机室，使用对讲机通知到达司机。

（4）进入驾驶室锁好通道门，开启司机室照明，执行"接车五步曲"（门选零位、门模式自动开/手动关、运行预选行车模式、各开关位置正确及信号切除开关在正常位、电客车状态卡记录无异常）。

（5）折返线停稳后，司机将电客车头灯打至远光位（高架段白天不开头灯、夜间打至近光位）与到达司机进行交接。

（6）待电客车自动折返至上/下行站台停稳开门后，激活司机台进行站台作业，确认信号显示屏目的地码及广播盒设置正确，按照时刻表关闭车门、站台门发车。

2. 到达司机

（1）电客车到达终点站后确认车门、站台门开启。

（2）确认清客"好了"信号，关站台门、车门，司机将两头驾驶室的牵引/制动手柄放在惰行位，方向手柄放在零位，司控器钥匙断开。在 ATB 模式按钮点亮后，按压该按钮。信号显示屏自动折返图标由绿色变为黄色，信号屏提示允许 ATB 折返。

（3）按压 ATO 发车按钮，电客车离开站台。

（4）折返线停稳与接车司机进行交接。

（5）关电客车头灯、司机室照明，带齐行车备品，待电客车在站台停稳锁好通道门并反推，下车后通知接车司机"到达司机已下车、通道门已锁好"。

（二）人工折返

1. 接车司机

（1）接车司机应按所接电客车到达时间前提前 1 min 在相应站台立岗接车并确认发车时间，待电客车停稳后经通道门进司机室并使用对讲机通知接车司机已上车。

（2）接到回应后，锁好通道门，打开司机室照明，执行"接车五部曲"（门选零位、门模式自动开/手动关、运行预选行车模式、各开关位置正确及信号切除开关在正常位、电客车状态卡记录无异常）。

（3）电客车进折返线停稳后，司机将电客车头灯打至远光位（高架段白天不开头灯、夜间打至近光位），与到达司机进行交接，接到到达司机"钥匙已关，可以换端"的通知后进行复诵。

（4）司机将头灯打至远光位，开主控钥匙，动车前确认信号、进路、道岔安全，动车运行至上/下行站台。

（5）按站台正常情况下的作业程序操作，接到到达司机下车联控后使用对讲机回复，确认信号显示屏目的地码及广播盒设置正确，按照时刻表关闭车门、站台门发车。

2. 到达司机

（1）电客车到达终点站后确认车门、站台门开启，进行广播清客。

（2）接到接车司机上车通知后，通知接车司机折返模式，确认清客"好了"信号，关闭车门、站台门，动车进折返线（动车前手指口呼确认动车五要素）。

（3）电客车进折返线停稳后，先将主控手柄拉至 FB 位，再将主控手柄与方向手柄回"0"位，关主控钥匙，进行交接，通知接车司机"钥匙已关，可以换端"。

（4）关电客车头灯、司机室照明，带齐行车备品，锁好通道门并反推，待电客车在站台停稳，下车后通知接车司机"到达司机已下车、通道门已锁好"。

（三）站前折返作业

1. 到达司机

（1）接行调命令站前折返。

（2）终点站进站前 200 m 终止电客车自动广播，进行人工广播。

（3）经终点站站前渡线运行至上行/下行站台对标停车。

（4）停车后，确认站台门开启后打开车门。若车门站台门不能联动开启，通知接车司机协助开站台门。

（5）按压操纵台上的换端按钮，关主控钥匙，与接车司机进行交接，通知接车司机："钥匙已关，可以换端"。

（6）换端完毕后，关电客车头灯、司机室照明，带齐行车备品，锁好通道门并反推，从客室下车通知接车司机已下车。

2. 接车司机

接车司机作业如图 5-13 所示。

图 5-13　接车司机作业

（1）接车司机在收到站前折返的通知后立刻前往站台头端，接到到达司机通知协助开启站台门/安全门时，操作 PSL 盘开启整电客车站台门/安全门。

（2）上车开司机室照明，执行接车作业程序，司机将电客车头灯打至远光位（高架段白天不开头灯、夜间打至近光位），使用司机室对讲与到达司机进行交接，交接完毕得到到达司机"钥匙已关，可以换端"的通知后激活司机台。

（3）按站台正常情况下的作业程序操作，接到到达司机下车，按照正常程序动车。

六、正线人工驾驶作业要求

（一）运营低/平峰期正线（载客）人工模式驾驶

（1）正线队长、副队长员，每天跟踪好人工驾驶练习的事宜，落实驾驶练习的区段及安全注意事项。

（2）在行调同意进行人工驾驶培训时，当班操纵司机需指导监控司机/城轨电客车实习司机进行人工驾驶练习，监控司机/城轨电客车实习司机要严格执行正线作业程序，监控司机/城轨电客车实习司机每一次人工驾驶练习，在司机报单中做好登记，由派班员在乘务日报中统计上报。

（3）正线人工驾驶练习时，监控司机/城轨电客车实习司机应一人完成站台作业程序，当值司机做好监控，严禁混乱作业。

（4）正线队长、副队长员要加强添乘检查工作，确保正线驾驶练习质量，分部不定期地对每位监控司机/城轨电客车实习司机进行人工驾驶鉴定。

（5）正线人工模式驾驶练习时，只能在正线运营期间的低/平峰期或非运营期间进行正线人工模式驾驶练习，必须全面掌握电客车车辆故障处理指南及车载信号故障处理指南。

（6）要做到严格遵守作业纪律和劳动纪律，严格执行标准化作业，以一名操纵司机的标准严格要求自己。

（7）如遇到站台门故障、车门故障及非正常情况下的突发事件时能够做出准确的判断和处理。

（8）在监控司机（城轨电客车实习司机）驾驶阶段要熟记故障处理程序，操纵司机要不定期进行抽问，使其达到一名操纵司机的标准。

（9）在正线练习驾驶期间，要多向操纵司机学习故障处理，并利用每次班组培训进行故障处理能力的培养提升。

（二）正线人工驾驶练习注意事项

（1）原则上按照时刻表高峰期以外的时间可以在正线手动操纵驾驶电客车，节日、重大活动、高峰期严禁进行操纵电客车的练习。

（2）上下行最后一个区间、折返线、出入段（场）线、段（场）内、正/反向轧道时监控司机（城轨电客车实习司机）必须在胜任人员监控下练习驾驶电客车。

（3）每天由正线队长联系行调进行驾驶练习的事宜，并与行调确定驾驶练习区段。并由行调下发命令允许司机进行人工驾驶进站对标练习。

（4）司机在得到行调的命令后记下驾驶练习的区段，并在规定区段进行驾驶练习，严禁在非驾驶练习区段进行驾驶练习。司机必须要集中精力，在电客车运行中要尽量避免因人为失误或违反驾驶规定，造成电客车紧急制动，严禁超速驾驶。在驾驶过程中加强瞭望，熟练掌握线路的纵断面情况及线路特点，掌握线路的限速要求，确保驾驶安全。

（5）人工驾驶练习时，司机在第一个站先试闸，如发现电客车的警惕按钮较紧或该手柄不易操作时，取消该趟电客车的人工驾驶练习。

（6）当人工驾驶练习时出现"越出站台"或"再次启动"等对标不准的情况时，下一车站取消实习司机人工驾驶练习，由当值司机驾驶电客车进站。当本趟车出现 3 次"越出站台"或"再次启动"的情况时（以无开门信号为准），该趟车人工驾驶练习应取消，以免造成正线电客车晚点较多。

（7）进行人工驾驶时严禁盲目赶点，掌握好关门时机，在电客车晚点情况下，电客车开门后必须要保证开门时间大于 8 s 以上，确保乘客上下完毕。监控司机/城轨电客车实习司机人工驾驶练习，当出现对标不准，再次对标时由当值司机操纵，司机必须做好乘客广播，加强监控，以免影响乘客服务工作。

（8）由于人工驾驶练习导致电客车晚点超过 90 s 或行调通知取消人工驾驶练习时，应及时取消该趟车人工驾驶练习。

（9）当遇设备故障、线路以及车辆出现牵引、制动、监控等故障或异响等情况时，该趟车不准进行人工驾驶练习。正线队长、副队长加强添乘指导工作，发现问题及时处理、汇报。正线驾驶练习时带教师傅做好监控及对练习司机的技术指导工作。

任务六　电客车全自动无人驾驶

目前城市轨道交通已成为市民出行的主要公共交通工具，正在加速新线建设并逐步形成城市轨道交通网络，随着科学技术的发展，城市轨道交通的自动化程度也在不断提高，城市轨道交通系统的运行模式已经由过去的人工驾驶逐步向全自动无人驾驶方面发展,并在一些城市得到应用,本次任务将对无人驾驶技术进行简要介绍和学习。

一、电客车全自动无人驾驶概述

(一)发展阶段

近几十年中,驾驶系统的发展大致经历了以下3个阶段。

1. 人工驾驶模式阶段

电客车司机根据电客车运行图在独立的城轨信号系统中驾驶电客车运行,在 ATP 即电客车自动保护系统的超速监控与保护下运行。

2. 人工驾驶的自动化运行模式阶段

电客车司机驾驶电客车运行过程中主要的任务是为乘客上下车开、关车门,给电客车发出起动控制信号;电客车在巡航运行过程中的加速、惰行、制动以及停站,由 ATC 即电客车自动控制信号系统与车辆控制系统的接口,经协调配合自动完成。

3. 全自动无人驾驶模式

电客车的唤醒、起动、行驶、停站、开关车门、故障降级运行,以及电客车出入停车场、洗车和休眠等都不需要电客车司机操作,完全自动完成。我国近几年建设的新线,多属于人工驾驶的自动化运行模式,但纵观当今世界,科学技术的进步正在使城市轨道交通技术发生着革命性的变化。借助于全新的设计理念,计算机网络控制技术的应用,集成电路、电子元器件和机电部件的可靠性提高,生产制造工艺技术的革新等,已使城市轨道交通系统的可靠性、安全性达到 99.99%;自动化程度的提高,使人工干预的内容越来越少,并已达到电客车司机的职能完全由自动化系统来替代的程度。

目前城市轨道交通技术正进入一个崭新的时期,即"全自动无人驾驶模式"的发展期。全自动无人驾驶系统作为先进的城市公共交通系统,代表了城市轨道交通领域的发展方向。

(二)基本概念

全自动无人驾驶有两个等级:DTO 和 UTO,统称为 FAO。在正常运营情况下,自动化驾驶设备完全取代传统的电客车司机完成自动驾驶电客车运行,DTO 即 Driverless Train Operation,为无司机有人值守下的电客车自动运行,自动化等级为 GoA3,UTO 即 Unattended Train Operation 为无人值守下的电客车自动运行,自动化等级为 GoA4。目前广泛应用的 CBTC 系统可以定义为 STO(Semi-automatic Train Operation),为有司机监督下的 ATO 驾驶。

1. 技术特点

全自动无人驾驶技术的主要特点和优势如下。

(1)减少人为操作,提升运营安全性。

人工操作易受主观和外界因素的干扰,因此在安全性方面存在不确定性和不稳定性,这也是导致轨道交通故障或事故的原因之一。据不完全统计,传统的城市轨道交通线中有 50%~60% 的意外事件是由于人的疏忽所致。

全自动无人驾驶系统运用现代设计理念，采用硬件和软件的冗余措施，利用高可靠性和安全性的信号系统 ATC，高可靠性、大容量的具有实时传输功能的通信系统，以及具有高度的牵引/制动控制精度、快速准确的故障诊断分析与排除功能和应急疏散声光电报警指示的车辆等，结合智能化和数字化的综合监控系统 ISCS、运营控制中心 OCC，依靠人工监视与干预机制来确保高安全性和可靠性。

无人自动驾驶系统不仅考虑运行中的电客车安全，防止追尾，正面、侧面冲撞，脱轨，障碍物碰撞，而且考虑乘客及运营人员的安全（包括上下车乘客、车厢内乘客、站台上乘客、维护人员）；实现电客车运行全过程安全监视控制，除正线外，还包括车辆段、停车场等各种运行工况正常和异常时的自动安全防护。

（2）提升运营可靠性、可用性。

无人自动驾驶系统的车辆控制、电客车控制系统、通信网络等设备均采用冗余技术进行配置，通过冗余互备技术实现主、备系统的"无缝"切换。同时，增强车辆自检能力，保证上线电客车的不间断正常持续运行；增强了综合监控系统、站台门系统等的可靠性、可用性。

（3）提升运营组织的灵活性。

实现无人驾驶，摆脱了有人驾驶系统在司机配置和周转方面的制约；根据需要灵活调整运行间隔，减少因人工参与而对运营效率的影响，随时增、减电客车，提高了系统对突发大客流，如大型活动的体育比赛的响应能力，提升了运营组织的灵活性。

（4）提供更高的服务质量。

无人驾驶设备运用先进的 ATC 系统，实现对电客车连续速度曲线控制和自动调整功能，可确保提供准时、准点、平稳舒适的自动行车，同时，通过增强电客车上的视频监控和紧急对讲功能，提高应急处置能力。

全自动无人驾驶系统是高科技含量的轨道交通系统，需要有高的管理水平与之相适应。因此，要求管理人员有较高的素质，不仅要有较高的科技文化水平，能沉着、机灵应对突发事件，更要有极高的服务意识和责任感，使运营服务水准有明显的提高。

全自动无人驾驶系统的信号系统采用了基于无线通信技术的移动闭塞系统，通过与车辆的高精度控制系统的技术接口来实现电客车精确定位、高速运行、实时跟踪和自动折返，有效地缩短了电客车运行间隔，提高了行车密度和旅行速度，可适应大客流的需要，提供更高的服务质量。

（5）优化人力资源配置。

能将司机从重复作业中解放出来，电客车上可以配置乘务人员；提高了系统的自动化程度，增强了设备的自诊断功能，运营维护功能得到加强，降低了运营人员的劳动强度。

（6）控制投资，降低运营成本。

电客车高密度运行，可减小电客车编组、缩短车站长度；旅行速度的提高有利于减少车辆配置数量，使建设投资得到有效控制。全自动无人驾驶系统具有按客流自动调整运营策略和电客车开行密度的功能，能灵活地适应高峰大客流和低峰客流的运营需要，提高电客车满载率。电客车不设司机，使操作人员数量大幅度减少；车辆配属数的减少也能使维修人员数量减少，从而使整个维修成本下降。因此，从总体来看，全自动无人驾驶系统的生命周期成本 LCC 相比常规系统有减少。

运营期间，通过加大电客车行车密度来满足客流运输要求，大大提高了运输能力。通过减少维护、管理、车辆驾驶人员数量和人员培训费用等，有效降低了运营成本。

2. 国内外现状

二十世纪八十年代，世界各地开始应用轨道交通无人驾驶技术，目前全世界范围内共有70个城市的近100条全无人驾驶地铁线路，里程约1 000 km，预计到2025年，将增加到2 200 km。亚洲和欧洲是无人驾驶地铁普及的主要区域，合计占比为75%，其次是北美，占13%，而中东则显示了强劲的增长势头。目前无人驾驶城轨有近一半线路分布在4个国家，即法国、韩国、新加坡和阿联酋，其中法国最多，占据了全球的16%，其次是韩国的15%。我国目前上海、北京、广州、成都、西安等城市的地铁均已采用或将采用无人驾驶技术。我国2008年7月开通的北京机场线，是国内首条按照全自动驾驶等级建设的线路，2010年4月开通的上海10号线，采用有人值守的全自动驾驶，以上两条线均按DTO模式运营。我国的深圳、天津、广州、宁波等多个城市已经全面开展全自动驾驶技术的研究和应用。总体而言，全自动无人驾驶技术已经在国际上多个国家和城市有近30年的应用，我国城轨无人自动驾驶技术在未来将有非常广阔的应用空间。

二、全自动无人驾驶系统与传统的城市轨道交通系统的差异

相对于传统的城市轨道交通系统，全自动无人驾驶系统在运营模式和核心技术方面有较大的不同。

1. 运营模式的差异

全自动无人驾驶的行车控制采用控制中心一级控制模式。控制中心直接面向电客车和乘客，直接服务乘客，指导乘客处理紧急事务。行车控制的大部分工作由计算机自动完成，调度员的工作主要是常规的监视以及必要的干预和确认，并且严格遵守"故障-安全"原则，服从先程序控制后人工干预的流程。按照全自动无人驾驶RAMS，即可靠性、可用性、可维护性、安全性的要求，控制中心具有集中的维护管理功能。为了防止控制中心发生意外，视情况可能会建设备用控制中心。

全自动无人驾驶的停车场分有人区和无人区。无人区既是全自动运行区域，也是正线的延伸，可实现电客车自动唤醒、自动休眠、自动出入库、自动清洗等功能；有人区为非自动区域，与常规系统基本相同。全自动无人驾驶系统的车站不具备行车控制功能，只在得到控制中心授权的情况下，协助处理相应区域的一部分工作。

2. 核心技术的差异

全自动无人驾驶系统的运营模式，要求一些核心技术必须与之相适应，以满足全自动无人驾驶的要求。

（1）全自动无人驾驶系统RAMS的要求高。

全自动无人驾驶系统RAMS的多项指标要高于常规的系统，特别是在可靠性方面的指标更高，安全完善度为等级4，可靠性指标要高于99.99%。因此，电客车的设备要考虑冗余，电客车控制系统要有冗余，一般都要设置后备的司机操纵设备，ATO系统应考虑双机冗余等。

（2）建立大集成的综合监控系统。

高度集成的综合监控系统 ISCS 对于全自动无人驾驶系统是至关重要的，与传统系统有着显著的区别。ISCS 直接服务于运营管理及非常事件的处理，系统集成方式可根据全自动无人驾驶系统的设计思想不同而异，可将电力监控系统 SCADA、设备监控系统 BAS、电视监控系统 CCTV、乘客信息系统 PIS、广播系统 PA 以及防灾报警系统 FAS 和门禁系统 ACS 等集成在 ISCS 中。

（3）电客车车辆。

电客车不设功能全面的司机操作台，只设置一个简易操纵台，以备应急时的人工操作；冗余设计是全自动无人驾驶系统车辆的特点。车辆的客室设有摄像系统，实时传送至 OCC 运营控制中心。在客室和主要设备柜设火灾报警系统的探测器，在客室还设有应急疏散指示和报警器。车辆的故障信息能实时发送到 OCC 和车辆段。

（4）信号系统。

全自动无人驾驶系统的电客车运行完全依靠信号控制，因此信号系统必须采用高可靠、高安全和冗余设计，需要更高的电客车定位精度，以及实时的电客车运行控制命令和设备状况报告，要求 ATC 车载与轨旁设备之间双向的高容量通信，所用信号系统必须采用基于无线通信技术的移动闭塞系统。

（5）运营控制中心 OCC。

OCC 不仅是对电客车全自动运行、车站设备、电力供给、防灾报警和票务管理等实现统一调度指挥的监控中心，而且还是各类应急事件处理的指挥中心。同时它还是全线所有相关运营管理信息的集散地和交换枢纽。因此，OCC 的功能在很大程度上超出了传统系统的功能范畴。

3. 电客车及系统的调试

传统的电客车在完成型式试验后，将分别做车辆的限界试验以及车辆与信号系统、通信系统和供电系统的技术接口等试验。全自动无人驾驶系统必须要确保整个系统安全、可靠、万无一失地运行。由于监控系统也高度集成，因此要进行车辆、信号、通信、供电、综合监控系统，以及救援、应急疏散等的联合调试。而后要进行长时间的不载客试运行，以考核车辆及各子系统的可靠性和安全性。

三、全自动无人驾驶功能分类和选择

与有人驾驶线路不同，对于无人驾驶的线路，原本由司机完成的各项功能，需由设备系统完成。信号系统在 CBTC 系统的基础上需要增加相关功能，在综合自动化系统和维护支持系统保障下，使信号系统能够控制电客车，实现唤醒、自检、出段、区间运行、精确停车、开关车门/站台门、折返、回段和休眠等功能，同时保证电客车运行的安全、有序、快速和舒适。

（一）系统功能分类

全自动无人驾驶系统的功能按照技术的不同进行分类，可以分为以下几类。

1. 电客车控制技术

电客车控制技术包括休眠唤醒、过冲回退、重新开关门、自动出入库、自动洗车、车辆管理和工程车管理等。

2. 监测系统联动技术

包括障碍物检测、屏蔽门防夹、工作人员防护、烟火报警联动、牵引供电联动等。

3. 故障管理技术

故障管理技术包括牵引制动故障、门故障处理、远程复位、蠕动模式、电客车救援和备份 OCC 等。

4. 乘客监督和管理技术

乘客监督和管理技术包括乘客紧急手柄/紧急呼叫、逃生门控制等。

(二)全自动功能选择

电客车的系统功能均在 UTO 线路中全部或部分自动实现,在 DTO 线路中,多数功能可以通过远程命令由调度控制或司乘人员实现;实际应用中,应结合具体线路和车辆驾驶的需求和定位,选择适宜的系统功能。本书将按其基本功能即 UTO/DTO 功能的 3 个层级进行介绍和学习。

1. 基本功能

基本功能是指 DTO、UTO 都具备的自动驾驶与运行功能。主要包括以下 5 个方面的内容。

(1)特殊情况下的 EB 自动缓解功能。

(2)电客车全自动站台对位功能。

(3)电客车全自动运行功能。

(4)电客车自动工况模式转换功能。

(5)电客车自动鸣笛功能。

2. 自动化车辆段(场)功能

在无人驾驶的线路中均实现自动化车辆段、场的相关功能,主要包括以下 6 个功能。

(1)休眠、唤醒功能。

(2)远程/现场启动电客车蠕动模式功能。

(3)自动洗车功能。

(4)远程重启电客车车载设备功能。

(5)车载设备自动重启。

(6)工作人员防护 SPKS:在维护人员或车务人员进入自动化区域前,通过激活 SPKS 开关,让系统对自动化区域进行防护,禁止电客车进入和在防护区域内动车。

3. 后备 OCC

为了在 OCC 故障情况下尽快恢复正常运营,可以考虑在无人驾驶线路增设后备 OCC 设备。

4. UTO/DTO 功能

此功能中 UTO 为必备，而 DTO 可选，该功能需要更加完善的中央远程监督控制功能及远程应急控制功能：

（1）过冲回退功能。

信号系统判断停车过冲距离，一般应小于 1.2 m，信号命令车辆低速点动回退，需要信号、车辆联动。

（2）重新开关车门。

电客车停站结束，检测到车门或屏蔽门因乘客或物品导致其无法关闭，信号系统给出重新开关车门的指令。

（3）车辆管理。

车载信号系统可以控制电客车完成弓网转换、打开关闭空调和照明等车上设备，以及在正线通过无电区。控制电客车（在库内动车或出入库时）鸣笛、闪亮头尾大灯。控制进行紧急制动动态性能检测等。

（4）工程车管理。

工程车可以安装 VOBC，提供 ATP 功能。

（5）障碍物检测功能。

车载探测设备在碰撞到障碍物时，通过车辆电客车线向车载信号系统报告检测状态。

（6）牵引制动故障。

当车辆制动力损失时，车辆通过通信网络将常用制动损失程度（损失的转向架个数）告知车辆维护中心。

（7）蠕动模式。

蠕动模式是在牵引制动系统故障无法自动恢复时进入的特殊控制模式，信号系统通过硬线控制限速的方式控制线路上的电客车以小于 25 km/h 的速度运行。

5. 仅 UTO 功能

此功能为仅 UTO 具有的功能，而 DTO 无此功能。

（1）屏蔽门防夹。

用来检测在车门关好和屏蔽门关好后，车体和屏蔽门之间是否有乘客。

（2）烟火报警（分车上、站台）。

烟火报警发生时，乘客的疏散引导需要远程或本地人工介入；行调和环调根据 CCTV 监视和确认现场火灾状态。

（3）牵引供电联动。

信号系统与 ISCS 接口获得 SCADA 供电区段状态信息，并控制电客车通过无电区域或防止电客车进入无电区域。

（4）车门、屏蔽门故障对位隔离。

当单扇车门故障时，车载信号系统命令，通过 TCMS 对故障车门进行隔离，车门保持关闭状态，并在停靠站台时隔离对位的屏蔽门。

（5）远程复位。

单套冗余设备故障后，设备应能自动进行复位以尝试清除故障。

（6）车辆救援。

电客车故障导致电客车无法移动，有系统提供自动连挂救援功能。

四、全自动无人驾驶地铁的等级分类

目前，无人驾驶技术根据5个方面的特征划分为4级，即从GoA1到GoA4。其分类与电客车运行类型、行驶中调整电客车、电客车停车、关闭车门和干扰事件下运行等因素有关，具体如表5-2所示。

表5-2 无人驾驶等级分类

自动化等级	电客车运行类型	定义	电客车运行调整	电客车停车	关门确认	车站发车	紧急情况操作
GoA1	人工操作	ATP	司机	司机	司机	司机	司机
GoA2	自动操作	ATO	自动	自动	自动/司机	司机	司机
GoA3	无人操作	DTO	自动	自动	自动	自动	乘务员
GoA4	全自动无人操作	UTO	自动	自动	自动	自动	自动

（1）GoA0：司机目视驾驶，类似于有轨电车。

（2）GoA1：在ATP防护下的完全人工驾驶，由司机控制电客车的起动、停止、车门的开关以及突发情况的处理。

（3）GoA2：半自动驾驶，车辆的起动、停止是自动运行，但是司机室配备一名司机开动车辆，控制车门的开关以及应对紧急情况下电客车的驾驶工作。大部分地铁ATO系统是这个级别。

（4）GoA3：无司机驾驶，电客车的起动、停止是自动化的，但电客车配备一名服务人员，电客车服务人员控制电客车车门的开关以及紧急情况下对电客车的控制。

（5）GoA4：完全自动驾驶、电客车唤醒、休眠、起动、停止、车门的开闭以及紧急情况下的电客车运行全部为自动驾驶，不需要任何一名工作人员参与。

五、全自动无人驾驶系统的体系管理

（一）无人驾驶系统的主要运营模式

根据无人驾驶线路的特点，需要将无人驾驶线路划分为以下3个系统运行状态模式。

1. 正常状态

控制中心（Operation Control Center，简称OCC）为确保线路正常运营而计划并执行每日运营操作下运营指令。当电客车故障时，电客车可进入非紧急降级状态或模式或者紧急降级状态或模式，控制中心调度员根据具体情况，可发出退出运营的指令，命令车辆回库修理。运营模式状态和管理流程如图5-14所示。

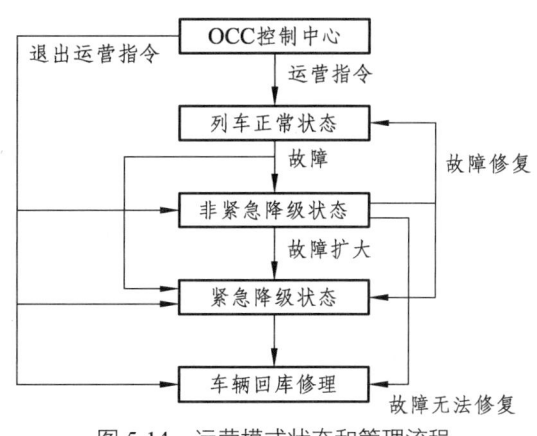

图5-14 运营模式状态和管理流程

2. 非紧急降级状态

系统设备出现异常，但是仍然可以维持运营，经处理后不会影响到电客车的运行，也可根据控制中心指令退出运营。

3. 紧急降级状态

在此降级模式下，设备故障需要立即修复，控制中心调度员应做出快速的反应，避免情况进一步恶化，如不可修复，则需立即清客或救援并退出运营。

4. 配合无人驾驶管理的系统功能

车辆配备视频监控系统，控制中心可通过视频图像了解车内情况，对事件或故障做出正确反应，乘客可通过车载对讲系统与控制中心调度员通话交流。当需要有人驾驶车辆时，巡逻人员可打开驾驶台盖板，实施驾驶操作，此时车载系统设备自动将控制中心与乘客的通话权转换为控制中心直接与司机通话。

（二）无人驾驶系统的运营管理

通过对线路运行状态的分析和定义，明确线路运营模式所应解决问题的需求及目标。针对上述3种模式，在运营体系和维修体系的岗位配置、职能上有如下主要内容。

1. 控制中心设备布置及作用

在无人驾驶线路中，控制中心作为线路运营的决策中心，管理正线和停车场的自动化区域，决定现场应该采取何种操作规程或救援措施。当需要现场干预时，控制中心调度员可要求车站值班员、站台操作员或多职能巡逻人员提供协助，并进行现场非正常情况的干预。

控制中心调度员通过控制中心的控制大厅系统设备控制整条线路的各个系统。线路状态数据、地面固定设备和电客车的所有数据都将被传输到控制中心的控制大厅。控制大厅可设置一个大型的线路地图（大屏幕）或各专业系统终端来监控所有的行车数据，行使运营指挥权。

控制中心在任何时候均可接收到电客车运行情况的实时信息，以验证有没有异常报警活动。如果控制中心调度员认为必要，可派遣多职能巡逻人员至电客车，对故障进行确认和详细说明，控制中心接到报告后，对故障做出反应。

当现场发生故障时，控制中心的调度员必须做出故障重要性的判断，该事件可能是非技术性的，如火灾/烟雾报警、炸弹恐怖袭击等，必须启动相应应急预案，处理此类事件。

控制中心的系统设备包括：行车系统设备、车站系统设备和电客车车载系统设备。其中，行车系统设备包括：

（1）电客车自动控制系统（Automatic Train Control，ATC）。

（2）电客车监控系统（Automatic Train Supervision，ATS）。

（3）专用无线通信系统（Terrestrial Trunked Radio，TETRA）。

（4）综合监控系统（Integrated Supervision Control System，ISCS）。

（5）闭路电视系统（Close Circuit Television，CCTV）。

（6）乘客广播（Public Ad-ress，PA）。

（7）乘客信息系统（Passenger Information System，PIS）。

（8）电源设备（如主变、牵变和降变设备）。
（9）隧道通风（如隧道通风机）。
（10）隧道照明及隧道疏散引导照明系统等。

车站系统设备包括：车站通风空调系统设备、排水系统、扶梯、电梯、照明设备、方向标记、站台屏蔽门（Platform Screen Doors，PSD）、火灾报警设备（Fire Alarm System，FAS）、楼宇自动化系统（Building Automatic System，BAS）、自动售检票系统（Automatic Fare Collection，AFC）、门禁系统（Access Control System，ACS）等。

无人驾驶系统具有高度集中管理的要求。调度员的专业分工更加细化，对专业水平和系统设备运行管理的经验要求更高。除了设置基本的行车调度员、车辆场调度员、总调度员外，还增设了乘客调度员和维护调度员。根据系统设备集成的特点，设置了综合监控系统调度员，负责电力、环控、防灾报警和电视监控等车站系统设备的管理工作。该管理配置既适用于无人驾驶系统管理，也适用于有人驾驶系统管理，是对既有运营线路有人驾驶系统管理要求的提升和服务质量的提升。

2. 车站日常管理

无人驾驶系统高度自动化、系统正常运营时，车站及轨旁值班员的主要工作是管理车站的乘客服务，他们必须对乘客的要求做出快速反应，以确保实现对乘客的高质量服务。其中：车站值班员负责查看车站设备，回答和解决乘客的提问和要求，管理车站秩序；站台操作员主要负责帮助和引导乘客上下车，并及时处理车门或屏蔽门故障，以确保电客车能正常载客；线路多职能巡逻人员在线路运营时的主要工作是处理电客车客室内与乘客相关的服务内容，并且当线路或电客车出现故障的时候，在控制中心调度员的指令下处理现场故障。

3. 车站应急管理

在系统出现故障降级运行时，车站及轨旁值班员必须配合控制中心调度员处理故障。当线路某个区段以中央控制模式运行时，车站值班员可以在紧急情况下不经过控制中心的授权，直接获取该线路区段的控制权。当车站获得该线路区段的控制权后，所有的进路应由车站值班员人工设置。必须强调的是正常和降级操作模式的活动都应由控制中心调度员监控和协调。控制中心调度员可在任何时刻请求巡逻人员、车站的操作员在电客车上、轨道上或是线路的其他任何地方给予帮助。车站值班员、站台操作员和巡逻人员只需负责按照控制中心调度员的命令或授权来处理本地降级模式。

（三）无人驾驶系统的维护管理

在无人驾驶维护管理体系中，日常维护与有人驾驶管理体系要求基本一致，但在无人驾驶维护管理中应急维护显得尤为重要。具体表现在以下3个方面。

1. 设置控制中心维护调度

集中维护的信息管理能更加快速地响应和解决故障，并提供行车调、综合调和乘客调的决策支持。当故障被诊断为需要执行抢修预案，控制中心调度员可组织进行临时服务。维护部门能根据控制中心维修调度员的要求进行干预排故，使运输网络恢复到完全可用的状态，如道岔电机故障等。

2. 维护信息自动化无线传输功能

地面或车载设备故障报警信息,按重要性等级快速提供给控制中心维护终端,由维护调度按重要性下达维护指令。当电客车进入自动化停车场后,通过专用车地通信无线系统,将车辆数据自动下载到地面维护信息数据库中,作为维护人员的数据分析和维护依据。

3. 系统提供了维护人员的防护功能

无人驾驶系统无司机岗位,无瞭望防护的功能,为了确保现场维护人员的人身安全,系统设计了封锁防护区域开关。当维护人员需要在轨行区作业时,启动该维护防护开关,使运行电客车无法越行,从而解决了安全作业问题。

项目实训　电客车司机职责与正线作业

【实训目的】

(1)掌握电客车司机岗位职责。
(2)了解司机出勤、整备作业、场段作业、正线作业、退勤作业的基本流程。
(3)熟悉电客车行车注意事项。

【实训条件】

(1)电客车模拟驾驶实训室。
(2)电客车行车驾驶有关的标准化作业视频。

【实训内容】

(1)学生操纵模拟驾驶,学习电客车司机出勤、整备、场段、正线、退勤等相关作业流程。
(2)组织学生观看学习电客车行车驾驶有关的标准化作业视频。
(3)学员模拟驾驶标准操作考评(考评方式自定)。

思考与练习

1. 简述城轨电客车司机的岗位职责。
2. 简述城轨电客车实习司机的岗位职责。
3. 简述出勤作业的标准。
4. 简述退勤作业的标准。
5. 简述热车整备作业的标准。
6. 简述行车凭证的主要内容。
7. 简述对标停车及开门注意事项。
8. 简述接车作业呼唤应答标准。
9. 简述全自动的基本概念。
10. 描述无人驾驶等级的分类。

项目六　电客车场段与施工作业

学习目标

（1）掌握电客车车辆段、车场的设备设施。
（2）了解调车指挥及要求。
（3）了解线路的基本概况。
（4）掌握洗车作业流程及注意事项。
（5）掌握施工管理的要求。
（6）了解设备故障抢修作业的规定。
（7）掌握调试作业流程。
（8）了解动态调试作业管理规定。

重点难点

（1）施工作业的申请及注销。
（2）隔离开关管理及使用规定。
（3）施工检修安全防护规定。
（4）工程车交、扣车流程。
（5）洗车作业流程。
（6）调试作业流程。

任务一　车辆场段设施设备

车辆段是城市轨道交通电客车停放、检修的基地。按照《地铁设计规范》（GB 50157—2003）的规定，车辆段根据功能不同可分为检修车辆段（简称车辆段）和运用停车场（简称停车场）。车辆段根据检修作业范围的不同可分为架（厂）修段和定修段，独立设置的停车场应隶属于相关车辆段。

一、车辆段作业范围

车辆段的日常作业范围包括以下内容。
（1）电客车停放、编组和日常检查，一般故障处理、清扫洗刷及定期消毒等的日常维护保养。

（2）沿线存车线上在线电客车的日常检查和一般故障处理。
（3）车辆的定修、架（厂）修等定期修理。
（4）车辆的临时性故障检修。
（5）段内设备、机具的维修和调车机车、工程车等设备的整备及维修。
（6）根据运营管理模式要求，必要时负责配属电客车的乘务作业。

二、车辆段的构成及基本规模

（一）车辆段构成

车辆段主要由以下几部分构成：

（1）停车场地：确保能够停放管理所辖线路的回段车辆。
（2）检修车间：分为定修库、架修库等。
（3）运用车间：车间下辖乘务队、运转值班室、信号楼、乘务员备乘休息室、内燃轨道车班等。
（4）设备维修车间：负责段内的动力设施维修。
（5）车辆段清洗设备：包括车辆清洗库及其放置的自动清洗设备等。
（6）维修管理单位：供电、通信信号、工务和站场建筑服务的维修管理单位。
（7）办公楼与其他服务设施：培训场地、食堂、会议厅等。

（二）车辆段规模

城市轨道交通车辆段的基本规模一般都比较大，其规模的大小主要取决于停车库和检修库两大部分的能力，再辅以其他的场、库。停车库和检修库的需要能力取决于城市轨道交通线初、近、远期不同年限的配属数量（包括运用车、在修车、备用车）。

三、场/段设施

（一）线 路

城轨电客车段库内一般为整体道床，其他地段为碎石道床，轨道采用 50 kg/m 钢轨，道岔采用 50 kg/m 钢轨，标准轨距为 1 435 mm。线路一般有试车线、出入场（段）线、渡线等。

（二）建筑设施

（1）车辆段内线路按作业目的功能不同可分为：运用库，联合车库，定、临修库，吹扫库，静调库，大架修库，洗车库等。
（2）车辆段内设施按行车检修指挥功能不同可分为：正线行车控制中心（OCC）、场/段行车控制中心（信号楼）、检修调度中心（DCC）。

（三）供电设施

（1）城轨电客车段变电所分牵引降压混合变电所、跟随式降压变电所，为车辆段各负载提供电源。车辆段内负荷分级为：通信、信号、变电所、接触网用电、试车线信号房动力为一级负荷；与车辆运用直接有关的动力为二级负荷；车辆一般检修动力、各类通风设备为三级负荷。

（2）接触网采用 1 500 V 直流电压供电，为柔性悬挂，库外试车线接触线导高为 4 800 mm，周月检库接触线导高为 5 300 mm，洗车库接触线导高为 5 400 mm，其余车场线及库线导高为 5 000 mm。支柱侧面限界为 2 300 mm，特殊设计除外。接触网与车辆装载货物的距离不少于 200 mm。

（3）车辆段各线路供电根据应用情况不同一般会划分为几个供电大区，大区内各线路均可通过隔离开关进行断送电。一般大区停电时，范围内线路均处于无电状态。

四、场/段设备

（一）通信设备

车辆段通信设备包括有线通信系统、专用无线通信系统和广播系统。有线通信系统包括调度电话、公务电话；专用无线通信系统包括调度台、手持台、车载台；车辆段广播系统设置在运用库内，广播信息覆盖运用库内范围，由车辆段/停车场调度、车辆检修调度、信号楼值班员负责使用操作。

（1）调度电话分机：车辆段/停车场调度、车辆段信号楼值班室、车辆段派班室、DCC（检调）各设行调分机 1 部。可实现车辆段/停车场调度、车辆段信号楼值班员、车辆段派班员、DCC（检调）与行车调度的直接通话。

（2）公务电话车辆段各行车岗位、各分部及各生产工班均安装公务电话。

（3）无线通信系统：DCC 内设置 1 台无线固定台、车辆段信号楼设置 1 台无线调度台，用于车辆段的行车工作。乘务派班室内配备若干手持台，需要时由作业人员领取。

（4）广播系统：车辆段广播系统分信号楼车辆段/停车场调度和运用库 DCC 调度两部分，主要用于车辆检修调度和停车场调度向运用库内的作业人员发布通知、呼叫找人等，同时，运用库内作业人员可通过现场插播盒呼叫运用库内的其他作业人员或 DCC 当值人员，实现双向通话。

车辆段广播系统由广播机柜（包括功放模块、功能模块、控制模块等）、广播控制台、现场插播盒（包括手持话筒、广播按钮等）、广播电缆、扬声器等组成。DCC 设有广播控制台，播音控制台具备监听功能。

（二）信号设备

（1）车辆段信号设备采用计算机联锁控制系统和信号集中监测系统，其操作系统设于车辆段信号楼，信号机和道岔由信号楼集中控制。

（2）试车线信号设备一般采用卡斯柯信号系统，其设备设于试车线信号设备室。

（3）信号机按作业目的不同可分为：入车辆段信号机，出车辆段信号机，调车信号机，阻拦信号机（因特殊原因 XRD、XCD 信号机设在运行方向的左侧）。

五、电客车维护设备

（一）数控不落轮镟床

数控不落轮镟床在城市轨道交通车辆在整列编组不解列、车下转向架轮对不落轮的条件下使用。用于对车辆单个轮对的车轮踏面和轮缘的磨损、缺陷表面进行旋削加工。数控不落轮镟床外观如图 6-1 所示。

图 6-1　数控不落轮镟床

（二）地下固定式架车机

地下固定式架车机一般安装在车辆段大/架修库内。除地面操作控制台外，架车机安装在地下基础坑内，架车/落车作业完成后，设备全部降入地坑，地坑表面设置盖板，机库地面段场运作与施工作业平整无障碍。地下固定式架车机外观如图 6-2 所示。

图 6-2　地下固定式驾车机

(三) 移动式架车机

移动式架车机基本功用同地下固定式架车机，只是设备安置在地面上使用，一般安装在车辆段定、临修库内，其功能和技术要求基本类似于地下固定式架车机。移动式架车机外观如图6-3所示。

图6-3 移动式架车机

(四) 电客车外部清洗机

电客车长期在隧道、地面和高架线路上高速运行，其车体端面和表面会吸附很多灰尘或其他脏物，长期累积会影响车辆外表面的美观，应及时清洗，完成车身两侧（包括车门、窗玻璃、侧顶弧圆面）及车端面（包括端面肩部）的洗刷工作。电客车清洗机是用于对地铁电客车外表面实施自动洗车作业的专业设备（有些还具备进行淋雨试验的功能）。同时，借助于电客车清洗机的供水、排水系统，新造车辆和架修或大修过的车辆可进行密封性验证的淋雨试验。

电客车清洗库包括清洗主库和边跨两部分。清洗主库布置有电客车清洗线，该线为一条单向行驶，直接实施洗车作业的专用线。边跨设有控制室、机泵间、水处理间等。清洗主库喷淋或刷洗设备为贯通式设计，沿线按工艺流程布置。占地范围允许时，尽量采用单向电客车清洗操作，即电客车只从一个方向通过，在电客车单次通过后完成清洗操作。只有在清洗库长度过短时，才采用往返清洗的作业方式。清洗主库接触网设置有断电绝缘区段，该区段的长度比电客车上两受电弓之间的距离略短 4~5 m。电客车自行牵引通过接触网断电区时，两受电弓分别受流。

电客车清洗线上安装的清洗设备主要类型包括喷淋架、车头水平端刷洗装置、侧顶弧刷洗装置以及侧面垂直刷洗装置。对使用塞拉门的地铁车辆而言，上述四种装置已能满足其清洗要求；对于使用内藏门、外挂门的地铁车辆而言，为了做到车体侧面的无死角刷洗，还需设置侧面水平轴刷洗装置。

电客车清洗机全套设备安装在厂房内，部分设施如进车信号、回用水沉淀池等可置于室外。电客车清洗库地下设置环形接地网，接地电阻≤1Ω。车头端面刷洗装置置于接触网断电区的下方。在清洗主库清洗线接触网断电区的下方适当位置还设有电客车淋雨试验装置。

洗车时电客车自行牵引，不降受电弓，由架空接触网供电，电客车以"洗车模式"限速 3~5 km/h 通过清洗主库。驾驶员按信号指示操纵电客车运行或停车，自动进行电客车端部及两侧的刷洗和冲洗工作。电客车采用"走、停"清洗模式：电客车行进中刷洗两侧面，停车时刷洗电客车前、后车头端面。电客车外部清洗机如图 6-4 所示。

图 6-4　电客车外皮清洗机

（五）电客车称重台

为了提高电客车运行的平稳性，确保行车安全，新造或经检修后的车辆应使其轮重、轴重符合检修的要求，以确保轴重和轮重的均匀性。利用动态行驶的车辆经过专用的传感器后，传感器感受到动态车辆的压力信号，再由微机处理器进行一系列的分析、处理、计算后得到车辆的称重值，从而实现对单轮重、轴重、整车重量及轮重差、轴重差的测量。电客车称重台如图 6-5 所示。

图 6-5　电客车称重台

(六)电客车移车台

电客车在架大修维护期间,车辆解编后需要在库内进行线路转换,此时可通过浅坑式移车台将单节车移动到另一条线路,以满足电客车在架大修维护期间的各项作业需求。电客车移车台如图 6-6 所示。

图 6-6 电客车移车台

任务二 电客车调车作业

一、调车定义及规定

(一)调车作业的概念

调车指除电客车在正线运行,车站(车辆段/停车场)到发以外的一切机车、车辆或电客车有目的地移动。

(二)调车作业的规定

(1)禁止利用车辆段出入段线和停车场出入场线办理调车作业,如有特殊作业需要占用转换轨调车时,必须征得行调同意后方可办理。

(2)在车辆段/停车场内进行调车作业时,具体要求按"车辆段(停车场)运作规定"执行。

(3)在车辆段/停车场内进行转线、调车作业的电客车和工程车,不赋予车次。

(4)在车辆段/停车场内进行调车作业时,电客车的联控呼叫、包含调车作业计划中的电客车编号由四位数组成:首位表示车辆种类("K"为电客车,发音为"ke";"G"为工程车,发音为"gong"),后三位表示电客车车底号,如 K201、G201。

（5）调车司机按照"调车作业单"完成工作后，统一将"调车作业单"交至派班员，由派班员统一保存。派班员对"调车作业单"进行统一保存，按月归类，比照行车资料保存要求进行保存。

二、调车指挥及要求

（1）段（场）调车工作由车辆段/停车场调度统一领导，调车作业人员应按本标准和调车作业计划单执行。

（2）车辆段/停车场调度应根据作业计划和设备分部的车辆扣、交车单，结合机车车辆（包括城轨电客车，下同）停放位置、线路、设备检修状态和现场作业情况、司机运用情况，按照安全、合理、科学的原则，正确、及时地编制《调车作业单》，组织调车人员安全、及时地完成调车任务。

（3）调车作业由调车员单一指挥。根据调车作业计划单，正确、及时地显示信号，指挥调车机运行，并注意行车安全。

（4）调车司机应根据调车员的信号准确、平稳地操纵机车，时刻注意确认信号，不间断地进行瞭望，正确、及时地执行信号显示要求。负责调车作业安全。

（5）信号楼值班员根据调车作业计划单和现场作业情况、机车车辆停放股道，正确、及时地排列调车进路、开放调车信号，做到随时监控机车车辆运行，"干一勾划一勾"。

（6）执行"干一勾划一勾"时，前、后台值班员需在后台值班员联控确认进路完毕后同时执行。

三、调车标准

（一）电客车凭自身动力调车

（1）凭自身动力调动电客车时，电客车调车司机检查确认客车的车辆状态，并听取车辆段（停车场）调度员布置的相关安全注意事项。

（2）得到允许动车的指示后，动车前，确认动车"五要素"、无障碍物侵限、所有人员在安全区域；运行中，司机加强瞭望，确保调车安全。

（3）电客车出入库时，在库门道口前一度停车，电客车司机确认库门开启到位，越过库门后一度停车，确认无人无物侵线，以不高于 5 km/h 的速度进出库。

（4）调车作业时必须在前端驾驶，严格执行"三、二、一车"规定速度。

（5）进入牵出线调车作业时，距离尽头线阻挡信号机 20 m 时运行速度不应高于 5 km/h，停车时必须和阻挡有不少于 10 m 的安全距离，需进入 10 m 以内时应一度停车。

（6）以不高于 3 km/h 的速度运行。利用转换轨转线时，运行方向司机室对准"电客车对位标"后方可停车。电客车在牵出线/转换轨停稳后，司机报告信号楼，换端后确认电客车停在规定的信号机内方后告知信号楼值班员，并联系确认下一项作业计划情况，得到允许动车的指示后方可开主控钥匙动车。

（7）调车作业中，司机得到信号楼值班员有关"××道待令"的通知时，严禁擅自动车。动车前必须得到信号楼值班员"可以动车"的通知，确认信号、进路、道岔正确后再动车。

（8）调车作业完毕后报告段（场）信号楼值班员车辆停放股道、防溜措施等情况。

(二)工程车调动电客车作业

1. 镞轮线送车作业

(1)工程车与电客车连挂前,调车司机须降下受电弓(如电客车未升弓则无需此项操作,但必须确认制动施加良好)。

(2)工程车与电客车连挂完毕试拉良好后,调车司机切除6节车制动缓解塞门,并手动缓解(操作手动缓解拉环)6节车的停放制动,确认闸瓦与轮对踏面分离。工程车与电客车连挂如图6-7所示。

图6-7 工程车与电客车连挂

(3)调车司机确认电客车所有制动缓解,具备动车条件后报告工程车司机和调车员。

(4)推进运行时,调车司机负责确认信号、道岔、进路、库门、停车位置,镞轮线限速3 km/h。

(5)工程车推进电客车在镞轮线对标停稳后,由工程车司机设置铁鞋,做好防溜措施并解钩,调车司机无需恢复电客车制动。

2. 镞轮线取车作业

(1)工程车与电客车连挂前,调车司机应对电客车的状态(重点检查走行部)进行检查,确认电客车防溜铁鞋设置良好和无异物侵入限界。

(2)工程车与电客车连挂完毕试拉良好后,调车司机确认6节车制动缓解塞门已切除,闸瓦与轮对踏面分离,并确认车辆人员将电客车的防溜铁鞋撤除方可报告工程车司机动车。

(3)推进运行时,调车司机负责确认信号、道岔、进路、库门、停车位置,库内限速5 km/h。

(4)工程车推进电客车在运用库对标停稳后,由调车司机将6节车制动缓解塞门恢复至正常位置并施加停放制动,方可通知工程车司机解钩。

(5)其他工程车调动电客车作业按照"车辆段(停车场)运作规定"的相关要求执行。

3. 带道作业

(1)转线带道作业司机比照加开作业,在本线路由队长负责测酒、出勤、备品领取,与调试负责人取得联系后到达指定地点上车。

(2)调试动车前向施工负责人确认人员是否到齐,和厂家司机确认电客车是否具备动车条件。

(3)吊装、转线作业、工程车推进电客车运行时,负责向信号楼要道还道,确认进路安全,负责前方停车位置确认。

（4）凭自身动力运行，由厂家司机值乘，带道司机负责与信号楼核对调车作业单，与行调核对调度命令，确认好封锁区域。

（5）在带道过程中负责电客车运行速度的监控及道岔、进路、信号的确认。

（6）负责监控电客车运行至调试封锁区域，车辆段试车线调试按照调试负责人指令监控电客车压道作业，压道作业结束后由调试负责人指挥厂家司机进行调试。

（7）调试作业结束后，正线带道司机负责与行调联控确认回场段进路，段内带道司机负责与信号楼联控确认回库进路。

（8）带道司机与调试负责人做好沟通，确保带道过程中行车安全，严格履行带道职责。

四、调车作业计划

（1）编制调车作业计划资料来源。

（2）车辆检修调度提供的车辆检修计划及签认的临时维修计划。

（3）开行工程车计划。

（4）材料库线车辆装卸情况。

（5）工电二部提报的设备检修配合计划。

（6）工电二部动车计划。

（7）车辆设备分部扣修计划和工程车故障报修单。

（8）其他需要动车的情况。

五、调车计划的提交和安全注意事项

（一）调车计划提交

（1）车辆检修调度应在根据车辆的定检计划及临时性抢修计划，认真确认转线机车车辆状态符合动车条件后，以书面形式及时向车辆段/停车场调度提报转轨计划，车辆检修调度必须对电客车车辆是否具备动车条件的确认负责。机车车辆转轨计划提报时间要求如下：

① 对计划性维修、调试和改造的调车作业至少提前 2 h。

② 对临时维修或调试的调车作业至少提前 1.5 h。

③ 对临时故障抢修的调车作业至少提前 30 min。

④ 对需工程车调动的车辆的调车作业至少提前 1.5 h。

⑤ 对装载材料、设备的平板车调动由使用部门至少提前 2 h。

（2）车辆段/停车场调度在接到有关转轨作业计划后，认真确认各项行车设备状态，符合条件时尽快组织有关岗位在要求的时间内完成转轨作业。

（3）车辆检修调度应按规定认真填写"车辆转轨申请表"并交给车辆段/停车场调度，由车辆段/停车场调度组织转轨作业。如要更改或取消转线作业，应及时告知车辆检修调度。

（4）外单位的检修/施工作业需要使用机车车辆时，由主办部门负责按照行车设备施工检修管理细则等相关条款提报月度、日补充计划。

（二）调车安全注意事项

（1）听取和执行车辆段（停车场）调度布置的安全注意事项，加强瞭望，加强联控，确认信号、进路、道岔正确。

（2）在运行前端司机室操纵，并严格执行各项调车限速。

（3）调车"八不动车"：不撤除出铁鞋、禁动牌，不动车；制动未缓解，不动车；调车作业计划不清，不动车；调车作业未联控，不动车；无信号或信号不清，不动车；道岔开通不正确，不动车；线路有侵限物，不动车；所有人员未在安全区域，不动车。

（4）把握"四个关键"：尽头线调车，牵出线、转换轨调车，调动故障电客车，工程车调动电客车作业。

（5）调车作业要准确掌握速度，在瞭望条件差、天气不良等非常情况下应适当降低速度，调车速度不得超过规定，调车速度对照表如表6-1所示。

表6-1 调车速度对照表

序号	项目	速度/（km/h）	说明
1	空线牵引运行	25	曲线\道岔限速
2	空线推进运行	15	库外运行速度
3	在尽头线调车时	5	距离尽头线阻挡信号机20 m时运行速度不应高于5 km/h，距离10 m时必须停车。遇特殊情况必须进入10 m安全线时，速度不超过3 km/h
4	在维修线调车时	5	施工线路运行速度
5	在库内线路调车时	5	库内运行速度
6	货物线上对位时	5	货物线固定点位对位时速度不超5 km/h
7	接近被连挂车辆三、二、一车时	8、5、3	接近连挂车3 m、2 m、1 m的运行速度
8	转向线	5	电客车掉头线运行速度

任务三　洗车作业

一、洗车定义及规定

（一）洗车的定义

洗车作业指根据电客车外皮清洗作业计划，通过电客车外皮清洗机对车体两侧、车顶两侧、两端车头进行清洗，其中洗车用的清洁剂有中性、酸性，一般采用中性清洁剂进行清洗。洗车作业既可分为自动无端洗、自动有端洗，也可通过切换洗车机控制模式分为手动无端洗、手动有端洗。

（二）洗车作业规定

（1）洗车作业司机必须集中精力，严格执行呼唤应答制度，严禁进行洗车作业以外的活动，确保洗车作业安全。手指口呼，库内限速5 km/h，洗车限速3 km/h。

（2）确认好客室内无人、洗车信号绿灯亮、洗车库门开启到位后，按压"洗车按钮"或将工况手轮转至"洗车"位。

（3）洗车时，关闭电客车所有门、窗，检查刮雨器。严禁打开门窗，将身体探出车外。

（4）洗车过程中，发现异常及时停车，严禁电客车后退，按照信号楼值班员和洗车机值班员要求动车。

（5）如有员工乘坐电客车回段，洗车前先让乘车员工下车，然后进行洗车作业。

二、洗车作业分类要求

电客车洗车作业类型一般分为电客车回段（场）洗车、停车列检库里的电客车洗车，洗车作业线路如图 6-8 所示。

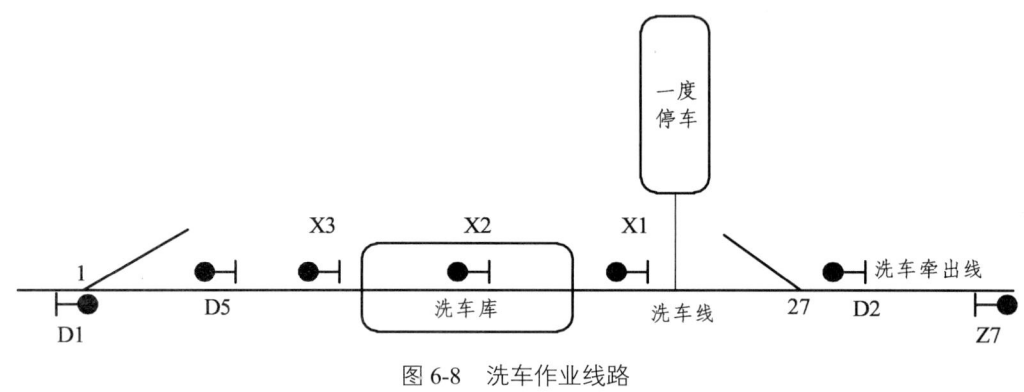

图 6-8　洗车作业线路

（一）电客车回段（场）洗车

（1）电客车回车辆段在转换轨一度停车后，以 RM（人工）模式驾驶电客车凭调车信号机 D2 白灯运行到洗车库门前一度停车标前停车。

（2）驾驶员报告信号楼值班员及洗车机值班员并经同意后，确认本端和后端驾驶室侧门及窗户关好、刮雨器状态良好，操作洗车按钮限速 3 km/h，确认库门开启良好后，凭洗车线入端信号机 X1 绿灯显示，动车进入洗车库洗车。

（3）如需洗车头车尾（端洗）时，需在信号机 X2、X3 前分别对应前端洗或后端洗停车标停车后报告洗车机值班员，进行车头车尾的清洁（如需洗车头车尾，信号机 X2、X3 将显示红灯；不需要洗车头车尾时，则显示绿灯，此时不需要停车）。

（4）清洗完毕后凭借洗车线出端信号机 X3 绿灯及调车信号机 D5 白灯显示动车，等电客车头部在洗车结束标停稳后与洗车机值班员确认洗车完毕，取消洗车模式，报告信号楼值班员。在信号楼值班员指示下按调车方式回库。

（二）停车列检库里的电客车洗车

（1）电客车凭自身动力牵引办理调车方式，由调车驾驶员进行，当接到洗车通知后，带齐备品上车，并对电客车进行正常的动、静态检查，检查作业完毕后报告信号楼。

（2）经信号楼值班员同意后，按调试车方式驾驶电客车到牵出线，在阻挡信号机 Z7 前停车，换端后报信号楼，按调车方式运行到洗车库前一度停车标前停车。

（3）报信号楼值班员及洗车机值班员经同意后，确认本端和后端驾驶室侧门、窗户关好，刮雨器状态良好，操纵洗车按钮限速 3 km/h，确认库门开启良好后，凭洗车线入端信号机 X1 绿灯显示动车进入洗车库洗车。如需洗车头车尾（端洗）时，需在信号机 X2、X3 前分别对应前端洗或后端洗停车标停车后报告洗车机值班员，进行车头车尾的清洁（如需洗车头车尾，信号机 X2、X3 将显示红灯；不需要洗车头车尾时，则显示绿灯，此时不需要停车）。

（4）清洗完毕后凭借洗车线出端信号机 X3 绿灯及调车信号机 D5 白灯显示动车，等电客车头部在洗车结束标停稳后与洗车机值班员确认洗车完毕，取消洗车模式，报告信号楼值班员。

三、洗车作业流程及标准用语

（一）洗车作业流程

（1）在洗车前与洗车值班员确认好是否需要洗车头车尾，如电客车不需要洗车头车尾，经洗车机值班员同意，确认库门开启良好、洗车信号绿灯亮后，司机按下洗车按钮或将工况手轮转至洗车位，操纵电客车限速 3 km/h 进入洗车库洗车。

（2）电客车需要洗车头车尾时，经洗车值班员通知后，司机加强监控，确认好洗车信号进行洗车，在洗车期间注意在"前端洗车对标"处对标，对标成功后报洗车值班员，洗车头时注意把雨刮器转至洗车位，确认头端洗刷完毕后，及时汇报洗车值班员，确认洗车信号开放后，运行至"尾端洗车标"处对标，对标停车后报洗车值班员，洗车尾时司机换端作业时注意把雨刮器转至洗车位，等待尾端洗刷，洗车值班员通知司机尾端洗刷完毕后，司机确认洗车信号动车，运行至"清洗结束标"处对标，对标停车后报洗车值班员，等待洗车值班员通知司机洗车结束，恢复"洗车按钮"或将工况手轮转至"手动"位后报信号楼，按照信号楼指示确认动车。

（3）洗车过程中发现洗车库信号机显示异常及时停车，汇报洗车值班员及信号楼。

（二）洗车标准用语

洗车作业期间，电客车司机需与场/段信号楼、洗车机值班员进行联控沟通，具体洗车联控用语标准见表 6-2。

表 6-2　洗车联控用语

联控时机	电客车驾驶员	信号楼值班员	洗车机值班员
侧洗	1. 信号楼，电客车××在洗车库外一度停车。 3. 电客车××与洗车机值班员联系听从其指示进行洗车，司机明白。 4. 洗车机值班员，电客车××在洗车机库外一度停车。 6. 洗车机值班员××凭洗车信号机显示进入洗车库，司机明白	2. 电客车××与洗车机值班员联系，听从其指示进行洗车	5. 电客车××凭洗车信号机显示进入洗车库洗车
端洗	1. 洗车机值班员，电客车××对头（后）端洗标停稳。 3. 电客车××对位准确可以端洗，司机明白。 5. 电客车××端洗完毕，凭信号继续洗车，司机明白	—	2. 电客车××对位准确，可以端洗。 4. 电客车××端洗完毕，凭信号继续清洗
洗车结束电客车运行至洗车结束标	1. 洗车机值班员，电客车××洗车是否结束。 3. 电客车××本次洗车结束，司机明白	—	2. 电客车××本次洗车结束与信号楼联系

四、洗车安全注意事项

（1）洗车作业司机必须要集中精力，严格执行呼唤应答制度，严禁进行洗车作业以外的其他活动，确保洗车作业安全。

（2）电客车不洗车头和车尾时，洗车机值班员应提前通知。

（3）电客车不能洗车作业时，禁止动车。及时联系信号楼，在得到信号楼动车指示时，确认洗车机设备无侵限后方可动车。

（4）洗车过程中严禁电客车后退，发现异常及时停车报信号楼及洗车机值班员停止洗车作业。必须后退运行时，由洗车机值班员确认具备退行条件后报信号楼，信号楼组织城轨电客车退行。

（5）驾驶室未完全越过洗车机设备时，严禁使用雨刮器工作。

（6）洗车前关闭电客车所有门、窗，洗车过程中，严禁打开门窗，将头手伸出外部，严禁下车处理突发情况。

任务四　调试作业

一、调试作业准备

（1）段（场）内任何调试作业（包括信号、机车、车辆的任何调试、试验及投入运营服务前所做的准备工作），调试工作负责部门必须派出技术人员跟车负责监控车辆状态。

（2）进行调试作业前，相关调试主管部门应制订相应的"调试、试验作业任务书"（工程车进行调试时，相关调试主办部门应制订相应的调试、试验方案），并组织所有参加调试成员学习，落实所有调试成员熟悉方案并签名确认。

（3）车辆段内调试作业开始前，调试负责人确认所有参加调试人员到位后，方可开始调试，否则司机有权拒绝进行调试，立即汇报车辆段调度并听其指示执行。

（4）电客车上正线调试时，调试负责人应在电客车上正线前组织司机学习"调试、试验作业任务书"，做好调试准备。如果调试电客车由段（场）出车时，信号楼值班员按电客车办理出入车辆段作业。

（5）车辆段试车线驾驶培训比照调试、试验作业进行，作业前由培训负责人填写"调试、试验作业任务书"，明确驾驶模式、最高运行速度等，车辆检修调度确认车辆状态符合培训要求，确认驾驶培训内容符合电客车（工程车）基本性能后，在"调试、试验作业任务书"签名，随后交段（场）调度审核并组织实施。

二、调试作业流程及人员要求

1. 电客车调试、试验作业的组织流程

（1）调试、试验前，调试、试验负责人制定"调试、试验作业任务书"。

（2）将"调试、试验作业任务书"交检修调度审核确认。

（3）检修调度将"调试、试验作业任务书"交段（场）调度审核确认。

（4）调试、试验负责人（施工负责人）将"调试、试验作业任务书"内容传达给每位调试、试验成员。

（5）调试、试验负责人（施工负责人）负责施工请点，段（场）调度员确认、批准后，方可调试。

（6）调试、试验过程中，调试、试验负责人（施工负责人）负责按照"调试、试验作业任务书"的要求组织、指挥、监督。

（7）调试、试验完毕，调试、试验负责人（施工负责人）必须进行线路出清及验收。

（8）调试、试验负责人（施工负责人）向段（场）调度汇报，并销点。

2. 调试相关人员的工作要求

（1）调试负责人原则上由各专业技术人员担任。工程车、电客车进行调试作业由调试负责人统一指挥、负责调试过程中的安全工作。

（2）在调试工程车、电客车运行过程中，负责监控调试的人员（含外单位人员）禁止擅自动用与行车安全有关的设备设施。

（3）按方案进行非正常情况下行车的试验操作（如进行紧急制动试验、越红灯等）时须向司机交代清楚，在司机落实好行车安全事宜并同意后方可进行。

（4）调试司机必须根据调试负责人的要求安全操纵电客车、工程车。凡是需要动车的，需要与信号楼值班员（车辆段）或行调（正线）联系落实运行进路的安全并得到其同意，确认行车"三要素"（进路、信号、凭证）正确后方可动车。

（5）车辆段调度在接到调试、试验任务时，将调试、试验计划有关内容向司机布置清楚，包括：转线计划、试车内容、运行模式、速度要求、机车车辆及行车设备状态、性能等。负责落实调试制度执行到位，监控各相关岗位人员按章作业，确保车辆段内调试作业行车安全。

（6）添乘人员认真核对、落实"调试、试验作业任务书"各项内容和调试作业的各项规章制度，监控驾驶司机按照规定操作、驾驶机车车辆，发现异常及时采取措施，避免安全事件发生。

三、调试作业分类及规定

电客车调试作业一般分为静态调试和动态调试，静态调试是指电客车在接触网供电情况下，不动车进行调试作业；动态调试一般分为试车线动态调试和正线动态调试，均需电客车司机进行驾驶操纵。

（一）试车线调试规定

（1）试车线调试任务由车辆段备用司机负责，司机接到调试任务时，应向车厂调度员落实清楚调试计划有关内容，包括调试内容、运行模式、速度要求、电客车状态及性能等，并在调试负责人的组织下学习"调试、试验作业任务书"并签名确认，在车辆段副队长处领取试车线调试安全卡控表。

（2）司机严格按照规定整备电客车，确保电客车状态，符合上述试车线运行的要求。

（3）开始调试前，司机须与信号楼联系，确认试车线已封锁，方可凭调试负责人指令动车。开始调试的第一个往返或调试作业中途停止超过 2 h 后需要重新调试时，按 10 km/h 限速进行线路检查及制动力试验。

（4）进行 80 km/h 试验时，任何情况下，电客车必须在运行方向的 80 km/h 制动标处至少施加 100%常用制动，直至电客车停车为止；进行 60 km/h 以上的试验时，任何情况下，电客车必须在运行方向的 300 m 标处至少施加 100%常用制动，直至电客车停车为止；进行 40 km/h 以上的试验时，任何情况下，电客车必须在运行方向的 200 m 标处至少施加 100%常用制动，直至电客车停车为止；电客车进入 100 m 标内时限速 10 km/h，在两端停车标前停车时必须执行"三、二、一车"限速规定。

（5）司机要遵守试车线的行车信号、标志要求，严格控制速度运行。调试机车、车辆接近尽头线及其信号机时须降低速度。

（6）进行电客车 URM 驾驶或进行司机驾驶培训时，电客车只能在试车线南北端的 100 m 标区段内运行。特殊情况需要越过这两个 100 m 标时，须由调试负责人提出，报经车厂调度员同意后，确认调试负责人签名，限速 10 km/h 进入前方轨道（遇雨雾等天气时禁止进入），严禁越过停车标。

（7）任何情况下严禁进行无人引导的推进运行，有人引导推进运行（天气不良、夜间严禁推进运行）时按调车办理，限速 10 km/h 并严禁越过 100 m 标。

（8）当电客车在试车线运行中出现"空转/滑行"时，司机应及时停车报告车厂调度员，立即停止该项调试、试车作业，查实情况并落实措施后方可继续进行。

（9）遇恶劣天气（如大雨、暴雨、大雾等），难以通过瞭望确认线路、道岔、信号等情况时，车厂调度员应停止调试作业，并通知相关部门负责人。

（10）调试完毕，司机在信号机前停稳后与信号楼联系，信号楼通知车厂调度员，按其指示排列进路，信号开放后通知司机走行路径、段/场施工情况、股道（区域）停电等，司机复诵无误后凭信号动车回库。

（二）正线调试规定

（1）正线进行调试时，应安排符合资格的司机/队长添乘，负责监控调试司机操作，确保调试电客车运行安全。

（2）调试电客车出入段/场按电客车办理，司机提前 1 h 出勤，认真确认"调试、试验作业任务书"的内容及速度、驾驶模式要求，严格执行行车组织规则、车厂运作手册、正线调试安全卡控表中的有关内容，并按规定整备电客车，确保电客车状态符合上正线运行要求。

（3）电客车在正线调试时，司机要密切注意电客车运行前方的线路状态，严格执行行车调度员命令，听从调试负责人指挥，严格遵守调试的速度和线路限制速度。

（4）正线司机按照调试计划的安排，按行车调度员的命令听从调试负责人指挥，明确调试程序及其安全事项，并在指定的区域进行调试。

（5）电客车出场前，司机须检查调试人员到位情况，确认调试区域，明确调试项目、程序及其安全事项，司机接到行车调度员的书面封锁命令时，认真确认命令的内容及注意事项并复诵核对（如线路限速等），核对调试区段是否在封锁区段内。

（6）电客车在始发站动车前，司机要与行车调度员共同确认调试进路的开通情况，落实运行进路的终点站。

（7）电客车调试时应结合调度命令、按调试负责人指令进行，司机在接到调度命令时应和行车调度员确认调试的行车凭证（如按地面信号行车等），如行车调度员未明确行车凭证，司机在正线遇到禁止信号时，应在禁止信号前停车报行车调度员。

（8）每次动车前，司机要得到调试负责人的同意，认真确认信号、进路、道岔，运行时要集中精力，严格按照行车组织规则中规定的速度或按行车调度员限速命令运行。

（9）电客车通过曲线半径小于 400 m 的线路或限速区段，司机应提前降低速度，严禁超速驾驶，电客车在辅助线运行时按规定速度行驶，严禁超速。

（10）在较难确认信号的车站或区间，司机应适当降低速度，直至确认到信号显示正确后再按规定速度行驶。

（11）电客车在站台、区间临时停车时要将主控手柄拉到全常用制动位，如发生前后溜时应立即按压紧急按钮以及操作台的停放制动施加按钮；电客车在站台、区间计划停车超过 5 min 时，司机应对电客车施加停放制动并将方向手柄置零位。

（12）电客车在两端终点站或在运行中途站折返换端后，司机认真确认进路信号机的显示、道岔位置（无进路信号机、道岔的车站时凭行车调度员命令）正确并与调试负责人落实运行进路后方可开主控钥匙凭调试负责人的指令动车。

（13）调试电客车在区间以 ATO 模式停车时，司机要监督好车上调试人员严禁拉开驾驶室侧门，如有需要拉开驾驶室侧门下车时，司机应将主控手柄拉到全常用制动位、施加停放制动、报行车调度员后方可同意调试人员下车。

（14）在调试过程中，如调试人员需要下线路检查设备时，司机应将方向手柄回零位、报告行车调度员，经行车调度员同意后降下受电弓，按下紧急停车按钮后方可同意调试人员下车。

（15）调试时，遇电客车折返、换端，司机必须施加停放制动。

四、调试作业中禁止的行为

（1）探身车外或者飞乘飞降。
（2）开门行驶或者向外抛撒物件。
（3）危及行车安全地处理故障。
（4）搬弄危及行车安全的设备。
（5）未与调试负责人联系，私自作业。
（6）非负责人指挥动车或司机私自动车。
（7）不经确认，盲目下达动车指令。
（8）车上人员无故鸣笛。

任务五　工程车作业

一、工程车司机

工程车司机一般指工程车值乘司机、调车员、车长和工程车司机学员。

二、工程车接发规定

（1）工程车原则上在联合车库办理接发车作业，特殊情况下需在其他股道办理接发车作业时应经车辆段/停车场调度同意，并确保不影响城轨电客车作业和行车安全。工程车在段（场）发车时，凭发车股道信号机显示和信号楼值班员的联控开车，运行至出段（场）信号机前一度停车，与信号楼进行联控，得到信号楼同意并确认出段（场）信号开放后按出段（场）信号机的显示运行。入段（场）接入联合车库时开放调车信号接入。

（2）工程车为单机时，出段（场）凭出段（场）信号机的显示运行和信号楼值班员的联控开车。

（3）开行工程电客车时，信号楼值班员开放出段（场）信号前必须得到车辆段/停车场调度的授权。

（4）接触网检查作业开行工程车在段（场）作业时，按调车方式办理，开放调车信号组织行车。若需要在出入段（场）线进行接触网检查作业开行工程车时，必须得到行调同意并凭行调命令和车辆段/停车场调度的同意方可进出入段（场）线。信号楼值班员必须在"信号楼工作日志"上记录进出段（场）的时间。

（5）为执行正线行车设备检修、维护作业而开行的工程车，作业人员要按开车点提前 30 min 到达；为执行正线行车、消防、广告、物料运输或"三品"运输作业而开行的工程车，作业人员按开车点提前 90 min 到达配合司机作业。工程车则按开车点提前 30 min 编组完毕到指定位置待令开车。

三、工程车检修及扣车程序

（1）检修计划分为月计划、日补充计划、临时补修计划。

（2）月计划于上月 25 日前提交，日计划于前一天 14:00 前提交，临时计划于作业前 4 h 提交车辆段/停车场调度。

（3）工程车维修部门应有计划实施工程车辆的检修工作，每次实施检修作业前一天填写"工程车定期检修扣/交车联系单"。扣车单当天送车辆段/停车场调度（一式两份）签认，一份留存，一份交车辆段/停车场调度。

（4）车辆段/停车场调度接到检修计划后，应对计划进行审批，若有问题，应提前与检修调度协商。

（5）车辆段/停车场调度根据工程车辆扣车计划合理安排，及时安排工程车司机将工程车辆送至相应的维修股道，车辆段/停车场调度根据实际情况组织将扣修工程车辆送入维修库内。

（6）凡有计划扣车的工程车辆，维修负责人应有拟定扣车单，扣车单应有如下内容：

① 计划保养、维修项目及内容。
② 计划交车日期。
③ 送车股道或原地维修。
④ 负责人及联系电话。

（7）工程车司机检查发现工程车车辆故障时，应认真填好"车辆临时修理报活单"（紧急时先口头报修），将故障情况进行登记，做好交接班，并及时通知车辆段/停车场调度，由车辆段/停车场调度确认后交维修人员。原则上车辆应立即采取措施抢修，减少对工程车辆运用影响。遇当天不能修复时，维修人员必须于15:00前通知车辆段/停车场调度，并在"车辆临时修理报活单"签名确认。如果当天晚上有施工/检修作业需要使用此车时，车辆段/停车场调度应及时通知相关作业部门换车或建议取消该项作业。

（8）工程车司机报修故障时，应明确以下内容：
① 故障/异常部位、现象、出现时间。
② 报修人、机车车辆停放位置。

四、工程车交车程序

（1）工程车辆临修完毕后，由维修人员通知车辆段/停车场调度，由车辆段/停车场调度通知当班司机接车。验收人员到车辆段/停车场调度处领取报修单，根据报修单报修的内容验车，确认工程车辆技术状态良好后，在报修单注明验交日期及时间、验收人员姓名。

（2）计划扣修完毕后交车时，由维修负责人填写交车单（交车单需注明检修、保养项目和部位）送到车辆段/停车场调度处，由车辆段/停车场调度通知工程车司机根据交车单所列项和验车标准进行逐项验收、试验。验收人员验收合格后在交车单上签名，并注明验交日期及时间、合格项目。验收不合格项目应及时通知维修人员返修，并报告车辆段/停车场调度。

（3）车辆段/停车场调度根据验收人报告符合交车条件后，制定调车计划组织转线。当天16:00前该车处于运用状态时统计为运用车。

（4）验车、交车要求：
① 凡属工程车辆扣修、临报修，维修人员须在指定日期完成工程车辆的保养和维修工作，不得无故延长扣修或修理时间。
② 验收人员在验车时，必须认真负责，精心验收，但不得无理取闹，借故不予接车。
③ 交车人员应负责做好验车配合工作。

（5）以下情况必须经过试验确认良好后方可交车。试车（原则上在车辆段内进行试验）时维修班必须派人跟车，并向车辆段/停车场调度及司机说明试车的注意事项和速度要求。
① 曾经发生挤岔或脱轨等事故，经检查修复后。
② 机车车辆进行技术改造后。
③ 机车车辆进行大修后。
④ 制动及走行悬挂系统故障修复后。
⑤ 其他情况，司机或维修人员认为有必要进行试验时。

扣车期间需要动车的相关规定如下：
正常情况下扣车期间不得动车，因检修需要等特殊原因必须动车时，车辆必须向车辆段/停车场调度报转轨计划，并在备注栏注明该车属扣修车且车辆走行部状态良好，具备动车条件。经车辆段/停车场调度审批后方可实施。

任务六 施工作业

一、施工计划分类

城市轨道交通运营区域包括正线、车辆段和其他附属区域，不同区域的行车设备维修对于运营的影响程度也不同。行车设备维修施工计划按其作业地点和性质不同，分为不同的种类，如分正线和非正线，是否开行工程车，是否需要停电等，对于不同种类的施工，对其的管理要求也有所不同。

为了方便管理，许多运营单位都对不同种类的施工赋予了不同的代号，使得工作人员仅根据施工代号就能明了其主要特征。目前，国内几大城市的轨道交通运营单位对于施工计划的分类大体一致，现归纳如下：

（1）在正线进行，影响正线、辅助线行车，需要开行工程电客车，并需停止接触网供电作业的施工，简称 AA 类。

（2）在正线进行，影响正线、辅助线行车，需要开行工程电客车、电客车，但无须停止接触网供电作业的施工，简称 AB 类。

（3）在正线进行，影响正线、辅助线行车，无须开行工程电客车，但需停止接触网供电作业的施工，简称 AC 类。

（4）在正线进行，影响正线、辅助线行车，无须开行工程电客车，无须停止接触网供电作业的施工，简称 AD 类。

（5）在正线车站、变电所（不含车辆段）、控制中心大楼等地点进行，不进入行车线路但影响行车的施工，简称 AE 类。

（6）在正线车站、变电所（不含车辆段）等地点进行，不进入行车线路亦不影响行车的施工，简称 AF 类。

（7）影响车辆段线路行车，需开行工程电客车，并需停止接触网供电作业的施工，简称 BA 类。

（8）影响车辆段线路行车，需要开行工程电客车、电客车，但无须停止接触网供电作业的施工，简称 BB 类。

（9）影响车辆段线路行车，无须开行工程电客车，但需停止接触网供电作业的施工，简称 BC 类。

（10）影响车辆段线路行车，无须开行工程电客车，无须停止接触网供电作业的施工，简称 BD 类。

（11）在车辆段范围内（含变电所）进行，不进入行车线路但影响行车的施工，简称 BE 类。

（12）在车辆段范围内（含变电所）进行，不影响行车的（含利用电客车间隔作业）施工，简称 BF 类。

二、施工作业组织

(一) 施工作业组织原则

为保证各行车设备得到良好的维护和检修,同时应尽量避免施工作业对正常运营的影响,确保行车组织的安全和顺畅,行车设备的维修施工组织必须遵守以下基本原则:

(1) 行车设备维修施工应充分利用非运营时间进行,在运营时间内,原则上不准对影响行车、影响客车进/出厂以及影响运营服务质量的有关设备进行检修施工作业。

(2) 对处于进路锁闭状态的联锁设备,严禁进行检修作业。

(3) 正在检修中的设备需要使用时,须经检修人员同意。

(4) 施工作业可以采用书面或电子流程实行网络化管理,参与施工作业管理的各岗位及施工作业部门必须按照有关规定的要求严格执行。

(二) 非运营时间的维修施工组织

1. 施工请点

(1) 属于 A 类的作业,施工负责人在规定施工开始时间前 15 min 到车站控制室请点。

(2) 属于 A 类的作业,需分组在多个车站进入施工地点的作业项目,施工负责人到车站控制室办理请点手续。在行车调度员未批准该项作业前可以多个车站预请点,行车调度员确认所有预请点站符合所在的作业区域及线路出清后批准施工,也可在行车调度员批准该项作业后各车站加入请点,但车站值班员和施工负责人必须共同确认行车调度员已批准,并符合作业令规定的施工作业区域。

(3) 开行电客车的调试作业在就近站车控室办理请销点手续,开行工程电客车配合的作业在接递命令的车站办理请销点手续。

(4) 车站范围内的变电所作业由施工负责人在车站控制室办理请销点手续。

(5) 外单位的施工作业如没有符合资格的施工负责人,由施工配合部门派施工负责人并协助办理请点后,方可开始作业。

(6) 运营期间临时抢修计划的请点:抢修施工负责人接到需要抢修的命令后直接赶赴车站控制室,车站值班员登录电子系统或口头询问行车调度员,得到"可以施工"的施工登记或"可以先施工后登记"的批准后,即可通知抢修施工负责人进入抢修地点抢修。

2. 施工销点

(1) 所有作业都必须在计划规定的时间之前完成并销点,运营期间的抢修计划在作业完成并线路出清后应及时通知行车调度员销点。

(2) 属于 A 类的作业,施工作业完毕,施工负责人确认作业区域出清后(包括人员出清),到车站控制室销点。

(3) 一项作业多项作业人员请点的,所有请点都必须进行销点,当请点站数与销点站数相等时,行车调度员才能核销点,行车调度员核销点后该项作业结束。

(4) 所有施工作业必须按照施工管理规定及各专业的检修规程的规定设置安全防护,施工负责人检查落实施工作业的安全防护措施,确保防护到位,杜绝安全隐患。

三、施工作业安全管理

（一）施工负责人制度

为了对施工作业过程进行有效的监督和控制，每项施工作业必须设一名施工负责人，如果一项施工作业有几个不同的作业地点，必须设立多名施工负责人，确保每一个地点的施工过程都有人监督负责。施工负责人由各单位指定，经统一组织培训合格方可上岗。

1. 施工负责人具备的条件

① 应经过运营单位"施工管理办法"的培训和考核认证，熟知其内容。
② 熟悉所负责项目作业的性质、内容、办法、步骤、要求等。
③ 具备该项目作业相关的安全知识和技能。

2. 施工负责人的职责

① 负责办理该组作业请/销点手续。
② 负责该组作业人员/设备的安全管理。
③ 负责作业过程的组织指挥。
④ 负责及时与车站或车辆段、控制中心等联系作业有关事项。
⑤ 组织设置、撤销作业安全防护设施。
⑥ 负责恢复施工所涉及设备的正常状态，并出清作业区域。

（二）施工安全管理措施

（1）所有施工作业必须按照施工管理规定及各专业检修规程的规定设置安全防护，施工负责人应检查落实施工作业的安全防护措施，确保防护到位，杜绝安全隐患。

（2）施工作业防护遵循谁设置谁撤除的原则，实行"自控、互控、他控"。

（3）施工期间，施工作业人员凭有效工作证和身份证明文件进出车站或其他轨道交通范围内的区域。

（4）凡进入轨行区施工的施工作业人员必须按要求穿荧光衣，并根据作业性质及作业要求使用其他安全防护用品。

（5）在站内线路施工时，由施工负责人或施工负责人指派的维修人员在车站两端墙外轨道中间设红闪灯防护。

（6）在站间线路施工时，由施工负责人或施工负责人指派的维修人员在该作业区域外的两端轨道中间设置红闪灯防护，如两端车站在靠近作业区域一侧的端墙看不清红闪灯时，站务人员在靠近作业区域一侧的端墙处站台上设置红闪灯防护。站间线路施工前，由请点车站通知作业区域另一端车站值班员施工线路占用情况，施工时两端车站检查是否需车站设置红闪灯防护；施工销点后，销点车站通知另一端车站施工结束，两端车站各自撤除本站设置的红闪灯。

（7）在两站之间的区间线路因作业需要开行工程电客车时，由行车调度员指定的车站值班站长（值班员）负责掌握施工情况，监督施工安全。

（8）在相邻线没有隔离的线路上施工作业时，施工人员须注意邻线电客车动态，作业人员、工器具等不得侵入邻线车辆限界。

（9）施工人员、工程电客车在同一区域作业（仅限于开行工程电客车配合的同一施工作业）时，由施工负责人与车长根据现场情况进行协调。

① 按施工前进方向，电客车在前，人员在后，原则上不得颠倒，严禁在运行的工程电客车前后端进行作业。

② 非随车施工人员与电客车应有 50 m 以上的安全间隔距离，原则上不得后退。如需要动车，施工负责人须和车长协商后，在确保人身安全的情况下才能动车。

四、施工作业基本要求

（一）入站施工

入站施工前作业要求如下。

1. 施工前施工负责人作业要求

入站施工前由施工负责人持"施工作业申请表"到施工的车站，车站当班值班站长根据车站运营及安全情况合理安排施工，并在车站的"施工登记簿"上进行登记请点。值班站长了解施工内容后，根据车站具体情况对施工人员进行有针对性的安全教育，如站台施工不得越过黄色安全线，与接触网保持安全距离等，并要求施工现场负责人在"入站施工协议"上签字。施工负责人应向车站出示有效证件证明其身份，并在"施工控制卡"上签认后方可进行作业。如施工可能会对车站内设备使用造成一定影响，施工负责人应在施工前向车站人员讲明。登记后，施工人员与车站人员应进行联系方式的确认，然后车站人员仔细对照批复的施工计划，再根据车站实际情况，确认无安全隐患后，同意施工。

2. 施工前维修部人员作业要求

公司维修部各部室人员入站施工时，必须持公司有效证件（如员工证等）。对一般进站维修的施工（不涉及危险作业），维修部各部室人员不需向车务综合室申请，车站值班站长应根据车站情况安排施工，施工人员应在"施工登记簿"上进行登记，并在"施工控制卡"上签认后即可进行作业。

3. 紧急施工要求

对于车站内紧急报修施工项目，在施工单位来进行紧急抢修时，车站人员应与维修部或指挥部确认，值班站长应向施工负责人了解具体施工内容、影响范围等，根据车站具体情况去安排施工，无须向车务综合室申请。一般情况下非乘降客站白天作业，有乘客乘降的车站运营时间结束后施工。

（二）施工时作业要求

施工负责人应将施工时间控制在计划时间内，如因特殊情况未能及时完成，必须向车站值班员申请续点，延长施工时间，并在"施工登记簿"和"施工控制卡"上登记。车站人员应不定时对施工情况进行巡察，发现异常情况应立即暂停施工。

所有车站及站外周界的施工区域，应有隔离设施隔离。所有站台施工，施工人员及工器具、材料不得越过黄色安全线，并与接触网保持安全距离。值班站长应根据车站实际情况，在保证运营和安全的条件下，及时了解工作进度及工作要求，合理地安排施工并加强巡视。

（三）施工后作业要求

当日施工结束后，施工单位必须将施工所用的工器具、施工材料、施工后的废料清理干净，如必须将施工工具、材料放在车站未开放的站厅，应由值班站长指定位置。存放的物品必须摆放整齐，且不得有易燃、易爆等危险品。在乘降客站施工的单位必须将临时用电的设备、电线撤离现场。

值班站长在白天巡站时如发现有未撤离的临时用电设备、电线，应及时与机电室联系。施工负责人必须会同值班站长对施工项目进行查验，确认良好后才可以结束。

项目实训　电客车场段与施工作业

【实训目的】

（1）了解电客车相关作业的五大维护设备的作用。
（2）了解洗车作业标准化操作流程。
（3）熟悉调车作业流程。

【实训条件】

（1）参观地铁场段洗车机、移车台、架车机、不落轮镟床等电客车相关维护设备。
（2）地铁洗车、调车、镟轮作业视频或跟岗电客车实际作业。

【实训内容】

（1）组织学员角色扮演洗车作业期间信号值班员、司机、洗车机值班员之间的标准联控用语。
（2）组织学习电客车洗车、调车等标准化作业视频。

思考与练习

1. 城轨电客车车辆基本性能参数有哪些？
2. 通信系统设备有哪些？
3. 简述调车指挥及要求。
4. 简述城轨电客车洗车作业流程。
5. 简述城轨电客车洗车作业注意事项。
6. 简述设备故障需要抢修作业的特殊规定。
7. 简述工程车交车程序。
8. 简述动态调试作业流程。
9. 调试作业的分类有哪些？
10. 简述施工作业的基本要求。

项目七　非正常行车组织规范

学习目标

（1）掌握非正常情况下行车组织的基本原则。
（2）掌握非正常情况下行车组织的方法。
（3）掌握非正常情况下行车组织应注意的薄弱环节。
（4）掌握特殊情况下的行车组织。
（5）掌握电话闭塞的适用范围。
（6）了解电话闭塞的基本流程。

重点难点

（1）非正常行车的组织原则。
（2）非正常行车组织的基本方法。
（3）电话闭塞行车组织的规定。
（4）特殊情况下行车组织的规定。

任务一　非正常行车组织

　　城市轨道交通系统是一个多部门、多工种、多设备紧密配合，合理组织的一个高效、庞杂的系统。城市轨道交通站间距离小、行车密度大、运行间隔小、停站时间短、客流量大，一旦出现电客车晚点、车辆设备故障、供电故障、恶劣天气等一系列非正常情况与突发事件，尤其在高峰运行时，会对电客车安全、准点运行造成严重影响，甚至发生严重的行车安全事故。

一、非正常情况下行车的基本原则

　　非正常情况下行车组织是相对于正常情况行车组织而言的。采用非正常行车组织是由于设备故障、火灾、接触网停电、恶劣天气等原因不能继续采用正常情况下行车组织方法组织轨道交通行车。城市轨道交通一般都采用先进的设备，自动化程度较高，正常情况下行车组织作业主要利用设备监控电客车运行。目前城市轨道交通系统广泛使用先进的设备，发生故障的概率很小，因此一旦出现故障，就是考验各级行车人员的事故处理能力及应变能力的时候。

城市城轨电客车在非正常情况下行车的基本原则主要有以下两点：

（1）车辆设备故障时，司机应在第一时间了解判明故障，及时处理并报行车调度员。如需到客室处理故障，司机离开驾驶室前应报行车调度员，得到同意后再到客室处理。

（2）其他设备情况影响电客车运行时，司机应立即报告行车调度员，听从行车调度员指挥，电客车在区间应尽量维持进站，在车站应及时打开屏蔽门、车门，必要时要求车站协助。在非正常情况下，司机要保持沉着冷静，按照操作流程处理，防止事态的进一步扩大。

二、非正常情况下的行车方法

（一）电客车晚点时的行车组织

（1）在运行过程中由于车辆故障、作业延误、客运组织等问题而造成的城市城轨电客车大幅度晚点，不能确保电客车按照运行计划正点始发和正点到达时，应牢固树立"以乘客为本"的思想，加强运输组织和客运组织，积极恢复正点。

（2）晚点时行车组织的重点是放弃原有的电客车运行计划，通过调整沿线电客车的运行时间、运行速度和停站时间等，逐步恢复电客车运行的正常秩序，尽快将在线运行电客车的间隔调整均匀。为了尽量使电客车恢复和接近运行图规定的要求，一般有加速运行、压缩停站时间、缩短电客车折返时间、越站运行、组织反方向运行等方法。

（3）在处理电客车晚点这一问题时，城市轨道交通的行车调度员应正确判断电客车晚点的原因、程度、堆积电客车数量、发生的地点，确定前行后续电客车的站间运行时间和停站时间，随时调整运行参数，编制临时运行图。此时车站乘客信息系统应向乘客通告车站所处状态和电客车运行情况。同时可通过执行相关的票务模式，利用闸机限制乘客进入站台，甚至通过关闭扶梯来控制站台乘客人数。无论什么原因造成的电客车晚点，司机都应在安全的前提下积极恢复正点。

（二）正线接触网停电时的行车组织

电客车在运行过程中会遇到接触网停断电的非正常情况，主要有电客车在站内接触网停电、电客车在区间发生接触网停电、电客车在区间发生接触网停电被迫停车等几种情况。

（1）电客车在站内接触网停电时，司机需要做到：电客车停稳后，立即打开屏蔽门、车门；立即报告行车调度员，车站降弓，施加停车制动，做好乘客广播。按行车调度员的指示进行相应操作。若停电时间超过 30 min，则向行车调度员建议清客并关闭蓄电池，留在驾驶室待令。若需清客则按车站清客程序执行。

（2）电客车在区间发生接触网停电时，司机需要做到：维持电客车惰行，并立即报告行车调度员广播安抚乘客，并尽量驾驶电客车进站对标停车。电客车在站内对标停车后立即打开屏蔽门、车门并按照电客车在站内接触网停电进行处理。

（3）电客车在区间发生接触网停电被迫停车时，司机需要做到：立即报告行车调度员。降弓，施加停车制动，广播安抚乘客。按行车调度员的指示进行相应操作。若需疏散，打开疏散端的逃生门，等待车站人员到达现场，配合车站人员进行疏散，疏散完毕后，关闭蓄电池，留在驾驶室待令。

(三) 电客车故障时的行车组织

城市城轨电客车在运行过程中不可避免会出现车辆故障，出现车辆故障时，可根据故障导致的不同后果进行相应的处理。

1. 故障电客车能进行牵引运行

若故障车辆能进行牵引运行，则组织空车返回车辆段，动用备用车辆或车辆段出车替换故障车辆。

2. 故障电客车不能牵引运行

（1）若故障电客车不能运行，则必须组织救援。使用运行中的电客车组织救援时，必须先清客后用空车进行救援。

（2）组织救援时，行车调度员应发布开行救援电客车的调度命令，故障电客车在区间时还需封锁区间，救援电客车必须凭调度命令进入封锁区间。在开通封锁线路前，不得将救援电客车以外的其他电客车开往该线路。

（3）已申请救援的电客车不准动车，司机应打开被救援电客车两端的标志灯作为防护信号，并注意与救援电客车的连接。必须注意的是，若组织事故救援过程中防护不当，会使救援电客车与被救援电客车发生相撞，再次发生事故，因此，城市轨道交通系统在组织事故救援时应特别注意安全防护。救援电客车应在与被救援电客车规定的距离外停车，听候救援负责人的指挥进行连挂作业。被救援电客车在连挂之前还可以继续排除故障，但不能起动电客车，若故障排除，司机则可以报告行车调度员解除救援。

(四) 信号设备故障时的行车组织

城市轨道交通系统正线使用 ATC 系统信号设备，由控制中心和车站两级控制。正线有道岔并配有联锁设备的车站称为联锁站，一般使用微机联锁。正线不设进、出站防护信号机，微机联锁设备具有追踪进路功能，电客车每出清一段轨道电路，进路自动逐段解锁。

信号设备故障主要包括 ATS 故障、ATP 故障、车载 ATC 故障等。对于信号设备故障，由于轨道交通系统采用的信号设备不同，处理的具体规定也不同，但基本原理是相同的。

下面以微机联锁系统及电客车门动控制 ATC 系统的城市轨道交通系统为例，介绍信号设备故障时的行车组织方法。

（1）ATS 设备发生故障：ATS 系统的主要功能是控制和监督电客车运行。ATS 系统按电客车运行图指挥电客车运行，办理电客车进路，控制电客车发车时刻，及时收集和记录电客车运行信息，跟踪电客车位置、车次，绘制电客车运行图，并在控制中心的模拟盘上显示电客车信息及线路情况。

（2）当 ATS 系统发生故障时，ATS 系统功能不能实现，需要行车调度进行中央人工控制并通过管辖线路上的信号机和道岔来办理电客车进路，组织和指挥电客车运行。若出现中央 ATS 系统无显示等故障，行车调度员应与联锁站办理监控权切换，实现站控。

（3）联锁站值班员首先应确认联锁工作站上的 RTU（ATS 的远程终端控制单元）降级模式是否激活，当"RTU 降级模式"被激活时，联锁站不用操作，电客车可自动排列进路及自动取消运营停车点。当"RTU 降级模式"未被激活，行车调度员没有特殊指示时，车站必须在工作站上按正常情况进行人工排列进路及人工取消运营停车点。

（4）ATP 设备发生故障。ATP 系统是确保电客车安全的关键设备，由轨旁地面设备和车载设备组成。电客车通过地面 ATP 设备接收运行于该区段的目标速度，保证电客车在不超过此目标速度的情况下运行，从而保证后续电客车与先行电客车之间的安全距离。对联锁车站，ATP 系统确保只有一条进路有效。ATP 系统同时还监督电客车车门和车站站台屏蔽门的开启和关闭，保证操作安全。

① ATP 地面设备发生故障：当 ATP 地面设备发生故障时，ATP 车载设备接收不到限速命令，无法按自动闭塞法行车。此时如果是小范围的设备故障，可由行车调度员确认故障区间空闲后，命令司机在故障区间以 RM 模式限速运行，若经过规定数量的轨道电路还未恢复 ATP 模式，则以 RM 模式驾驶至前方车站或终点站。若是大范围的设备故障，须停止使用自动闭塞法，改为车站控制，按电话闭塞法组织行车。

② ATP 车载设备发生故障：ATP 车载设备发生故障时，因故障电客车无法接收 ATP 限速命令，此时主要解决电客车的驾驶模式问题。一般 ATP 车载设备发生故障时，司机根据行车调度员命令人工驾驶限速运行，即以 URM（有限速规定）驾驶电客车至前方站；电客车到达前方站（或在车站发生故障）但不能修复时，由车站派行车人员上驾驶室添乘，沿途协助司机瞭望，监控速度表。超速时，立即按下"紧急停车"按钮，司机以 URM 按规定的限速继续驾驶电客车至前方终点站退出服务。此时行车调度员应随时注意 ATP 车载设备发生故障的电客车运行情况，严格控制速度，以确保电客车与电客车之间的最小间隔在一个区间及以上。

电客车在运行中因道岔显示故障造成紧急停车（停在岔区）时，车站应报行车调度员通知信号检修人员，车站人员到达现场将道岔锁定后，司机根据行车调度员命令限速离开岔区。

如果电客车在站台发车前收不到 ATP 速度码时，司机应报行车调度员，在得到行车调度员同意后方可使用 RM 模式动车。

（5）ATO 系统发生故障：ATO 系统的主要功能是站间运行控制、电客车按时刻表的时间和最大可能的节能原则自动调整实际运行时分和在站内的停留时间、在车站的定位停车控制、车门控制及站台屏蔽门的开启等。

当 ATO 系统发生故障时，电客车自动运行功能不能实现，此时电客车改为 SM 模式，在 ATP 车载设备的监护下，按车内速度信号显示运行。

（五）遇恶劣天气（下雨天、雾天）时的行车组织

城市轨道交通车辆的日常运行虽大部分在地下隧道及站台内，但也会存在在地面及高架上运行等情况。当遇到雨、雪、大雾等恶劣天气状况时，电客车的正常运行就会受到影响，甚至造成事故。针对此类情况，需制定相应的运行规定。

（1）电客车出隧道口后，司机须立即采用人工介入以 SM 模式驾驶，适当降低运行速度，加强瞭望，必要时进行鸣笛，具体按"恶劣天气下行车组织办法"和行车调度员的命令执行。

（2）电客车制动时，要做到"早拉、少拉"，控制好速度，防止电客车出现滑行。

（3）电客车在下大坡道时，须低于规定速度 15 km/h 运行。

（4）电客车进站时，要加强瞭望，注意站台乘客的情况，遇危及人身、行车安全的情况时，应立即采取鸣笛减速或停车措施。

（5）下雨天，电客车在转换轨进入隧道前或在出车辆段（停车场）线时须限速 15 km/h

运行。线路与距离轨面的积水小于 150 mm 时，应减速运行并报告行车调度员。积水高度超过轨面时，应立即停车并报告行车调度员，听从行车调度员指挥。

（6）因雷击造成车辆、供电、行车等设备损坏，影响正常运行时，立即停车并报告行车调度员，听从行车调度员指挥。

（7）遇大雾天气，运行电客车在能见度低、瞭望条件不理想的情况下，按行车调度员的命令谨慎驾驶。

（8）高架线、地面线积雪或严重结冰时，应减速运行并报告行车调度员。

三、非正常情况下行车的薄弱环节

城市城轨电客车司机在非正常情况下行车时应注意的薄弱环节主要有以下几个。

（一）正线采用降级模式 SM-C、SM-I、RM 或 NRM 驾驶电客车

（1）动车前五要素确认，改变驾驶模式前必须得到行车调度员授权，严禁擅自降级驾驶电客车。

（2）非正常情况下采用 RM 驾驶电客车前，必须经行车调度员同意，在确认进路信号及满足行车条件后才能动车，并及时向行车调度员报告电客车运行状态。

（3）采用人工模式驾驶时严格控制速度，严禁超速驾驶，SM-C、SM-I 模式驾驶时要比推荐速度低 5 km/h 运行，NRM 模式驾驶时在区间的速度参照行车组织规则速度表执行，电客车通过道岔进入侧股时严格按照行规规定限速运行，进入限速区段要按限速要求执行。遇信号异常及危及行车安全时，及时采取紧急停车措施。

（4）终点站无折返信号时，报告行车调度员，认真与交班司机做好交接班，并确认出站信号好后才能关车门。进入辅助线换端时，必须待信号开放后，确认道岔位置正确方可开主控台钥匙，动车前及时通知交班司机。

（5）采用降级驾驶电客车在站台开关车门、NRM 模式开门及使用"门允许"按钮开门时，严格执行先确认、后呼唤、跨半步再开门的作业流程（先开屏蔽门，后开车门）。

（6）降级驾驶时，严禁监控司机（学习司机）操纵电客车。

（二）车辆段调车及转线作业

（1）电客车出车辆段及电客车转线前，司机必须认真进行整备检查，做好电客车制动试验。遇异常时及时报告车辆段调度员处理，防止电客车制动力不足动车。整备完毕后将电客车的防护情况及制动性能向车辆段调度员汇报。

（2）电客车在尽头线调车转线作业，应严格控制速度，下雨天要适当降低速度。

（3）使用转换轨进行电客车转线调车作业，必须严格控制速度，进入转换轨严格按照行规限速运行，防止电客车越信号机。

（4）推进运行时加强与参与作业岗位的联系，认真确认前方进路，严格控制好速度。

（5）电客车在车辆段内运行采取 RM 模式驾驶，需将模式开关转换至 NRM 模式时必须汇报车辆段调度员。

（6）司机要掌握车辆段内接触网分区的分布情况，严禁电客车进入无接触网的区域，严禁使用单弓的方法将电客车的另一单元推送到无接触网的区域。

（7）调车作业应该按照调车信号白灯显示行车，调车作业时车辆段内的所有蓝、红灯均为停车信号。

（三）试车线调试作业

（1）电客车在试车线进行调试前，司机应和信号楼共同确认进路的封闭情况，在进入试车线的第一趟严格按照行规限速进行压道作业，遇异常情况采取紧急措施，并向车辆段调度汇报。

（2）夜间或恶劣天气严禁试车线进行调试。白天在电客车无 ATP 信号保护下严禁进行 60 km/h 以上的高速调试。必须确认电客车的制动性能良好，严格控制好速度，防止因空转滑行造成事故。在接近试车线两端防护信号机前及时做好停车措施。

（四）司机协助工程车司机调动电客车作业

（1）在有库门股道作业时，司机在作业开始前向车辆段调度员了解电客车状态及防护措施。电客车进入股道作业前，应加强对线路的检查，注意上部设备设施和线路旁堆放货物（含工器具）状态，防止异物侵限。电客车在库门前一度停车，司机必须认真确认库门状态。

（2）遇工程车拉无动力的电客车运行时应适当降低速度。司机在发现工程车制动力不足时应及时采取停车制动。

（3）电客车无动力与工程车连挂进行转线作业时，工程车司机与调车员之间要进行不间断的联系，严格执行一度停车及三、二、一车限速的有关规定。

（4）工程车与电客车连挂好后司机负责缓解电客车的气制动及停放制动，与工程车调车员共同确认缓解情况，并将情况报告工程车司机。

（5）工程车连挂好电客车后，确认电客车气制动停放制动都缓解后，必须要将电客车的蓄电池关闭，防止调车员在驾驶室误操作设备造成自动解钩及误升弓。

（五）旁路开关使用措施

严格按照旁路开关使用的条件操作旁路开关。司机必须要掌握旁路开关的使用条件。操纵旁路开关前，必须正确判断、认真确认，并得到行车调度员授权。

（六）终点站折返作业

（1）严禁未经电客车队长或行车调度员同意私自顶替他人进行折返作业。

（2）终点站交接班使用标准用语，及时、准确地将电客车状态、行车指示向接班司机交接清楚。接班司机要进行认真的复诵、确认。

（3）非正常情况下人工折返时，必须将情况报告行车调度员，在得到行车调度员的同意及确认进路、信号、凭证后进入辅助线，换端后司机必须在确认进路、信号后方可开电客车的主控钥匙并报行车调度员授权 RM 动车。

（4）司机进出辅助线按规定与行车调度员、车控室联系，并穿荧光服，行走线路时注意轨旁设备，确保人身安全，到达站台后向行车调度员及车站报告。

（5）严格按照终点站的折返程序进行折返作业。折返完毕后注意确认发车时间，信号开放后才能关屏蔽门、车门，按时刻表发车。

（七）站台作业

（1）电客车在站对标停车后，司机在确认电客车对标准确，制动不缓解指示灯亮后，拉开站台侧驾驶室侧门进行作业。

（2）电客车对标停车后严格执行"一确认、二呼唤、跨半步、再开门"的开门作业程序。

（3）确认进路防护信号开放好，确认车门、屏蔽门开启 8 s 以上，DTI 显示为 15~18 s，关屏蔽门、车门。关门时认真确认屏蔽门/车门是否夹人夹物，注意屏蔽门与车门缝隙间是否有异物，动车前看到站台人员异常时及时停车，严禁盲目赶点。

（4）两端终点站，司机必须认真确认车门关闭状况，进入驾驶室确认车门关好指示灯绿灯亮后再呼唤车门关好并防止夹人夹物开车。

（5）屏蔽门故障时及时向站台岗报告，并确认站台岗"好了"信号，动车后将故障情况报告行车调度员。

（八）开关屏蔽门、车门作业

（1）电客车停在停车标范围内，车门屏蔽门无法联动打开需手动开门时，严格按照先开屏蔽门再开车门，先关屏蔽门再关车门的开关屏蔽门、车门程序执行。

（2）如电客车停在停车标范围内，有开门使能信号但车门无法打开时，司机应将门选开关转换至开门相应位后，再次按压开门按钮尝试开门，如仍无法开门，则按照"车辆故障应急处理指南"中相关程序处理。

（九）人工折返作业

电客车停稳后司机必须要确认信号开放、进路道岔位置正确后方可打开主控钥匙，RM 模式动车前必须要得到行车调度员的同意。

（1）ATP 故障时，认真执行行车调度员的调度命令，并做好记录，以 RM 模式驾驶电客车，在采用站间电话联系法行车的区段内的地面信号视为无效。进入折返线前，司机必须要确认线路上的人员处于安全区域，站务人员给出"好了"信号，确认道岔位置正确时，按行车调度员的指示动车。在站台发车的行车凭证为发车手信号，没有看到发车信号，严禁关车门。

（2）认真接听行车调度员的调度命令，接到故障修复恢复正常行车的通知后严格按照信号显示行车。

（3）非正常情况下动车前必须认真确认进路道岔位置正确，并加强与行车调度员的联系，做到"不懂就问，不清就停"。

（4）出/入车辆段采用路票行车时，司机注意确认好进路上的道岔位置，进站注意确认引导手信号。

（5）司机发现同一区间有两电客车运行，要立即采取紧急停车措施并报行车调度员。

任务二　电话闭塞行车

一般情况下，城市轨道交通信号联锁系统发生故障时，应采用电话闭塞法组织行车。电话闭塞法是人工办理闭塞的一种方法，是车站/车辆段之间以电话记录号作为确认闭塞区间空闲的凭证，车站填写路票交付驾驶员，利用路票作为电客车占用区间的凭证，以车站值班站长（或指定胜任人员）的发车手信号作为发车凭证的一种行车组织方法。

一、适用范围与基本规定

（一）适用范围

遇以下情况时采用电话闭塞法组织行车：
（1）一个或多个联锁区联锁设备故障时。
（2）中央及车站工作站上一个或多个联锁区均无法对线路运行车辆进行监控时。
（3）根据现场情况需要采用电话闭塞法组织行车时（单个设备故障原则上不采用电话闭塞法组织行车）。

（二）基本规定

（1）电话闭塞的闭塞区间为相同运行方向两架相邻出站信号机间的区域。
（2）使用电话闭塞法行车时，电客车占用闭塞区间的行车凭证为路票，驾驶员在闭塞车站须拿到路票后凭发车手信号动车，一个闭塞区间只允许一趟电客车占用。行车调度员发布电话闭塞法组织行车的调度命令后，闭塞区间内电客车采用 NRM 模式驾驶，执行电话闭塞法行车的车站单方向发出的首电客车限速 25 km/h，同方向后续电客车限速 40 km/h。非固定股道接车、折返应在路票上注明接车、折返股道。采用电话闭塞法时，驾驶员要加强瞭望，遇弯道时，驾驶员需控制行车速度，遇突发事件时能够随时停车。
（3）执行电话闭塞法区段，进路上的道岔必须锁定，优先使用 ATS 站级工作站锁定，当 ATS 站级工作站电子锁定无法使用时，由车站人员现场确认进路正确后使用钩锁器锁定（折返道岔钩锁器只挂不锁）。
（4）电客车进出折返线或存车线（利用存车线进行站前折返作业除外）时，比照调车方式办理，限速 15 km/h。车站准备好进路后，先用无线通信设备通知驾驶员（如通信设备故障，由现场人员口头通知），然后由值班站长或指定人员在指定地点显示道岔开通信号，驾驶员凭显示信号进出折返线或存车线。
（5）启动电话闭塞法行车的时机：电话闭塞法区域内全部电客车已在站停稳，所有区间空闲后，行车调度员及时向有关车站及驾驶员发布命令。
（6）错误发出行车凭证的处理。
① 电客车已安全到达前方站，则汇报行车调度员，该凭证收回，继续按规定办理接发电客车作业。
② 电客车尚未动车，则车站收回错误凭证，并划"×"作废，驾驶员凭正确的行车凭证行车。
③ 电客车已动车且未到达前方站，车站发现后第一时间联控驾驶员立即停车，同时报告行车调度员，行车调度员立即呼叫驾驶员停车；若驾驶员运行中发现须立即停车，并报告行车调度员；由行车调度员、车站、驾驶员共同确认前方进路是否安全。如果前方进路安全，则行车调度员通知驾驶员（限速 25 km/h）运行到前方站，该凭证收回；如果前方进路未准备妥当，则待前方进路准备妥当后，车站报行车调度员，行车调度员再通知驾驶员运行到前方站，该凭证收回。

（7）取消电话闭塞法行车命令发布后的处理。

取消电话闭塞法行车命令发布后，如果车站继续交路票给驾驶员，驾驶员应报告行车调度员，确认后视为路票无效；电客车尚未发车时，车站应收回路票，划"×"注销。

如果电客车在区间，行车调度员发布取消电话闭塞法行车的命令，驾驶员凭路票运行至前方站台后，车站收回路票并划"×"注销，驾驶员按行车调度员命令动车。

当行车调度员通知取消电话闭塞法时联锁功能又出现故障，行车调度员再次通知继续使用电话闭塞法组织行车时，车站应回收已交给驾驶员的路票，取消本次闭塞，重新办理闭塞手续。

（8）取消闭塞的规定。

已办妥闭塞因故不能接车或发车，需要取消闭塞时，若车站尚未将路票递交给驾驶员，立即将路票划"×"以示注销，重新办理闭塞手续。若路票已递交给电客车驾驶员且驾驶员尚未动车，车站立即联控驾驶员不要动车，收回路票并划"×"以示注销，通知该电客车取消闭塞，电客车原地待令，确认无误后，提出的一方发出的电话记录号作为取消闭塞的依据，并须及时报行车调度员。正常情况下若电客车已经起动，原则上不能取消闭塞。

电客车起动后，车站发现存在危及行车安全的问题时，车站第一时间联控驾驶员立即停车，同时报告行车调度员，行车调度员立即呼叫驾驶员停车。若驾驶员在运行中发现危及行车安全的问题，必须第一时间停车，并汇报行车调度员，由行车调度员、车站、驾驶员或维修人员确认危及行车安全的问题是否已处理，如果已处理，则行车调度员通知驾驶员运行（限速 25 km/h）到前方站。如果未处理，则待处理完后，行车调度员再通知驾驶员运行（限速 25 km/h）到前方站。

特殊情况下电客车出发后途中退回发车站时，发车站及时收回所发路票，并划"×"以示注销，由发车站向接车站发出电话记录号码作为取消闭塞的依据，并须及时向行车调度员报告。再次发车时，车站需重新办理闭塞，填发路票。

（9）电话闭塞法行车时驾驶员职责。

① 负责驾驶电客车。

② 负责核对路票。

③ 负责打开端墙门与车站交接路票。

④ 负责确认道岔位置正确。

二、电话闭塞法行车组织作业程序及标准

（一）核对电客车位置

启动电话闭塞法行车组织前行车调度员、驾驶员、车站协同核对电客车位置：

（1）故障区域内各次电客车驾驶员按照行车调度员命令停车待令。

（2）行车调度员逐一与各次驾驶员共同确认区域内的电客车位置（各次驾驶员应认真与行车调度员核对命令，准备汇报位置）。

（3）准备启用电话闭塞法的各站接行车调度员核对电客车位置的命令时，应与行车调度员认真核对电客车位置，并根据行车调度员命令准确复诵相关内容。

（4）在行车调度员与车站核对电客车位置时，车站应在线路图上记录本站及相邻站的电客车位置及车次情况。

（5）车站如发现电客车占用情况与实际不符，必须报告行车调度员。当行车调度员与故障区域内车站核对完电客车位置后，车站在请求闭塞时不需再与行车调度员核对电客车位置。

（二）将停在区间的电客车组织至车站站台

（1）当电客车运行前方进路无道岔且前方站台无车占用时，驾驶员凭行车调度员命令以 NRM 模式，限速 25 km/h，运行至前方站站台。

（2）当电客车运行前方进路有道岔（电客车头部未越过道岔）且前方站台无车占用时，行车调度员命令相关车站在 LOW/LCW 界面上进行道岔单解、单锁操作，若能实现该功能，车站根据行车调度员命令将道岔单操至正确位置并电子锁闭；若无法实现该功能，车站及时向行车调度员汇报，相关有岔站向行车调度员申请下轨行区，根据行车调度员命令现场确认道岔位置正确后加锁道岔，人员出清后向行车调度员汇报"××站至××站上行/下行进路正确"，由行车调度员指令驾驶员以 NRM 模式，限速 25 km/h 运行至前方站站台。

（3）当电客车头部已越过道岔或电客车压在道岔上且前方无车占用时，驾驶员凭行车调度员命令以低于 5 km/h 的速度移动，电客车出清岔区后以 NRM 模式限速 25 km/h 运行至前方站站台。电客车到站停稳后，驾驶员及时向行车调度员汇报，接驾驶员汇报后，行车调度员命令车站在 LOW/LCW 界面并进行道岔单解、单锁操作，若能实现该功能，车站根据行车调度员命令将道岔单操至正确位置并电子锁闭；若无法实现该功能，车站及时向行车调度员汇报，并申请下轨行区，根据行车调度员命令现场确认道岔位置正确后加锁道岔，人员出清后向行车调度员汇报"××站至××站上行/下行进路正确"。

（4）停在区间的电客车动车时，驾驶员需将调度命令登记在手账上，未收到命令时，严禁动车，区间停车 2 min，驾驶员未收到行车调度员任何命令时，需主动与行车调度员联系。

（三）接收执行电话闭塞法组织行车的命令

（1）故障区域及相关受影响的区域内全部电客车已运行至车站，所有区间空闲后，行车调度员发布执行电话闭塞法组织行车命令，车站、驾驶员均应按电话闭塞法组织行车。

（2）故障区域内各次电客车、车站接行车调度员执行电话闭塞法组织行车的调度命令时，认真记录，按照规定复诵。车站接完命令后将内容及时汇报至值班站长。

（3）车站接到电话闭塞法命令后，行车值班员需与站台岗再次确认站台是否有车，并将核对时间点及有无电客车填写在"行车日志"上。

（四）进路准备

1. 无岔站

查看站台是否有车占用，若空闲由站台岗检查线路是否具备接车条件，并及时汇报行车值班员。

2. 有岔站（非折返站）

首趟电客车进路的办理按照以下步骤执行，后续电客车的办理参照非联锁站执行。相关联锁站优先在 LOW/LCW 界面上将道岔单操至正确位置并电子锁闭，若无法实现该功能，相关有岔站行值告知行车调度员"××站下轨行区人工排列进路"，通知值班站长准备电客车进路；值班站长办理完所有进路后，与所有人员、工器具出清后报行值，行值及时报行车调度员。

3. 折返站

若站台有车且电客车运行前方区间无道岔时,行值与前方站联系,及时请求闭塞;若为其他情况时优先在 LOW/LCW 界面上将道岔单操至正确位置并电子锁闭,若无法实现该功能,折返站行值报告行车调度员"××站下轨行区人工排列进路",行值通知值班站长需要准备的进路名称(如上行站台至折 1 的进路),值班站长办理好进路与所有人员、工器具进入安全避让区域后汇报行值。

(五)办理闭塞

1. 车站请求闭塞的时机

本站首趟发车时,发车进路准备妥当、人员工器具出清线路,在获得发车的车次后就可向前方站请求闭塞。首趟车过后,在同意后方站闭塞请求,前方站已报出清点后即可向前方站请求闭塞。如果前方站没有及时报出清点,车站要主动询问前次电客车是否出清。

2. 车站同意闭塞的时机

(1)非折返站同意闭塞的条件为接车进路准备完毕、接车线路空闲。

(2)折返站(站后折返)同意闭塞的条件为本次电客车的接车进路准备完毕,前次电客车驶入折返线停稳。

(3)折返站(站前折返)同意闭塞的条件为本次电客车的接车进路准备完毕、前次电客车到达折返站的下一个车站站台停稳。

3. 填写"行车日志"、路票

(1)"行车日志"填写。

办理电客车闭塞手续的过程中将相关信息如车次、同意闭塞的电话记录号码、同意闭塞时间完整记录至"行车日志"。

(2)路票填写。

车站必须办理完闭塞后才能填写路票,车站签发路票时,必须由行车值班员在车控室按照"行车日志"内容认真填写。所有路票的填发必须得到值班站长的同意。车辆段/停车场签发路票时,路票应由信号楼值班员亲自填写,信号楼值班员必须根据 ATS-MMI 工作站、信号微机操作台或"行车日志"查明转换轨空闲,并得到相关车站承认闭塞号码后,方可填写路票,并对路票的六要素进行确认。路票式样如图 7-1 所示。

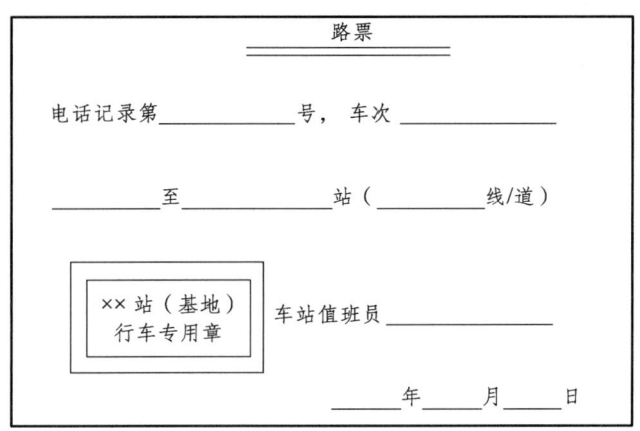

图 7-1 路票

（3）路票六要素。

路票六要素包括电话记录号码、电客车车次、运行区间、值班员签名、日期、行车专用章。

4. 路票填写的其他要求

（1）首电客车发车时（首电客车是以车站单方向发出第一张路票为准），行车值班员在路票左上角加"首"字样，并填写限速 25 km/h，首趟车前方进路有道岔时，车站需在路票上注明已加锁（非办理进路车站需要询问办理车站），驾驶员交接路票时做好确认。

（2）路票作为行车凭证，填写六要素时，不得简写或增添字句，不得随意涂写、撕毁，填写如有增添字句及涂改，均应作废，须重新填写。车站名必须写全、车次号后不需再增添"次"。

（3）路票填写的日期以接车站承认闭塞时间为准，零时以前办理的闭塞，驾驶员如在零时后收到路票仍视为有效。

5. 核对路票

（1）核对第一环节，行值与值站/行值2（折返站）之间的核对行值填写完路票后，值站确认路票无误后在路票背面签字确认。

（2）核对第二环节，行值与递送人之间的核对。

行值将路票交与递送人员，递送路票人员询问行值路票要素，行车值班员/信号楼值班员须根据"行车日志"内容回答，递送路票人确认行值所答与路票填写一致后方可将路票带出车控室。

（3）核对第三环节，递送人与驾驶员之间的核对。

车站：路票交接地点为驾驶员所在驾驶室的端墙门内，车站人员将路票交予驾驶员，驾驶员接到路票后必须与递交路票者认真核对路票要素，经核对无误后驾驶员方可收取路票。驾驶员接到车站递送的路票后，与车站再次确认前方闭塞区间空闲。

若在核对路票时发现路票有涂改、增添字句或字迹不清等异常情况，路票接收者可拒绝接收路票。

（4）收回路票的处理。

电客车到站后，由行车值班员指定人员收回路票，并在路票正面斜对角划"×"以示注销。

折返站在电客车到站后立即收回路票，严禁将路票带入折返线。不需要发路票的车站可由站台岗收回路票，并在路票正面斜对角划"×"以示注销。收回的路票必须及时交车控室按上、下行分开整理保存。

（六）发车规定

（1）车站向驾驶员递交完路票后及时退出并关闭端墙门，驾驶员根据乘客上下车情况关闭屏蔽门及车门。

（2）递送路票人员确认屏蔽门、车门安全后，在电客车前进方向第二个车门处向驾驶员显示发车手信号。待驾驶员动车后方可收回。

（3）电客车出清站台后，递送路票人员必须立即向车控室报告。

（4）车控室接到电客车出清的报告后，立即查看时间并填写《行车日志》。

（5）电客车进出折返线或存车线比照调车方式办理。

（七）办理闭塞及接发电客车的互控要求

行值办理闭塞时，行值与值站/行值2（折返站）需做好互控并在占线板上做好记录。

（八）报　点

1. 报点规定

电话闭塞法组织行车时，受故障影响的车站均为闭塞车站，闭塞车站须向前方站、后方站报出清点。由报点站及闭塞区间两端站向行车调度员报点。电话闭塞法区段包括信号楼管辖区域时，车辆段（停车场）信号楼向行车调度员报点。电客车进入折返线停稳后由到达驾驶员向车站报点。

2. 报点的顺序

（1）到达点。

电客车到站时报点站及两端站及时向行车调度员报到达点。站前折返时，折返站前方站需向折返站报电客车到达点。

（2）出清点。

电客车出清站台时，需向行车调度员报点的车站报点顺序依次为：前方站、后方站、行车调度员；不需向行车调度员报点的车站在电客车出清后报点顺序依次为：前方站、后方站。电客车尾部越过 XR/XC 信号机时，车辆段（停车场）信号楼应及时向相关站报点。

3. 记点要求

电客车到达、出清时行车值班员及时将时间填入"行车日志"相应表格内。电客车折返作业或者进出存车线时，车站应记录电客车到站停稳的点、进折返线（存车线）出发的点、到存车线停稳的点、电客车到另一侧站台停稳的点、出清另一侧站台的点。

三、其他注意事项

（1）电话闭塞法时，折返站行值需与驾驶员核实电客车车次。

（2）折返站终到电客车到站清客完毕后关闭屏蔽门，保持车门开启停车待令。

（3）当线路的联锁站设备可以对道岔电子锁闭时，操作站操作完毕后通知有岔站，相关有岔站必须通过监控设备对道岔位置进行确认，确认正确无误后，报告相关联锁站。

（4）当电话闭塞法命令已解除，但个别道岔仍未恢复正常使用时，如需进行道岔扳动试验，通号人员可直接与行车调度员联系，由行车调度员单操道岔进行试验，道岔未恢复前，如行车调度员需要组织电客车经过该道岔，由车站人员准备好进路，并向行车调度员汇报。

（5）正线使用钩锁器钩锁的道岔，原则上等运营结束后再组织解除。车站人员撤除钩锁器时，需与通号人员共同下线路，撤除钩锁器，同时通号人员恢复道岔安全节点。

（6）当采用电话闭塞法时，电客车需折返或进入存车线时，车站人员准备完进路进入安全区域内，方可办理接发电客车作业。无需折返或进入存车线及无安全区域的车站，车站人员须出清线路后，方可办理接发电客车作业。

任务三　特殊情况下的行车

一、电客车反方向运行

正常情况下，电客车按正方向运行，但在特殊情况下，可组织电客车反方向运行。所谓电客车反方向运行，是指下行电客车在上行线运行或上行电客车在下行线运行的情形。

电客车反方向运行应按规定程序进行审批，以行车调度员的调度命令为准。行车调度员应对反方向运行电客车重点监控，确保行车安全。电客车反方向运行的作业办法，根据采用设备类型的不同有以下两种情形：

（1）采用自动闭塞和 ATP 设备：反方向运行区段有 ATP 速度码时，电客车以 ATP 防护下的人工驾驶模式运行，行车凭证为电客车收到的 ATP 速度码，发车凭证为调度命令；反方向运行区段无 ATP 速度码时，电客车以双区间间隔、人工驾驶模式运行，电客车的区间运行限速为 60 km/h，进入车站限速为 30 km/h。

（2）采用非自动闭塞设备：反方向运行区段无闭塞设备控制时，控制权应下放，采用电话闭塞行车，电客车应按规定限速运行。此时，电客车占用区间的行车凭证为路票。

工程车在明确行车计划和进路排列好的情况下，经行车调度员同意可反方向运行。行车凭证为路票，改用电话闭塞。

二、切除 ATP 采用 URM 模式运行

ATP 设备故障需切除 ATP 采用 URM 模式（或 NRM 模式）运行时，司机必须得到行车调度员命令后方可切除 ATP，严禁自行切除 ATP。

（1）采用后备行车模式或电话闭塞法组织行车时，司机采用 URM 模式驾驶可不派监控员监督驾驶。司机应根据线路限速要求，严格控制行车速度，确保行车安全。

（2）车载 ATP 故障电客车以 URM 模式运行时，行车调度员应通知车站派监控员添乘，当电客车在区间无法上监控员时可限速 40 km/h 运行至前方站，监控员上车后按 URM 模式规定速度运行。

（3）监控员应协助司机瞭望、监控速度表，提醒司机控制速度，必要时立即按压紧急停车按钮。当电客车配备双司机时，由另一司机担任监控员。

（4）采用 URM 模式驾驶时，须严格执行呼唤确认制度，加强地面信号、道岔位置的确认，对信号、道岔做到手比眼看，遇地面信号红灯、道岔位置不正确时及时停车。

（5）司机在切除 ATP 运营时，严格执行"先上站台后开门"制度，防止错开车门和漏开车门与安全门，在运营过程中应做好客室广播，防止漏报和错报。

（6）采用 URM 模式运行时，监控员添乘程序为：行车调度员向有关车站、司机发布命令；监控员向司机报命令号，经司机核对无误后，监控员添乘司机室。

三、检修施工时的行车

除了必须中断电客车运行的设备抢修和必须利用电客车间隔来排除设备故障外,城市轨道交通的检修施工作业原则上安排在非运营时间进行。在确认进行夜间检修施工时,行车调度员既要根据检修施工计划的安排,保证检修施工作业能顺利完成,又要确保次日运营能正常进行。

为减少施工电客车占用正线,在需要开行施工电客车时,各部门应周密计划,尽量合并装运、压缩开行列次,行车调度员在满足检修施工作业要求的前提下,尽量缩小线路封锁或线路封闭的范围。

向封锁区间开行施工电客车时,按电话闭塞法行车或根据调度命令办理。施工电客车推进运行时应在电客车前部设专人引导。到达检修施工地段后,应在防护人员显示的停车手信号前停车,然后再按调车作业办法进入指定地点。

为简化作业手续、提高作业效率,当封锁区间内只有一辆施工电客车,但该电客车需多次往返运行时,可采用封闭区间运行的办法。采用该办法时,除应有调度命令准许外,还必须做到封闭区间内无其他检修施工作业,封闭区间内所有道岔均开通于施工电客车运行方向,施工电客车不准越出封闭区间,以及施工电客车按调度命令指定时间离开封闭区间。

在检修施工中发生设备损坏、人员伤亡或不能按时完成检修施工作业时,行车调度员应立即报告值班主任,采取有效措施以确保次日运营能正常进行。检修施工结束后,行车调度员根据车站值班员的报告,在确认行车设备完好、检修施工人员和机具撤离后,下达调度命令,同意注销检修施工。

四、封锁区间的行车

所谓封锁区间,是指由于施工原因或者其他原因在指定的区间、指定的时间内禁止电客车运行,必须进入该区间的救援电客车、工程电客车等可以经批准后进入。

(1)封锁区间适用于轨道交通运输中由于特殊情况的需要,如必须在运行区间内进行抢险、抢救、施工、救援时。有计划地调试电客车、工程电客车可以根据情况适用区间封锁行车方式。

(2)封锁区间必须有控制中心的行车调度员的调度命令。

(3)所有行车部门与人员应该认真执行车调度员度命令。

(4)有关人员及电客车、车辆因工作需要而必须进入时应得到行车调度员的同意,并以允许进入封锁区间的调度命令作为凭证。

(5)解除区间封锁必须由行车调度员依据现场状态发布调度命令。

五、目视行车法行车

目视行车法指在正线行车间隔在 4 min 及以内发生 SICAS 故障时,电客车以司机目视距离范围内可随时停车的速度运行,由司机控制电客车安全运行的一种行车办法。

采用目视行车法行车时,司机和车站以行车调度员的命令作为目视行车法的启用依据。目视行车区内司机根据目视情况行车,采用 RM 模式驾驶,限速 15 km/h 运行。遇前方有电客车占用时,司机应及时采取制动措施停车。

六、区段进路行车法行车

区段进路行车法行车是指将电客车运行进路划分为若干个固定的区段,区段站与区段站之间确认进路空闲,或确认本区段内进路空闲后,在信号集中设备上排列进路,电客车按地面信号显示行车。区段可以由单个或多个信号进路组成。采用区段进路行车法行车时,司机凭信号显示及车载信号显示行车。

七、时间间隔法行车

在按电话闭塞法行车时,如果车站一切电话中断,为了维持电客车运行,双线线路可采用时间间隔法行车。此时,电客车占用区间的行车凭证是红色许可证,凭车站值班员手信号发车。车站值班员应指定按时间间隔法行车的第一趟电客车司机将实行时间间隔法的情况通告前方车站。

为了保证行车安全,中间站道岔均应开通电客车运行方向,禁止办理影响正线电客车运行的调车作业。此外,连续发出两电客车的间隔时间和电客车运行速度均应符合"行车组织规则"的规定。

在电话通信恢复正常后,车站值班员向行车调度员汇报电客车运行情况,并根据调度命令恢复原行车闭塞法。

八、电客车闯红灯运行

特殊情况下组织行车,必须服从行车调度员指挥,严禁无凭证动车,需要越过红灯或故障关闭的信号机时须得到行车调度员的同意。发现异常,立即停车。

项目实训　非正常行车组织规范

【实训目的】

(1) 了解电客车特殊情况行车的定义。
(2) 熟悉晚点情况下行车组织方法。
(3) 了解自动驾驶与人工驾驶的应用场景。
(4) 熟悉反向运行的操纵规定。

【实训条件】

(1) 电客车模拟驾驶实训室。
(2) 非正常行车组织标准作业视频。

【实训内容】

(1) 组织学员在实训台模拟的非正常行车的几种场景中进行操纵。
(2) 组织学习非正常行车标准化作业视频。

思考与练习

1. 简述非正常情况下行车组织的原则。
2. 简述在非正常情况下行车组织应注意的薄弱环节。
3. 简述在特殊情况下行车应注意的事项。
4. 列举城市轨道交通电客车应急设备的主要类型及主要使用范围。
5. 简述非正常情况下行车组织的方法。
6. 简述电话闭塞的适用范围。
7. 简述电话闭塞法小型车驾驶员职责。
8. 简述路票六要素，画出路票图。

项目八　突发事件应急处置

学习目标

（1）掌握突发事件的定义及分类。
（2）了解突发事件的特点。
（3）了解突发事件的信息报送内容。
（4）掌握突发事件的报送流程。
（5）了解城轨车站及车辆应急设备。
（6）了解恐怖袭击的特点。
（7）掌握恐怖袭击预防措施。

重点难点

（1）突发事件信息报送内容。
（2）突发事件报送流程。
（3）车站及车辆应急设备的使用时机及方法。
（4）恐怖主义的特点。

任务一　突发事件概述

一、突发事件的定义

突发事件有广义和狭义两个层面的定义。

狭义上，突发事件就是在一定区域内，意外地突然发生的对社会产生负面影响重大或敏感事件的，或者对生命和财产构成了严重威胁的事件，简而言之，就是天灾人祸。既包括自然灾害，也有人为的如恐怖袭击事件、社会冲突、火灾、爆炸等。

广义上，突发事件可理解为突然发生的事情，首先是事件发生、发展的速度很快，出乎意料，其次是事件难以用常规的方式来应对处理。突发事件也可理解为事件是在组织或个人原定计划之外或者在其认知范围之外突发的，对组织或个人的利益具有威胁性或潜在危险性的一切事件。

根据最新施行的《中华人民共和国突发事件应对法》的规定，突发事件是指突然发生、造成或者可能造成严重社会危害，需要采取应急处置措施予以应对的自然灾害、事故灾难、公共卫生事件和社会安全事件。

二、突发事件的类型

按其影响范围分类，突发事件可分为自然灾害、事故灾难、公共卫生事件、社会安全事件四类；按照社会危害程度分类，根据突发事件可能造成的危害程度、波及范围和造成的损失等，由高到低可分为特别重大、重大、较大、一般四个级别，分别采用红色、橙色、黄色和蓝色来表示突发事件的预警级别。

城市轨道交通中所讲的突发事件通常是指狭义上的突发事件，如隧道、车站内发生火灾、爆炸、车门故障、积水等。这些突发事件一旦发生，就会对人们的生命及相关的财产安全造成极为严重的后果，因此对城市轨道交通系统中突发事件的及时与合理处理，就显得格外的重要。

只有充分研究和了解可能发生的突发事件，才能更好地做出应急管理和人员的安全疏散保障工作，经过对近些年城市轨道交通所发生的突发事件的研究，总结为以下几种情况：

（1）地震、洪水、雪灾等城市自然灾害：这些突发事件往往是灾难性的，洪水和地质灾害对客运站内的危害较大，雪灾对路面的交通影响较大。

（2）火灾、爆炸等突发事故：这些事故有些是意外发生的，有些是人为造成的，事故一旦发生，往往造成严重的后果，造成人员伤亡和财产损失。

（3）突发公共卫生事故：大型车站内人员复杂、密集且流动性强，容易出现传染病疫情、食品安全或其他的对公众生命安全造成危害的事件。

（4）恐怖袭击：车站往往是恐怖分子实施恐怖手段所选择的地点，因此城市轨道交通线路及车站的防恐、反恐的应急能力措施要不断更新与加强。

（5）电客车车辆事故：电客车车辆事故包括城市轨道交通车辆内发生的火灾、爆炸、投毒等事故。

（6）枢纽内设备、设施故障：如车站内的电力系统、通信系统、检售票系统等发生故障等，会进一步引起其他的突发性事件。

三、突发事件的特点

通过对可能发生在城市轨道交通车辆正常运行中的突发事件的研究和分析，可以总结出该类突发事件的特点如下。

（一）突发性

突发事件顾名思义就是突然发生、出乎人们意料、突如其来的事件，这是突发事件最基本的特点。突发事件一般没有发生前的征兆或者征兆极不明显，因此不容易被预测，也就是说突发事件发生的具体时间和地点、规模大小、具体态势和波及范围，都是难以预测的。

（二）非常规性

突发事件超出了一般危机或者事故的发展规律，而且通常呈现出易变性的特征，因此导致人们难寻其发生规律，让人们在处理其时感觉无以应对，措手不及。突发事件打乱了人们一直以来遵循的处理问题的规律和惯性思维，迫使人们以非常规的思维方式应对此类事件的发生。

（三）群体性

城市轨道交通车辆内一般人员众多，人群密集，客流复杂，一旦有突发事件发生，危害的不是个人，而是一个构成非常复杂的且人数众多的群体，这样一个复杂的群体在面对突发事件时，不免会出现恐慌。另外，大量旅客的滞留会造成车辆或站内秩序混乱，甚至造成踩踏事件等严重后果。

（四）复杂性

城市轨道交通车辆及线路的隧道内空间有限，车站的空间结构复杂、客流复杂再加上突发事件类型多样，致使危害形式多种多样，发生时如果处理不当，不仅会影响车辆的正常运营、旅客的正常出行，甚至会造成人员伤亡、公共财产损失，在社会上产生不良影响。有时同一结果是由多个原因产生的，又或者多个原因之间相互联系，最终导致不止一个结果。

（五）危害性

突发事件的危害性是指其牵涉的面广，波及的范围大，影响力大。城市轨道交通车辆及线路、车站是一个复杂的建筑体，其内人员流动密集，因此无论突发事件的规模或者性质如何，都会对车辆、车站和相关人员造成危害，这些危害包括乘客的身心健康和其生命财产的安全、车辆正常运营秩序的维护、车站环境设施的保护等多方面。有些性质的突发事件（如火灾、爆炸）一旦发生，造成的后果非常严重，且不是人力可以控制的，所以只能平时针对这些方面的潜在危害，多加预防，尽量减少危害的发生概率和减轻发生后的后果。

综合城市轨道交通运输的特点和突发事件的性质，总结出上述突发事件的几个特点。特别是具有危害性这点，是我们不能忽视的。归根结底，一旦发生突发事件，势必造成严重的后果，因此对突发事件的处理要有充分的重视和采取相对应的措施，这样就可以在很大程度上减少公众生命、经济和社会影响等多方面的损失与危害。

四、突发事件信息通报内容及流程

突发事件信息通报应遵循迅速、准确和完整的原则，任何工作人员发现或接到突发事件信息，均应立即执行规定的通报流程，不得延误、中断或缺漏。

（一）信息通报的通信方法

（1）同一现场人员信息通报可采用面对面口述的方法。

（2）同地点各岗位间信息通报可使用信息群呼、直通调度电话、内线电话、无线电台、公用电话及移动电话等通信工具，竭力保障信息迅速传递。

（3）一般控制中心调度值班主任设有一部专门的内线电话作为事故（事件）专用报告电话，供没有直通调度电话可用的工作人员在事故（事件）应急报告时使用。

(二）信息通报的内容

（1）报告人姓名、职务及单位。
（2）事件发生的类别、时间及地点。
（3）事件发生的概况、原因（若能初步判断时）及影响运营的程度。
（4）人员伤亡情况、设施设备损毁情况。
（5）已采取的措施。
（6）需要的援助（包括救援、救护、支援）。
（7）其他必须说明的内容及要求。

（三）突发事件信息通报的流程

城市轨道交通运营场所发生突发事件时，工作人员发现后应遵照报告程序迅速报告，以便控制中心根据各种情况及时汇总，确认突发事件的性质及原因，做出准确判断，高效调动有利资源，指挥协调各有关方面积极采取措施，确保能有效控制事件的发展态势，将损失降到最低限度。因此，城市轨道交通企业内部必须建立起一套行之有效的信息通报流程。一般来说，信息通报遵循的流程为：突发公共事件现场—控制中心—应急处理专业机构和外部支援。具体的突发事件信息通报流程如图8-1所示。

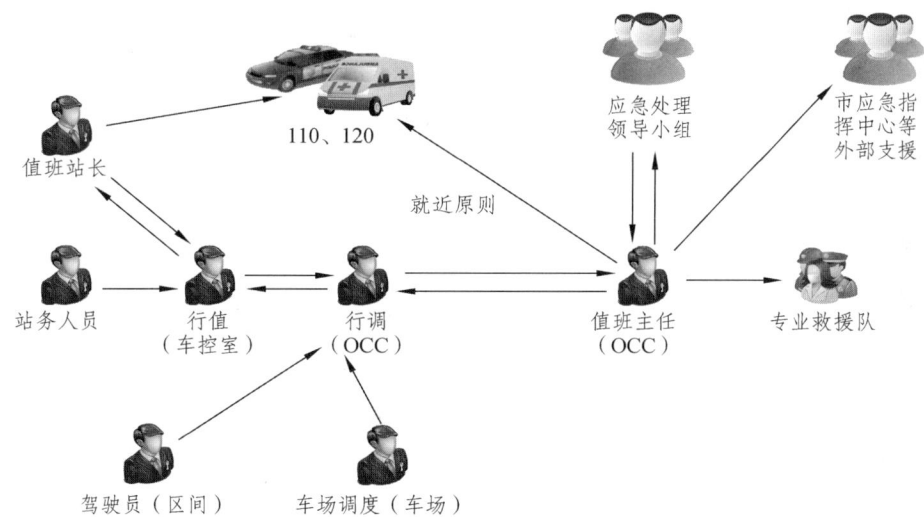

图8-1 具体的突发事件通报流程

在进行信息通报时，发生需要外部立即支援的突发事件（如火灾、爆炸、人员伤亡和治安或刑事案件等）时，应坚持就近迅速通报的原则。

（1）若突发事件发生在车站或车辆段（停车场），则现场人员有条件时应立即致电110报警中心或120急救中心；车辆段调度员或车站值班站长（行车值班员）接报后，应问清现场报告人员是否已经致电110报警中心或120急救中心。车辆段、车站其他值班人员接报后，也应问清并立即转报车辆段调度员或车站值班站长（行车值班员）。若无，应立即致电报告；若有，也应致电复核。

（2）若突发事件发生在区间，则行调接现场人员报告或设备监控报警后，应立即致电110报警中心或120急救中心，或者由调度值班主任致电110报警中心或120急救中心。

（3）若突发事件发生在区间的电客车上，驾驶员应立即报告行调，由行调或调度值班主任致电110报警中心或120急救中心。

（4）控制中心所通知的外部支援是指公安局、公交公司、交通局、市应急指挥中心、市有关防灾抗震和紧急事务的政府组织机构等，具体由调度值班主任决定通知范围。

（5）各专业救援队接到突发事件通报后，应按照本专业部门内部先前制定的通报流程分别向本部门相关人员进行通报。

（四）突发事件信息通报要点

特别重大事故、重大事故、较大事故、一般事故及重大治安事件、火灾事故等重要应急信息，城市轨道交通运营单位应当于1 h内向事故发生地人民政府安全生产监督管理部门和负有安全生产监督管理职责的有关部门报告。

在驾驶电客车的过程中，司机应加强瞭望，发现线路界限内有行人时应及时鸣笛警告。发现有可能危及运营安全与行人生命安全的情况时，必须立即采取紧急停车措施。电客车在区间发生突发事件时，应尽量维持进站，在车站应及时打开屏蔽门、车门，必要时要求车站协助。在非正常情况下，司机要保持沉着冷静，按照操作流程处理，防止事态的进一步扩大。

对于火灾、爆炸、投毒等突发事件的处理要坚持"初期补救、及时施救、快速疏散"的原则，将损失减小到最低程度。对于各种突发事件，要及时报告行车调度员，听从行车调度员的指挥，并严格做好记录工作。根据命令疏散乘客、施救伤员、尽快恢复通车，并配合公安机关对事件现场进行勘察、取证。

五、突发事件应急管理

（一）应急管理的概念

应急管理是和突发事件紧密相连的，应急管理是在应对突发事件的过程中，为了降低突发事件的危害，达到优化决策的目的，基于对突发事件的原因、过程及后果进行分析，有效集成社会各方面的相关资源，对突发事件进行有效预警、控制和处理的过程。城市轨道交通应急管理是在突发事件的事前预防、事发应对、事中处置和善后管理过程中，通过建立必要的应对机制，采取一系列必要措施来保障乘客生命和财产安全的过程。

（二）应急管理的阶段划分

应急管理是一个动态的过程，包括预防、准备、响应和恢复四个阶段。

1. 预防阶段

要为预防、控制和消除事故对人们生命财产长期危害而采取行动（无论事故是否发生，运营企业和社会都处于风险中）。预防阶段的主要工作内容包括：对风险的辨识、评价与控制，对运营企业进行安全规划、研究，依据安全法规、标准制定本企业的安全规章制度和操作程序，对危险源进行检测监控，参加事故灾害保险。

2. 准备阶段

应在事故发生之前采取各种行动，提高事故发生时的应急处置能力。准备阶段的主要工作内容包括：制定本企业应急救援的方针与原则，建立完善应急救援的工作机制，组织编制本企业应急救援预案，筹备应急救援物资、装备，组织本企业员工对应急救援预案进行学习培训，组织开展应急救援演练，与周边相关社会力量签订应急互助协议，建立应急救援信息库。

3. 响应阶段

在事故即将发生前、发生期间和发生后应立即采取行动，保护人员生命，减少财产损失，控制和消除事故。响应阶段的主要工作内容包括：启动相应的应急系统和组织，报告相关政府机构，实施现场指挥和救援，控制事故扩大并消除，组织人员进行疏散和避难，对环境进行保护和检测，实施现场搜寻和营救等。

4. 恢复阶段

事故发生后，应使生产、生活恢复到正常状态或得到进一步的改善。恢复阶段的主要工作内容包括：组织进行损失评估、理赔，对事故现场进行废墟清理，开展灾后的重建工作，组织相关技术人员对应急预案进行复查，按照规定组织进行事故调查。

任务二　突发事件应急处理

一、火灾的处理

（一）电客车在区间运行中发生火灾

司机应认真判明火情，并迅速向行车调度员和就近车站报告。广播安抚乘客并维持运行至前方车站，引导乘客使用车上灭火器进行灭火。若电客车在区间停车（车门未被乘客紧急解锁），司机应立即转换模式动车，维持电客车进站处理。电客车在区间停车不能运行时，司机必须听从行车调度员指挥，组织乘客间疏散。

确认火势较大无法扑灭时，司机立即组织乘客疏散。乘客疏散后，随即按规定做好个人防护前往客室灭火。若无法与行车调度员联系，则立即通知车站扣停后续电客车，并要求车站派人前来协助处理和接应疏散乘客。

电客车在区间发生火灾需要疏散乘客的作业程序如下：

（1）在确认火势较大无法扑灭时，立即打开前端疏散梯，使用语音广播引导乘客，并打开前端通道门组织乘客从前端疏散。

（2）经行车调度员同意后，司机应尝试到后端打开疏散门，引导后端的乘客从后端疏散。若司机无法到后端驾驶室进行疏散时，应及时做好后端疏散的广播并引导后端乘客打开后端驾驶室门进行后端疏散。

（3）无法与行车调度员取得联系，应立即通知车站扣停后续电客车，并要求车站派人前来协助处理和接应疏散乘客。

（二）电客车在车站发生火灾

电客车在车站发生火灾时的一般处理程序是：司机应立即打开车门、屏蔽门，施加停放制动，降下受电弓并广播通知乘客疏散，报告行车调度员、车站。电客车车门正常打开后，司机应迅速进入车内疏散乘客，并前往着火处确认火灾情况并协助灭火。按压"开门"按钮无法打开车门时，通知车站协助并广播引导乘客拉车门紧急解锁手柄打开车门，并且进入车内协助引导乘客打开车门。若仍无法打开车门，立即使用铁锤砸开车窗或车门疏散乘客。

（三）站厅发生火灾

司机接到电客车运行前方车站发生火灾的通知后，若电客车在车站则立即按行车调度员的指示扣车、接运被困乘客或动车离站（注意确认进路、信号、道岔正确），并做好乘客广播。若电客车在区间，则立即将自动开门开关置于手动位置，按行车调度员指示不停车通过该站或停车接运被困乘客（若行车调度员未明确则需要询问清楚）。

若进站时发现车站火灾，司机应立即将自动开门开关置于手动位置，并报告行车调度员，确认不需要接运乘客时，确认进路、道岔正确后不停车以ATO（若未取消停车点则按RM）模式通过火灾车站。若行车调度员指示需要接运乘客则立即广播告知乘客不能下车，对标停车后立即开门上客，确认上客完毕后立即关门动车。

（四）站台发生火灾

司机接到电客车运行前方站台发生火灾的通知后，若在车站则立即按行车调度员的指示扣车，并做好乘客广播；若在区间则立即将自动开门开关置于手动位置，按行车调度员指示不停车通过该车站。

若进站时发现车站火灾，司机应立即将自动开门开关置于手动位置，并报告行车调度员，确认进路、道岔正确后不停车以ATO（如未取消停车点则人工介入）模式通过火灾车站。

（五）隧道火灾

发现隧道火灾时，司机须立即报告行车调度员，并试图在电客车到达火源之前紧急停车。若不行，则应开车通过火灾地点运行到前方站停车。

（六）电客车发生火灾，电客车部分进入站台被迫停车

报告行车调度员和车站后，司机应立即打开在站台侧的车门、屏蔽门，若车门未能对好屏蔽门，则打开相应的应急门。降下受电弓并广播通知乘客疏散后，迅速进入运行前端车厢疏散乘客。按规定做好个人防护，前往着火处所确认火灾情况，协助灭火。

二、乘客报警的处理

（一）电客车在区间运行中，乘客按压"报警"按钮的处理

（1）司机通过显示屏得知乘客报警信息，立即通过对讲设备与报警乘客进行通话，了解初步信息，广播安抚乘客。

（2）维持电客车运行并报告行车调度员，电客车进站时立即通知车站派人前往处理。

（3）电客车进站停车后，立即打开车门、屏蔽门。

（4）确认车站处理完毕后，确认站台"好了"信号关门，按信号显示动车。

（5）动车后将具体情况报告行车调度员。

（二）电客车在停站时，乘客按压"报警"按钮的处理

（1）保持车门打开，了解初步信息，广播安抚乘客。

（2）通知车站派人前往进行处理，并报告行车调度员。

（3）确认车站处理完毕后，确认站台"好了"信号关门，按信号显示动车。

（4）动车后将具体情况报告行车调度员。

（三）电客车在站内起动后，乘客按压"报警"按钮的处理

（1）马上人工介入，快速停车，广播安抚乘客。

（2）二次起动电客车对标，开屏蔽门、车门，做好临时停车的广播。

（3）通知车站派人前往处理，并报告行车调度员。

（4）确认车站处理完毕后，确认站台"好了"信号关门，动车。

（5）动车后将具体情况报告行车调度员。

三、车门紧急解锁的处理

（一）电客车在车站停车，车门关闭后出现车门紧急解锁的处理程序

（1）报告行车调度员、车站，司机再次打开车门、屏蔽门。

（2）通过车辆显示屏确认发现紧急解锁的车门编号，并记录。

（3）播放临时停车广播后，经行车调度员同意，司机带上钥匙（行车备品）到现场处理。

（4）到达解锁车门，司机了解现场情况后恢复解锁车门。

（5）回驾驶室确认显示屏显示车门正常，司机关屏蔽门、车门后，确认"门关好"灯亮，车站人员显示"好了"信号，动车后将情况报告行车调度员。

（二）电客车在区间出现车门紧急解锁的处理程序

在信号保护模式下，车门紧急解锁将触发电客车紧急制动。司机应做好临时停车广播，并将情况报行车调度员。待电客车停稳后，通过车辆屏确认紧急解锁的车门编号，补记录。得到行车调度员同意后，司机带上行车备品，锁好通道门到现场处理。到现场了解情况并确认无乘客跳下车后，将解锁车门复位。返回驾驶室确认车辆屏显示车门正常，确认"门关好"灯亮，按规定动车，动车后报告行车调度员。

四、乘客手被夹（手被带进车门间隙）的处理

电客车停靠站台在车门屏蔽门打开后，发现乘客手被夹或接到乘客（车站）通知应按以下方法处理：

（1）司机马上报告行车调度员、车站，做好乘客广播工作。

（2）带好备品到夹手车门处，手动缓慢移动车门页，小心将手拉出。

（3）处理完毕后，凭车站"好了"信号，关闭车门。

（4）动车后向行车调度员报告处理情况。

五、屏蔽门故障的处理

（一）两道及以下或者三道及以上屏蔽门不能正常开启

（1）发现两道及以下屏蔽门不能正常开启时，司机马上进行客室广播"本站有个别屏蔽门故障，请乘客从其他开启的屏蔽门下车"。同时通知站务人员，报告行车调度员。

（2）发现三道及以上屏蔽门不能正常开启时，司机马上进行客室广播"本站有部分屏蔽门故障，请乘客从其他开启的屏蔽门下车"。同时通知站务人员，报告行车调度员。

（3）凭车站"好了"信号，以正常模式驾驶电客车出站。

（4）若无法动车，则由站务人员操作互锁解除后以正常模式驾驶动车出站。

（5）若站务人员未能及时操作互锁解除，或互锁解除操作无效，则由司机向行车调度员申请，凭车站"好了"信号，以 RM 模式动车。

（6）动车时注意确认车门与屏蔽门之间的空隙安全。

（二）两道及以下或者三道及以上屏蔽门不能正常关闭

（1）发现单道或多道屏蔽门不能关闭时，立即通知车站派人员前往协助。

（2）凭车站"好了"信号，以正常模式驾驶电客车出站。

（3）若无法动车，则由站务人员操作互锁解除后以正常模式驾驶电客车出站。

（4）若站务人员未能及时操作"互锁解除"或"互锁解除"操作无效时，由司机向行车调度员申请，凭车站"好了"信号，以 IBM 模式动车。

（5）动车时注意确认车门与屏蔽门之间的空隙安全。

六、乘客逃生疏散操作

（一）打开及关闭逃生门操作程序。

遇突发安全紧急事件，需打开逃生门进行乘客疏散时，应按以下规程操作。

1. 打开逃生门的操作程序

当发生紧急情况时，可按照操作标识打开紧急逃生门，按下"插销"按钮，弹出保险销，向上扳动解锁扳手柄，握住拉手向外推出，前门将自动打开。

向下方向扳动解锁手柄，坡道解锁后会自动展开并贴在钢轨上。

2. 关闭逃生门的操作程序

疏散完毕后将逃生门取出并将梯子折叠好，放回梯子存放处，扣紧梯子，确认梯子处于锁闭状态。用力拉司机室传动皮带，使之转动经绞车关闭逃生门，最后将驾驶室前窗左侧的红色把手扳至关位锁闭逃生门。

（二）电客车在区间内疏散乘客的作业程序

在区间疏散乘客时，必须确认车站人员到达后，才能进行。当出现紧急情况时，如发生火灾、爆炸等情况下，司机立即做好广播并打开逃生门，组织乘客疏散。疏散乘客的作业程序如下：

（1）司机接到行车调度员在区间疏散乘客的命令后，向行车调度员确认疏散的方向。

（2）广播安抚乘客，同时维持车厢内的秩序。

（3）施加停放制动，降弓。

（4）打开驾驶室逃生门（两端疏散时，司机负责打开驾驶端驾驶室逃生门，交车站人员引导疏散后，及时赶到后端打开逃生门组织疏散），放下疏散梯（火灾时或乘客较多时，广播引导乘客打开逃生门放下疏散梯）。

（5）待车站工作人员到达后，打开通道门，广播引导乘客进行疏散，并协助车站工作人员维持疏散的秩序。

（6）确认人员全部离开客室后收回梯子，并报告行车调度员，听从行车调度员的指挥。

七、供电系统故障的处理方法

（一）电客车在站内发生接触网停电的处理方法

电客车停稳后，立即打开屏蔽门、车门，同时报告行车调度员、车站。降弓，施加停车制动，广播安抚乘客，按行车调度员的指示执行。若停电时间超过 30 min，向行车调度员建议清客并关闭蓄电池，司机在司机室待令。

（二）电客车在区间发生接触网停电的处理方法

应维持电客车惰行，尽量驾驶电客车进站对标停车，立即报告行车调度员并广播安抚乘客。电客车在站内对标停车后立即打开屏蔽门、车门，按照电客车在站内接触网停电进行处理。

（三）电客车在区间发生接触网停电被迫停车的处理方法

立即报告行车调度员，降弓，施加停车制动，广播安抚乘客并按行车调度员的指示执行。若需疏散乘客，打开疏散端的逃生门，等待车站人员到达现场，司机配合车站人员进行疏散，严格按照行车调度员指示执行，疏散完毕后，关闭蓄电池，司机留在驾驶室待令。

八、其他突发事件处理

（一）运营中发现隧道有人的处理。

运营中发现隧道内有人员滞留的情况时，需按下列程序处理：

（1）司机发现隧道有人时，应立即按压"紧急制动"按钮施加紧急制动。

（2）广播安抚乘客，初步判断情况并向行车调度员报告。

（3）若电客车没有撞上人，则按行车调度员指示执行；若电客车撞上人，听从事故处理主任的指挥执行。

（二）电客车在区间或站内造成人身伤亡的处理。

当电客车出现严重安全事故，造成在区间内或站内人身伤亡时，需按照下列程序进行操作：

（1）司机发现区间或站内轨道上有人时，立即按压"紧急制动"按钮施加紧急制动。

（2）广播安抚乘客，并报告行车调度员，按行车调度员指示执行。

（3）事故处理主任到达后，关闭驾驶台主控钥匙，并将钥匙交给事故处理主任，听从事故处理主任的指挥。

（4）需移动电客车时，听从事故处理主任的指示，确认所有工作人员在安全区域后，升弓，以限速3 km/h移动电客车，并做好随时停车的准备。

（5）线路出清后，听从事故处理主任的指示，确认所有人员处于安全位置后，限速15 km/h到前方站退出服务。

（三）隧道内线路积水时的处理。

巡道、巡检人员、司机在作业中发现隧道线路积水时，应立即报行车调度员。行车调度员接到隧道线路积水的报告时，及时通知维修调度员组织处理，并通知司机在区段按规定速度运行：

（1）当积水浸到道床时，该区段限速25 km/h。

（2）当积水浸到轨腰时，该区段限速15 km/h。

（3）当积水漫过轨面时，该区段不得通过。

（4）积水造成轨道电路短路时，司机应尽量以惰行方式通过积水区。

（四）电客车冲突、脱轨的处理

当电客车运营中出现冲突、脱轨等严重的事故时，需按照以下程序操作：

（1）立即按压紧急制动按钮，施加紧急制动。

（2）报告行车调度员及车站（车场内报告车辆段调度员）。

（3）确认有无人员伤亡。

（4）确认事故现场是否影响其他线路，做好线路及电客车的防护。

（5）保护现场，坚守岗位，当事故处理主任到达现场，听从其指挥。

任务三　突发事件应急设备

一、车站应急设备

为了应对突发事件，确保乘客的人身财产安全，车站设置了如下应急设备。

（一）火灾紧急报警器

火灾紧急报警器如图8-2所示，安装在消防栓或灭火器旁的墙壁上，为手掌大小，红色，四方形，上有"FIRE"字样，其作用是发生火情时按破其防护罩进行报警。

图8-2　火灾紧急报警器

（二）自动扶梯紧急停止按钮

自动扶梯紧急停止按钮如图 8-3 所示，在自动扶梯上下两端右侧各有一个，若加长扶梯，可在扶梯中部加一个紧急停止按钮。自动扶梯紧急停止按钮为硬币大小的红色按钮，旁边有"紧急停止按钮"标志，其作用是当扶梯上发生紧急情况需停止电梯运行时，手动停止扶梯运行，避免发生更大的意外。自动扶梯紧急停止按钮发生紧急情况时，按压红色按钮即可使自动扶梯紧急停止运行。

（三）站台紧急停车按钮

站台紧急停车按钮如图 8-4 所示，位于站台墙壁上，靠近电客车车头、车尾两侧，为红色的四方小盒子，上锁，按钮为红色。该按钮在车门、屏蔽门夹人夹物，有人或大件物品掉落轨道危及人身安全或影响正常行车时使用。使用时击碎中间玻璃按压按钮即可。该按钮涉及行车安全，非紧急情况下严禁使用，否则按章处罚。

图 8-3　自动扶梯紧急停止按钮

图 8-4　站台紧急停车按钮

（四）车站消防栓、灭火器

在城市轨道交通车站出入口通道、站厅、站台均设有消防栓、灭火器箱，如图 8-5 所示。当发生火灾时用其进行灭火。

消火栓的使用方法为：打开消火栓箱，取出水带——抛开水带——将水带与阀门连接——将水枪与水带连接——打开水龙头开始灭火。

灭火器的使用方法为：将灭火器提至现场——除掉铅封、拔掉保险销——左手握喷管——右手提压把——右手用力压下压把，左手拿着喷管对准火焰根部喷射干粉。

（五）屏蔽门紧急开关

屏蔽门紧急开关如图 8-6 所示，位于车站站台屏蔽门内侧，为黄色手柄或绿色按钮，当屏蔽门与车门之间夹人夹物、车门与屏蔽门错位时可使用屏蔽门紧急开关将屏蔽门打开。其使用方法为：扳开黄色手柄后拉开屏蔽门或按压绿色按钮后拉开屏蔽门。

图 8-5 灭火器箱

图 8-6 屏蔽门紧急开关

二、电客车应急设备

（一）电客车上灭火器

电客车上灭火器位于车厢座位底下或车厢两端，每节车厢有两个 4 kg 干粉灭火器，盖板上有灭火器标记。当电客车上发生火灾时，取出灭火器，打开金属盖板，除掉铅封，拔掉保险销，左手握喷管，右手提压把，右手用力压下压把，左手拿着喷管对准火焰根部喷射干粉。电客车上灭火器的位置和指示标志分别如图 8-7 和图 8-8 所示。

图 8-7 电客车上灭火器的位置

图 8-8 电客车上灭火器的指示标志

（二）电客车紧急对讲器按钮

当电客车上发生险情时，按下电客车紧急对讲器按钮（见图 8-9），电客车驾驶员即可在监视器上获取报警信号，实现语音通话。

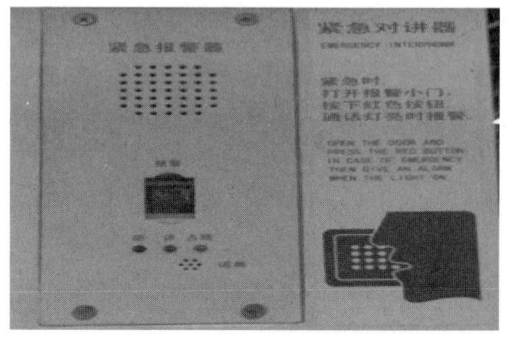
图 8-9 电客车紧急报警器按钮

（三）车门紧急解锁手柄

车门紧急解锁手柄位于每节车厢内部各车门上方。在紧急情况下，当电客车已停在车站，并且车门已对应站台位置时，乘客可使用该手柄自行疏散。其使用方法为：打开防护罩，按照箭头提示方向转动红色手柄，然后拉开车门。需要注意的是，此操作为机械解锁，在无电情况下仍可使用，当电客车在区间紧急停车时严禁使用。车门紧急解锁手柄及其指示标识分别如图8-10和图8-11所示。

图8-10　车门紧急解锁手柄图　　　　图8-11　车门急解锁手柄指示标识

（四）驾驶室与车厢通道门紧急拉手

驾驶室与车厢通道门紧急拉手位如图8-12所示，在车厢与驾驶室通道门上方，当电客车在隧道中不能运行，乘客需要从电客车两端疏散时使用。其使用方法为：拉起手柄，右旋开锁。乘客可通过此门进入驾驶室打开疏散门向车站方向疏散。

（五）电客车头部紧急疏散门

电客车两端驾驶室各有一扇紧急疏散门，紧急疏散门有两级，打开后可从驾驶室铺设到轨道上，形成临时通道。当发生爆炸、火灾等意外情况，电客车在隧道不能运行时，可使用紧急疏散门疏散乘客。该门由驾驶员操作打开，或在驾驶员广播通知后由乘客操作打开。其使用方法为：拉下红色解锁拉杆，用力推开紧急疏散门。使用紧急疏散门疏散乘客实景如图8-13所示。

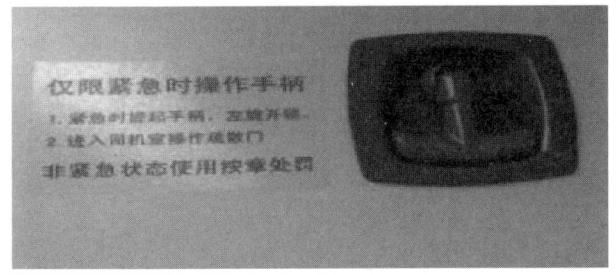 

图8-12　司机室与客室通道门解锁拉手　　　　图8-13　使用紧急疏散门疏散乘客实景

任务四 城轨恐怖事件的防御

一、恐怖袭击案例

城市轨道交通系统是现代都市必不可少的公共交通工具,它运力大、便宜、节能、快捷、不受天气影响,能够显著地加快城市生活的节奏,提升市民的生活品质。然而,城市轨道交通人群密集、进出方便、通风条件有限,也使得它容易被恐怖分子盯上,成为制造杀伤案件的绝佳场所。据统计,在近10年来遭到恐怖袭击的所有目标中,城市轨道交通占到近1/3;因恐怖袭击造成的人员死亡总数,城市轨道交通占到近一半。恐怖袭击对城市轨道交通安全的威胁不仅在于其采取的生化及放射性袭击、爆炸等极端手段对人员和财产的严重危害,以及可能由此引发的人员拥挤及踩踏、社会成员的心理恐慌等连锁反应,在更深层次上,是对国家和政府公信力乃至国家稳定的恶劣影响。历史上曾经发生了四起严重的城市轨道交通恐怖袭击事件。

(一) 俄罗斯圣彼得堡地铁恐怖袭击事件

2017年4月3日14时40分许,俄罗斯圣彼得堡地铁"先纳亚广场"和"技术学院"两个地铁站发生爆炸,爆炸由简易爆炸装置引发。由于另一枚安放在"起义广场"站的自制炸弹被及时发现,成功避免了另一起爆炸的发生。

发生爆炸的是6节编组的列车,从车头往后数的第3节发生爆炸,估计威力为200~300 g TNT当量。列车行驶进站后,乘客纷纷疏散,也有少部分乘客尝试参与救援。出事的列车车厢号为8147,系1988年列宁格勒列车厂生产的81-714型(即无驾驶室的中间车),爆炸现场如图8-14所示。

图8-14 爆炸现场图

俄罗斯总检察院将该爆炸事件定性为恐怖袭击事件,经过刑事立案侦查确认,恐袭的实施者是以自杀引爆方式作案的。2019年12月10日,俄罗斯第二西部军事法院判处2017年4月圣彼得堡地铁爆炸案主犯终身监禁。

(二) 伦敦城市轨道交通爆炸袭击案

2005年7月7日8时50分，一辆城市轨道交通驶离了伦敦最繁华的国王十字站，忽然间，第3节车厢里砰然一声巨响，随即浓烟密布，车厢里到处都是惊恐万分、头破血流的乘客。几分钟后，第二枚炸弹在刚离开埃其维尔路站的215次电客车上爆炸。第三枚炸弹在311次电客车离开国王十字车站1 min后爆炸。三枚炸弹共造成了43名城市轨道交通乘客不幸遇难（包含3名袭击者），上百人受伤。

英国警方迅速开始了调查，逐渐还原案件的真相几起袭击都是自杀式袭击，炸弹被袭击者随身携带；3名袭击者在英国都有自己的家庭，所用的爆炸物则为自制的过氧化物炸药。

(三) 莫斯科城市轨道交通爆炸袭击案

2010年3月29日，莫斯科当地时间7时56分，此时一列城市轨道交通列车正在进入卢比扬卡城市轨道交通站，就在车门刚刚打开之际，第2节车厢内忽然发生爆炸，爆炸的威力巨大。旁边的几名乘客甚至被炸得身首异处。爆炸的威力为1.5 kg TNT当量，而爆炸也造成车上的15人及站台上的11人死亡。爆炸发生后。另一列城市轨道交通列车正被滞留在文化公园站前的隧道内，车内广播宣布，因"技术问题"要求乘客在文化公园站下车。在第一次爆炸发生大约40 min后，这列城市轨道交通到达文化公园站，同此前一样，电客车在开门后发生了剧烈的爆炸。造成14人死亡。

两起爆炸共造成41人死亡，超过80人受伤。据调查，这两处地点是精心选择的，前者靠近俄国联邦安全局总部，后者位于克里姆林宫附近。而恐怖分子也故意选择高峰时期以获得最大的杀伤力。警方随即查明，两起爆炸案为自杀式爆炸袭击，是由两名年轻女性所为。

(四) 白俄罗斯城市轨道交通爆炸案

2011年4月11日17时55分，白俄罗斯首都明斯克十月城市轨道交通站发生恐怖袭击事件，造成15人死亡，逾200人受伤。爆炸发生时，有两列城市轨道交通列车同时到达。该城市轨道交通站位于市中心，靠近白俄罗斯总统府和明斯克最大的文化商业中心。爆炸装置被事先放在奥克佳布里斯卡娅城市轨道交通站台的一个长椅下面，爆炸威力为3~5 kg TNT当量，在该装置中还被塞入了大量的铁钉和钢珠，很明显是希望造成更大的人员伤亡。当两列城市轨道交通几乎同时到达城市轨道交通站时，袭击者用手机引爆了该爆炸装置。

二、恐怖袭击的特点

四起典型的城市轨道交通恐怖袭击案的共同特点有四个：一是作案人员愤世嫉俗，以恐怖袭击寻找心理平衡，或者怀抱某种主义、思想，以恐怖袭击达到成就感；二是作案地点的选择大多在闹市区或主要场所，危险性大；三是作案时间大都在客流高峰期，早高峰或晚高峰，危害人群多；四是犯罪分子之所以能够得逞，一个主要的原因还是社会及城市轨道交通的安全防范不够。所以，针对恐怖袭击预防措施的实施已刻不容缓。城市轨道交通恐怖袭击的特点如下。

（一）城市轨道交通客流量巨大

城市轨道交通系统一旦发生突发事件，人员恐慌程度高，极易造成群死群伤的后果。作为城市交通大动脉，城市轨道交通往往把一个城市的政治、经济、文化和生活等场所和设施连接起来，密集的轨道路线多穿行于党政机关、金融机构、交通枢纽和居民住宅区等区域，客流量巨大。单位空间内高密度的人员数量不但易导致拥挤、踩踏事件发生，而且一旦发生火灾、爆炸、毒气泄漏等突发事件，人员逃生困难。

（二）城市轨道交通人员密集，点多、线长、面广，安全防范难度大

分析韩国大邱城市轨道交通纵火案及以上四起案件，有如下警示：人群密集的城市，城市轨道交通越来越容易成为犯罪分子和恐怖分子的目标。客流量的限制使得乘坐城市轨道交通不可能如同乘坐飞机时一样有严格的安全检查程序，而点多、线长、面广的特点又使得在警力和城市轨道交通公司安防力量有限的情况下极易形成安全防范的盲区和死角，恐怖分子和犯罪分子易于进入，同时携带易燃易爆等危险物品也难以被发现，相对容易以较低的犯罪成本达成犯罪的目的。

（三）城市轨道交通系统具有封闭性，一旦发生突发事件不利于疏散和救援，极易扩大损害后果

城市轨道交通系统在地下或地面形成一个相对封闭的空间，与地面相连的出口有限，因此，在突发事件发生后，消防、医疗救援人员难以及时到达出事地点，开展疏散和救援工作的难度大。电客车的车座、顶棚及其他装饰材料大多可燃，容易造成火势蔓延扩大。有些塑料、橡胶等新型材料燃烧时还会产生有毒气体，加上地下供氧不足，燃烧不完全，烟雾浓，发烟量大，容易令人窒息。另外，通风设备有限，系统很难在较短的时间内完成排烟、排毒气等作业，也不利于对人员的疏散和救援。

（四）城市轨道交通系统内部及其与周边环境的高度关联性，使得城市轨道交通突发事件的影响范围广

城市轨道交通系统是相对独立的封闭式高速运行系统，系统内部的通风、照明、运行、电力、通信等子系统之间的关联性极高，一个子系统出现差错，就可能导致整个系统功能丧失，如瞬间大客流、失火、大面积停电等，将直接威胁运营安全，甚至导致群体性灾难。从外部环境来讲，城市轨道交通系统不仅与城市的供水、电力、燃气、排污等管线交错，而且穿行于城市重要基础设施、交通道路之间，一旦发生爆炸等恐怖袭击，极易影响周边设施和人群，如水电供应中断和漏电、人员恐慌等，甚至导致城市运作瘫痪等灾难性后果。

三、恐怖袭击预防措施

（一）加强情报信息的收集和研判，对重点人员进行严密监控

2005年10月6日，美国纽约情报部门收到城市轨道交通可能遭受炸弹威胁的情报，立即对城市轨道交通加派了警力，各个城市轨道交通口都进行极其严密的安全检查，最终确保了城市轨道交通的安全。准确的情报对于保障城市轨道交通运营安全非常必要，城市轨道交

通站点众多、客流量大,如果时刻进行严密的防范,不仅会造成人员大量滞留,而且需要较多的安保力量,成本很高,所以强有力的情报资源对于预防预谋性的恐怖活动和犯罪行为尤为有效。

保障城市轨道交通安全运营环境,应建立建设情报信息网络,充分发挥各级力量的作用,广泛收集可能危及城市轨道交通安全运营的各种情报信息,力求抓早、抓小、抓苗头。在全面掌握敌情、社情动态的基础上,尤应重点掌握两类人的信息:一是坚持敌对立场,进行造谣煽动、反动宣传,或制造不良政治影响的国内外恐怖分子、敌对分子和反社会分子;二是因思想、实际生活存在问题不能正确对待而对社会产生不满、可能铤而走险或煽动闹事的危险分子。

(二)增加技防设施投入,加大巡逻和安全检查力度

上面设置安全检查设备,实施乘客安检。是否配置安检设备在各国城市轨道交通行业尚未形成共识,但那些血淋淋的事实告诉我们,安检设备是预防城市轨道交通恐怖袭击的第一道关口。一般来说,在城市轨道交通每个车站应配置通道式X射线安全检查机、防爆毯、危险物品存储罐、手持金属探测器、液体检查仪、便携式炸药探测器等。

作为城市轨道交通安检人员,需经过安检专业知识培训,拥有能识别危险物的能力;需进行应急培训,掌握发生突发事件后的处置程序;需严格执行安检标准,对行李全部检查,并注意行踪可疑人员,发现问题及时报城市轨道交通公安。作为乘客,为了自身和他人安全,我们应积极配合城市轨道交通入口的安检措施。在应对生化物质恐怖袭击方面,应配备检测系统,实现对源头区域的快速鉴别。在技防方面,应提高城市轨道交通站内监控系统的功能,全面实现驾驶员、调度指挥中心对车辆和站台情况的实时监控。除加大技防投入外,还应增派警察和保安人员进行城市轨道交通站内巡逻和随车巡查,以便及时发现并处置危险情况。

从发生的恐怖袭击来看,大客流车站或重要政府部门所在地附近的车站是恐怖分子袭击的主要目标,早、晚客流高峰期则是恐怖分子袭击会选择的时间段,所以要抓好关键城市轨道交通及关键时间的安全检查和控制。

(三)强化公众城市轨道交通安全意识的培养,提高反恐防范意识

乘客的安全意识对减轻城市轨道交通突发事件的损害后果有十分重要的作用。在2004年2月6日的莫斯科城市轨道交通炸弹袭击事件中,车厢内未受伤的乘客立即通过对话装置向电客车驾驶员报告,乘客发现烟雾之后立即用手边的东西保护口鼻,以防吸入毒气发生中毒。当确定可以安全离开车厢时,青壮年乘客帮助妇女和儿童下车,搀扶或抬着行动困难的乘客离开现场,从而最大限度地降低了人员的伤亡。因此,城市轨道交通主管部门应通过各种手段和媒介,宣传有关安全规定、安全知识、突发事件应对和自救逃生技能,全面打造城市轨道交通安全软环境。

没有技术能保证万无一失,众多的城市轨道交通站和每日大量的乘客也无法保证每个包裹都会得到仔细的检查。同时,恐怖分子还可能会设计某种方法来绕开安检。因此,除了要解决恐怖主义的源头外,作为乘客或车站工作人员,还应主动发现问题。正如公安部门所发布的《公民防范恐怖袭击手册》提到的:"当发现城市轨道交通车厢、站台中有无人认领的包裹、行李时,应该立即向站长或保安人员报告处理;遇到恐怖袭击时,保持冷静,服从工作

人员指挥，迅速、有序地撤出站、车。"防范意识的提高，还要借助政府专门反恐防恐机构或媒体的宣传，使人们清楚危害，清楚发生恐怖袭击后应该怎么办。

（四）案件发生后，需彻底排查，方可恢复运营

发生城市轨道交通恐怖袭击之后，最明智的做法是立即停止该城市所有其他正在运营的城市轨道交通线路，及时疏散乘客后进行排查，以防还有连环爆炸发生。在莫斯科第一起爆炸案发生后，政府没有立刻对灾难进行报道和应对，导致许多民众在不知情的情况下仍然乘坐城市轨道交通，也因此遭到了许多民间团体的批评。

通过配置安检设施，进行严密的安全检查，实行重点车站、关键时间控制，提升全体乘客防恐反恐安全意识，关注可疑人员与可疑物品，事发后能迅速正确地进行应急处置，从而大大减少惨剧的发生。

在主要地点制订紧急避难计划：恐怖袭击防不胜防，但在城市轨道交通发生恐怖袭击后，如何将损失降到最低才是关键问题的所在。因此，除了进行反恐演习外，还需要制定紧急避难计划。

项目实训　突发事件应急处置

【实训目的】

（1）掌握突发事件的类型。
（2）熟悉车站应急设备的分类和作用。
（3）熟悉电客车上应急设备的分类和作用。

【实训条件】

（1）电客车实物、车站现场。
（2）突发事件应急处理或相关安全演练视频。

【实训内容】

（1）组织学员参观电客车车上相关应急设备，了解设备作用和应用场景。
（2）组织学习参观车站相关应急设备，了解设备作用和应用场景。
（3）观看突发事件或安全相关的应急演练视频。

思考与练习

1. 简要说明突发事件的定义与分类。
2. 简述城市轨道交通突发事件应急管理的主要内容。
3. 简述城市轨道交通突发事件信息通报的内容及流程。
4. 列举城市轨道交通电客车应急设备的主要类型及主要使用范围。
5. 简述乘客逃生疏散方法。
6. 简要分析城市轨道交通恐怖袭击的危险性。
7. 简述城市轨道交通防恐的主要措施。

项目九 电客车故障应急处理与救援

学习目标

（1）掌握城轨电客车故障处理的基础知识。
（2）掌握城轨电客车故障应急处理的方法、流程。
（3）掌握城轨电客车常见故障原因。
（4）掌握城轨电客车故障应急处理。

重点难点

（1）城轨电客车故障的分类。
（2）城轨电客车故障查找判断的基本方法。
（3）城轨电客车故障处理流程和故障处理注意事项。
（4）城轨电客车各系统常见故障处理的方法和注意事项。
（5）清客作业的规则和时机。
（6）故障救援的原则和注意事项。

任务一 电客车故障处理基础

目前，城轨运输不断向着高速化、自动化、大客流的方向飞速发展，行车密度的不断增大，对城市轨道运输工作的安全性和可靠性提出了更高的要求。城轨电客车是确保城轨安全、正点、高效运行的关键设备。城轨电客车集机、电、气等为一体，并集成计算机技术、自动控制技术、网络技术等现代化技术，技术复杂、标准严格。在日常运用中，车辆各系统和设备会产生不可避免的损伤和功能障碍，轻则使电客车在运营中出现延误、清客、救援的情况，给正常的运行组织带来混乱；重则导致电客车颠覆甚至整条运营线路瘫痪，不但会使经济效益受损，还会造成极大的社会影响。

城轨电客车在使用过程中，机械部件会发生不同程度的磨损、松旷、变形、腐蚀、断裂等现象，电气部件则会发生断线、接地、烧损、绝缘老化或破损、接触器动作不良等故障。电客车运行中故障的发生具有经常性和突发性，尤其是在冲击、振动等外界因素的干扰下，故障现象呈现出多样化和复杂化的特点，给实际的排查工作带来了一定的难度。在规定时间内及时准确地分析并彻底有效地排除故障，是衡量驾驶员技术业务能力的重要标准之一。

现代化技术的应用大大提高了电客车的通行能力和运行安全，电客车自动控制系统可使电客车实现自动驾驶、全程的网络监控及电客车自动保护，从而使电客车的操纵变得简单化、流程化，同时也对从业人员提出了新的要求。一名合格的司机不仅应具备独立驾驶电客车的能力，还必须熟悉合理的故障检查顺序，掌握科学的故障处理技术，以做到故障应急处理迅速正确，确保电客车技术状态良好，充分发挥车辆的技术性能。同时，司机还应具有认真的工作精神和良好的职业道德，在不断学习和经验积累的基础上，及时正确地判断和处理车辆故障，确保电客车安全正点，延长车辆的使用寿命。

一、电客车故障的分类

（一）按系统划分

按照系统划分，电客车故障可分为机械类故障和电气类故障。

（二）按故障发生的地点划分

按照故障发生的地点划分，电客车故障可分为正线故障和库内（车辆段内）故障。其中，正线故障根据其影响程度的不同可分为以下四种：

（1）轻微故障：轻微故障不影响正常运行，电客车一般能继续维持运行，可在电客车回库后再对故障进行处理。

（2）一般故障：一般故障可能导致正线运营电客车不能正常运行，但经过短时间（4 min以内）处理，电客车可以恢复正常性能，维持运行。

（3）较大故障：运行中电客车发生较大故障导致电客车不能维持正常运行，且短时间内无法进行有效处理，需要进行清客后，退出服务进行维修处理。故障严重时，电客车自身失去动力甚至需要救援电客车牵引退出服务。

（4）重大故障：城市电客车在运营中发生脱轨、颠覆、火灾或电客车的转向架切轴、部件脱落等重大故障，导致电客车无法继续行驶运行时，需要相关部门出动救援。

（三）按照故障原因划分

按照故障原因划分，电客车故障可分为人为性故障和自然性故障。

（1）人为性故障碍。

人为性故障是由于有关人员未按操作规程操作、维护或保养不当造成的。主要原因有驾驶员违章操作、使用维护保养不良、人为损坏设备、设备欠修等。

（2）自然性故障。

自然性故障是由于环境条件恶化、材料缺陷及安装不合理等造成的。主要原因有环境条件恶化或设备老化、零部件不合格、机件装配和调整错误。

车辆发生了故障，正确分析和判别车辆故障的原因是一项重要而细致的工作，不应在弄清故障原因之前随意、盲目处理，这样不但不能消除故障，反而可能造成新的故障。

二、电客车故障处理的思路和查找技巧

（一）电客车故障处理的思路

城轨电客车运行中出现的故障具有经常性和突发性，特别是有关功能性的故障较多，其

中有的比较简单，可以手到病除，有的可能使人苦思冥想而难以排除。特别是在车辆的运行中，故障突如其来，即使有常备不懈的思想准备，如果没有坚实的故障处理基本功，也会束手无策，这就有可能贻误处理故障的最佳时机，酿成事故。因此，能在规定时间内及时、准确地分析、排除故障已经成为驾驶员技术业务高水平的标志之一。

运行中的电客车故障处理由于受到运行条件、工具配件、司机处理故障能力等方面的限制。不可能无时间限制地将电客车停在区间处理（区间应急故障处理的时间一般不宜超过3 min），应急故障处理的方式、方法应简明扼要，简便易行。

城轨电客车故障处理绝不能仅就某一故障现象而就事论事，必须懂得举一反三。解决这样的问题，应从以下两方面着手：

（1）深层次了解故障的内在规律，通过现象看本质；发散思维方式，而不是简单地搬用教条。

（2）使学习的知识简而精，注重实用性，由故障的表象推理出具体的处理步骤，把复杂的问题简单化。

为了减少电客车故障发生的频率，除了平时做好维修保养以外，司机要规范驾驶电客车，合理使用各项功能，一旦发生电客车故障，要能充分发挥自己综合分析、判断和处理故障的能力，迅速、准确地判断出故障位置。查找故障时，要按照发生故障的概率，先找那些故障率多的处所，后找故障率少的处所。按照"先易后难，先近后远，先低压后高压、先分析后处理"的原则进行处理。

（二）故障查找的技巧

在查找故障时，为了缩小查找范围，通常可采用观、听、辨等方法。

1. 观

眼睛是窗口，是获取信息的主要工具。城轨电客车车辆有故障，查找故障点是关键。通常故障发生后，都有其一定的表象，司机在查找故障时，首先应通过观察司机控制台显示屏、指示灯、制动压力仪表的显示状态及主控手柄位置，收集故障判断的最基本信息，尽可能地缩小和确定查找故障的大致范围，范围越小，其故障位置越容易被找出。

2. 听

听即听城轨电客车有无异响，听蜂鸣声，听城轨电客车操作时继电器吸合断开的声音，以及行车调度员和其他行车人员对司机进行的呼叫声等。行车过程中司机注意力不可能时刻保持高度集中，因此需要有效利用听觉器官。特别是电客车运行过程中，车辆走行部既看不到，也摸不着，因此听走行部有无异响、听蜂鸣声及继电器的动作声，对早期判断故障具有很重要的帮助，司机一定不要忽视。

3. 辨

在收集相关信息后，在大脑中还应去伪存真，辨别现象的真伪，必要时还需通过简单的操作加以辨别和进一步缩小故障的范围。

总之，通过观、听、辨，可对故障范围有一个综合的认识，利用上述方法不仅提高了司机的信心和心理素质，同时也缩短了查找和处理故障的时间。

三、电客车故障查找判断的基本方法

运行中电客车的故障处理受到运行条件、工具配件、驾驶员故障处理能力等因素的限制，故障应急处理方法力求简明扼要、简便易行。为了减小对正常运行电客车的影响，区间故障应急处理时间一般不宜超过 4 min。

查找故障时，要根据故障发生的概率，按照由高至低的顺序，检查可能发生故障的处所，并按照先易后难、先近后远、先低压后高压、先分析后处理的思路进行处理，力求迅速准确地判断故障位置。

进行故障判断时，依据电客车故障信息显示，以"一灯二屏三针四柜"为主：查看"门关好"指示灯、"所有制动施加（缓解）"灯、"断路器合"按钮、"升弓"按钮等提示灯的显示有无异常；查看 ATI 屏、HMI 屏有无故障信息条目、故障图标显示；查看双针压力表、蓄电池电压表等的指示数值是否正常；查看驾驶室电气控制柜开关有无跳闸等异常现象。

在逐步排查、处理故障的过程中，每完成一项操作后都应注意查看故障是否恢复，这样有助于判断故障产生的可能原因。

四、电客车故障应急处理基本原则及要求

运营电客车一旦发生故障，司机要充分发挥综合分析、准确判断、合理处理故障的能力，保持沉着冷静，对线路情况、电客车运行状态、故障产生的可能影响等有清醒的判断，快速做出正确处理，尽量缩短故障处理时间，最大限度地降低故障的影响程度，维护正常运营秩序。故障应急处理应遵循尽快恢复故障或者尽量减轻故障影响，并在确保安全行车的前提下尽快让电客车动起来的基本原则。

（一）故障处理的基本原则

（1）发生车辆故障时，要沉着冷静，快速地做出正确的判断和处理，尽量缩短在线故障处理时间。

（2）当出现非正常情况时，司机必须尽可能选择进站停车处理。电客车故障消失可以继续运行时必须报行车调度员后方能动车。电客车仍不能继续运行时，3 min 内司机必须请求救援，并按规定安排电客车防护和采取防溜措施。

（3）当出现超出《电客车故障应急处理指南》范围的故障时，故障原因不明且各空气断路器均在正常位置时，司机应在检调或检修中心工程师的指导下采取进一步措施。

（4）遇车载 ATC 故障需采取 URM 模式驾驶时，严格按照"行车组织规则"行车，运行中加强地面信号的确认。严格按照线路限速运行。

（5）遇非正常情况下，按照各类《非正常行车办法》执行，加强确认各行车凭证和注意事项。

（二）故障处理的基本要求

（1）及时汇报：驾驶员在正线驾驶电客车运行的过程中，应严格按照电客车时刻表规定的运行时刻操纵电客车，发生故障时，应及时查明情况并向行车调度员汇报。

（2）控制时间：城轨系统车流密集、计时精确、电客车追踪时间短，若运营期间电客车出现故障无法动车，导致正线行车中断，将对全线运营造成重大影响。司机在处理故障时，必须做好时间控制，将故障影响控制在可控范围之内。

（3）安全操作：司机在处理故障时，必须严格按照操作规范，安全合理地进行各项操作，在保证自身作业安全的同时，防止故障的进一步扩大。故障处理完毕后，应结合实际运行条件，采取合理的速度驾驶电客车。

（4）以应急为主：运营电客车发生故障时，首先应由司机进行现场处理。司机的处理要做到应急，即在有限的时间内根据实际情况消除故障对电客车继续运行的影响。同时，在没有很好的解决办法时，通过应急处理使电客车暂时维持运行。

司机应具备细致的观察能力，在操纵电客车的过程中，精力集中、全神贯注，随时注意电客车监控设备的显示信息，关注电客车外部环境的变化，做好处理突发故障的准备。

在值乘过程中司机应坚持安全导向，牢记"安全第一、预防为主"的安全理念，树立安全行车和服务乘客的思想意识，尽量将故障消除在萌芽状态，减少和消除由各种因素造成的不良后果。在故障处理过程中具备良好的应变能力，能够排除干扰，迅速处理故障，确保运行平稳、行车安全。同时，坚持乘客导向，将乘客服务作为工作的出发点，在故障发生时，尽可能地从乘客服务出发，肩负起应尽的责任。

五、电客车故障处理流程

（一）电客车在车辆段内发生故障时的处理流程。

电客车在车辆段内发生故障时的处理流程如图9-1所示。

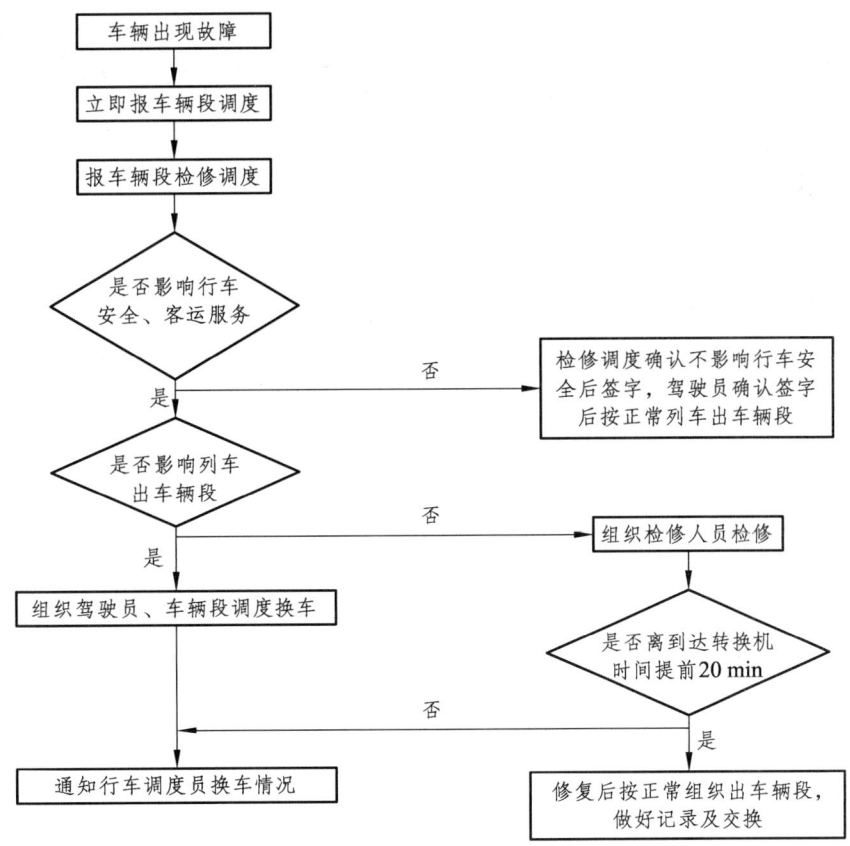

图9-1 电客车在车辆段内发生故障时的处理流程

（二）电客车在正线运行发生故障时的处理流程。

电客车在正线运行发生故障时的处理流程如图 9-2 所示。

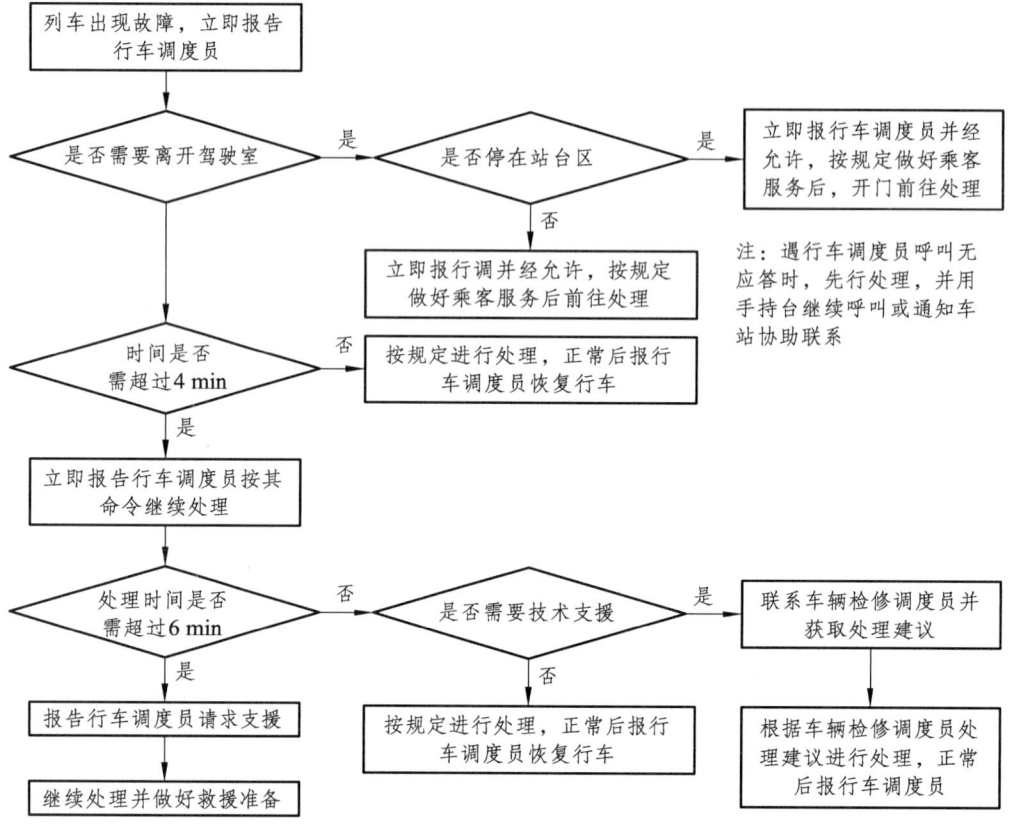

图 9-2　电客车在正线运行发生故障时的处理流程

六、电客车故障处理注意事项

目前，我国国内各城轨公司的电客车均是采用不同技术、不同厂家制造生产，各城市电客车车辆的技术参数、结构设置及相关部件的名称、符号也不尽相同，没有统一的标准，但是各城轨电客车的设计理念和思路、系统控制和构成、生产过程和环节基本一致，车辆故障的处理思路和方法也大同小异，因此在处理故障时可以按照统一的思路进行。城市电客车在故障处理时应着重注意以下几点：

（1）电客车运行中出现故障等非正常情况时，司机应尽量维持电客车运行，待进站停车后再进行处理。电客车故障消失可以正常运行时，司机必须首先报告行车调度员，得到其允许后方能动车。处理故障 4 min 后仍无法动车时，司机应通过行车调度员向检修调度员请求技术支援。4 min 后仍不能动车时，司机必须请求救援，并按规定做好电客车防护和防溜等准备工作。司机在救援准备工作完成的情况下，可以继续处理故障。若故障处理过程中衍生其他故障，必须按照其他故障对应的具体处理流程进行处理。

（2）遇车载信号系统故障需采取 NRM 模式驾驶时，司机必须严格按照"行车组织规则"的相关规定行车，电客车运行中加强地面信号的确认，严格按照限速运行。遇非正常情况，司机必须严格执行非正常行车办法，加强对行车凭证的确认，严守速度。

（3）故障处理期间，如电客车在车站停站超过 2 min，司机应做好客室广播工作，安抚乘客。若电客车停在区间，停车时应立即做好客室广播工作，并每 2 min 播放一次。

（4）发生屏蔽门故障、车门故障时，司机应先告知车站相关工作人员，再报告行车调度员，以便节省故障处理作业时间。司机离开驾驶室（切除车门除外）、降级动车（故障处理"点动"除外）、清客及救援时必须经行车调度员同意后方可执行。

（5）控制作业时间，减少对正线运营的影响。若电客车停在区间，处理故障前司机应通过广播向乘客进行信息播报。司机下车查找故障点或处理故障前应及时报告行车调度员，携带手电、手持电台、驾驶室钥匙等工具，做好防溜措施，打上止轮器，必要时申请接触网（轨）断电，注意自身安全。

（6）城轨电客车司机在值乘期间，应严格按照作业规范、依据技术标准、快速、准确地处理电客车故障。对于罕见、原因不明的故障，应申请技术支援，在检修调度员或检修中心工程师的指导下采取相应措施。遇故障无法处理或处理无效时，必须请求救援。

任务二　电客车故障应急处理方法

一、电客车故障处理方法

电客车发生故障后，司机可以利用排除法尽快处理故障，优先排除有表象的故障项，并且应根据当时电客车运行状态决定检查顺序。处理故障时，应合理使用电客车的各项功能，提高故障处理效率，减少故障处理时间，正确完成故障的应急处理。

（一）重试法

重试即再操作一次。例如，出现车门故障时，可再次按下"开/关门"按钮，尝试将故障车门再开/关一次。在司机操纵台及司机室侧墙上，均有"开/关门"按钮，操作其一无效时，可尝试操作另外一个"开/关门"。每列电客车都有首尾两个驾驶室，这两个驾驶室的功能是相同的。在前端驾驶室操作无效时，可以选择至尾端驾驶室操作。

（二）复位法

电客车监控显示屏、各种仪表和指示灯是人机交互的重要途径，司机应根据显示屏或仪表、指示灯的显示内容，确定故障发生的部位，检查有关设备有无异常。对电气控制柜内发生跳闸的空气断路器进行复位处理，或对未跳闸的空气断路器先断开后重新闭合一次，进行复位处理，即有可能恢复其功能，达到排除故障的目的。

（三）故障切除法

有些故障会直接影响电客车的驾驶性能和安全性能，遵循"故障导向安全"的设计理念，电客车设计中对于重要电路和设备均没有监控系统，任何一个环节、系统任何一点一旦检测到问题，都将采取自动导向安全的应对措施，使电客车减速或停止运行，以确保行车安全。司机必须通过故障现象准确查找故障点，如故障不能立即排除，通过切除故障设备、停止其工作的方法来维持电客车运行，以减小故障对运营的影响。

以我国城轨电客车广泛使用的 EP2002 制动系统为例，每个转向架附近安装的 EP2002 阀（网关阀、智能阀、RIO 阀）负责向该转向架提供供风管路，并控制着该转向架的制动、缓解。为了维修和切除故障基础制动装置，每个 EP2002 阀均设有一个带电触点的强迫缓解截断塞门，通过操作该塞门可以将 EP2002 阀的供风切断，切除该阀对应的转向架的空气制动，使该转向架的基础制动装置处于缓解状态。强迫缓解截断塞门的动作通过电触点可以被电客车控制系统监控。

（四）转换法

可利用车辆的备用系统或设备进行功能转换或切换。

在某些城轨车型中设有紧急牵引模式，当电客车控制系统发生网络故障时，司机控制电客车进入紧急牵引模式，可维持电客车的继续运行。进入紧急牵引模式之前，司机必须将司控器打到非牵引区（惰行或制动位），待电客车达到零速时，再将操纵台上的紧急牵引开关打到"紧急牵引"位，紧急牵引模式被激活，此时电客车仅能通过硬线控制牵引及制动系统。紧急牵引模式下，电客车限速 25 km/h。

（五）旁路（隔离）法

城轨电客车电气控制指令主要通过 DC 110 V 硬线控制电路传输，因其自动化程度高，控制指令繁多，决定了控制电路的复杂性和多节点，导致了电路故障频率较高。车辆某些设备或系统发生故障时，会影响电客车驾驶，严重时导致电客车无法运行。

旁路是设置在原电路旁边与原电路具备相同起点和终点的另外一条回路。城轨电客车的牵引电路、控制电路中一般都设有旁路开关，当故障导致某项功能无法实现时，司机必须按照故障现象严格区分故障原因，可以尝试采取短接旁路开关的方法，实现必要的功能，维持电客车运行。

城轨电客车旁路众多，主要涉及车门、警惕按钮、电客车完整性、安全回路、零速及制动等系统。当发生车门、紧急疏散门、停车制动、气制动或门锁出现故障时，经行车调度员同意后可进行旁路处理。对于旁路开关的操作，一定要仔细检查确认，慎重处理。例如，旁路停放制动或气制动时，司机必须先确认电客车制动已真正缓解后，再使用旁路制动监控电路的方法排除故障，以防事故扩大。

（六）重启法

当前，城轨电客车控制系统大量采用计算机技术及网络技术，当控制信号或通信信号发生误差时，会造成信息显示紊乱或黑屏，严重时会影响电客车某些设备的正常使用，这时可以采用重新起动电客车或起启相关设备的方法，激活故障设备，恢复电客车功能。

二、电客车故障应急处理指南

下面以城轨电客车常见典型故障应急处理方法进行介绍，其他城轨电客车的故障处置可视故障类型参考和比照进行处理。电客车运行中发生常见故障时，司机不仅需要掌握电客车构造原理知识和电客车故障应急处理指南的知识，更需要通过现场观、听、辨等方法进行有效的综合诊断，循序渐进地进行分析和排查。

下面主要围绕车辆设备重启操作法等常见的故障处理方法进行介绍。

（一）车载系统大复位的操作方法

（1）将保险开关 ATPCB（ATP 断路器）、ATOCB（ATO 断路器）、ATCCB（ATC 断路器）、RCSCB（RC 无线系统断路器）、HMICB（车辆信息显示屏断路器）断开。

（2）将 ATP 切除开关转换至切除位。

（3）等待 5 s 后，将保险开关 ATPCB、ATOCB、ATCCB、RCSCB、HMICB 合上。

（4）将 ATP 切除开关转换至正常位。

（5）等待约 60 s 后车载设备启动完毕。

（二）ATP 故障时的切除方法

（1）不用关闭司机操纵台主控钥匙。

（2）直接将 ATP 切除开关转换至分位。

（3）切除后 ATP 的电客车运行，严格按本公司的"行车组织规则"的有关规定执行。

注意：为保证车载 ATP 设备的正常使用，避免车辆启动时电流对 OBCU（车载信号系统）板件造成冲击，损坏设备，在操作"电客车激活"或"休眠旋钮"前，必须保证设备柜中的 ATPFS（ATP 故障隔离开关）处于关闭位。电客车整备作业完毕及投入运用前注意恢复 ATPFS。

（三）车载 ATP 复位的方法

（1）关闭司机操纵台主控钥匙。

（2）将驾驶端的 ATP 切除开关转换至切除位。

（3）等待 5 s 后，将 ATP 切除开关转换至正常位，约 55 s 之后驾驶端系统正常工作。

（4）开启主控钥匙（从关钥匙到开钥匙的时间间隔为 35 s，复位 ATP 需要的时间为 90 s）。

（四）车载 ATO 复位的方法

（1）将 ATO 电源保险空开断开。

（2）停 55 s 之后，合上 ATC 电源保险空开。

（3）ATO 启动之后，HMI 上 ATO 打叉消失。

注意：复位 ATO 时，车载 HMI 会黑屏，直到 ATO 单元复位完成后，HMI 才会恢复正常（复位 ATO 需要的时间为 60 s）。

（五）HMI 复位操作方法

（1）将 HMI 电源保险空开（HMICB）断开。

（2）等待 5 s 后，合上 HMICR 电源保险空开开关。

（3）等待约 60 s 后 HMI 启动完毕。

（六）无线故障后重启

（1）断开 RCSCB，等待约 3 s 后闭合 RCSCB。

（2）等待约 40 s 后车载无线单元启动完毕。

(七）驾驶台休眠重启

（1）MMI 出现黑屏、紊乱等故障需休眠重启时应先汇报行车调度员。
（2）降弓 15 s，关闭司机台主控钥匙。
（3）按休眠按钮，等待 20 s 后唤醒电客车。
（4）开司机台主控钥匙开关、升弓、信号自检后重启完毕。

任务三　电客车典型故障处理

目前，国内各城轨公司的车辆是采用不同国家的技术并由国内不同的生产厂家制造而成的，车辆的结构、设置及相关部件的名称、符号均有一定的区别，车辆常见故障的处理方法也不相同。下面以庞巴迪生产的某型车辆为例对城轨电客车常见故障的处理进行介绍，其他车型请参考和比照其进行处理。

一、一般故障的处理

（一）ATP 故障时的切除步骤

（1）不用关闭司机操纵台主控钥匙。
（2）把 ATP 切除开关转换至"分"位。
（3）把 AF04 至 AF07（电源断路器）自动开关打下。

（二）复位 ATP 的方法

（1）关闭司机台主控钥匙。
（2）把 ATP 切除开关转换至"分"位。
（3）把 4F04-4F07（电源断路器）自动开关打下。
（4）等待 3 s，然后合上 4F04-4F07（电源断路器）自动开关。
（5）把 ATP 切除开关转换至"合"位。
（6）开启主控钥匙（从关钥匙到开钥匙时间间隔为 35 s）。

（三）全自动车钩漏风的处理方法

司机通过观察发现主风压力表指针下降过快并听到全自动车钩有漏气声，应马上报告控制中心，建议到站台后检查全自动车钩，并关闭该端 B27（气路截断塞门），继续运行至前方终点站。

（四）确认电客车空气制动缓解的方法

（1）运行过程中，在非空气制动的状态下，司机操纵台空气制动缓解绿灯点亮，车辆显示屏所有"空气制动状态标志"均显示为灰蓝色。
（2）启动过程中，司机台空气制动缓解绿灯点亮，车辆显示屏所有"空气制动状态标志"均显示为灰蓝色，电客车伴有明显的排气声响。
（3）需要人工缓解单节车空气制动，必须把单节车两个空气制动的塞门（B09 开关）切除（B09 开关位于每节车 5 号座椅下方）。

（五）运行中 1 个 DCU（牵引控制单元）严重故障时的处理方法

出现此类故障时应报告控制中心，到相应车复位自动开关 2F11，如能恢复正常，则继续牵引；若不能恢复，需切除此动车，维持运营到结束服务（复位和切除可到终点站进行）。

（六）运行中 2 个 DCU 严重故障时的处理方法

出现此类故障时应报告控制中心，用主控钥匙复位或复位相应车的自动保护开关 2F11，若能恢复正常，则继续牵引；若不能恢复，则请求维持运营到终点退出服务。

（七）运行中 3 个 DCU 严重故障时的处理方法

出现此类故障时应报告控制中心，用主控钥匙复位，若能恢复正常。则继续牵引；若不能恢复，则请求到达下站退出服务。

（八）运行中 4 个 DCU 严重故障时的处理方法

若此类故障在方向手柄离开零位时出现，则检查高速断路器是否合上。若故障是由换司机室激活太快或开关司机台主控钥匙开关太快引起的，需用主控钥匙进行复位。若此故障一直出现，则报告控制中心，请求救援。

（九）显示屏出现牵引差动电流时的处理方法

出现此类故障时应报告控制中心，切除相应车的高速断路器（B 车 2F36，C 车 2F37）及 DCU（2F11），按相应的 DCU 严重故障办法处理。

（十）ECU（制动控制单元）轻微故障时的处理方法

出现此类故障时应报告控制中心。若 6 节车同时出现故障，则用主控钥匙复位，一般可恢复正常；若单节车出现故障，则用主控钥匙或 MCB 自动开关复位；若此故障一直存在，则报告 OCC 电客车可继续运营。

（十一）1 个 ECU 中等故障时的处理方法

出现此类故障时应报告控制中心，并检查故障车气制动能否施加和缓解。若故障车能进行气制动，则维持运营；若不能，则请求切除故障车 B09（强迫闸瓦缓解塞门），请求以 SM 模式限速 60 km/h 运营到终点退出服务。

（十二）2 个或 3 个 ECU 严重故障时的处理方法

出现此类故障时应报告控制中心，切除故障车 B09，请求以 SM 模式限速 30 km/h 运营到下站退出服务。

（十三）1 个空压机故障时的处理方法

司机确认显示屏显示 1 个空压机故障，并观察空气压缩机泵风时间，如主风缸压力指针上升较慢，立即报告控制中心，检查 A 车电气柜中相应的空气压缩机自动开关 3F10、3F11。若跳闸则复位，继续运营；若复位不了或没跳闸，则请求运行到终点时退出服务口。

（十四）2 个空压机故障时的处理方法

司机确认显示屏显示 2 个空气压缩机故障且无其他故障显示，若观察到主风压力小于 7.5 bar、空气压缩机不工作、主风缸压力不上升，则立即报告控制中心，检查 A 车电气柜中空气压缩机自动开关 3F10、3F11。若跳闸则复位，继续运营；若复位不了或没跳闸，则请求到下站退出服务。

（十五）2 个转向架制动封锁的处理方法

（1）若是在切除该节车 B09（强迫闸瓦缓解塞门）后出现制动封锁，则在结束服务后复位对应的 B09。

（2）若是牵引指令太小而出现制动封锁，则将主控手柄回零位，重新牵引。

（3）若是相应车的 2F40 跳闸，则复位；若复位不了则切除相应车的 B09，报行车调度员，打开"气制动旁路"和"停车制动旁路"开关，以 SM（限速）模式限速 60 km/h 运营到下站退出服务。

（十六）显示屏显示"另一单元没有有效信号"时的处理方法

立即报告控制中心，建议到达前方终点站后复位另一端的 4F01，维持运行并随时监视司机操纵台上气制动施加、缓解灯和车门指示灯状态，一旦发现异常则报告控制中心下站退出服务；若正常则运营到终点站后，对另一端 4F01 进行复位，复位后若恢复正常，则继续运营；若不能恢复正常，则报告控制中心建议退出服务。

（十七）车载无线电台故障时的处理方法

司机应检查并复位无线电台开关 4F03（无线电台断路器）一次（由于设备原因，只能复位一次），若能恢复正常，则把情况报告控制中心；若不能恢复正常，则到站后把情况报告车站，请求电客车到达下一站时，由车站借无线电手机给司机，继续运营，并把情况报告控制中心。

（十八）打开主控钥匙开关后显示屏出现 ATP/ATO 通信中断信息和符号时的处理方法

（1）关闭司机台主控钥匙开关，检查 4F04、4F05、4F06、4F07（信号系统断路器）和 ATP 切除开关是否闭合，若没闭合则闭合后再打开主控钥匙开关，若恢复正常则报告控制中心，继续运营。

（2）若故障出现时 4F04、4F05、4F06、4F07 和 ATP 切除开关都闭合，则进行复位（复位 ATP 切除开关或复位 4F04、4F05、4F06、4F07），再打开主控钥匙开关，若恢复正常，则报告控制中心，继续运营。

（3）若复位后不能恢复正常，则报告控制中心，经控制中心批准后以 URM 模式驾驶至终点站退出服务。

（十九）电客车在运行中产生紧急制动并显示 ATP 通信中断信息和符号的处理方法

关闭司机台主控钥匙开关，对 4F04、4F05、4F06、4F07（信号系统断路器）或 ATP 切除开关进行复位，再打开控制台，若恢复正常，则报控制中心，继续运营；若故障仍存在，则报告控制中心，经控制中心同意后以 URM 模式驾驶至终点站退出服务。

（二十）电客车在折返站停稳后约 10 s 无 AR（折返）信息的处理方法

（1）报告控制中心，关闭清客一侧车门，关闭主控钥匙开关。

（2）到另一端驾驶室对 4F04、4F05、4F06、4F07（信号系统断路器）或 ATP 钥匙开关进行复位后，打开控制台。

（二十一）电客车在换端后打开主控钥匙开关 AR 灯仍闪烁的处理方法

报告控制中心，关闭客室门后，关闭主控钥匙开关，对 4F04、4F05、4F06、4F07（信号系统断路器）或 ATP 切除开关进行复位后，再打开主控钥匙开关。

若故障仍存在，则报告控制中心，按控制中心指示执行。

二、车门故障处理

（一）故障车门已关闭但车门灯闪烁的处理方法

电客车在站关门时发现某个车门黄灯闪烁，马上重新开、关门一次，观察能否恢复正常。若能恢复正常则确认站台安全、进路正常后动车；若不能恢复正常，做好乘客广播并报告行车调度员。确认故障车门位置后，司机带上钥匙进入客室把故障车门切除。在关门情况下切除车门，司机必须认真确认故障切除的车门机械锁好，切除指示灯红灯亮。切除完毕，从其他车门下车，回到驾驶室，司机关车门。确认站台安全、进路正确后动车并报告行车调度员。

（二）故障车门未关闭时的处理方法

（1）打开车门上方的盖板。

（2）拉下紧急解锁手柄（红色解锁手柄），使车门驱动风缸排气。

（3）把车门推至易操作位置，取下驱动风缸活塞杆端部的卡簧。

（4）用力将活塞杆向上提起，使活塞杆与左门页分离，将卡簧装回活塞杆端部。

（5）将紧急解锁手柄完全打回原位、用手将两门板关闭。

（6）确认锁钩完全把两门页锁好（此时锁钩处于水平位置），用方孔钥匙切除该车门，确认门盖关上。

（三）开门时一节车门不能打开的处理方法

保持其他车门打开状态，到故障车检查 8F09/8F10、8F05/8FO6、8F03/8F04（车门系统相关断路器）是否跳闸，若是则复位，关门动车后报行车调度员，若不是则按行车调度员的指示执行。

（四）关门时所有车门上方指示灯灭但有一节车外侧墙运行状态灯黄灯亮的处理方法

（1）马上重新开、关门一次，观察能否恢复正常，若能则确认站台安全、进路正常后动车。

（2）若不能恢复正常，做好乘客广播并报告行车调度员。到故障车用手拍打车门，确认能否恢复正常，若能恢复正常则返回驾驶室，动车后报行车调度员。

（3）若还不能恢复正常，则确认全部车门关好，返回司机室报行调旁路车门动车（ATP 模式下按下"强行开门"按钮，URM 模式下打车门旁路）。

（五）关门时外侧所有车门指示灯和运行状态黄灯灭但司机室相应侧关门指示灯不亮的处理方法

（1）马上重新开、关门一次，观察能否恢复正常，若能恢复正常则确认站台安全、进路正常后动车。

（2）若不能恢复正常，做好乘客广播并报告行调。带上钥匙，保持车门打开。到故障车检查自动开关 8F09/8F10 是否跳闸，是则复位，关门动车后报行调。

（3）如自动开关没跳闸，则确认所有车门已关好后报行调，旁路车门后动车。

（4）若电客车到达下一站后仍出现此现象，则司机在确认车门关好的情况下，旁路车门后动车，并报告行调，建议到终点站退出服务。

（六）整电客车门打不开时的处理方法

（1）观察相应侧开关门灯是否亮，若亮则人工开门，若人工开门按钮不能打开，则报告行调操作 8K07/8K08（旁路开门开关）开门。

（2）若开关门灯不亮，观察 8F01（车门电源断路器）是否跳闸，若是则复位，手动开门；若不是则操作 8K01/8K07、8K02/8K08（旁路开门开关）开门。

（3）若关门灯亮，开门灯不亮则按下"强行开门"按钮给出开门信号，再人工开门。

（4）若按下"强行开门"按钮，仍不能给出开门信号，则报告行车调度员，建议分断 ATP 再人工开门；若切除 ATP 仍不能打开车门，则报告行车调度员操作继电器开门。若操作继电器仍不能打开车门，则建议换端开门，或手动逐个拉门或按行车调度员的指示执行。

（七）整电客车门不能关闭时的处理方法

（1）将工作状态（2S11-车门开关模式）置于手动开门位，手动关门。

（2）关闭主控钥匙开关关门。

（3）电客车折返时有可能是 4K03 扣死，这时可到北端将 8F01 打下再到南端按下"关门"按钮关门后，旁路车门维持运营。

（八）车门紧急解锁的处理方法

（1）电客车在车站停车车门关闭后出现车门紧急解锁的处理。司机做好临时停车广播，并将情况报告行车调度员及车站。司机再次打开车门、屏蔽门，通过显示屏确认发现紧急解锁的车门编号，并记录在手账上，播放临时停车广播后，司机带上钥匙及手持台到现场处理。

司机到达解锁车门，大概了解现场情况后（非站台侧车门解锁，司机与车站人员共同确认无乘客掉下轨道）恢复解锁车门，回司机室确认显示屏显示车门正常，司机关屏蔽门、车门后，确认"门全关闭灯"亮，车站人员确认该车门关闭后向司机显示"好了"信号，动车后将情况报告行车调度员。

（2）电客车在区间出现车门紧急解锁的处理。司机发现车门紧急解锁，若在 IATP 保护下电客车将产生 100%常用制动。电客车在区间停车后，做好乘客广播，并将情况报告行调。司机通过车辆显示屏确认发生紧急解锁的车门编号，并记录在手账上。确认现场没人进入隧道后，将解锁车门复位。司机返回司机室确认显示屏显示车门正常，确认"门全关闭灯"亮，动车后将情况报告行车调度员。若在 NRM 模式下运行，仅当电客车启动后运行距离不大于 60 m 且速度不大于 75 km/h 时，立即产生紧急制动，否则电客车不产生制动。若电客车不产生制动则维持电客车进站处理。司机监视电客车 CCTV 显示。做好乘客广播，并将情况报告行车调度员。通过显示屏确认发现紧急解锁的车门编号，并记录在手账上。电客车进站后，及时打开车门、屏蔽门，同时报车站。播放临时停车广播后，司机带上钥匙到现场处理。确认现场没人进入隧道后将解锁车门恢复。司机返回司机室确认显示屏显示车门正常，关屏蔽门、车门后，确认"门全关闭灯"亮，车站人员确认该车门关闭后向司机显示"好了"信号。动车后将情况报告行车调度员。其他要求具体参见"电客车故障处理"。

（九）车门切除"五部曲"

（1）一关：手动把故障车门关上，将车门的两门叶推至完全关闭状态，两门叶之间无缝隙。

（2）二切：用方孔钥匙将车门切除开关转换至切除位，车门切除指示红灯亮。

（3）三推：用力反方向推门，确认车门打不开。

（4）四贴：车站在故障车门张贴"此门故障暂停使用"的告示。

（5）五好：司机回到司机室按规定程序关门，确认站台显示"好了"信号。

司机必须确认"门全关闭灯"亮，车辆显示屏车门状态显示正确，进路防护信号正确开放后动车，并报告行车调度员。

（十）主要车门故障现象

（1）切除车门后，外侧墙灯和关门灯正常，显示屏显示"车门故障"。

（2）拉下手柄后，车门指示灯、外侧墙灯亮，车门关灯不亮，显示屏显示"车门紧急解锁"。

（3）车门打开后，车门指示灯、外侧墙灯亮，关门灯不亮，显示屏没显示。

（4）8F09/8F10 跳闸后，关门灯不亮，显示屏显示"车门故障"，关门时继电器有响声。

（5）8F03/8F04、8F05/8F06 跳闸后，各种显示正常。

三、制动类故障处理

（一）司机室内停车制动缓解灯绿灯不亮的处理方法

（1）按"试灯"按钮试验，若停车制动缓解灯不亮而灯泡未烧，则做停车制动试验，观察外侧墙停车制动状态指示灯的状态。若有一节车侧墙蓝灯亮，则报告行车调度员，建议到故障车检查 2F38（单车制动系统电源断路器）自动开关是否跳闸。若是则复位并回司机室做停车制动施加、缓解试验，缓解故障车的停车制动。若侧墙蓝灯全灭，则先按制动施加按钮，再按制动缓解按钮。确认所有蓝灯灭，副台缓解绿灯亮则动车。若副台绿灯不亮，则报告行车调度员，建议打停车制动旁路到终点站退出服务。

（2）若故障车 2F38 无跳闸或复位不成功，故障车的停车制动仍不能缓解，则报告行车调度员到故障车操作 B09（强迫闸瓦缓解塞门）缓解故障车的停车制动。若仍不能缓解，则报告行车调度员切除故障车的 B09，用螺丝刀撬故障车的停车制动缓解环，缓解故障车的停车制动。确认所有停车制动缓解后，报行车调度员操作停车制动旁路动车。

（二）运行中产生紧急制动后显示屏显示紧急制动信息并伴随受电弓降下的处理方法

（1）马上报行车调度员，同时通过广播安抚乘客。按"升弓"按钮升弓，若能升弓并缓解紧急制动则继续运行。

（2）若仍不能升弓，则检查"紧急"按钮是否被按下，若是则复位，恢复升弓后继续运行。

（3）若紧急按钮正常则检查操纵端 A 车自动开关 2F01、2F04（升弓开关）等是否跳闸，若是则复位，升弓后继续运行。

（4）若操纵端 A 车无自动开关跳闸，则把 3S01（升弓控制电源）重新置合位再升弓。

（5）若仍不能升弓则报告行车调度员，建议到两个 C 车检查 9F01（单车升弓控制）是否跳闸，若是则复位，重新激活 3S01 后升弓动车。

（6）若仍不能升弓则报告行车调度员请求救援。

（三）运行中产生紧急制动后显示屏显示紧急制动信息但受电弓未降下的处理方法

（1）观察显示屏运行中是否出现 RM 和红色掌印的图标，是否能按 RM 按钮缓解。若能则动车后报告行车调度员。

（2）若运行中显示屏显示 ATP 打叉的符号，则复位 ATP 成功后以 RM 模式动车。

（3）若紧急制动仍不能缓解，则检查操纵端 A 车 2F05 自动开关是否跳闸，若是则复位，动车后报告行车调度员。

（4）若紧急制动仍不能缓解，则报告行车调度员，建议切除 ATP 以 URM 模式运行，到终点站退出服务。

（5）若紧急制动不能缓解，则建议换端或按控制中心指示执行。

（四）某节车气制动不能缓解且显示屏无故障显示的处理方法

若电客车启动后 3~5 s 时出现 4 个 DCU 轻微故障，司机台气制动缓解灯不亮，电客车失去牵引力，然后自动停下，司机应马上报行车调度员，分主断路器做气制动试验，观察外侧制动状态灯的显示。主控手柄在牵引位时，发现有一节车的气制动施加灯一直亮，司机报告行车调度员，建议到故障车切除该车 B09。切除该车 B09 后，观察该车外侧气制动缓解灯是否亮，若亮则报告行车调度员，以 SM 模式限速 60 km/h 运行。若切除该车 B09 后，该车外侧气制动缓解灯不亮，主控手柄在牵引位司机操纵台气制动缓解灯也不亮，则报告行车调度员，建议操作"气制动旁路"以 SM 模式限速 60 km/h 运行到终点站退出服务。

（五）某节车外侧墙运行状态灯绿灯和红灯同时亮的处理方法

（1）若在车站发现此情况，司机报告行车调度员，分主断做气制动试验。

（2）在施加和缓解试验时分别观察故障车外侧的制动状态灯的显示情况。

（3）若在缓解试验时，故障车外侧墙运行状态灯绿灯和红灯同时亮，司机操纵台气制动缓解灯不亮，则报告行车调度员切除故障车 B09。

（4）若在施加试验时，故障车外侧墙运行状态灯绿灯和红灯同时亮、则报告行车调度员切除故障车 B09。

（5）若在施加试验时，故障车外侧墙运行状态灯红灯亮，绿灯不亮，以及在缓解试验时故障车外侧墙运行状态灯绿灯和红灯同时亮，司机台气制动缓解灯绿灯亮，则报告行车调度员继续运行。

（六）电客车产生 2.6～2.8 bar 的制动气压不能缓解、显示屏无故障显示、司机室各指示灯正常的处理方法

（1）将方向手柄回零位，5 s 后再推向前，重新启动，若恢复正常则报告行车调度员。

（2）若仍不能缓解，则检查操纵端 A 车 2F05（制动控制总断路器）自动开关是否跳闸，若是则复位，动车后报告行车调度员。

（3）若操纵端 A 车 2FC5 自动开关未跳闸，则报告行车调度员，并通过广播安抚乘客。关闭主控钥匙开关，30 s 后打开主控钥匙开关，观察能否恢复正常，若能则动车后报告行车调度员。

（4）若仍不能恢复正常，则报告行车调度员，建议清客后换端试验或按行车调度员的指示做好被救援的准备。

（七）电客车起动时出现 1.5 bar 的制动气压不能缓解且显示屏显示 4 个 DCU 中等故障的处理方法

（1）分主断做气制动试验，观察气制动能否缓解。若能缓解，则合主断再牵引，若能动车则动车后报告行车调度员。

（2）若分主断做气制动试验时气制动可缓解，合主断时气制动不能缓解，则报告行车调度员并做好乘客广播，按"关门"按钮一次，再重新启动，若能动车则动车后报告行车调度员。若仍不能动车则关闭钥匙开关，再重新启动，能动车则动车后报告行车调度员。若仍不能动车则报告行车调度员，建议清客后换端或按行车调度员指示等待救援。

（3）若分主断做气制动试验，保压制动也不能缓解，则检查车门是否关好，疏散门是否锁好，停车制动是否缓解，警惕按钮是否作用良好，主风压力是否大于 7 bar。若有一个不正常则按相应的故障处理。若以上检查全部正常，则报告行车调度员，建议操作"停车制动"旁路，若能动车则动车后报告行车调度员。若仍不能动车则关闭主控钥匙开关，再重新启动，若能动车则动车后报告行车调度员。若仍不能动车则报告行车调度员。建议清客后换端试验或按行车调度员的指示等待救援。

（八）电客车启动时出现 1.5 bar 的制动气压不能缓解且显示屏显示 DCU 中等故障，司机室内停车制动施加、缓解灯不亮，气制动施加、缓解灯不亮，其他指示灯显示正常时的处理方法

（1）观察显示屏是否有"主风压力小于 6 bar、转向架 1 制动封锁、转向架 2 制动封锁"的信息和有一节车外侧运行状态灯红、绿、蓝灯都不亮，有则初步怀疑是相应车的 2F40 自动开关跳闸。报告行车调度员到故障车复位 2F40（在站内，把车门打开，从站台前往处理；处理时注意观察故障车外侧运行状态灯的显示），复位后正常则继续运行。若故障车 2F40 无跳闸或复位不成功，则切除故障车的 B09，报告行车调度员，建议操作"停车制动"旁路，以 SM 模式限速 60 km/h 运行到终点站退出服务。

（2）若显示屏无故障显示和外侧运行状态灯显示正常，则初步怀疑是后端 A 车的 2F30 自动开关跳闸。报告行车调度员后到后端 A 车检查 2F30 自动开关是否跳闸，若是则复位，动车后报告行车调度员。若后端 A 车 2F30 自动开关未跳闸或复位不成功，则确认所有停车制动缓解（外侧所有蓝灯灭）后报告行车调度员，建议操作"停车制动"旁路，做气制动试验。若观察到外侧气制动缓解灯绿灯全部亮则报告行车调度员，建议操作"气制动"旁路，动车后到终点站退出服务。

（九）电客车起动 3～5 s 后显示屏出现 4 个 DCU 轻微故障，显示屏无其他故障显示，司机室气制动缓解灯不亮时的处理方法

（1）马上停车并报告行车调度员，同时通过广播安抚乘客。

（2）分主断做气制动试验，观察外侧运行状态灯的显示，在缓解试验时观察是否所有绿灯亮，是则报告行车调度员，建议操作"气制动"旁路，动车后到终点站退出服务。

（3）分主断做气制动试验，如在缓解试验时观察到有一节气制动缓解灯绿灯不亮，则报告行车调度员，建议到故障车切除 B09。如故障车切除 B09 后外侧绿灯亮，则报告行车调度员以 SM 模式限速 60 km/h 运行到终点站后退出服务；如故障车切除 B09 后，外侧绿灯仍不亮，则确认其他车气制动缓解后报告行车调度员，建议操作"气制动"旁路，以 SM 模式运行至终点站退出服务。

四、牵引系统类故障处理

若电客车在启动时气制动可缓解但无牵引力，且显示屏显示 4 个 DCU（牵引控制单元）中等故障，DCU（牵引控制单元）如图 9-3 所示，司机可进行如下处理：

（1）司机马上转换 SM 模式/人工驾驶，观察能否恢复正常，若能则继续运行并报告行车调度员。

（2）若故障不能恢复，则检查操作端 A 车的 2F10 自动开关是否跳闸，若是则复位，动车后报告行车调度员。

图 9-3　DCU（牵引控制单元）

（3）若操作端 A 车的 2F10（牵引控制总断路器）自动开关未跳闸，则报告行车调度员，通过广播安抚乘客。关闭主控钥匙开关，再重新牵引，若正常则继续运行。

（4）若仍不能恢复正常，则报告行车调度员，建议清客后换端做动车试验，若能动车则报告行车调度员退行或推进运行。若换端做动车试验仍不能动车，则报告行车调度员请求救援。

五、安全疏散门故障时的处理方法

（1）电客车在运行中，出现疏散门指示灯闪烁的情况时，一般为疏散门中间行程开关 7S05 接触不良，这时可通过手动操作观察是否有牵引力。

（2）电客车在运行中，若疏散门指示灯亮，但显示屏没有"疏散门未锁"字样，判断为 7K06（行程开关）烧坏。确认两端疏散门是否锁好后，报行车调度员操作疏散门旁路。

（3）若显示屏出现"疏散门未锁"字样，先确认两端 7F01（电源断路器）是否跳闸。确

认两端疏散门锁好，报行车调度员打疏散门旁路，听从行车调度员指示。运行中注意车状态及仪表的显示。

（4）若在区间运行时出现疏散门指示灯亮的情况，则报行车调度员直接打疏散门旁路，转换为 SM 模式运行到下站处理。

（5）若出现疏散门指示灯亮及显示屏有显示，则确认疏散门锁好。

六、显示屏故障时的处理方法

若显示屏显示不正确或黑屏、白屏，则报告行车调度员，运行至下一站或终点站复位。若复位成功则继续运营；若复位无效则检查并随时监视司机操纵台上气制动施加、缓解灯和车门指示状态，若有异常则运行至下一站清客并退出服务，若正常则请求到终点站退出服务。

若另一单元无有效信号，则报告行车调度员，建议到终点站复位。运营中监视司机操纵台上气制动施加、缓解灯和车门指示状态。若有异常则运行至下一站清客，退出服务；若正常则请求到终点站后到后端检查 4F01 是否跳闸，是则复位。显示屏信息如图 9-4 所示。

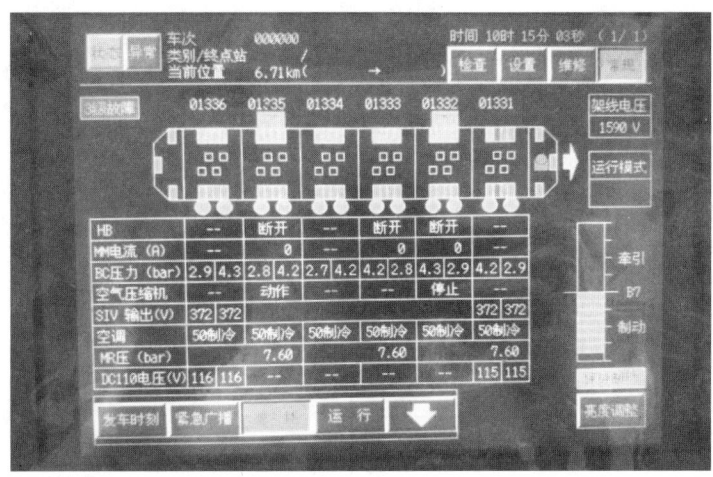

图 9-4　显示屏

七、典型电气设备控制原理图

（一）空气压缩机

空压机的主要作用是为电客车提供风源，其控制由 380 V 50 Hz 的三相交流电机驱动，由 4 架防振橡胶悬挂在车体上。从压缩机供给的压缩气经过具有可挠性特氟隆软管输送到车辆上搭载的管路，特氟隆软管可以吸收压缩机机组上所产生的运动。滤油器、油面观察孔、滤气器均集中装配于空气压缩机侧面，以便于维修保养。空压机的电气控制原理图如图 9-5 所示。

（二）受电弓

受电弓是城轨电客车的受流装置，其主要通过升弓动作接触到接触网上，把 DC 1 500 V 的直流电供给城轨电客车使用。一般受电弓安装在动车，一列编组的电客车设有两台受电弓，平时均为同步工作。目前，靠气囊驱动的受电弓应用相对较多，主要电气控制原理为控制电路通过控制升弓电磁阀从而控制升弓气源的供给和排出，受电弓控制原理图如图 9-6 所示。

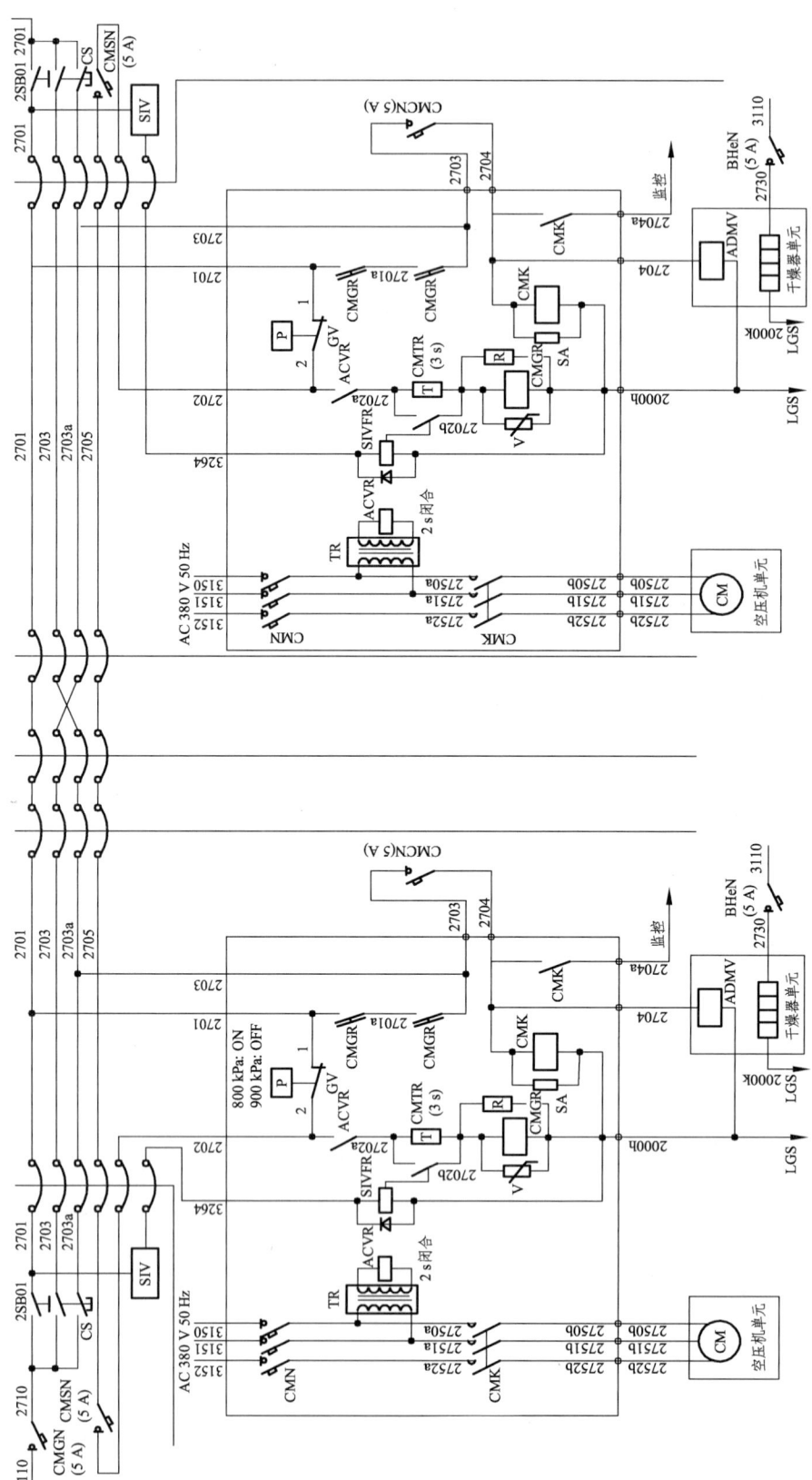

图 9-5　空压机电气控制原理图

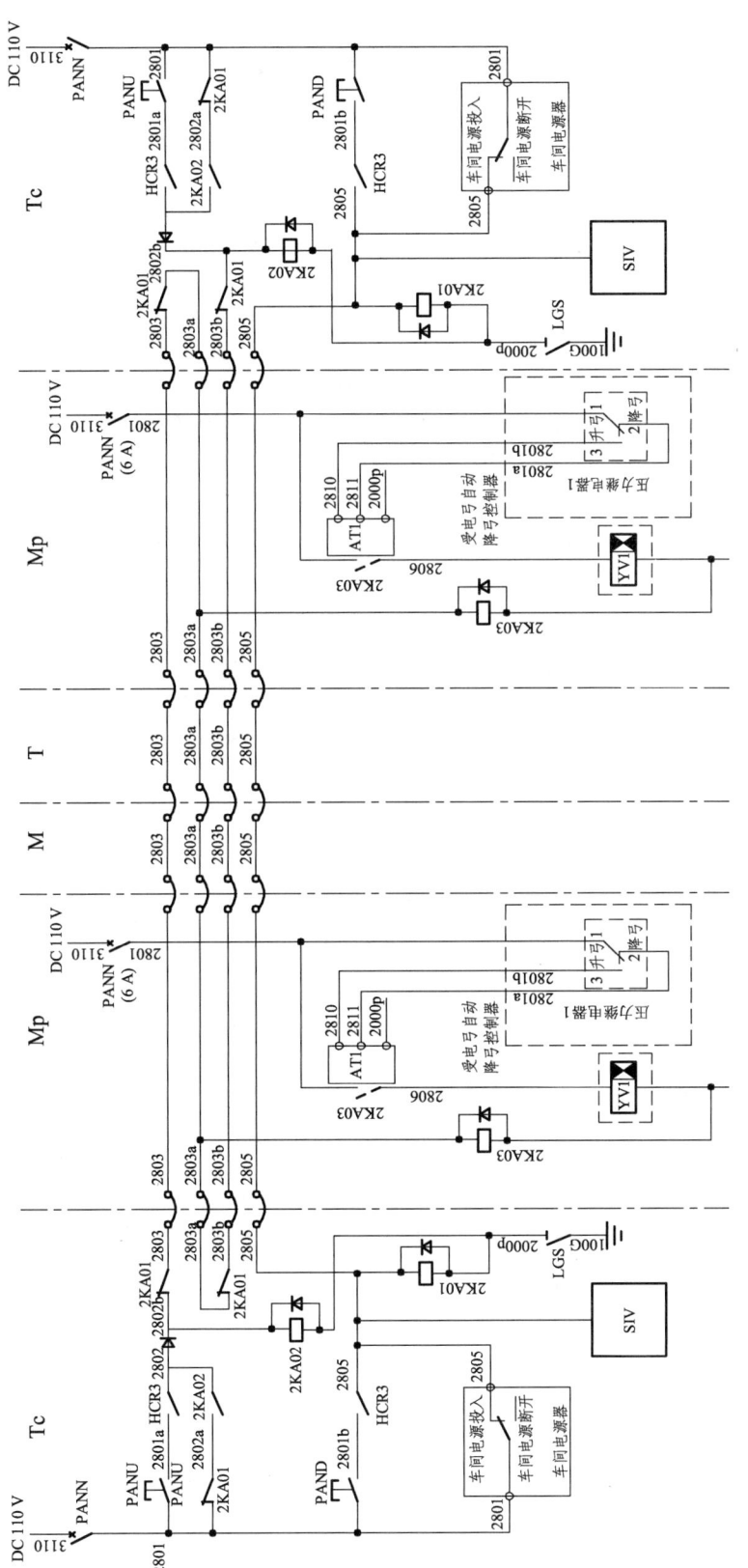

图 9-6 受电弓电气控制原理图

任务四　电客车清客与救援

一、清客作业

当城轨运营电客车因特殊原因不能继续正常载客运营时，城市城轨电客车司机需要在行调人员的指挥与配合下完成清客作业。

（一）清客的概念

清客是城轨电客车运营过程中，行车调度人员向城市城轨电客车司机和城轨车站工作人员发出指令，强行让处于不能继续正常运行电客车中的乘客在非目的地就近下车，乘客在非个人意愿的情况下被迫离开电客车，在站台重新等候下一趟电客车，或直接离开车站改乘其他交通工具到达目的地。清客分为计划性清客和非计划性清客。

计划性清客是指在乘客上车前就知道本次城市城轨电客车运行服务的终点站，需要清客后进行折返或退出服务。计划性清客的特点是乘客事先知情。

非计划性清客是指电客车运行中，由于设备故障原因或发生突发事故、故障等，导致电客车无法继续运营而需要清客退出服务的，或者由此引起需要使用降级运营以保持有限度的客运服务而采取的必要电客车调整措施。非计划性清客的特点是乘客事先不知情。引起非计划性清客的原因可能是电客车在运营中发生设备故障、突发意外情况（如火灾、电客车脱轨等）、降级运营组织（如临时采用小交路运行）。

（二）清客作业规则

清客作业是城轨运营应急处理和降级运营时的重要调整手段，处理不当不仅会引起乘客的投诉，影响城轨的服务品牌形象，更与城轨"安全第一"的运营宗旨相悖。因此，清客作业必须遵循一些既定规则，以便降低该作业中存在风险出现的概率。

1. 清客授权

清客前必须获得行车调度员的授权，除非在非常紧急的情况下或接触轨（接触网）发生故障导致电力中断，致使乘客安全受到威胁或司机与控制中心无法通信。

2. 清客地点

在条件允许的情况下，城轨司机应尽可能将电客车驶到下一站或指定的站台进行清客，避免在区间清客。若清客作业在站台进行，人员直接从站台疏散，不需进入轨道区间，则不用关断牵引电流；若线路在区间清客且采用接触轨供电，在清客前，行车调度员必须通知电力调度员关断清客区间的牵引电流。

3. 清客人员和装备

在没有车站员工协助的情况下司机不得开始清客，除非情况极度紧急（如乘客安全受到威胁）或牵引电流发生故障导致环境迅速恶化。值班站长在接到行车调度员关于清客的通知后，应指派一名车站员工到电客车现场执行清客程序，并且应最少由一名员工陪同前往，即至少应有两名车站员工协助司机进行清客。协助清客的员工应尽可能带上手提灯、扩音器和手持电台（无线电对讲机），任何地铁员工或乘客进入隧道前，必须确保隧道灯是点亮的。有些地铁线路设计中当电客车在隧道停止超过 120 min 时，隧道内的鼓风扇会自动启动。在隧道内清客期间，为确保乘客安全，必须将鼓风扇关掉。

4. 清客注意事项

何时开始清客是很重要的决定，尤其是在紧急情况及车上环境急剧恶化的情况下。行车调度员与司机必须根据当时的情况采取适当行动，以确保乘客及员工的安全。

行车调度员需根据司机报告的现场情况，慎重考虑以下情况，以决定是否需要清客：事故的成因、车厢内的情况、电客车何时能恢复行驶、乘客的安全、任何其他相关的因素。

若停下的电客车上情况恶劣，则行车调度员可以授权司机在车站人员抵达前紧急清客。但必须注意的是，何时开始清客是由行车调度员决定的。

乘客下车后，司机或车站人员应指挥乘客利用清客后停定的电客车作为保护，朝正常的行车方向步行前往下一站。如果电客车与前方车站距离太远或情况极度紧急（如停在区间的电客车失火或冒烟），可前往行车调度员指定的其他站台。为防止乘客偏离清客路线或被障碍物绊倒，必须安排员工驻守在道岔及交叉口、隧道口和其他有潜在危险的地方。

在区间进行清客期间，行车调度员须安排乘客下车后途经的轨道不得行车，乘客可经由隧道门或交叉口进入的轨道，行车限制持续有效至完成清客，并证实所有乘客已撤离轨道。若非情况紧急，伤残人士（如轮椅使用者）应留在车厢内，待电客车驶到安全位置再下车。司机得知车上有伤残人士，必须向行车调度员报告。如需立即救出伤残人士，必须迅速通过行车调度员通知紧急救援人员。

需要特别注意的是，必要时可调派额外人手或自愿协助的乘客陪同伤残人士留在车上。下车乘客抵达指定车站时，须由员工指示沿站台两端的台阶前往站台，以便加快乘客撤离轨道的速度。

5. 清客后的程序

城市城轨电客车完成清客后，相关车站必须安排两名车站人员巡查所有下车乘客可能经过的轨道区段。两名员工必须按正常行车方向，由后方车站走至前方车站，确保区间内已无任何乘客或障碍物，然后向出发车站的值班站长汇报巡查结果。若电客车迫停在两个车站之间而空调没有运作已达 10 min 时，司机必须通过广播指示乘客打开紧急通风窗，改善通风情况。打开紧急通风窗后的电客车仍可继续载客，而行车调度员应在某一个适合的车站安排车站员工关好紧急通风窗。

（三）清客时机

为防止线路堵塞，遇下列情况之一，应及时清客：

（1）电客车故障，无法安全运行或需要救援时。

（2）由于车辆故障，如主回路一级故障、电客车中 1/2 车辆失去牵引力、制动一级故障、两辆以上失去制动力等，电客车最高速度为 40 km/h 及其以下时。

（3）电客车内发生火灾、爆炸或出现不明物危及乘客安全时。

（4）电客车中有一辆及以上整侧车门打不开，或全列中 1/2 车门打不开时。

（5）关门后，车辆外侧墙门灯不亮或外侧墙门灯显示正常，驾驶室关门灯不亮，制动无法缓解，且司机处理后需切除关门旁路及 ATP 才能恢复行车时。

（6）担当救援电客车时。

（7）由于 ATP 故障不能保证切除 ATP 能安全运行至终点站时。

（8）临时安排，公安请求时。

（四）清客时各主要岗位的工作职责

1. 行车调度员的工作职责

（1）行车调度员向司机和相关站值班站长、综控员发布关于清客的调度命令后，应当对线上电客车的行车组织方式进行降级，停止即将清客的轨道、乘客离开车厢后可能途经轨道的电客车运行。

（2）行车调度员组织完相关电客车的运行后，告知司机清客的方向和清客时间，司机应维持手持电台的正常运作，前往即将清客的一端候命，在车站员工抵达后即可开始清客。如果需要与电力调度员联系，关断牵引电流。

（3）向有关的值班站长确认电客车准确停车位置，指示他们在何处清客，在电客车哪一端清客，并要求做好相关的乘客安全保护措施。

（4）在收到司机或/和值班站长关于清客完毕的报告后，行车调度员与司机确定是否所有乘客已离开车厢，是否有伤残人士留在车上；与值班站长确定所有乘客是否已撤离车厢及轨道。然后要求值班站长派员徒步巡视各轨段，并确定轨段已畅通无阻。

（5）在接获值班站长关于轨道已畅通的通知后，指示电力调度员给接触轨送电，指示司机将电客车驶往下一站（具体驾驶模式视情况而定）。然后按实际情况，恢复运营线路的正常运作。

2. 值班站长的工作

值班站长在接到行车调度员关于清客的命令后，与行车调度员确定 ATS 控制台上显示的所有被停止电客车的正确位置、在何处清客、在电客车哪一端清客、牵引电流已关断（如有必要）及其他需要进行的安全保护措施。

（1）按情况需要，安排关掉鼓风扇，确保隧道灯都点亮。

（2）指派一名车站人员负责执行清客程序，并指示至少一名员工陪同前往电客车现场。

（3）根据情况需要，加派员工前往任何有潜在危险的位置，提醒乘客注意安全，在清客范围内协助引领乘客，引导离开车厢的乘客经站台两端的台阶前往车站。

（4）在接到执行清客程序的车站员工关于所有员工和乘客已离开轨道的通知后，向行车调度员报告。

（5）在接到行车调度员要求轨道巡查的通知后，安排一名车站员工在站台前方端墙示意危险手信号，另安排两名车站员工步行前往下一个车站，以确定该区间畅通无阻。

（6）每确定一段指定轨道畅通无阻后，向行车调度员汇报。

3. 司机的工作

司机在接到行车调度员关于清客的命令后，首先应当定时通过广播系统向乘客发放有关消息，安抚乘客情绪，观察乘客的状况，有异常立刻向行车调度员报告。在等待清客开始的过程中，若电客车停止在隧道内而空调没有运作已达 10 min，司机必须通过广播指示乘客打开紧急通风窗，以改善车厢内的通风情况。

根据当时电客车的载客情况，估计清客的疏散速度，最快速度是每秒钟 1.5 人次经过应急疏散坡道，当轨道上有照明设备并有人引路时，每分钟约可步行 50 m。在照明不足、有障碍或出现恐慌的情况下，疏散时间或许会更长。

乘客工作做完后，司机为电客车做好防护措施，等候在清客端驾驶室，放下紧急逃生门，车站员工到达后，向乘客发布清客开始的通知，说明清客方向，请乘客有序地通过电客车端部的紧急逃生门下到轨道上，在车站员工的带领下，沿着轨道前往站台。此段广播消息应定时播放。

在乘客下车的过程中，司机须随时观察乘客的动态，适时进行安抚，防止出现乘客大面积恐慌的情况，保证清客过程的正常进行。乘客全部下车完毕后，穿行电客车，确保所有乘客已离开车厢，确认是否有伤残人士留在车上。

确认完毕后，收回紧急逃生门。

向行车调度员报告全部乘客已离开车厢，等待清客工作完毕、所有乘客疏散至车站、隧道区间畅通无阻后，按照行车调度员的进一步指示，操作电客车到指定车站，或等待救援电客车的到来。

二、故障救援

正线城轨电客车的车辆设备发生故障时，司机要积极应对，消除"等""靠"的思想，按照行车组织规则、车辆故障应急处理中的规定，在第一时间了解判明故障并及时处理。同时，司机应循"先处理后汇报"的原则，正确掌握好与行车调度员的请示和汇报时机。

电客车发生故障后，司机应立即向行车调度员汇报，并按故障处理规范处理，如需换端处理故障，必须得到行车调度员同意，司机处理故障 4 min 后仍无法动车时，应通过行车调度员向检修调度员请求技术支援。正线故障处理时间原则上控制在 6 min 之内，故障处理 6 min 后仍不能动车时，报告行车调度员，由行车调度员确定是否采取救援措施。当行车调度员决定救援时，司机做好救援防护以及连挂前的准备工作。

为了减小电客车故障救援对正常运营的影响，减少运营严重晚点事件的发生，应尽量缩短救援时间。司机必须熟练掌握救援作业程序，提高电客车救援作业技能，保持沉着冷静，严格遵守作业标准，规范作业，尽量避免在薄弱环节上出现问题，确保救援时的行车安全，防止事态的进一步扩大。

（一）故障救援的基本方式

故障救援是城轨运输中的特殊运行方式，它是为了迅速及时地将在正线运行中出现故障，且故障不能在规定时间内处理恢复或排除的电客车移动到指定地点以开通运行线路的运行方式。故障救援一般可通过工程车或参加正线运行的运营电客车进行牵引或推进作业完成。相比而言，运营电客车进行故障救援更加快捷、迅速，更有利于线路的恢复开通。

（二）故障救援的基本原则

在线电客车发生故障需要救援时，应遵循"安全第一，尽快恢复正线运营"的基本原则，在具体实施时执行以下规则：

（1）故障救援运行方式由行车调度员根据当时的运行状态决定，各车站、停车场、运行电客车司机等有关人员必须根据行车调度员的命令，遵循相关行车规则，积极、认真、负责地配合故障救援运行。

（2）一般情况下，采用正向救援运行时对其他正线运行电客车的影响较小，阻塞后续电客车运行的概率小于反向救援运行。因此，正线运行电客车发生故障需要救援时，尽量遵循"正向救援"原则。

（3）正向救援作业原则上要求在实施中不排斥或禁止其他救援方式、方法，实际运用中须由行车调度员根据当时的实际情况应变处置，以便达到更好的救援效果。

（三）请求救援的要求和内容

城轨电客车在运行过程中，如果出现故障，电客车无法继续运行需要救援时，故障电客车司机应及时向行车调度员报告，申请救援。

城轨电客车的司机应汇报的内容包括：电客车车次、车号、请求救援事由、被迫停车时间、地点（以百米标为准）、是否妨碍临线以及其他必须说明的事项。

（四）请求救援后的基本处置

城轨电客车故障临时停车时，司机需播放临时停车广播安抚乘客。本端处理无效需申请换端处理，离开驾驶室前播放一次电客车故障持续停车广播，处理故障期间可暂不执行每 2 min 播放一次广播的规定。

已申请救援的电客车严禁动车，故障电客车司机应打开救援电客车开来方向的标志灯作为防护信号，并做好救援准备工作，隧道照明由环控调度员负责打开。在与救援电客车连挂前，故障电客车司机可以继续排除故障，若故障排除则报告行车调度员解除救援。

电客车在区间故障需要救援时，故障电客车司机要做好广播安抚乘客。载客电客车因故障降弓后，司机应及时开启紧急照明模式，当电客车蓄电池电压低于 85 V 时，应关闭电客车客室的 LCD 屏和动态地图的电源开关。

电客车在车站需要清客时，行车调度员发出口头命令通知司机和有关车站，要求做好清客及救援准备工作，故障电客车司机应按规定播放应急广播安抚乘客，并做好引导乘客下车工作。

司机在与行车调度员使用车载台通话时，应将对讲拿在手中讲话，避免反复确认，提高通话效率。清客完毕后，司机确认站台清客"好了"信号，关闭车门、屏蔽门，并报行车调度员。

电客车清客完毕关门后，司机应立即关闭客室照明，关闭前照灯。

（五）救援电客车的开行

1. 行车组织

行车调度员决定救援后，向有关车站、司机发布开行救援电客车的命令，派出救援电客车，并向 OCC 有关人员通报救援信息。故障电客车在区间时，原则上不需封锁区间线路，行车调度员组织就近的运营电客车担任救援任务，但有下列任一情况时必须封锁区间线路：

① 使用工程车救援。
② 救援电客车车载 ATP 故障。
③ 故障电客车所在区间轨旁 ATP 故障。
④ 使用前方或邻向电客车反向至故障电客车地点且不能排列反向进路时。

向封锁区间发出救援电客车时，不办理行车闭塞手续，以行车调度员的救援电客车开行命令作为进入该封锁区间的许可，凭手信号发车，但救援电客车司机仍需确认前方进路与道岔状况。在未接到开通封锁线路的调度命令前，救援电客车以外的其他电客车不得进入该线路。救援电客车与故障电客车连挂好了后，仅使用救援电客车一个车次，救援电客车运行中与行车调度员的联控由救援电客车司机负责，故障电客车司机及时将故障电客车的运行情况汇报救援电客车司机。救援电客车与故障电客车连挂后，原则上安排到前方适当车位置停放，不超过一站一区间时允许安排到后方适当存车位置停放。

2. 执行信号与命令的要求

救援电客车作业必须按照行车调度员的救援命令和有关道岔的防护信号机或手信号显示的要求进行；进行手信号调车时，调车指挥人是故障电客车司机。作业时，调车指挥人必须正确、及时地显示信号，救援司机应确认信号并鸣笛回示。故障电客车司机和救援电客车司机在接受救援命令时，都必须复诵、核对并记录，确认无误后执行。故障电客车司机与救援电客车司机应将救援中发生的各事件的时间完整记录下来，以便于对运行程序的处理、分析。

3. 开行救援电客车

运营电客车担任救援电客车时，原则上空车前往救援。救援电客车司机接到救援命令后，在被救援电客车后方站（相对于运行方向）清客，清客完毕后，关闭客室照明，前往救援。运行时优先采用推荐速度，当推荐速度为零时，应根据行车调度员命令限速 25 km/h 运行。若在区间不能清客，则救援连挂动车后须组织故障电客车和救援电客车至就近车站清客。

救援电客车司机听候救援负责人（故障电客车司机）的指挥连挂，连挂时不能使用车载信号系统。救援司机在连挂后要进行试拉，检查车钩连挂状态，确认电客车连挂可靠后方可通知故障电客车司机缓解停放制动。

救援电客车推进故障电客车运行时，司机需在救援电客车前端驾驶室（运行方向）驾驶，故障电客车前端驾驶室需有司机或电客车引导员进行引导，运行限速 25 km/h。救援电客车牵引故障电客车运行时，司机需在救援电客车前端驾驶室（运行方向）驾驶，运行限速 40 km/h。

救援电客车与故障电客车摘钩后，受存车线路长度所限，需要退行才能开通后方区间时，行车调度员确认相应区间无其他电客车占用时，应先将退行路径上的相关道岔进行"单独锁定"后，再通知救援电客车司机，允许不换端以 NRM 模式退行至前方进路防护信号机外（运行方向）。

（六）救援电客车连挂作业要求

（1）救援电客车开往故障地点时应使用 SM 模式，并且加强瞭望，限制行车速度。当接近故障电客车地点时电客车收到零码，电客车停车后司机应使用 RM 模式驾驶电客车进行作业。

（2）以工程车作为救援电客车时必须在运行中高度警惕，不得超过规定速度。应加强瞭望，防止失去制动时机而发生撞车。

（3）救援电客车在距被连挂故障电客车二车距离（约 75 m）时一度停车，慢行至一车距离（约 25 m）时再停车，进行连挂准备。连挂作业时，救援电客车应距被救援电客车 25 m 外停车，以 5 km/h 速度接近故障电客车，在 3 m 处一度停车，听候救援负责人（故障电客车司机）的指挥连挂。故障电客车司机撤除防护信号后，应按信号显示规定引导连挂作业，连挂作业时的速度不得超过 3 km/h。

（4）故障电客车司机在完成等待救援的准备工作后应在救援电客车连挂端前方防护。发现救援电客车到达，必须按规定显示手信号或用无线电对讲机与救援电客车司机联络，待救援电客车司机回复后才能允许挂车。

（5）连挂后的电客车必须进行试拉，试拉距离不小于 2 m，以确认连挂妥当。

（6）救援电客车司机与故障电客车司机必须进行无线电对讲设备的测试校对，确定良好后才能按规定动车。

（七）救援电客车解钩操作

在近尽头线停车时，要提前制动（此时制动力较弱），要控制好速度，防止冲撞车挡。电客车运行至规定地点停车后，故障电客车司机与救援电客车司机联系，待故障电客车恢复制动（故障电客车司机就近恢复 3 节车）后，方可进行解钩作业。救援电客车司机可用"自动解钩"按钮进行解钩，若该功能故障也可使用手动解钩。

（八）救援作业标准用语

临时停车广播：尊敬的各位乘客，现在是临时停车，请您稍候，不要触动车上的设备，不要靠近车门，不便之处，敬请原谅。

电客车故障持续停车广播：尊敬的各位乘客，由于电客车故障，现正在抢修，请您耐心等候。不便之处，敬请原谅。

电客车故障在站清客广播：各位乘客请注意，由于设备故障，本次电客车将退出服务，请全体乘客下车，对给您带来的不便，我们深表歉意。

（九）救援作业注意事项

（1）当电客车发生故障需救援时，司机应将方向手柄推至"0"位，主控手柄推至"N"位后方可向救援电客车司机汇报具备动车条件。

（2）电客车连挂救援时，若故障电客车已经施加了停放制动且无法缓解，则连挂后，司机需要下车缓解停放制动或由现场指挥制定胜任人员缓解停放制动。如果连挂后紧急制动无法缓解，需要断开两车驾驶室低压设备柜内的 CTCB 自动开关，切断自动车钩的电气连接。

（3）如果故障电客车主风管漏泄严重，可能引起救援电客车主风管压力迅速下降，应该关闭救援电客车连接端自动车钩下的主风管隔离阀。

（4）推进运行救援时，故障电客车司机在前端引导，负责前方进路的确认，指挥全电客车的运行，并且不间断地与后方救援司机联系，给予其相应速度指引。电客车运行安全由故障电客车司机负责，遇紧急情况，故障电客车司机立即通知救援电客车司机紧急停车，必要时采取相应紧急措施。救援电客车司机服从故障电客车司机指挥，密切与其联系，掌握运行前方信息，严格准确控制运行速度。严格执行有关规定，严格控制速度，在接近目的地或前方停车信号前，提早降低速度，注意无动力电客车的冲击。

（5）故障电客车在区间申请救援时，电客车连挂好后需要在前方站清客，故障电客车司机要指挥救援电客车司机控制好速度，按要求对标停车。待电客车对标停稳后，故障电客车司机通知救援司机施加停放制动。电客车停妥后，故障电客车司机按压"强制开门"按钮，确认开门使能信号给出后再按压开门按钮（车载 ATP 故障时切除 ATP），打开屏蔽门、车门，并广播通知乘客全部在此站下车，电客车退出服务。确认站台清客完毕手信号后关门（有信号的确认进路防护信号的显示），按行车调度员的指示继续指挥救援司机推进运行到目的地。开门作业要严格执行"先确认，再呼唤，跨半步，再开门"的开门程序，防止错开车门。

（6）两电客车连挂运行时，随时保持联系，防止通信中断，对讲机无法联控时，救援电客车司机及时通知故障电客车司机使用手持台进行联系。

（7）在救援过程中，故障电客车司机应根据救援方式及进程，掌握电客车紧急电源（蓄电池）供电的期限，电客车蓄电池可维持 45 min 的紧急照明及紧急通风，必要时报告行车调度员后可关断蓄电池。

（8）救援电客车需推送故障电客车至车辆段/场时，信号楼应积极配合告知司机电客车运行位置，信号楼值班员在车辆段联锁设备上确认电客车过标后应及时通知司机电客车已过标。信号楼接到行车调度员救援电客车入段/场安排，将手持台转至相应频道，提前准备好救援接车进路并开放入段/场信号后，主动联控司机，正常情况下必须保证电客车不停车入段。

（9）禁止使用工程车救援载客电客车。使用工程车救援空载电客车时，原则上救援电客车连挂故障电客车后限速 25 km/h 运行，工程车和空载电客车的连挂指挥由电客车司机担当，救援地点空间足够时，在地面进行指挥连挂，救援地点空间受限制时，在被救援电客车上指挥连挂。

（10）司机离开驾驶室必须取得行车调度员同意并随身携带手持台、对讲机，下轨行区前必须穿好荧光衣、佩戴安全帽。故障电客车司机离开故障端司机室时，不用关闭司控器钥匙。

项目实训　电客车故障应急处理与救援

【实训目的】

（1）了解电客车常见故障。
（2）熟悉电客车故障处理思路和技巧。
（3）熟悉故障救援的基本方式。

【实训条件】

（1）电客车正线应急故障处理指南。
（2）电客车电气原理图纸。
（3）电客车救援作业相关视频。

【实训内容】

（1）组织学习电客车正线常见故障应急指南。
（2）对学员讲解电客车常见故障处理思路和技巧以及故障系统的工作原理。

思考与练习

1. 城轨电客车故障的分类。
2. 简述城轨电客车故障查找判断的基本方法。
3. 简述城轨电客车故障处理流程和故障处理注意事项。
4. 简述城轨电客车故障处理的基本方法。
5. 简述城轨电客车各系统常见故障处理的方法和注意事项。
6. 简述清客的时机及各岗位的主要职责。
7. 简述故障救援的方式和原则。

项目十　电客车驾驶安全管理

学习目标

（1）掌握城城轨电客车驾驶的安全基础知识。
（2）掌握城轨电客车驾驶安全管理规章与制度。
（3）掌握城电客车驾驶应急处理基本方法与步骤。

重点难点

（1）城轨电客车应急处理的步骤与方法。
（2）快速、准确处理城轨电客车驾驶过程中故障的技能。

任务一　电客车安全基础

一、城轨电客车安全基本要求

城轨电客车的行车安全是建立在认真贯彻和执行城市轨道交通行车组织和电客车驾驶规章制度的基本要求与原则基础上的。

（1）城市轨道交通电客车的正线运行指挥命令由 OCC 的行车调度员发布，电客车司机必须严格遵照电客车运行图规定的时刻行车，严格按信号显示要求行车，服从行车调度员的指挥和命令。

（2）城轨电客车在车辆段内不影响正线运行及接发电客车的命令可由车辆段调度员发布。车辆段调度员发布命令前应详细了解现场情况，听取有关人员的意见。城市轨道交通城轨电客车、工程车、救援电客车、调试电客车出入车辆段均按电客车办理。

（3）城市轨道交通正线、辅助线及转换轨属行调管理，车辆段线属车辆段调度管理。城市轨道交通行调发布命令时，在车辆段由派班员、车辆段调度员（信号楼值班员）负责传达，正线（辅助线）由车站值班站长（行车值班员）负责传达，传达给司机或其他有关人员的书面命令须加盖行车专用章。同时向多个单位或部门发布调度命令时，行调应指定其中一人复诵，其他人核对，确保无误。发书面调度命令时，填写《调度命令登记簿》。

（4）城市轨道交通电客车的行车时间以运营控制中心的授时系统发布的北京时间为准，从零时起计算，实行 24 h 制。行车日期划分以零时为界，零时以前办妥的行车手续，零时以后仍视为有效。

（5）在移动闭塞电客车控制系统正常的情况下，城轨电客车采用自动模式、ATP（Automatic Train Protection）保护的人工驾驶模式驾驶。司机需在城轨电客车出库时或交接班时输入司机代号，在电客车自动监控（ATS，Automatic Train Supervision）有计划运行图时，城轨电客车出车辆段到转换轨时自动接收行车信息；若没有ATS（电客车自动监控系统）系统计划运行图，则城轨电客车在出车辆段及正线运行车次变更时，需行调输入或通知司机人工输入服务号和目的地号。

（6）基于无线通信的电客车控制（CBTC，Communications Based Train Control）系统正常情况下正线上司机凭车载信号或行调命令行车，按"运营时刻表"和站台发车指示器显示时分掌握运行及停站时间。非CBTC系统情况下，在点式ATP监督下的人工驾驶模式下正线司机凭车载及地面信号或行调命令行车，司机应严格掌握进出站、过岔、线路限制等特殊运行速度；在联锁模式下正线司机凭地面信号或行调命令行车，司机应严格掌握进出站、过岔、线路限制等特殊运行速度。

（7）城轨电客车在运行中，司机应在前端驾驶，如推进运行，应有引导员在前端驾驶室引导和监控城轨电客车运行。

（8）调度电话、无线电话用于行车工作联系，联系过程中须使用标准用语。

二、城市电客车的行车指挥和组织机构

城轨电客车的行车指挥与组织机构如图10-1所示。

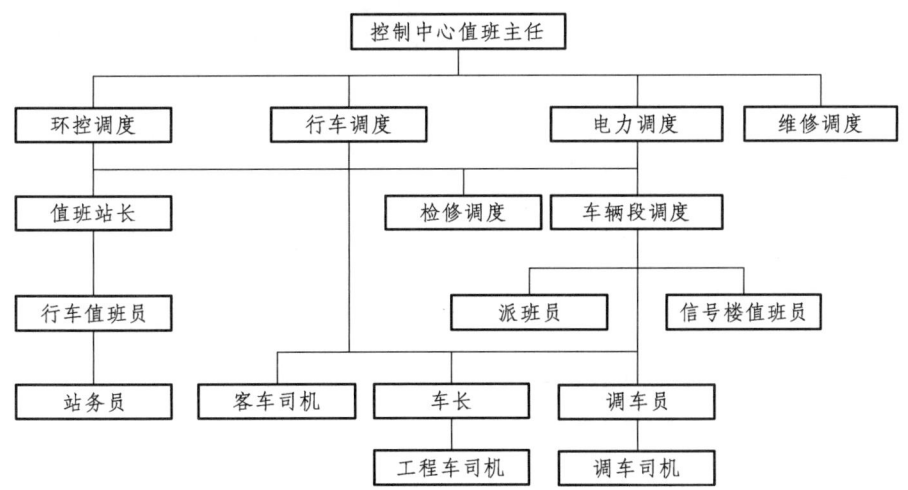

图10-1　城轨电客车的行车指挥组织结构

（一）城市轨道交通行车指挥分级

（1）城轨电客车运营的指挥分为一级、二级两个指挥层级，二级服从一级指挥。

（2）城轨电客车运营一级指挥为行调、电力调度、环控调度和维修调度。

（3）城轨电客车运营的二级指挥为车站值班站长、车辆段调度、检修调度。

（4）主任总体协调和指挥。

（5）行车工作由行调统一指挥。

（6）供电设备运作由电调统一指挥。

（7）环控和防灾报警设备由环调统一指挥。

（8）非车辆专业设备的维修组织由维调统一指挥。

（二）城轨驾驶运营控制中心的主要工作

运营控制中心（OCC，Operating Control Center）既是城市轨道交通日常运营、设备维护、行车组织的指挥中心，也是城市轨道交通运营信息收发中心。OCC代表运营公司总经理指挥运营工作，应急情况下代表运营公司与外界协调、联络城市轨道交通运营支援工作。OCC各调度员由值班主任协调统一指挥。在处理突发事件、事故时，各调度员有责任向值班主任提供本岗位的协助处理方案，并及时报告相关信息。

（三）城轨驾驶车辆段控制室的主要工作

停车场控制中心（DCC，Depot Control Center）在我国城市轨道交通系统中泛指车辆维修管理的中心，负责车辆维修管理，车辆段控制室设有车辆段检修调度（以下简称检调）。车辆段检调负责车辆日常检修、清洁、定修和临修工作控制，为城市轨道交通运营及设备维修施工提供质量良好和数量足够的城轨电客车或工程车。

（四）城轨电客车驾驶车辆段信号楼的主要工作

车辆段信号楼是车辆段内所有轨道线路的信号联锁设备的集中控制点和车辆运作管理中心，负责车辆运作管理与车辆段信号联锁系统的控制。车辆段信号楼控制室设有车辆段调度和信号楼值班员。车辆段调度负责车辆段范围内的行车组织、维修施工管理，信号楼值班员负责排电客车辆段内的调车作业和电客车出入车辆段的运行进路。

（五）城轨电客车驾驶时控制中心、车辆段及车站的安全行车指挥工作关系

车站由值班站长，车辆段由车辆段调度统一指挥。电客车在区间时，城轨电客车由司机负责指挥，工程车由车长负责指挥；电客车在车站时，由车站值班站长负责指挥，或由行调用无线电话直接指挥电客车司机。发生行车设备故障，车站值班站长（行车值班员）应及时报告维调和行调，由行调跟进维调或车辆段调度组织抢修处理。

三、城轨电客车安全驾驶时信号设备的保障作用

（一）信号闭塞方法

城市轨道交通电客车在行车时通过相邻车站、闭塞分区的设备或人为控制，以保证在一个区间或闭塞分区内同一时间只有一列电客车占用，使电客车与电客车之间保持一定距离的技术方法被称为行车闭塞法。目前，我国城市轨道交通电客车主要采用以下三种闭塞方法。

1. 移动闭塞

（1）在CBTC模式下，移动闭塞没有固定的闭塞区间，电客车运行闭塞区间的终端（移动授权）由前一电客车在线路上的运行位置、运行状态等因素确定。

（2）由OCC负责监控电客车的安全间隔和运行，电客车加速、减速、停车和开门等由车载信号系统自动控制或由司机参照车载信号系统人工控制。

（3）电客车凭车载信号的目标距离和推荐速度显示运行，可以采取 AM 模式、ATPM 模式进行驾驶。若遇非正常情况，司机须上报行调，按行调命令执行。

2. 固定闭塞

固定闭塞是当无线通信移动闭塞功能故障或不能使用时采用的代用闭塞法，分为具备电客车超速防护的固定闭塞和不具备电客车超速防护的固定闭塞。

3. 电话闭塞

采用电话闭塞组织行车的情况有：一个或多个联锁区联锁设备故障时；中央及车站工作站上一个或多个联锁区均无法对线路运行车辆进行监控时；车站与车辆段信号设备故障造成联锁失效或正线与车辆段信号接口故障时；其他情况需采用电话闭塞组织行车时。

（二）驾驶安全对信号的基本要求

正确操作与行车相关的信号设备是保证城市轨道交通电客车行车安全的前提。城市轨道交通信号系统一般包括电客车自动防护（ATP，Automatic Train Protection）子系统、正线计算机联锁（CBI，Computer Based Interlocking）子系统、电客车自动运行（Automatic Train Operation，ATO）子系统、电客车自动监控（ATS）/本地控制工作站（LCW，Local Control Workstation）子系统，各子系统之间相互渗透，实现地面控制与中央控制相组合，构成一个以安全设备为基础，集行车指挥、运行调整和电客车驾驶自动化等功能为一体的城市轨道交通信号系统。

1. 中央 ATS 工作站操作规定

（1）城市轨道交通 ATS 工作站操作人员必须经过培训，考试合格方可上岗操作。

（2）ATS 中央设备正常时，行调在人机接口/人机界面（Human-machine Interface，HMI）上进行监控。若有需要，行调可授权联锁站控制，或由联锁站执行"紧急本地控制"。

（3）中央设备故障或 ATS 子系统不能自动排列进路时，行调可人工介入进行操作。

2. ATS/LCW 集成工作站操作规定

（1）城市轨道交通 ATS/LCW 集成工作站的操作人员必须经过培训，考试合格方可上岗操作。

（2）在正常情况下，ATS/LCW 集成工作站应使用 ATS，当 ATS 设备故障时，经行调授权后可转换使用 LCW。

（3）ATS/LCW 集成工作站操作员在操作或监控设备时，严禁进行与行车无关的操作。操作人员必须离开时，应将工作站退回到登录状态。

（4）操作 ATS/LCW 集成工作站过程中，操作员发现进路要素显示不正确时，须立即停止该项操作，并报告行调。车站应转换为 LCW 界面进行操作，若仍不能正常操作，则按 ATS/LCW 集成工作站设备故障处理。

（5）设备管理人员或维修人员需操作 ATS/LCW 集成工作站时，应报告车站行车值班员，并征得行调同意，取得控制授权后，以相应身份登录系统进行操作。

任务二 电客车运行安全管理

一、城轨电客车出段安全管理

(一)城轨电客车驾驶员出勤安全

城市轨道交通电客车驾驶员的出勤有车辆段出勤和车站出勤两种方式,主要包括纪律和业务两方面的内容。

1. 纪律方面的安全要求

电客车驾驶员按时到车辆段运转值班室或正线换乘室办理出勤手续,防止因迟到慌乱而影响安全;睡眠充足,不得饮酒和含酒精类饮料或服用会影响精神的药品,保证值乘时精神饱满;不得携带与工作无关的物品,保证驾驶电客车时注意力集中。

2. 业务方面的安全要求

携带城轨电客车驾驶证、驾驶员手账、相关规章文本和故障应急处理资料等备品,领取相关钥匙、无线手持电台和运营时刻表等备品,以备值乘途中所需。了解运行指示命令、行车指示、安全注意事项及电客车车次、电客车号和停放股道等,做好行车安全预想。在正线交接班时,向交班驾驶员了解电客车技术状态、行车组织方式、线路状况和安全事项等,对所值乘的电客车做到心中有数。

(二)城轨电客车安全检查

城轨电客车出库前,电客车驾驶员必须按规定程序对电客车进行严格检查和测试,以确保电客车技术状态良好。检查中发现有危及行车安全的故障时,禁止投入运营。

电客车通电前,主要检查车体外部和贯通道,必须确保高压电及低压电都已切断,并施加停放制动。对电客车外部部件的检查内容包括:电客车车体表面是否损坏,电客车标志是否完整清晰,车钩及缓冲装置有无损坏变形,电缆软管有无脱落,各塞门位置是否正确,转向架是否损坏变形,制动系统有无漏风,空气弹簧有无破损漏气,车底箱门是否关好及外部盖板是否关好等。对贯通道的检查内容包括:内外有无异声,有无裂纹和损坏,踏板有无损坏,保险锁和钩盖是否关好等。

城轨电客车驾驶员在车外巡视检查完毕,到驾驶室唤醒电客车,监控电客车初始化和自检过程,出现故障报警时,应确认故障部位,根据具体情况进行处理。确认电客车两侧、地沟、站台上无作业人员后,升起受电弓检查高压供电是否正常,确认制动系统和门控系统工作是否正常,打开客室空调,电客车准备就绪。

电客车唤醒并处于停放制动施加状态,沿车体内部检查驾驶室与客室。驾驶室检查的内容包括:照明灯与阅读灯是否正常点亮,外部灯状态是否良好,司机控制器位置是否正确以及操作是否灵活,无线通信设备作用是否良好,电气箱门是否锁闭,各种仪表显示是否正确,驾驶室门及通道门作用是否灵活并锁闭良好,灭火器与急救工具是否齐全有效等。客室检查的内容包括：照明灯与应急灯是否正常点亮，内部设施是否损坏，客室侧门是否锁闭良好，车门紧急解锁装置是否完整可用，紧急通话装置作用是否良好，灭火器是否遗失等。

对电客车外部和内部检查完毕后，驾驶员还需要进行全面测试。测试的项目包括牵引系统、制动系统、客室侧门和电客车通信系统等。所有测试成功，才能启动电客车离开车库。

（三）电客车出段安全管理

电客车自动监控系统确认的计划电客车检查测试完毕，确认状态合格后，按规定时刻驾驶电客车出库。电客车启动前，驾驶员确认调车信号开放、车库大门开放、平交道口无人员及车辆穿行。电客车在无码区运行时，驾驶员应严格控制速度，加强瞭望，注意调车信号显示、道岔位置、物品或人员侵入限界等情况，发现危及行车安全的情况立即停车。

电客车运行到转换轨处一度停车，行调使其进入系统，电客车自动接收目的地及车次号。驾驶员需与行调进行通信测试，核对车次号。到规定时刻后，ATS 系统开放信号，驾驶员确认防护信号机开放，驾驶电客车继续运行。设有车载 ATP 的电客车待显示屏收到速度码后，采取规定的驾驶模式，凭车载信号进入车站。无车载 ATP 的电客车凭地面信号的显示进入车站。

运营时间内组织非计划电客车出段时，行调要利用运营间隙，不得影响正线电客车运行。电客车运行到转换轨处停车后，由行调或驾驶员人工设置车次号和目的地，人工排列进路，驾驶员确认防护信号开放后，按收到的速度码或地面信号的显示进入车站。

二、电客车正线运行安全管理

（一）正常情况下电客车运行

驾驶员必须严格执行运营时刻表，运行中按规定操作设备，采取正确的驾驶模式，禁止打盹、听歌、看书等。驾驶员值乘中应集中精力，坚持不间断瞭望，时刻注意电客车显示信息、地面信号显示、前方进路状态、线路状况、轨旁设备、人员或物品侵限情况等，并随时观察各种仪表状态，发现危及行车或人身安全的情况时，迅速采取紧急制动措施，并向行调报告。

电客车在区间自动停车时，驾驶员应报告行调，按其指示处理。联系不到行调时，驾驶员确认视线所及范围内无电客车且无道岔时，可自行选择限制人工驾驶模式，低速运行并进站。运行中注意瞭望，发现前方有电客车或道岔时，立即停车联系行调。

电客车接近车站时，严格控制速度，做好制动准备，进站后对标停车。对于未设屏蔽门的车站，在电客车进站过程中，驾驶员应注意观察站台乘客候车状况，遇乘客较多或乘客越过安全线时，应鸣笛示警，必要时立即停车。

电客车按运营时刻表通过车站或按行调命令临时变更通过车站时，驾驶员应注意瞭望车站线路情况、站台人员情况，车站应做好对乘客的广播，并注意站台乘客的候车动态。

（二）电客车推进运行时的安全管理

电客车运行方向前端的驾驶室发生故障，电客车需推进运行时，必须得到行调的准许。电客车重联推进运行时，驾驶员应在运行方向的后一电客车前端驾驶室驾驶。推进运行时控制好速度，电客车前端驾驶室应有人引导，遇特殊情况无人引导时，应严格控制运行距离，行调、车站、驾驶员之间时刻保持联系，并做好必要的防护。引导人员负责瞭望，并与驾驶员保持不间断的联系。当驾驶室之间内部通话不能进行时，引导人员与驾驶员使用无线手持电台保持联系。驾驶员应根据引导人员的指令操纵电客车，根据需要减速或停车。天气恶劣难以辨认信号时，禁止电客车推进运行。在超过30‰的下坡道推进运行时，禁止停车作业。

（三）电客车退行时的安全管理

由于事故等原因，电客车无法前进，也无法救援，为避免区间清客，经行调准许，电客车可退行至最近的车站。行车调度员同意电客车退行前，必须确认电客车后方线路空闲，并加锁退行路径上有关道岔。电客车全部越过站台时，驾驶员应到电客车退行方向的前端驾驶室牵引操纵，车站派人在进站站台端部显示引导信号，电客车一度停车，确认引导信号正确后方可进站。电客车部分越过站台时，采用推进方式退行，车站不用引导接车。行调下达准许退行指示前，应通知有关车站维持好站台乘客的候车秩序。退行前，驾驶员应确认电客车性能良好，并广播安抚乘客；退行时，应注意瞭望线路情况、道岔位置及站台乘客状态，发现异常情况立即停车；退行到站后，及时报告行调。

（四）电客车反方向运行时的安全管理

由于设备故障、发生事故或其他原因，打乱了电客车运行秩序，造成上下行电客车不均衡，一个方向电客车密度大，另一个方向电客车密度小时，可以采用电客车反方向运行的方法进行调整。电客车需要反方向运行时，须有调度命令。驾驶员要控制好速度，运行中加强瞭望，并做好随时停车的准备。对于设有反向电客车超速防护系统的区段，驾驶员根据收到的速度码采取正确的驾驶模式运行。

三、电客车折返安全管理

电客车到达终点站，乘客全部下车后，站务员进入电客车检查有无滞留乘客。驾驶员得到站务员清客完毕的通知或信号后，进行折返作业。

（一）自动折返

建立电客车自动折返进路时，计算机联锁设备根据折返进路命令检查进路空闲、超限界绝缘相邻区段空闲、有关道岔位置正确且锁闭，未施行人工解锁、敌对进路未建立及检查联锁条件正确后，顺序控制折返进路的办理，锁闭的进路随着电客车的运行而自动解锁，并自动触发相应的进路。折返轨自动解锁的条件是：检查确认折返进路建立、电客车已折返、折返轨占用并出清；保护区段自动解锁的条件是：从电客车占用目的轨起30 s后。取消自动折返进路和取消进路的含义不同，取消自动折返进路仅取消自动折返进路属性，不会取消已办理的进路，取消进路不仅取消了自动折返进路属性，也取消了进路。自动折返进路可以随电客车运行自动解锁，也可以通过办理取消进路来解锁。

1. 无人自动折返

（1）电客车停于终点站或其他折返站规定位置，驾驶室显示屏出现折返图标和AR符号，自动折返灯点亮。

（2）电客车按规定程序开门，乘客下车。

（3）驾驶员确认车内无滞留乘客、停站时间已到列、车门与屏蔽门关闭。

（4）驾驶员按下驾驶室的自动折返 AR 按钮，自动折返灯熄灭，触发无人自动折返系统，设在站台端部的无人折返灯开始闪烁。

（5）驾驶员关闭电客车主控制器钥匙，关闭驾驶室门，到站台上手动操作无人自动折返系统。

（6）待进路准备妥当后，由车载系统控制电客车自动驶入折返线，自动改变电客车运行方向，自动驶入对面发车站台，对准停车标停车。无人自动折返系统检测到电客车已在规定区域停稳后，电客车门和屏蔽门自动打开。

（7）在电客车无人自动折返过程中，驾驶员可以自行走到对面站台，接班驾驶员也可以事先待在电客车上，但是电客车驾驶均由车载系统自动完成。

（8）折返到对面站台后，另一端驾驶室的自动折返灯点亮闪烁，驾驶员合上电客车主控制器钥匙，自动折返灯熄灭，无人折返完成。

（9）折返作业完成后，电客车不能自动启动，必须经过驾驶员操作。

2. 有人自动折返

（1）电客车停于终点站或其他折返站规定位置，驾驶室显示屏出现折返图标和 AR 符号，自动折返灯点亮。

（2）电客车按规定程序开门，乘客下车。

（3）确认车内无滞留乘客、停站时间已到、电客车门与屏蔽门关闭。

（4）驾驶员按下驾驶室的自动折返按钮，自动折返灯熄灭。

（5）待进入折返线的进路准备妥当后，驾驶员启动自动驾驶模式，电客车自动驶入折返线，越过折返线自动停车，驾驶员关闭电客车主控制器钥匙，关闭驾驶室门，另一端驾驶室的自动折返灯点亮闪烁。

（6）驾驶员到另一端驾驶室合上电客车主控制器钥匙，自动折返灯熄灭。

（7）由折返线进入正线的进路准备妥当后，驾驶员启动自动驾驶模式，电客车自动驶入对面发车站台，自动对准停车标停车，电客车门和屏蔽门自动打开，有人自动折返完成。

（二）人工折返

1. 正常情况下人工折返

检查进路空闲、超限界绝缘相邻区段空闲、有关道岔位置正确且锁闭、未施行人工解锁、敌对进路未建立及检查联锁条件正确之后，防护折返进路的防护信号机开放。随着电客车的运行，进路自动解锁。

（1）电客车停于终点站或其他折返站规定位置，按规定程序开门，乘客下车。

（2）确认车内无滞留乘客、停站时间已到、电客车门与屏蔽门关闭。

（3）驾驶员确认防护信号开放正确、道岔位置正确，采用适当的驾驶模式，以规定的速度人工驾驶电客车，越过折返线停车，关闭电客车主控制器钥匙，关闭驾驶室门。

（4）驾驶员到另一端驾驶室合上电客车主控制器钥匙，确认防护信号开放正确、道岔位置正确，采用适当的驾驶模式，以规定的速度人工驾驶电客车，到达对面发车站台停于规定位置，按压相应侧的开门按钮，打开电客车门和屏蔽门，折返作业完成。

2. 联锁故障时的人工折返

在联锁设备故障的情况下,应将折返进路上的道岔开通于正确的位置加锁。需要人工手摇道岔时,应有专人进行防护。电客车折返作业按调车方式办理,由车站负责指挥。驾驶员凭站务人员的道岔开通信号进入折返线,越过折返线停车更换驾驶室后,再凭站务人员的道岔开通信号到达对面发车站台,对准停车标停运行期间,驾驶员应加强瞭望,注意道岔位置、线路状况和手信号显示等,发现不正常的情况立即停车。

四、电客车入段安全管理

(一)电客车入段运行

运营结束后,电客车自动监控系统确认的计划电客车入段时,由系统自动控制电客车,车辆段信号楼值班员预先办理入场进路,确认电客车目的地号,监督电客车回库。非计划电客车入场时,行调应通知车辆段信号楼值班员预先办理入场进路,人工排列回库进路,驾驶员确认信号后按收到的速度码回库。

准备入段的电客车驾驶员通过广播通知全部乘客下车,确认车内无滞留乘客后关好车门。以规定模式驾驶电客车至转换轨处一度停车,联系车辆段信号楼值班员,确认进路和停车股道,凭开放的调车信号进入车辆段。电客车运行至停车库前和平交道口处一度停车,确认车库大门开放、无异物侵入限界后,以低速运行至规定停车位置停车。

电客车入库停稳后,驾驶员检查电客车备品齐全良好,施加停放制动,将电客车各系统退出工作状态后,取下主控制器钥匙,携带有关备品及值乘期间的各种记录下车,锁好驾驶室门,巡视电客车一周,确认电客车无异常后,办理退勤手续。

(二)电客车驾驶员退勤安全要求

电客车驾驶员的退勤地点有车辆段和车站两种。

在车辆段退勤时,驾驶员将电客车钥匙、电客车报单和电客车故障记录单等交予运转室值班员,报告电客车技术状态与电客车运行情况等,并提供电客车故障情况、行车安全事故和服务纠纷等书面材料。

在车站退勤时,向接班驾驶员完整交付电客车钥匙与无线手持电台等工具用品,并准确、全面、清楚、无误地说明电客车技术状态、线路状况、行车组织方式、行车命令和行车安全注意事项等,使接班驾驶员对所值乘的电客车心中有数。

五、电客车驾驶员的工作规范

城市轨道交通电客车运行安全是行车工作的重要环节,确保电客车运行安全,既需要电客车驾驶员严谨的工作规范,又需要规范的作业准则。

(一)"三严格"

(1)严格遵守各项规章制度,正确执行各项操作程序,确保客车运行安全和人身安全。

(2)严格按照电客车运行图行车,维护运行秩序。工作中严守岗位,不得擅自离岗,做到行车必有人。

（3）严格按照要求规范使用驾驶室设备，爱护电客车，精心操作。

（二）"八必须"

（1）城轨电客车驾驶员必须经考试合格，并取得"城轨电客车司机驾驶证"后方准独立驾驶客车。

（2）城轨电客车驾驶员必须严格执行有关行车安全规章制度，服从调度指挥，按照运行图行车，为乘客提供安全、正点、快捷、舒适的服务。

（3）升弓前，司机必须确认所有人员在安全区域方可鸣笛升弓。

（4）城轨电客车司机在动车前，升降弓、鸣笛标、平交道口、遇天气不良时及其他需要鸣笛警示时，必须鸣笛。

（5）整备作业或正线运行时，需要离开驾驶室必须锁闭驾驶室门窗。

（6）启动电客车前，必须确认动车五要素信号、道岔、进路、制动、车门（地面信号及车载信号），防止冒进信号。

（7）行调发布口头命令时，受令驾驶员必须认真逐句复诵，领会命令的内容，并做好书面记录，做到听清、记清，并严格执行行调命令，严禁臆测行车，以便向接班驾驶员进行交接。

（8）班前做好充分休息，出勤前做好行车预想，班后做好行车总结。对于行车工作中发生的事故，必须及时、准确汇报，以便于有关人员进行调查处理。

（三）"十严禁"

（1）横越线路时，严禁跨越地沟、钻车底。

（2）穿越道岔区时，严禁脚踏尖轨与道岔转动部分。

（3）受电弓升起后，严禁触摸电气带电部分、进行地沟检查及攀登车顶。

（4）上下电客车抓稳、抓牢，严禁飞乘飞降。

（5）严禁实习驾驶员在没有城轨电客车驾驶员的监督下擅自操作电客车。

（6）城轨电客车驾驶员当班时，必须集中精力，认真瞭望，严禁做与行车无关的事。

（7）严禁城轨电客车在无人引导的情况下推进运行。

（8）在非正常行车的情况下，严禁无凭证（或携错误凭证）开车。

（9）原路折返时，严禁没有指令和未确认道岔动车。

（10）严禁擅自带无关人员进入驾驶室，因工作需要登乘驾驶室时，必须严格执行"登乘制度"。

任务三　电客车调车安全管理

一、城轨电客车调车作业计划的安全管理

调车作业计划是进行调车作业的依据。调车作业计划的正确与否、合理与否，直接关系到调车作业的安全与效率。调车作业计划由调车领导人编制，以书面形式下达。在编制调车

作业计划时，必须认真检查核对，确保与实际情况相符，计划应安全、正确、可行。在向电客车驾驶员和有关人员布置调车作业计划时，要保证所有参与调车作业的人员均清楚并理解作业内容、作业方法和操作要求，了解机车车辆停留位置，熟悉调车径路上的线路、道岔和信号机等，明确运行速度、驾驶模式和防溜措施等安全注意事项。

调车作业人员必须严格执行调车作业计划，不得擅自变更。当必须变更计划时，应停止作业，重新布置、传达，确认所有作业人员均了解清楚后方可继续进行调车作业。

二、城轨电客车调车作业安全规定

调车作业方法一般仅限牵引和推进，禁止溜放调车。未取得行调准许，禁止使用转换轨进行调车作业，有些城市规定使用转换轨调车时按电客车办理。在特殊情况下采用手推调车时，须经有关负责人同意，控制好速度，并采取相应的安全措施。越出站界（或场界）调车时，须得到行调的准许。

（一）调车作业的一般规定

调车作业的一般规定如下：

（1）车辆段内的调车作业不得影响出入段电客车的正常运行。

（2）不得调动挂有禁止移动标志牌或设有红闪灯的车辆或电客车。

（3）进行调车作业的电客车应安装可靠的制动装置，保障足够的制动力，遇危险情况能及时停车。

（4）在调车过程中，有关人员应严密监控作业动态，发现调车作业人员违反安全规定，有危及调车作业安全、设备安全及人身安全的情形时，应立即采取适当措施，并通知有关人员停止调车作业。

（5）由于情况变化或实际工作的需要，必须取消调车进路时，应确认调车尚未起动，通知调车长或调车驾驶员，得到回复后方可关闭调车信号。

（二）调车作业指挥及各岗位作业要求

调车作业指挥及各岗位作业要求如下：

（1）场（段）调车工作由场（段）调度员集中领导、统一指挥，场（段）值班员负责办理接发电客车、排列进路和调车作业进路控制，调车作业人员应按相关标准和调车作业计划执行。

（2）场（段）调度员应根据机车车辆（包括客车，下同）、线路、设备检修计划和现场作业情况，科学、合理地编制调车作业计划，组织调车人员安全、及时地完成调车任务。

（3）调车作业由调车员单一指挥，根据调车作业计划单，正确、及时地显示信号，指挥调车驾驶员，并注意行车安全。

（4）调车驾驶员应根据调车员的信号准确、平稳地操纵机车，时刻注意确认信号，不间断进行瞭望，正确、及时地执行信号显示要求，负责调车作业安全。

（5）场（段）值班员根据调车作业计划单和现场作业情况、机车车辆停放股道，正确、及时地排列调车进路、开放调车信号，做到随时监控机车车辆运行，干一勾画一勾。

三、电客车调车作业安全操作

(一) 作业前安全检查

为了做到调车时心中有数,调车作业人员在调车作业开始前,应按规定程序前往现场实地检查。了解停留车辆的位置、防溜情况,查看线路上及限界内有无障碍物,是否有小半径曲线,确认道岔的开通位置等。

(二) 调车运行安全

调车作业必须按调车信号机和调车手信号的显示进行。没有信号不准动车,信号不清立即停车。调车作业时,调车长必须正确及时地显示有关信号,驾驶员要认真确认信号,并鸣笛回示。没有驾驶员回示,调车长立即显示停车信号。调车作业中,牵引运行时,前方进路的确认由驾驶员负责;推进运行时,前方进路的确认由调车长负责。调车起动前,应确认防溜措施已撤除,所有人员在安全位置。调车运行中,应时刻确认道岔位置与信号显示正确、有关人员在安全位置、调车线路及其限界内没有障碍物。进入停车库或维修库前,停车确认车库大门及入口处没有异物或人员后方可驶过。调车越过平交道口前,一度停车,注意观察有无障碍物或行人,确保安全后再通过。两电客车或两车组不准在同条线路内同时移动,必须待其中一电客车或一车组暂停后,另一电客车或车组才能移动。调车长应掌握好距离,及时显示信号。驾驶员根据调车长的距离信号,严格控制调车不超过规定速度。当天气不良或瞭望困难时,应适当降低速度。在尽头线上调车时,距线路终端应有一定的安全距离。遇特殊情况必须近于安全距离时,要严格控制速度,并加强对线路的观察,发现问题及时停车。

(三) 电客车连挂安全

连挂车辆时,应显示规定的距离信号,以便驾驶员根据停留车的距离不断地降低速度,达到要求的连挂速度,防止超速连挂。没有显示规定的距离信号不准挂车。当暴风、雨、雪、雾等恶劣天气造成视线不良,或曲线、坡道和照明不足等造成瞭望不便,调车长确认前方停留车位置有困难时,应派人显示停留车位置信号。

连挂车辆时,应确认被连挂车辆状况,以及无人员或异物侵入限界,并根据线路、车辆情况调整钩位,防止连挂时损坏车钩或造成溜逸。连挂车辆后应试拉,确认连挂妥当。在同一条线路需要连挂多辆车时,不得连续连挂。根据需要连接规定数量的制动软管,并进行自动制动机简略试验。

(四) 电客车防溜

城市轨道交通电客车在调车作业完毕后,应及时将电客车或车辆停在线路的警冲标内,防止越过警冲标或压道岔;对不再移动的电客车,应做好防溜措施,无论停留线路有无坡道,也无论停留时间是长是短,均应使用电客车的停放制动装置或使用铁鞋做好防溜措施。调车作业中临时停车时,电客车应保持制动状态,不得关闭空气压缩机。必要时,还应采取铁鞋防溜的措施。交接班时,接班人员必须按规定现场检查停留车辆的防溜措施,发现问题及时处理并报告。

四、电客车调车作业安全事故

(一) 电客车调车作业常见事故及原因分析

1. 调车作业计划不清或传达不彻底

调车作业计划是信号员、调车组等调车作业相关人员的统一行动计划。如果调车作业计划本身不清,造成调车进路排错,机车车辆进入线路;或调车作业计划传达不彻底,造成信号员及调车驾驶员行动不一致,极易发生事故。

2. 作业前检查不彻底,准备不充分

调车作业前,必须按规定提前排风,摘解风管,核对计划,确认进路,检查线路、道岔和停留车辆情况,手闸制动时要选闸、试闸,铁鞋制动时要准备足够、良好的铁鞋。

3. 误排进路或未扳、错扳、临时扳动道岔或错误转动道岔

信号员误排进路或未扳、错扳、临时扳动道岔或错误转动道岔,调车员和驾驶员不认真确认信号及道岔位置,极易造成冲突、脱轨和挤岔事故。

4. 调车手信号显示不标准

调车手信号显示不标准有三种情况:一是未按规定的要求显示信号;二是错过了显示信号的时机;三是错误地显示信号。上述情况都有可能导致事故的发生。

5. 前端无人引导推进运行或推进车辆不试拉

推进作业时,前端无人引导,由于调车驾驶员无法确认线路和停留车情况,极易造成撞车和挤岔事故。推进车辆不试拉,一旦车辆中有假连接,制动或停车时车辆脱钩发生溜逸,也容易发生撞车、脱轨、挤岔和溜逸事故。

6. 没按规定采取防溜措施

调车作业在线路上停放车辆时,如不按规定采取防溜措施,极易发生车辆溜逸事故,一旦车辆溜逸入区间,后果不堪设想。

(二) 预防调车作业事故的措施

城市轨道交通的调车作业包括站场内调车作业和正线调车作业两种。

1. 预防站场内调车作业事故的措施

(1) 做好调车作业前的准备工作。

① 调车作业必须按照调车作业计划及调车信号机或调车手信号的显示要求进行。没有信号不准动车,信号不清立即停车。

② 特殊情况使用无线对讲机联络进行调车作业时,驾驶员与调车人员必须保持联络畅通,联络中断应立即停车,采取措施。

③ 调车组人员不足时,不能动车。

(2) 正确、及时地编制及传递调车作业计划。

① 运转值班室值班员要根据生产作业有关部门提出的要求,正确、合理地编制调车作业计划,并将计划向信号楼值班室、调车组等参加调车作业的人员传达清楚。

② 参加调车作业的有关人员在接受调车作业计划时必须复诵，核对正确无误后执行。

③ 调车作业时调车指挥人应将接受的作业计划向调车驾驶员及有关人员传达，并讲清作业方法与安全注意事项。

④ 调车作业中需要变更作业计划时要停止作业，由运转值班员将变更后的计划向调车指挥人及信号楼值班室重新布置、传达清楚；调车指挥人要重新向调车驾驶员及有关人员传达清楚。

（3）正确、及时地显示信号。

① 调车作业时，调车人员必须正确、及时地显示信号；驾驶员要认真确认信号，并鸣笛回示。

② 连挂作业时，调车人员必须向驾驶员显示三、二、一车的距离信号，没有显示三、二、一车的距离信号不准挂车，没有驾驶员的回示应立即显示停车信号。

③ 当调车指挥人确认车辆停留车位置有困难时，应派胜任人员显示车辆停留位置信号。

④ 连挂车辆前驾驶员必须一度停车，检查被连挂车辆的状态；连挂车辆后必须先试拉，确认连挂妥当后方可启动。

⑤ 摘挂后的车辆必须按规定安放止轮器或采取制动措施，防止溜车。

（4）认真确认调车进路。

① 单机运行或牵引车辆运行时，前方进路的确认由驾驶员负责。

② 推进车辆运行时，前方进路的确认由调车指挥人负责，若调车指挥人所在位置确认前方进路有困难，则可指派参加调车作业的其他胜任人员确认。

③ 操作进路人员应确认电客车、车组或单车尚未启动，并通知调车指挥人和调车驾驶员，关闭信号机后取消调车进路。

（5）严格、准确掌握运行速度。

① 在空线上运行时应严格按照线路、道岔的允许速度运行，瞭望条件不良、气候条件不好时应适当降低速度。

② 调车作业中进入车库、厂房时以 5 km/h 的速度运行。

③ 接近被连挂车辆以 3 km/h 的速度运行。

④ 电动电客车在停车场内限速 20 km/h 运行。

（6）在尽头线上调车必须保持必要的安全距离。在尽头线上调车作业时，距离线路终端应有 10 m 的安全距离，遇特殊情况必须近 10 m 时，要严格控制，以随时能停车的 3 km/h 以下的速度运行。

（7）做好站场内调车作业与接发电客车之间的协调。站场在电客车运行图规定的接发电客车以外时间，运转值班员可以确定场内的调车作业，但与行调布置的临时接发电客车计划有抵触时，以接发电客车作业为主。必须先进行调车作业时，应得到行调的批准同意。

2. 预防正线调车作业事故的措施

（1）正线调车由调车指挥人提出申请，行调在接到申请后确认不影响正常运营后方可同意调车申请，并做好相应记录。调车进路的排列由车站进行操作，但行调必须加强对调车进路及调车全过程的监控。

（2）遇正线调车时，行调应事先取消相关进路的自动进路功能。

（3）正线调车遇有轨道电路压不死等不正常现象时，必须采用单锁道岔的方式，必要时需现场加钩锁器以确保安全。

（4）若涉及越出站界调车，则行调应发布调度命令，令相关车站办理闭塞后方可进行。

任务四　典型驾驶事故案例分析

一、案例一　广州城轨电客车在长寿路至陈家祠上行区间溜逸事件

（一）事件经过

2008 年 7 月 23 日 21:24，1326 次电客车进长寿路站上行站台，对标停车后，驾驶员按压"左门开"按钮后车门无法打开，进驾驶室发现"左门开"指示灯不亮，认为无开门使能信号，按压"强行开门"按钮给出开门使能信号，但"左门开"指示灯还是不亮。

21:27，1326 次电客车驾驶员关钥匙后切除 ATP，"左门开"指示灯仍不亮。

21:29，1326 次电客车驾驶员报行调切除 ATP 后仍然不能开门。行调问司机是否对准停车标，司机回答电客车已经对准停车标。行调命令司机使用继电器开门。

21:30，1326 次电客车驾驶员到客室打开设备柜后用钥匙按压 8K01/8K07 继电器，车门仍不能打开。

21:30，行调命令 1326 次电客车驾驶员解锁车门清客并与车站联系，司机做好清客广播后解锁了 1A28 车的两个车门，此时车站值班站长通过驾驶室进入电客车车内，解锁紧急开门手柄手动开启车门，前两节车厢因乘客比较多，每节车厢手动开启两个车门，其他每节车厢开启一个车门，共解锁 8 个车门疏散乘客（800 人左右）。

21:30，2410 次电客车驾驶员以自动驾驶模式正点到达黄沙上行站台，开门后行调要求电客车驾驶员开门清客待令，驾驶员按命令执行。

21:32，行调问 1326 次电客车驾驶员清客情况，驾驶员回答没有清客完毕，行调命令驾驶员清客完毕后，沿途不停站，到广州东退出服务。

21:32，长寿路站行车值班员通知值班站长及车站全体员工电客车晚点延误信息，延误时间 15 min 左右。行车值班员放"1 号线往东站延误 10 min 以上"自动广播。车站安排人员在边门处引导乘客处理手中的单程票及已经刷卡进站的羊城通，通知客运值班员协助做好退票工作及乘客解释工作。

21:33，1326 次电客车驾驶员清客完毕后报行调。

21:33，黄沙上行 2410 次电客车清客完毕后，行调命令改开 602 次电客车担当救援任务，以 ATO 模式到达前方长寿路故障车前自动停车后，做好救援连挂准备工作。

21:34，1326 次电客车驾驶员报电客车不能关门，行调命令驾驶员按压"强行开门/关门"按钮。

21:34，602 次电客车以自动驾驶模式动车，自动停车后转换限制人工驾驶模式运行到离故障车 1 m 处一度停车。

21:36，行调询问 1326 次电客车驾驶员是否已经动车，驾驶员报正在尝试动车。行调命令其能动车就沿途不停站通过到广州东站。驾驶员按命令执行，因当时电客车已切除 ATP，就操作了车门旁路 2S13，当时驾驶员台旁路指示灯亮。

21:36，602 次救援电客车驾驶员使用对讲机联系故障电客车驾驶员，但无应答。

21:37，1326 次驾驶员发现旁路车门后，推牵引手柄，电客车出现保压制动不能缓解，4 个 DCU 中等故障，驾驶员将方向手柄回"0"，重新牵引一次仍然不能动车，驾驶员马上报行调。

21:37，行调决定救援，此时长寿路站值班站长上车给 1326 次驾驶员提供了另一条方孔钥匙，驾驶员和学员一起去切除 B09（未施加停车制动），司机切除了 1A28、1C28、1B27 车的 B09 后返回 1A28 驾驶室报告行调电客车已切除 B09；学员切除了 1B28、1C27、1A27 车的 B09 跟随驾驶员返回 1A28 驾驶室。

21:41，行调询问救援电客车 602 次驾驶员是否已经连挂好，救援电客车驾驶员说未见到故障车驾驶员，未清楚故障车的防护情况。

21:42，1326 次电客车驾驶员到达 1A28 报告行调已切完 B09。行调命令开行 602 次电客车，与救援车驾驶员做好连挂后，推进运行到公园前上行经渡线到下行经坑口回厂。

21:43，1326 次电客车发生向前溜动并加速，但 1326 次电客车驾驶员误认为电客车已经连挂并在被推进运行中，未采取任何停车措施。

21:43，602 次电客车驾驶员发现前方故障车以 3 km/h 的速度向前移动，驾驶员马上报行调。

21:44，行调问故障车驾驶员现在电客车是什么样的状态，故障车驾驶员回答后面的车在推进运行，其在前面监控。

21:45，行调询问故障电客车连挂情况（故障电客车驾驶员反馈当时电客车移动的速度达到 15 km/h）时，命令驾驶员马上拉停电客车，驾驶员马上施加停车制动，并恢复 1A28、1B28 车的 B09。

21:46，行调问故障电客车是否已经停车，驾驶员回答已经停车。行调随后命令驾驶员恢复三节车 B09 后限速 30 km/h 到广州东退出服务。驾驶员回复行调是否再恢复两个 B09，行调再重新命令驾驶员只恢复（电客车）两个 B09 后限速 25 km/h 到广州东退出服务。

21:47，行调要求 602 次电客车驾驶员进长寿路上行站台不开门待令。

21:49，行调问故障车驾驶员是否已经动车，驾驶员报电客车出现 4 个 DCU 严重故障，不能动车。行调命令故障车驾驶员切除车上的 B09，到后端与救援车驾驶员做好连挂后报行调。

21:51，行调命令 602 次电客车驾驶员动车到长寿路至陈家祠区间执行救援任务。

21:53，连挂完毕后故障车驾驶员换端，切除 1A28、1B28 车的 B09。

21:55，602 次电客车到达 1A28 驾驶员室指挥救援车驾驶员动车。

21:13，602 次电客车到达公园前上行站台。

22:16，救援车经过公园前渡线到达公园前下行线后换端以 ATP 超速防护下的人工驾驶模式限速 45 km/h 运行。

22:39，602 次救援车在车厂 XK 信号机前停稳报信号楼后回厂。

（二）事件分析

1. 电客车故障处理方面

（1）电客车故障信息未做交接。1326 次电客车（27+28）"左门关"指示灯不亮的故障情况在 1324 次电客车上已出现，但 1324 次电客车驾驶员未做好交接，造成 1325 次电客车驾驶员也没有交接给 1326 次电客车驾驶员。

（2）1326 次电客车驾驶员未认真查阅"客车状态记录卡"。1324 次电客车驾驶员已将"左门关"指示灯不亮的故障信息填写在"客车状态记录卡"，但 1326 次电客车驾驶员本人未查阅，造成不清楚该电客车有此故障的后果。

（3）1326 次以 ATP 超速防护下的人工驾驶模式运行到长寿路时，由学员负责驾驶，由驾驶员负责开门，没有执行驾驶电客车、开门等作业程序由同一人操作的规定。

（4）1326 次电客车驾驶员在长寿路站开门时，没有按压 1A28 左侧"开门"按钮，造成该电客车左侧车门未打开（电客车回厂后，按压 1A28 左侧"开门"按钮，该电客车左侧车门能正常打开）。

（5）1326 次电客车驾驶员发现左侧开门灯不亮时，没有按压"试灯"按钮，误认为没有开门使能信号，造成按压"强行开门"按钮和切除 ATP 都不起作用，一直未按压"开门"按钮尝试开门。

（6）1326 次电客车驾驶员切除 ATP 后，多次按压"强行开门"按钮（"强行开门"按钮只有在具备 ATP 功能的情况下才有效），反映了该驾驶员缺乏车辆相关的基本业务知识。

（7）1326 次电客车驾驶员采用操作继电器的方式开门时，其错误操作了继电器（回厂后要求驾驶员黄刚用继电器开左门时，其错误按了下一行的 2K03 继电器）。

（8）1326 次电客车驾驶员操作车门旁路尝试动车，但未实现，需请车辆中心调取相关数据进行分析。

2. 电客车救援方面

（1）长寿路站目前已安装屏蔽门但尚未投入使用，1326 次电客车驾驶员在清客完毕准备动车前，没有按规定先将已解锁的车门复位，存在乘客人身安全隐患。

（2）1326 次电客车驾驶员在切除 B09 时，未按规定（切除五节车的 B09，保留连挂端 A 车 B09）由本人完成，而是擅自安排学员前去切除 B09（其本人未做监督），造成在没有连挂前，将最后一节车的 B09 也切除，驾驶员也没有按规定到达 1A27 端指挥连挂，而是返回了 1A28 端。

（3）当学员切除 B09 返回 1A28 端，告诉驾驶员已切除完 B09 时，驾驶员没有意识到连挂端 A 车的 B09 已被切除，没有意识到学员所做的与其最初安排的事项的差异。

（4）1326 次电客车溜逸后，驾驶员没有意识到该车未与救援电客车连挂，自己也没有给出动车指令，误认为电客车已连挂后被推进运行。

（5）1326 次电客车溜逸过程中，行调询问驾驶员情况时，要求驾驶员停车，驾驶员还是认为电客车被推进运行，没有意识到电客车已在溜逸。

（6）行调组织第二次连挂时，驾驶员也没有到 1A27 端指挥连挂，而是在学员通知和行调要求下，才由 1A28 端前往 1A27 端指挥连挂，这是严重失职的行为。

(7) 长寿路站在救援信息发布后，发现电客车有移动，只简单地报行调"被连挂的电客车没关车门，现在已经动车"，没有将救援电客车还停留在站外的信息一同上报，造成信息失真。

(8) 长寿路站行车值班员在收到救援信息后，用对讲机报值班站长，在值班站长没有回应的情况下，没有通过广播等方式联系值班站长。

（三）事件定责

此次在处理车辆故障的过程中，发生了电客车溜逸，根据《运营事故（事件）调查处理规则》第 6.6 条第 16 款的规定，本次事件定性为险性事件，车务中心车务一部负全部责任。

（四）整改措施

(1) 从 7 月 24 日下午起，从乘务一、二分部共抽出四名一级电客车驾驶员到控制中心值班，指导现场驾驶员有效处理车辆故障，为控制中心值班主任提出专业（车辆、信号）咨询及提供处理建议（是否救援、退出服务等）。

(2) 从 7 月 24 日起，乘务学员暂停在 1 号线和 2 号线正线上的培训，在奥运会结束前，电客车在正线采用自动驾驶模式驾驶。

(3) 乘务分部在两周内对所有电客车驾驶员进行救援和故障处理培训，确保人人过关。

(4) 乘务分部对"客车状态记录卡"的交接要严格管理，要求接班驾驶员必须认真查阅"客车状态记录卡"的内容，并与交班驾驶员交接清楚。

(5) 当电客车救援时，故障电客车驾驶员必须到达连挂端指挥连挂，以提高连挂的效率与质量。

二、案例二　上海接触网异物影响电客车运行事件

（一）事件经过

2009 年 1 月 2 日 08:18，电调通过 SCADA 发现 4 号线塘桥牵引站 211 开关 △I 跳闸，浦电牵引站 213 开关 △I 跳闸，自动重合闸均成功。电调立即通知供电值守点及行调。告供电调度和 COCC。

08:19，行调接设备报塘桥 211、浦电 213 开关跳闸，询问塘桥下行 40591 次 0403#车驾驶员车况，驾驶员回复有乘客反映车顶上有火星及异响，但车况正常，令驾驶员注意车况，通知供电调度、车辆调度，报 OCC。

08:26，塘桥车站报下行触网上有异物垂下，并影响电客车通过，行调询问车站是什么物体，其回复还在确认中，行调报 OCC，向供电、工务、客调发抢修令。

08:28，电调立刻向供电调度、客三调度发布 492#抢修令，并通过询问得知供电浦东大道值守点人员正赶往塘桥途中。

08:28，塘桥车站回复无法确认垂下异物是否影响电客车运营，行调令车站再次进行确认。

08:29，行调令南浦大桥下行 40791 次 0419#车南浦大桥下行待命。

08:31，南浦大桥下行 40791 次 0419#车下行开始清客。

08:34，南浦大桥下行 40791 次 0419#车驾驶员回复清客完毕，令其待命。

08:35，安排临平备车 0401#车上行空车至杨树浦路折至下行空车反向运行至世纪大道待命。

08:35，值守人员至现场后报塘桥牵 211 开关 △I 动作电流为 3 714 A，浦电牵 213 开关 △I 动作电流为 2 506 A，电调令其在现场值守。

08:36，塘桥车站回复经再次确认，异物无法处理且无法确认垂下异物是否影响电客车运营，现人员已出清线路。

08:37，安排南浦大桥下行 40791 次 0419#车令 ATP 手动限速 20 km/h 进入区间并且进站时限速 5 km/h 对触网进行确认。

08:43，临平备车 0401#车经杨树浦路渡线折至下行。

08:46，40791 次电客车驾驶员报触网上方有物体垂下，需下线路进行确认，行调令其带好对讲机后进行确认。

08:49，40791 次电客车驾驶员回复下行百米标 107 处通风管护栏下垂，侵限，电客车无法通过。

08:46，行调对 4 号线外圈电客车进行调整。

08:50，临平备车 0401#车下行反向运行至世纪大道。

08:50，电调询问供电调度是否要将塘桥至浦电下行触网停电，其称待询问后再答复。

08:54，塘桥值守人员申请需将塘桥至浦电下行触网停电后才可以去除异物。

08:54，供电人员到达塘桥车站进行抢修。因塘桥触网人员申请塘桥至浦电路下行触网停电，行调通知塘桥下行站外 40791 次 0419#车收车待命。

08:55，40791 次 0419#车驾驶员报电客车收车完毕，行调向电调申请塘桥至浦电路下行触网停电。

08:55，接设备调度报塘桥至浦电路下行触网已停电，同时塘桥车站报供电人员称处理异物需 10 min。

08:58，临平备车 0401#车世纪大道下行载客投入运营。

08:59，工务回复异物不属于工务设备。

09:02，供电抢修人员来电称通风管下垂物已清除，供电人员和工具已撤清，具备送电条件。

09:04，塘桥车站报现场供电人员来电异物已处理完毕，行调令车站通知现场人员抓紧出清线路。

09:08，供电现场人员全部撤离线路，触网具备送电条件。行调向电调申请塘桥至浦电路下行触网送电。

09:08，电调送电成功。通知行调，报电调、COCC。

09:09，接设备报塘桥至浦电路下行送电完毕，通知塘桥下行 40791 次 0419#车启动电客车准备恢复运营。

09:12，40791 次 0419#车驾驶员报电客车启动完毕，并应供电要求令驾驶员限速 5 km/h 进站对位。

09:14，40791 次 0419#车动车至塘桥下行开门载客，报 COCC。

09:20，行调对全线电客车进行调整。

（二）过程分析

（1）08:18，电调发现4号线塘桥牵引站211开关△I跳闸，浦电牵引站213开关△I跳闸，自动重合闸均成功。设备调度立即通知供电值守点及行调确认情况。行调接报后对该区段内的40591次0403#进行车况确认，同时通知供电、车辆调度及COCC，事件的初期处置符合预案要求。

（2）08:26，行调在得到异物侵限的信息后，能及时向供电、工务、客三发布抢修令，并布置下行后续0419#车在南浦大桥站待命，避免出现载客电客车迫停区间的后果，但在后续处理过程中，由于行调询问情况的针对性不强，造成情况确认时间过长。

（3）08:35，行调安排临平备车0401#车上行空车至杨树浦路折至下行空车反向运行至世纪大道待命，调整措施合理，但临平备车安排的时机可适当提前。本例中，08:26接报侵限后，行调即可布置临平备车投入上述的调整运行，应布置备车至世纪大道下行后，立即投入下行载客运营，以减少世纪大道下线的行车间隔，由于无法判断故障点的开通时间，行调可根据间隔提前几站布置上行后续某次电客车准备在杨树浦路上行清客折返至世纪大道下行载客，确保世纪大道下行不出现大间隔。

（4）09:02，供电抢修人员来电称通风管下垂物已清除，供电人员和工具已撤清，具备送电条件。而行调在09:08方申请触网送电，时间较长。

（三）改进建议

（1）突发事件处置初期的相关电客车扣车工作是事件处置成功的基础，本例中，正因为行调及时扣车，避免了后续电客车载客进入区间。考虑到目前各线早高峰行车间隔普遍较小，极易发生漏扣车的情况，因此，行调应增强对扣车重要性的认识。

（2）无效通话过多造成事件处置时间延长，此情况在历次的事件处置中多次发生，侧面反映出行调在语言表达能力及业务水平方面仍有待提高。现场沟通时，行调自身目的要明确，向车站或驾驶员发令时，相关要素需齐全，使对方清楚自己的要求。建议各控制中心对行调加强突发事件初期处置的模拟实操训练，同时要通过多种培训形式加强行调对现场设备的了解，增强判断能力（事后了解，侵限物为排热风管的支撑铁架）。

（3）行调在突发事件的处置中，在确保安全的情况下，应尽力维持非故障段的电客车运营秩序，灵活合理地组织运营，避免故障影响区段的扩大和最大晚点区段的转移。

（4）在运营期间的抢修过程中，行调要重点做好抢修登记这一环节，登记时留下抢修施工负责人的姓名、联系方式，向其说明安全防护要点、要求。抢修施工注销时，行调需与施工负责人确认全部人员撤离，具备送电动车条件。线路开通后，首列通过故障点的电客车应以ATP手动方式限速通过故障点。

（5）当线路中断改变正常运营方式时，行调要对中间折返站加强客运组织的监控，及时与公安和服务热线保持联系，以免因客运组织不力造成乘客纠纷。同时，可采用区间限速和分别扣车的调整措施，避免电客车在同一车站长时间扣车。

在今后的突发事件处置时，建议各主任调度应更沉稳、冷静，把握好处置方案的作业要点，监护调度员对方案的执行情况，协调好各专业，发挥出班组指挥者的作用。

项目实训　电客车驾驶安全管理

【实训目的】

（1）了解城市电客车的行车指挥和组织机构。

（2）熟悉电客车自动折返和人工折返的作业要求。

（3）熟悉电客车驾驶员的工作规范。

【实训条件】

（1）地铁场段 OCC、NCC 或信号楼指挥中心现场。

（2）电客车正线折返作业现场。

【实训内容】

（1）组织学员参观地铁场段行车控制中心。

（2）组织学员参观电客车正线折返作业或观看相关作业视频。

思考与练习

1. 简述城市轨道交通行车的基本原则。
2. 如何认识城市轨道交通行车指挥架构中各层级的职责及关系？
3. 行车闭塞法分为哪几种？分别在什么情况下使用？
4. 接发电客车作业事故的种类及主要原因有哪些？
5. 接发电客车作业安全注意事项有哪些？
6. 如何保证接发电客车作业安全？
7. 简述调车作业事故产生的原因。
8. 调车作业有哪些安全注意事项？
9. 为了保证调车作业安全，你有哪些好的建议？
10. 简述电客车驾驶员的工作规范。
11. 电客车驾驶人员的作业准则。
12. 城轨电客车运行中，驾驶员的注意事项有哪些？

项目十一　电客车驾驶规章制度

> **学习目标**
>
> （1）掌握电客车驾驶相关规章制度基本内容。
> （2）掌握电客车驾驶安全方面的规章与制度。
> （3）掌握城电客车驾驶应急处理方法、技巧与步骤。
> （4）掌握电客车司机驾驶员素质要求。

> **重点难点**
>
> （1）城轨电客车应急处理的步骤与方法，快速、准确处理故障的技能。
> （2）掌握电客车相关事故等级划分原则。
> （3）城轨电客车驾驶员素质要求。

任务一　电客车运营管理办法

为规范城市轨道交通运营管理，能快速准确地把握和处理好城市轨道交通在事故、故障处理方面的问题，城市轨道交通运营管理部门专门制订了规章和制度，本次任务中我们将对电客车驾驶相关的规章制度进行摘录学习，以提高电客车驾驶的安全和驾驶规范性。

一、运营管理规章总则

运营管理规章的总则部分是从整体对城市轨道交通运营管理人员的总的要求和约束。下面是具体的内容。

（1）为了加强城市轨道交通运营管理，保证城市轨道交通正常、安全运营，维护城市轨道交通运营秩序，保障乘客和城市轨道交通运营者的合法权益，特制定本办法。

（2）本办法适用于城市轨道交通的运营及相关的管理活动。

（3）国务院建设主管部门负责全国城市轨道交通的监督管理工作。

（4）省、自治区人民政府建设主管部门负责本行政区域内城市轨道交通的监督管理工作。城市人民政府城市轨道交通主管部门负责本行政区域内城市轨道交通的监督管理工作。

二、运营管理规章要求

本部分内容是对城市轨道运营方面具体的内容要求,对城轨的建设、城市运营企业为城市公民服务的内容及乘客乘坐城市轨道交通时的行为进行了规范和要求,作为电客车司机,在处理这些方面的事务时要注意把握好相关运营管理规章的内容,尤其在与乘客处理一些纠纷时,要注意对这些内容的正确应用,首先从自身找问题,当然对乘客的一些不良和违章行为要按章正确处理。

(1)城市人民政府城市轨道交通主管部门应当按照"行政许可法"及市政公用事业特许经营的有关规定,依法确定城市轨道交通运营单位。

(2)新建城市轨道交通工程竣工后,应当进行工程初验;初验合格的,可以进行试运行;试运行合格,并具备基本运营条件的,可以进行试运营。

(3)城市轨道交通工程竣工,按照国家有关规定验收,并报有关部门备案。经验收合格后,方可交付正式运营。

(4)安全设施不符合有关国家标准的新建、改建、扩建城市轨道交通工程项目,不得投入运营。

(5)城市轨道交通运营单位应当按照国家有关规定和特许经营协议,制定城市轨道交通运营服务规则和设施保养维护办法,保证城市轨道交通的正常、安全运营。

(6)城市轨道交通运营单位应当执行价格主管部门依法确定的票价,不得擅自调整。

(7)城市轨道交通运营单位应当为乘客提供安全便捷的客运服务,保证车站、车厢整洁,出入口、通道畅通,保持安全、消防、疏散导向等标志醒目。

(8)城市轨道交通运营单位工作人员应当佩戴标志、态度文明、服务规范。驾驶员、调度员、行车值班员等岗位的工作人员应当经培训合格后,持证上岗。城市轨道交通运营单位应当在车站配备急救箱,车站工作人员应当掌握必要的急救知识和技能。

(9)城市轨道交通运营过程中发生故障而影响运行时,城市轨道交通运营单位应当及时组织乘客疏散,并尽快排除故障,恢复运行。一时无法恢复运行的,城市轨道交通运营单位应当及时报告城市人民政府城市轨道交通主管部门。

(10)城市轨道交通因故不能正常运行的,乘客有权持有效车票要求城市轨道交通运营单位按照单程票价退还票款。

(11)禁止下列危害城市轨道交通正常运营的行为出现:

① 在车厢内吸烟,随地吐痰,便溺,吐口香糖,乱扔果皮纸屑等废弃物。
② 在车站、站台、站厅、出入口、通道停放车辆、堆放杂物或者擅自摆摊设点堵塞通道。
③ 擅自进入轨道、隧道等禁止进入的区域。
④ 攀爬、跨越围墙、护栏、护网、门闸。
⑤ 强行上下电客车。
⑥ 在车厢或者城市轨道交通设施上乱写、乱画、乱张贴。
⑦ 携带宠物乘车。
⑧ 危害城市轨道交通运营和乘客安全的其他行为。

(12)禁止乘客携带易燃、易爆、有毒和放射性、腐蚀性的危险品乘车。城市轨道交通运营单位可以对乘客携带的物品进行安全检查,对携带危害公共安全的危险品的乘客,应当责令出站;拒不出站的,移送公安部门依法处理。

（13）城市人民政府城市轨道交通主管部门和城市轨道交通运营单位应当建立投诉受理制度，接受乘客对违反运营规定和服务规则的行为的投诉。城市轨道交通运营单位应当自受理投诉之日起 10 个工作日内做出答复。乘客对答复有异议的，可以向城市人民政府城市轨道交通主管部门投诉，城市人民政府城市轨道交通主管部门应当自受理乘客投诉之日起，10 个工作日内做出答复。

三、运营安全规章要求

本节内容是针对城市轨道运营企业的要求和行为规范，供电客车司机在处理相关问题时参考。

（1）城市轨道交通运营单位应当依法承担城市轨道交通运营安全责任，设置安全生产管理机构，配备专职安全生产管理人员，保证安全生产条件下所必需的资金投入。

（2）城市轨道交通运营单位应当按照反恐、消防管理、事故救援等有关规定，在城市轨道交通设施内，设置报警、灭火、逃生、防汛、防爆、防护监视、紧急疏散照明、救援等器材和设备，定期检查、维护，按期更新，并保持完好。

（3）城市轨道交通运营单位负责城市轨道交通设施的管理和维护，定期对土建工程、车辆和运营设备进行维护、检查，及时维修更新，确保其处于安全状态。检查和维修记录应当保存至土建工程、车辆和运营设备的使用期限到期。

（4）城市轨道交通运营单位应当组织对城市轨道交通关键部位和关键设备的长期监测工作，评估城市轨道交通运行对土建工程的影响，定期对城市轨道交通进行安全性评价，并针对薄弱环节制定安全运营对策。在发生地震、火灾等重大灾害后，城市轨道交通运营单位应当对城市轨道交通进行安全性检查，经检查合格后，方可恢复运营。

（5）城市轨道交通运营单位应当采取多种形式向乘客宣传安全乘运的知识和要求。

（6）城市轨道交通应当在以下范围设置控制保护区：

① 地下车站与隧道周边外侧 50 m 内。

② 地面和高架车站及线路轨道外边线外侧 30 m 内。

③ 出入口、通风亭、变电站等建筑物、构筑物外边线外侧 10 m 内。

（7）在城市轨道交通控制保护区内进行下列作业的，作业单位应当制定安全防护方案，在征得运营单位同意后，依法办理有关行政许可手续：

① 新建、扩建、改建或者拆除建筑物、构筑物。

② 敷设管线、挖掘、爆破、地基加固、打井。

③ 在过江隧道段挖沙、疏浚河道。

④ 其他大面积增加或减少载荷的活动。

上述作业穿过地铁下方时，安全防护方案还应当经专家审查论证。

运营单位在不停运的情况下对城市轨道交通进行扩建、改建和设施改造的，应当制订安全防护方案，并报城市人民政府城市轨道交通主管部门备案。

（8）在城市轨道交通线路弯道内侧，不得修建妨碍行车瞭望的建筑物、构筑物，不得种植妨碍行车瞭望的树木。

（9）禁止下列危害城市轨道交通设施的行为出现：
① 非紧急状态下动用应急装置。
② 损坏车辆、隧道、轨道、路基、车站等设施设备。
③ 损坏和干扰机电设备、电缆、通信信号系统。
④ 污损安全、消防、疏散导向、站牌等标志和防护监视等设备。
⑤ 危害城市轨道交通设施的其他行为。

四、应急管理规章要求

本部分是城市管理部门对应急处理的基本要求。

（1）城市人民政府城市轨道交通主管部门应当会同有关部门制定处理突发事件的应急预案。城市轨道交通运营单位应当根据实际运营情况制定地震、火灾、浸水、停电、反恐、防爆等各个专题的应急预案，建立应急救援组织，配备救援器材设备，并定期组织演练。当发生地震、火灾或者其他突发事件时，城市轨道交通运营单位和工作人员应当立即报警和疏散人员，并采取相应的紧急救援措施。

（2）城市轨道交通车辆地面行驶中遇到沙尘、冰雹、雨、雪、雾、结冰等影响运营安全的气象条件时，城市轨道交通运营单位应当启动应急预案，并按照操作规程进行安全处置。

（3）遇有城市轨道交通客流量激增危及安全运营的紧急情况，城市轨道交通运营单位应当采取限制客流量的临时措施，确保运营安全。

（4）遇有自然灾害、恶劣气象条件或者发生突发事件等会严重影响城市轨道交通安全的情形，并且无法采取措施保证安全运营时，运营单位可以停止线路运营或者部分路段运营，但是应当提前向社会公告，并报告城市人民政府城市轨道交通主管部门。

（5）城市轨道交通运营中发生安全事故，城市人民政府城市轨道交通主管部门、城市轨道交通运营单位应当依据应急预案进行处置。

（6）城市轨道交通运营中发生人员伤亡事故，应当按照先抢救受伤者，及时排除故障，恢复正常运行，后处理事故的原则进行处理，并按照国家有关规定及时向有关部门报告。城市人民政府城市轨道交通主管部门、城市轨道交通运营单位应当配合公安部门及时对现场进行勘察、检验，依法进行现场处理。

（7）城市轨道交通运营过程中发生乘客伤亡的，城市轨道交通运营单位应当依法承担相应的损害赔偿责任（能够证明伤亡人员故意或者自身健康原因造成的除外）。

五、法律责任相关要求

本部分为城市管理部门对一些违法和违章行为处罚的执行度提供具体参考。

（1）违反本办法第五条规定，未经竣工验收合格，将城市轨道交通工程项目投入正式运营的，按照《建设工程质量管理条例》的有关规定进行处罚。

（2）违反本办法第七条规定，城市轨道交通运营单位未执行价格主管部门依法确定的票价的，由价格主管部门按照价格法律法规的规定依法处罚。

（3）违反本办法规定，城市轨道交通运营单位有下列行为之一的，由城市人民政府城市轨道交通主管部门责令限期改正，并可处以5 000元以下罚款：

① 违反本办法第八条规定，未保证车站、车厢整洁，出入口、通道畅通，保持安全、消防、疏散导向等标志醒目的。

② 违反本办法第九条规定，安排未经培训合格的工作人员上岗或者未在车站配备急救箱的。

（4）违反本办法第十条规定，城市轨道交通运营单位在发生运营故障时未及时组织乘客疏散的，由城市人民政府城市轨道交通主管部门给予警告，并处以5 000元以下的罚款。

（5）违反本办法第十二条、第十三条的规定，影响城市轨道交通安全正常运营的，由城市人民政府城市轨道交通主管部门责令改正，并可处以50元以上500元以下罚款。

（6）违反本办法规定，城市轨道交通运营单位有下列行为之一的，由城市人民政府城市轨道交通主管部门给予警告，责令限期改正，并可处以1万元以下罚款：

① 违反本办法第十六条规定，未设置报警、灭火、逃生、防汛、防爆、防护监视、紧急疏散照明、救援等器材和设备，并保持完好的。

② 违反本办法第二十四条规定，未按照规定建立应急预案的。

③ 违反本办法第十七条规定，城市轨道交通运营单位未按照规定定期检查和及时维护城市轨道交通设施的，由城市人民政府城市轨道交通主管部门给予警告，责令限期改正，并可处以1万元以下罚款。

（7）违反本办法规定，有下列行为之一的，由城市人民政府城市轨道交通主管部门给予警告，责令限期改正，并可处以1万元以上3万元以下罚款。造成损失的，依法承担赔偿责任。情节严重，构成犯罪的，依法追究刑事责任：

① 违反本办法第二十一条第一款规定，在城市轨道交通控制保护区内进行作业的作业单位未制定安全防护方案，或者未征得城市轨道交通运营单位同意的。

② 违反本办法第二十一条第三款规定，城市轨道交通运营单位对轨道交通进行扩建、改建和设施改造时，未制定安全防护方案的。

（8）个人或者单位违反本办法第二十二条、第二十三条规定，影响城市轨道交通安全的，对个人处以500元以上1 000元以下罚款，对单位处以1 000元以上5 000元以下罚款。造成损失的，依法承担赔偿责任。

（9）城市轨道交通运营单位有下列行为之一的，由城市人民政府城市轨道交通主管部门给予警告，责令限期改正，并可处以1万元以下罚款：

① 违反本办法第二十五条规定，遇有恶劣气象条件时，未按照应急预案和操作规程进行处置的。

② 违反本办法第二十六条规定，在客流量急增危及安全运营时，未采取限制客流量的临时措施的。

③ 违反本办法第二十七条规定，停止运营时，未提前向社会公告和报告主管部门的。

④ 违反本办法第二十八条规定，发生安全事故时，未按照应急预案进行处置的。

（10）城市人民政府城市轨道交通主管部门工作人员玩忽职守、滥用职权、徇私舞弊的，由其所在单位依法给予行政处分。构成犯罪的，依法追究刑事责任。

六、电客车运营管理规章相关附则

这部分内容是对上述规章中的一些概念进行说明，并对本办法的适用范围进行了说明。

（1）城市轨道交通是指城市公共交通系统中大运量的城市地铁、轻轨等城市轨道公共客运系统。

（2）城市轨道交通设施是指为保障城市轨道交通系统正常安全运营而设置的轨道、隧道、高架道路（含桥梁）、车站（含出入口、通道）、通风亭、车辆、车站设施、车辆段、机电设备、供电系统、通信信号系统等设施。

任务二　电客车事故灾难应急预案

为规范城市轨道交通运营管理，我国对城市轨道交通运营有管理规章，本次任务对与电客车驾驶相关的内容进行摘录学习，以提高电客车驾驶的安全和驾驶规范性。

一、电客车事故灾难应急预案总则

（一）编制目的

做好城市地铁事故灾难的防范与处置工作，保证及时、有序、高效、妥善地处置城市地铁事故灾难，最大程度地减少人员伤亡和财产损失，维护社会稳定，支持和保障经济发展。

（二）编制依据

依据《中华人民共和国安全生产法》《中华人民共和国消防法》《突发公共卫生事件应急条例》《国务院关于特大安全事故行政责任追究的规定》和《国家突发公共事件总体应急预案》，制定本预案。

（三）适用范围

本预案适用于我国地铁（包括轻轨）发生特别重大事故灾难，致使人民群众生命财产和地铁的正常运营受到严重威胁，具备下列条件之一的：

① 造成30人以上死亡（含失踪），或危及30人以上生命安全，或者100人以上中毒（重伤），或者直接经济损失1亿元以上。

② 需要紧急转移安置10万人以上。

③ 超出省级人民政府应急处置能力。

④ 跨省级行政区、跨领域（行业和部门）。

⑤ 国务院认为需要国务院或建设部响应。

（四）工作原则

1. 以人为本、科学决策

发挥政府公共服务职能，把保障人民群众的生命安全、最大程度地减少事故灾难造成的损失放在首位。运用先进技术，充分发挥专家作用，实行科学民主决策。

2. 统一指挥、分级负责

在国务院的统一领导下，由建设部牵头负责，省（区、市）人民政府和国务院其他有关部门、军队、武警按照各自的职责分工和权限，负责有关地铁事故灾难的应急管理和特别重大、重大事故灾难的应急处置工作。

3. 属地为主、分工协作

地铁事故灾难应急处置实行属地负责制，城市人民政府是处置事故灾难的主体，要承担处置的首要责任。国务院各有关部门、军队、武警、省（区、市）人民政府要主动配合、密切协作、整合资源、信息共享、形成合力，保证事故灾难信息的及时准确传递、快速有效处置。

4. 应急处置与日常建设相结合、有效应对

国务院各有关部门、军队、武警和省（区、市）人民政府，尤其是地铁所在地城市人民政府，对事故灾难要有充分的思想准备，调动全社会力量，建立应对事故灾难的有效机制，做到常备不懈。应急机制建设和资源准备要坚持应急处置与日常建设相结合，降低运行成本。

二、事故灾应急处置组织机构与职责

（一）国家应急机构

国务院或国务院授权建设部设立城市地铁事故灾难应急领导小组（以下简称"领导小组"）。领导小组下设办公室、联络组和专家组。

领导小组办公室设在建设部质量安全司，具体负责全国地铁事故灾难应急工作。领导小组联络组由各成员单位指派的人员组成。领导小组专家组由地铁、公安、消防、安全生产、卫生防疫、防化等方面的专家组成。

（二）省级、市级地铁事故灾难应急机构

省级、市级地铁事故灾难应急机构应比照国家地铁事故灾难应急机构的组成、职责，结合本地实际情况确定。

（三）城市地铁企业事故灾难应急机构

城市地铁企业应建立由企业主要负责人、分管安全生产的负责人、有关部门参加的地铁事故灾难应急机构。

（四）预警预防机制

1. 监测机构

城市人民政府建设行政主管部门来负责城市地铁的运行监测、预警工作，建立城市地铁监测体系和运行机制，对检测信息进行汇总分析。对城市地铁运行状况进行收集、汇总分析并做出报告，每半年向国家和省级地铁应急机构做出书面报告。

2. 监测网络

由省级、市级建设行政主管部门、城市地铁企业组成监测网络，省级、市级建设行政主管部门通过设立城市地铁监察员来对城市地铁进行检查监督。

3. 监测内容

城市地铁的规章制度、强制性标准、设施设备及安全运营管理。

三、事故灾难应急响应措施

(一) 分级响应

(1) Ⅰ级响应行动由领导小组组织实施,当领导小组进入Ⅰ级响应行动时,事发地各级政府应当按照相应的预案全力以赴组织救援,并及时向领导小组报告救援工作进展情况。

(2) Ⅱ级以下应急响应行动的组织实施,由省级人民政府决定。城市人民政府可根据事故灾难的严重程度启动相应的应急预案,超出本级应急处置能力时,及时报请上一级应急机构启动上一级应急预案实施救援。

(二) 领导小组的响应

建设部在接到特别重大事故灾难报告 2 h 内,决定是否启动Ⅰ级响应。

(1) Ⅰ级响应时,领导小组启动并实施本预案。及时将事故灾难的基本情况、事态发展和救援进展情况报告国务院并抄报国家安全监管总局;开通与国务院有关部门、军队、武警等有关方面的通信联系;开通与事故灾难发生地的省级应急机构、事发地城市政府应急机构、现场应急机构、相关专业应急机构的通信联系,随时掌握事态进展情况;派出有关人员和专家赶赴现场,参加、指导应急工作;需要其他部门应急力量支援时,向国务院提出请求。

(2) Ⅱ级以下响应时,及时开通与事故灾难发生地的省级应急机构、事发地城市政府应急机构的通信联系,随时掌握事态进展情况;根据有关部门和专家的建议,为地方应急指挥救援工作提供协调和技术支持;必要时,派出有关人员和专家赶赴现场,参加、指导应急工作。

(三) 国务院有关部门、军队、武警的响应

Ⅰ级响应时,国务院有关部门、军队、武警按照预案规定的职责参与应急工作,启动并实施本部门相关的应急预案。

(四) 不同事故灾难的应急响应措施

1. 火灾应急响应措施

(1) 城市地铁企业要制定完善的消防预案,针对不同车站、电客车运行的不同状态以及消防重点部位制定具体的火灾应急响应预案。

(2) 贯彻"救人第一,救人与灭火同步进行"的原则,积极施救。

(3) 处置火灾事件应坚持快速反应的原则,做到反应快、报告快、处置快,把握起火初期的关键时间,把损失控制在最低程度。

(4) 火灾发生后,工作人员应立即向"119""110"报告。同时组织做好乘客的疏散、救护工作,积极开展灭火自救工作。

(5) 地铁企业事故灾难应急机构及市级地铁事故灾难应急机构接到火灾报告后,应立即组织启动相应应急预案。

2. 地震应急响应措施

（1）地震灾害紧急处理的原则：实行高度集中，统一指挥。各单位、各部门要听从事发地省、直辖市人民政府指挥，各司其职，各负其责。抓住主要矛盾，先救人、后救物，先抢救通信、供电等要害部位，后抢救一般设施。

（2）市级地铁事故灾难应急机构及地铁企业负责制定地震应急预案，做好应急物资的储备及管理工作。

（3）发布破坏性地震预报后，即进入临震应急状态。省级人民政府建设主管部门采取相应措施：根据震情发展和工程设施情况，发布避震通知，必要时停止运营和施工，组织避震疏散；对有关工程和设备采取紧急抗震加固等保护措施；检查抢险救灾的准备工作；及时准确通报地震信息，维护正常工作秩序；地震发生时，省级人民政府建设主管部门及时将灾情报有关部门，同时做好乘客疏散和地铁设备、设施的保护工作；地铁企业事故灾难应急机构及市级地铁事故灾难应急机构接到地震报告后，应立即组织启动相应应急预案。

3. 地铁爆炸应急响应措施

（1）迅速反应，及时报告，密切配合，全力以赴疏散乘客、排除险情，尽快恢复运营。

（2）地铁企业应针对地铁电客车、地铁车站、地铁主变电站、地铁控制中心以及地铁车辆段等重点防范部位制订防爆措施。

（3）地铁内发现的爆炸物品、可疑物品应由专业人员进行排除，任何非专业人员不得随意触动。

（4）地铁爆炸案件一旦发生，市级建设主管部门应立即报告当地公安部门、消防部门、卫生部门，组织开展调查处理和应急处置工作。

（5）地铁企业事故灾难应急机构及市级地铁事故灾难应急机构接到爆炸报告后，应立即组织启动相应应急预案。

4. 地铁大面积停电应急响应措施

（1）地铁企业应贯彻预防为主、防救结合的原则，重点做好日常安全供电保障工作，准备备用电源，防止停电事件的发生。

（2）停电事件发生后，地铁企业要做好信息发布工作，做好乘客紧急疏散、安抚工作，协助做好地铁的治安防护工作。

（3）供电部门在事故灾难发生后，应根据事故灾难性质、特点，立即实施事故灾难抢修、抢险有关预案，尽快恢复供电。

（4）地铁企业事故灾难应急机构及市级地铁事故灾难应急机构接到停电报告后，应立即组织启动相应应急预案。

四、事故灾难应急报告

（一）应急情况报告的基本原则——快捷、准确、直报、续报

1. 快 捷

最先接到事故灾难信息的单位应在第一时间报告，最迟不能超过 1 h。

2. 准确

报告内容要真实,不得瞒报、虚报、漏报。

3. 直报

发生特别重大事故灾难,要直报领导小组办公室,同时报省、市地铁事故灾难应急机构。紧急情况下,可越级上报国务院,并及时通报有关部门。

4. 续报

在事故灾难发生一段时间内,要连续上报事故灾难应急处置的进展情况及有关内容。

5. 报告内容

特别重大事故灾难快报及续报应当包括以下内容:

(1)事件单位的名称、负责人、联系电话及地址。
(2)事件发生的时间、地点。
(3)事件造成的危害程度、影响范围、伤亡人数、直接经济损失。
(4)事件的简要经过。
(5)其他需上报的有关事项。

(二)报告程序

(1)地铁事故灾难发生后,现场人员必须立即报警,并报告地铁企业应急机构。有关部门接到报告后,应迅速确认事故灾难性质和等级,立即启动相应的预案,并向上级地铁应急机构报告。

(2)特别重大事故灾难发生单位、属地政府及其相关行政主管部门接报后必须做到:

① 迅速采取有效措施,组织抢救,防止事故灾难扩大。
② 严格保护事故灾难现场。

(3)服从地方政府统一部署和指挥,了解掌握事故灾难情况,协调组织事件抢险救灾和调查处理等事宜,并及时报告事态趋势及状况。

(4)因抢救人员、防止事故灾难扩大、恢复生产以及疏通交通等原因,需要移动现场物件的,应当做好标记,采取拍照、摄像、绘图等方法详细记录事故灾难现场的原貌,妥善保存现场重要痕迹、物证。

(5)发生特别重大事故灾难的单位及城市地铁事故灾难应急机构应在事故灾难发生后4 h内写出事故灾难快报,分别报送国家、省地铁事故灾难应急机构。

(6)情况接报。

① 领导小组办公室获悉发生城市地铁事故灾难后,迅速通知领导小组,并根据事故灾难的性质和严重程度提出启动预案的建议。
② 领导小组接到报告后,应将有关情况上报国务院,同时通报国务院有关部门。

五、事故灾难应急处置

紧急处置应按照属地为主的原则,依靠本行政区域的力量。事故灾难发生后,地铁企业和当地人民政府应立即启动应急预案,并按照应急预案迅速采取措施,使事故灾难损失降到最低。根据事态发展情况，出现急剧恶化的特殊险情时，现场应急指挥机构应在充分考虑专家和有关方面意见的基础上，及时制定应急处置方案，依法采取紧急处置措施。

（一）医疗卫生救助

各级卫生行政部门要根据《国家突发公共事件医疗卫生救援应急预案》，组织做好应急准备，在应急响应时，组织、协调开展应急医疗卫生救援工作，保护人民群众的健康和生命安全。

（二）应急人员的安全防护

现场处置人员应根据需要佩戴相应的专业防护装备，采取安全防护措施，严格执行应急人员进入和离开事故灾难现场的相关规定。

现场应急机构根据需要具体协调、调集相应的安全防护装备。城市人民政府应事先为城市地铁企业配备相应的专业防护装备。

（三）群众的安全防护

现场应急机构负责组织群众的安全防护工作，主要工作内容如下：

（1）根据事故灾难的特点，确定保护群众安全需要采取的防护措施。

（2）决定紧急状态下群众疏散、转移和安置的方式、范围、路线和程序，指定有关部门具体负责实施疏散、转移和安置。

（3）启用应急避难场所。

（四）维护事发现场的治安秩序。

1. 社会力量的动员与参与

现场应急机构组织调动本行政区域社会力量参与应急工作。超出事发地省级人民政府的处置能力时，省级人民政府向国务院申请本行政区域外的社会力量支援。

2. 现场检测与评估

根据需要，现场应急机构成立事故灾难现场检测与评估小组，负责检测、分析和评估工作，查找事故灾难的原因和评估事态的发展趋势，预测事故灾难的后果，为现场应急决策提供参考。检测与评估报告要及时上报领导小组办公室。

3. 信息发布

城市地铁事故灾难应急信息的公开发布由各级城市地铁事故灾难应急机构决定。对城市地铁事故灾难和应急响应的信息实行统一、快速、有序、规范管理。

信息发布应明确事件的地点、事件的性质、人员伤亡和财产损失情况、救援进展情况、事件区域交通管制情况以及临时交通措施等。

4. 应急结束

Ⅰ级响应行动的终止由领导小组决定

Ⅱ级以下响应行动的终止由省级人民政府决定。

六、事故后期处置

（一）善后处置

事发地的城市人民政府负责组织地铁事故灾难的善后处置工作，包括治安管理、人员安置、补偿、征用物资补偿、救援物资供应和及时补充、恢复生产等事项。尽快消除事故灾难影响，妥善安置和慰问受害及受影响人员，保证社会稳定，尽快恢复地铁正常运营秩序。

（二）保险理赔

地铁事故灾难发生后，保险机构及时开展应急人员保险受理和受灾人员保险理赔工作。

（三）调查报告

属于Ⅰ级响应行动的地铁事故灾难由领导小组牵头组成调查组进行调查，必要时，国务院可以直接组成调查组；属于Ⅱ级以下响应行动的地铁事故灾难调查工作由省级人民政府规定，必要时，领导小组可以牵头组成调查组。

应急状态解除后，现场地铁事故灾难应急机构应整理和审查所有的应急记录和文件等资料，总结和评价导致应急状态的事故灾难原因和在应急期间采取的主要行动。必要时，修订城市地铁应急预案，并及时作出书面报告。

（1）应急状态终止后的两个月内，现场地铁事故灾难应急机构应向领导小组提交书面总结报告。

（2）总结报告应包括以下内容：发生事故灾难的地铁基本情况，事故灾难原因、发展过程及造成的后果（包括人员伤亡、经济损失）分析、评价，采取的主要应急响应措施及其有效性，主要经验教训和事故灾难责任人及其处理结果等。

七、保障措施

（一）通信与信息保障

领导小组应指定专门场所并建设相应的设施满足进行决策、指挥和对外应急联络的需要。逐步建立并完善全国地铁安全信息库、救援力量和资源信息库，规范信息获取、分析、发布、报送的格式和程序，保证国务院及国务院有关部门、省级、市级应急机构之间的信息资源共享。保证应急响应期间领导小组同国务院，省级、市级和地铁企业事故灾难应急机构、应急支援单位通信联络的需要，明确联系人、联系方式。能够接受、显示和传达地铁事故灾难信息，为应急决策和专家咨询提供依据。能够接受、传递省级、市级地铁应急机构应急响应的有关信息；能够为地铁事故灾难应急指挥与有关部门的信息传输提供条件；对省级、市级和地铁企业事故灾难应急机构预案及地铁企业基本情况进行备案。

（二）应急支援与装备保障

1. 救援装备保障

有地铁运营的城市人民政府负责地铁应急装备的保障。领导小组负责指导、监督地铁应急装备保障工作。

2. 应急队伍保障

领导小组和国务院有关部门、军队、武警根据本预案规定的职责分工,做好应急支援力量准备。地方人民政府建立并完善以消防部队为骨干的应急队伍。

3. 交通运输保障

发生事故灾难后,事发地人民政府有关部门负责对事发现场和相关区域进行交通管制,根据需要开设应急特别通道,确保救灾物资、器材和人员运送及时到位,满足应急处置需要。

4. 医疗卫生保障

各级卫生行政部门,要按照"国家突发公共事件医疗卫生救援应急预案"落实医疗卫生应急的各项保障措施。

5. 治安秩序保障

应急响应时,事发地公安机关负责事故灾难现场的治安秩序保障工作。

6. 物资保障

省级人民政府和城市人民政府及其有关部门,应建立应急设备、救治药物和医疗器械等储备制度。

领导小组根据实际情况,负责监督应急物资的储备情况。

国家发展改革委、商务部协调有关省级人民政府跨地区的物资调用。

7. 资金保障

城市人民政府应当做好事故灾难应急资金准备。领导小组应急处置资金问题按照"财政应急保障预案"的规定解决。

8. 社会动员保障

事发地人民政府根据需要动员和组织社会力量参与地铁事故灾难的应急。领导小组协调事发地以外的社会力量参与救援。

9. 紧急避难场所保障

城市人民政府负责规划与建设能够基本满足事故灾难发生时人员避难需要的场所。

10. 应急保障的衔接

省级、市级的应急保障按国家有关法律、法规、标准的规定及各自批准的应急预案进行。应急保障应为各自所需的应急响应能力提供保证,并保证各级响应的相互衔接与协调。

11. 技术储备与保障

领导小组专家组对应急提供技术支持和保障。省级人民政府应比照领导小组专家组的设置,建立相应的机构,对应急提供技术支持和保障。国务院有关部门和省级、市级人民政府要组织地铁安全保障技术的研究,开发应急技术和装备。

八、宣传、培训和演习及监督

（一）公众信息交流

公众信息交流工作由城市人民政府和地铁企业负责，工作的主要内容是城市地铁安全运营及应急的基本常识和救助知识等。城市人民政府组织制订宣传内容、方式等，并组织地铁企业实施。

（二）培训

对所有参与城市地铁事故灾难应急准备与响应的人员进行培训。

（三）演习

省级人民政府地铁事故灾难应急机构应每年组织一次应急演习。城市（含直辖市）人民政府应每半年组织一次应急演习。

（四）监督检查

领导小组对地铁事故灾难应急预案实施的全过程进行监督。

九、电客车事故灾难应急预案相关附则

（一）名词解释

1. 地铁

本预案所称地铁是指承担城市公共客运任务的城市轨道交通系统，包括地上形式和地下形式两种。

2. 特别重大、重大事故灾难

本预案所称的特别重大、重大事故灾难是指需要启动本预案中规定的Ⅲ级以上应急响应的灾难事故。特别重大、重大事故灾难类型如下：

（1）地铁遭受火灾、爆炸等事故灾难。
（2）地铁发生大面积停电。
（3）地铁发生一条线路全线停运或两条以上线路同时停运。
（4）地铁车站内发生聚众闹事等突发事件。
（5）地铁遭受台风、水灾、地震等自然灾害的侵袭。

注：本预案有关数量的表述中，"以上"含本数，"以下"不含本数。

（二）预案管理与更新

建设部根据国家应急管理的有关法律、法规和应急资源的变化情况以及预案实施过程中发现的问题或出现的新情况，及时修订完善本预案。

（三）奖励与责任追究

1. 奖励

在地铁事故灾难应急工作中有下列表现之一的单位和个人，应根据有关规定予以奖励：

（1）出色完成应急任务，成绩显著的。

（2）防止或挽救事故灾难有功，使人民群众的生命和国家、集体财产免受损失或减少损失的。

（3）对应急准备或响应提出重大建议，实施效果显著的。

（4）有其他特殊贡献的。

2. 责任追究

在地铁事故灾难应急工作中有下列行为之一的，按照法律、法规及有关规定，对有关责任人视情节和危害后果，由其所在单位或上级机关给予行政处分，其中：对国家公务人员和国家机关任命的其他人员，分别由任免机关或监察机关给予行政处分；属于违反治安管理行为的，由公安机关依法予以治安处罚；构成犯罪的，由司法机关依法追究刑事责任。

（1）不按照规定制定事故灾难应急预案，拒绝履行应急准备义务的。

（2）不按照规定报告、通报事故灾难真实情况的。

（3）拒不执行地铁事故灾难应急预案，不服从命令和指挥，或者在应急响应时临阵脱逃的。

（4）盗窃、挪用、贪污应急工作资金或物资的。

（5）阻碍应急工作人员依法执行任务或者进行破坏活动的。

（6）散布谣言，扰乱社会秩序的。

（7）有其他危害应急工作行为的。

（四）国际交流与合作

领导小组要积极建立与国际地铁应急机构的联系，开展国际间的交流与合作活动。

任务三　电客车司机素质及行车事故分类

城市轨道交通电客车司机是城轨电客车的主要驾驶人员，根据中华人民共和国交通运输部发布的"城市轨道交通电客车驾驶员技能和素质要求"，城轨电客车驾驶员上岗前必须符合相关规定。

安全是城市轨道交通运营的生命线，行车安全是城市轨道交通运营安全中最重要、最核心的部分，行车安全的好坏是衡量城市轨道交通运营管理水平和各部门工作质量的主要指标之一。认真贯彻"安全第一，预防为主"的方针，时时、事事、处处讲安全，是城市轨道交通运营单位应尽的职责，也是每一个城市轨道交通员工应尽的责任和义务。

一、城轨电客车驾驶员基本素质

城轨电客车驾驶员必须满足以下基本素质要求：

（1）年满18周岁，男性不超过55周岁，女性不超过50周岁。

（2）身高不低于160 cm，不高于190 cm。

（3）身体健康，无精神病史或癫痫病史，无运动功能障碍或妨碍安全驾驶的疾病。

（4）双眼裸眼视力不低于0.8（4.9）或矫正视力不低于1.0（5.0），无色盲、色弱，听力正常。

（5）具有技校、中专及以上学历。

（6）无酗酒、赌博等不良嗜好，无吸毒等违法犯罪记录。

（7）心理健康，具有良好的心理素质和应急反应能力。

（8）具有良好的汉字读写能力，并能熟练使用普通话交流。

（9）遵章守纪，服从指挥，能严格按照相关规章制度要求行车。

二、城轨电客车驾驶员岗前要求

城轨电客车驾驶员上岗前应符合下列要求：

（1）接受不少于300学时的理论知识培训和不少于2个月的岗位技能培训时间。

（2）通过理论知识考试和岗位技能考试。

（3）在经验丰富的电客车驾驶员指导和监督下驾驶，里程不少于5 000 km。

（4）电客车驾驶员离开驾驶岗位连续6个月以上，应经过学习考试，合格后方可继续上岗。

（5）电客车驾驶员转入不同线路从事驾驶工作前，应经过学习考试。

三、行车事故的概念

各部门专兼职安全管理人员凡在运行线和车场线范围内由于地铁自身原因造成乘客伤亡、车辆和设备损坏、中断行车或危及运营安全的情况，均构成行车事故。但在地铁对外营业区域范围内，由于乘客自身原因或发生治安案件造成的伤亡或不良后果，均不列入地铁运营行车事故统计范围。良好的车辆、设备是保证安全运营的物质基础，因车辆、设备漏检、漏修、维修不到位而造成威胁安全运营的严重质量问题，按事故论处。

地铁系统内任何单位和个人，在"高度集中、统一指挥"的原则下，均有尽快处理故障或事故的责任和义务。发生各类故障或事故时，有关单位和人员应相互配合、积极处理、迅速抢救、尽量减少损失和影响，尽快恢复正常运营。对于因失职或推诿扯皮而贻误时机造成事故后果的人员，要追究其责任。地铁行车事故在地铁运营中时有发生，可导致生命危险，其危害性显而易见。为减少事故的发生，地铁工作人员必须做到防患于未然，严格按照有关规定行车，做好事故通报工作，还应加强安全生产管理。通常来说行车事故的管理要遵循以下原则。

（1）以"安全第一，预防为主"为安全生产方针，各级领导要把安全工作当作首要任务去抓，加强安全管理和安全思想教育，强化员工安全意识。严肃劳动纪律和作业纪律，教育员工自觉执行各项规章制度。

（2）做好员工技术培训，提高技术业务水平，加强安全检查，及时消除各类隐患。搞好设备维修保养，提高设备质量。深入开展增产节约运动和安全正点、优质服务的竞赛活动，确保地铁运营安全。

（3）发生行车事故时，要积极采取措施，迅速抢救，尽快恢复运营，尽量减少损失。

（4）事故发生后，要按照"三不放过"的原则（即事故原因分析不清不放过，责任者和群众没有受到教育不放过，没有制定防范措施不放过）处理事故，找出原因，分清责任，吸取教训，制定措施，防止同类事故再次发生。

（5）对事故责任者，应根据事故性质和情节分别给予严肃的批评教育、经济处罚，直至纪律处分、法律制裁。对事故性质严重的，要逐级追究领导责任。

（6）对事故分析处理拖延、推脱责任、姑息纵容、隐瞒不报或不如实反映事故情况者，应予以严肃批评教育和纪律处分。

四、行车事故的分类

我国各城市的城市轨道交通系统在设备、规章上并没有完全统一，造成我国城市轨道交通系统没有统一的行车事故分类标准。借鉴铁路的行车事故分类标准，以部分城市轨道交通系统为例，城市轨道交通系统行车事故按照事故的性质、损失及对行车造成的影响，可大致分为重大事故、大事故、险性事故、一般事故和事故苗头。

（一）重大事故

（1）客车发生冲突、脱轨、火灾或爆炸，造成下列后果之一时：

① 人员死亡3人或死亡、重伤5人及其以上者。

② 客车中破一辆。

③ 中断正线（上下行正线之一）行车180 min及其以上者。

（2）其他电客车发生冲突、脱轨、火灾或爆炸，造成下列后果之一时：

① 人员死亡3人或死亡、重伤5人及其以上者。

② 内燃机车大破一辆或轨道车报废一辆。

③ 中断正线（上下行正线之一）行车180 min及其以上者。

（3）调车作业（包括整备作业）发生冲突、脱轨，造成1、2款各项后果之一时。

（4）由于地铁技术设备、其他临时设备破损或工程车货物装载不良致使地铁技术设备破损，造成1、2款各项后果之一时。

（二）大事故

（1）客车发生冲突、脱轨、火灾或爆炸，造成下列后果之一时：

① 人员死亡1人或重伤2人及其以上者。

② 客车小破一辆。

③ 中断正线（上下行正线之一）行车120 min及其以上者。

（2）其他电客车发生冲突、脱轨、火灾或爆炸，造成下列后果之一时：

① 人员死亡1人或重伤2人及其以上者。

② 内燃机车中破一辆或轨道车大破一辆。

③ 中断正线（上下行正线之一）行车120 min及其以上者。

（3）调车作业（包括整备作业）发生冲突、脱轨，造成1、2款各项后果之一时。

（4）由于地铁技术设备、其他临时设备破损或工程车货物装载不良致使地铁技术设备破损，造成1、2款各项后果之一时。

(三)险性事故

在地铁运营工作中,凡事故性质严重,但未造成损害后果或损害后果不够大事故且符合下列条件之一时:

(1)运营线电客车冲突。

(2)运营线电客车脱轨。

(3)运营线电客车分离。

(4)电客车冒进禁行信号。

(5)未经允许电客车载客进入非运营线。

(6)电客车反方向运行未经引导自行进站。

(7)电客车擅自退行。

(8)电客车、车辆溜走。

(9)电客车运行中擅自切除车载安全防护装置。

(10)电客车错开车门。

(11)电客车未关闭车门行车。

(12)电客车运行中开启车门。

(13)电客车夹人行车。

(14)电客车运行中,齿轮箱吊挂装置、关节轴承销轴、空压机、牵引电动机等车辆重要部件脱落。

(15)电话闭塞出站信号故障时无凭证发车。

(16)其他(性质严重的运营故障、安全隐患,经地铁公司运营安全委员会认定,列入本项)。

(四)一般事故

在地铁运营工作中,造成下列后果之一,但损害后果不够大事故、险性事故及其以上事故条件时:

(1)非运营线电客车冲突。

(2)非运营线电客车脱轨。

(3)非运营线电客车分离。

(4)调车冒进信号。

(5)应停电客车全列越过显示绿色灯光的出站信号机。

(6)应停电客车在站通过。

(7)电客车擅自在不具备条件的车站停车开启客室车门。

(8)漏乘造成电客车车长未上车发车。

(9)电客车车辆未撤除防溜铁鞋或止轮器开车。

(10)电客车客室内的设施、设备、器材松动脱落等异常情况,造成乘客受伤。

(11)运营线电客车车辆空气系统(空压机、风缸)安全装置失去作用造成破损爆裂。

(12)车辆或车辆载物超出车辆轮廓限界。

(13)中断运营正线行车每满 20 min 时。

（14）直接经济损失在1万元及以上。
（15）其他（经地铁公司运营安全委员会认定的安全隐患及问题，列入本项）。

（五）事故苗头

在地铁运营工作中，发生或存在安全隐患，但其性质或损害后果不够事故条件且符合下列条件之一时：

（1）电客车救援。
（2）在站应停电客车部分冒进信号机。
（3）通过电客车在站停车进行乘降作业。
（4）电客车夹物走车。
（5）运行中电客车超过规定的限制速度运行。
（6）电客车在终点站未经允许进行带人折返作业。
（7）因对车辆故障隐患未查出、未彻底治理，造成盲目出库上线运行影响运营。
（8）电动客车乘客报警装置作用不良。
（9）电客车司机与车长通话和指令装置同时失去作用。
（10）车长或副司机在电客车关门后起动时，未进行车站瞭望。
（11）执乘中未按规定要求执行呼唤制度。
（12）电客车信号、通信设备故障，未及时报告、修理。
（13）车辆、设备人为责任破损，经济损失2 000元以上。
（14）车内行车备品不齐全。
（15）错发、错收、错传或漏发、漏收、漏传行车命令。
（16）其他（经地铁公司运营安全委员会认定的其他安全问题和隐患，列入本项）。

（六）其　他

因其他原因严重危及行车安全的地铁安全机构认为有必要时可定为事故，也有权对事故重新认定。

项目实训　电客车驾驶规章制度

【实训目的】

（1）了解运营管理规章总则要求。
（2）熟悉事故灾难应急处置组织机构的相关职责。
（3）熟悉城轨电客车驾驶员基本素质。

【实训条件】

（1）电客车相关事故案例处置视频。
（2）电客车安全事故应急演练视频。

【实训内容】

（1）组织学员学习相关事故案例视频。
（2）组织学员对电客车相关事故处置进行桌面演练。

思考与练习

1. 简述运营管理规章总则要求。
2. 禁止危害城市轨道交通正常运营的行为有哪些?
3. 城市轨道交通应当在哪些范围设置控制保护区?
4. 事故灾应急处置组织机构有哪些?
5. 简述电客车事故灾难应急报告内容。
6. 简述特别重大、重大事故灾难类型主要包括的内容。
7. 简述城轨电客车驾驶员基本素质。
8. 简述城轨电客车驾驶员岗前要求。
9. 简述重大事故的定义。

附录 电客车名词汇总表

附表 1-1 为常见信号系统英文缩写，附表 1-2 为城市轨道交通电客车相关常见词汇表。

附表 1-1 常见信号系统英文缩写

序号	缩写	定义
1	ATC	Automatic Train Control 自动电客车控制
2	ATP	Automatic Train Protection 自动电客车保护
3	ATO	Automatic Train Operation 自动电客车运行
4	ATS	Automatic Train Supervision 自动电客车监控
5	CBTC	Communication Based Train Control 基于通信的电客车控制
6	CC	Carborne Controller 车载控制器
7	ATB	Automatic Turn-Back 自动折返
8	DCS	Data Communication System 数据通信系统
9	EMC	Electro-Magnetic Compatibility 电磁兼容
10	EMI	Electro-Magnetic Interference 电磁干扰
11	EOSS	Electro-Optical Speed Sensor 光电速度传感器
12	ESE	Ethernet Switch/Extender 以太网交换器/扩展板
13	IATP	Intermittent ATP 点式 ATP
14	ICDD	Interface Control and Definition Document 接口控制和定义文档
15	MR	Mobile Radio 移动通信系统
16	MTORE	Input/Output Controller Board 输入/输出控制板
17	PE	Propulsion Enable 牵引使能
18	PIDS	Passenger Information Display System 乘客信息显示系统
19	RM	Restricted Manual 人工受限
20	TI	Transponder Interrogator 查询器
21	TIA	Transponder Interrogator Antenna 查询器天线
22	TMS	Train Management System，for Xi'an Line2 it is named ATI（Autonomous decentralized Train Integrated system）电客车管理系统，称为 ATI。
23	TOD	Train Operator Display 电客车司机显示器
24	CN	Carborne Network 车载网络

附表 1-2 城市轨道交通电客车相关常见词汇表

序号	词汇	定义
1	ATC	电客车自动控制系统
2	ATP	电客车自动保护系统
3	ATO	电客车自动驾驶系统
4	ATS	电客车自动监视系统
5	CCTV	电视监视器（设在站台头端墙、车站控制室、OCC等处）
6	CI	正线计算机联锁系统
7	DT1	发车时间显示器（倒计时器）
8	DTRO	无人驾驶电客车折返运行
9	FTGS	音频无绝缘轨道电路
10	LOW 工作站	微机联锁区域操作员工作站
11	LCP 控制盘	设于站控室控制台上，设有扣车、取消扣车、紧急停车、取消紧停、灯泡测试等按钮，与站台 ESB 相连通
12	MMI	ATS 的人机接口
13	OCC	地铁运营控制中心
14	URM	非限制式人工驾驶模式
15	SICAS	西门子计算机辅助信号联锁系统
16	乘客报警按钮	为了及时处理意外或临时事故而设置在车厢里的乘客报警按钮
17	驾驶模式	电客车共有五种驾驶模式：ATO、SM、RM、AR、URM。 ATO：电客车自动驾驶模式。 SM：ATP 监督下的人工驾驶模式。 RM：限制人工驾驶（25 km/h）模式。 AR：无人自动折返驾驶模式。 URM：非限制人工驾驶模式（最高限速 65 km/h，原线路限速在 65 km/h 以下的，按原限速运行）
18	站台紧急停车按钮（ESB）	设于站台柱墙上和站台监控亭，与站控室内 LCP 控制盘上的紧急及切除停车报警按钮相连通，当发现行车联安全时，可立即按压控制电客车紧急停车
19	刚性接触网	将传统断面的接触网导线镶嵌在铝合金汇流排上，再悬挂于轨道上方给电客车传输电能的架空线路
20	柔性接触网	在轨道上方由接触线、承力索、馈线、架空地线等组成并向电客车传输电能的架空线路
21	关门车	临时发生空气制动机故障，而关闭截断塞门的车辆
22	头端墙	按电客车运行方向，电客车停在车站时头部对应的车站端墙
23	尾端墙	按电客车运行方向，电客车停在车站时尾部对应的车站端墙
24	线路出清	线路巡视员巡查完毕或施工完毕时，施工负责人检查所有人员已携带工具和物料撤离行车或转换轨的某段线路，使该段线路可正常行车
25	辅助线	指在正线上与正线连接的渡线、存车线、折返线、联络线及出入厂线
26	三、二、一车距离	指调车作业时，距离停留或停车地点的距离。一车、二车、三车分别为 20 m、40 m、60 m
27	施工行车通告	汇总一周的施工及工程电客车开行计划，临时修改规章手册的通告等，按周进行计划下发
28	运营时刻表	运营时刻表，电客车在车站（基地）出发、到达（或通过）及折返时刻的集合

续附表

序号	词汇	定 义
29	电客车运行图	电客车运行图,是利用坐标原理表示电客车运行状况的一种图解形式。一号线采用西门子FALKO系统编制
30	推进	在电客车尾部驾驶室操纵电客车运行,救援电客车在被救援客车尾部推进
31	退行	在特殊情况下,电客车进入区间后退回后方最近车站,可以推进或牵引
32	反向运行	电客车运行进路分为上、下行方向运行,如违反常规运行方向的称为反向运行
33	电话闭塞法	因信号SICAS故障,采用电话闭塞法组织行车。电客车凭路票占用区间,司机以URM模式驾驶电客车运行
34	联锁	指信号系统中的信号机、道岔和进路之间建立一定的相互制约关系
35	电客车	指在正线上运行的客车、工程车(含单机)、救援电客车
36	客车	指可载乘客运行的电客车,由两组电动车组组成,每组由三节车厢组成
37	机车	指有内燃机动力的车辆,用来调车和牵引车辆
38	车辆	指没有自带动力的车辆,如平板车等
39	工程车	指由机车和车辆编组而成的电客车(含内燃机车、接触网检修车等单机编组)
40	使用车	按电客车时刻表上线运行的电客车
41	备用车	准备上线替换故障电客车或需要加开电客车时使用的电客车
42	运用车	使用车和备用车的总称
43	检修车	在基地内大修、中修、架修各种检修及临修等车辆的统称
44	非正常行车	指SICAS故障人工排进路组织电客车运行时,或电客车开到区间因故障要退回车站等情况
45	发车信号	电话闭塞或工程车在调车作业和在正线上运行时,要求司机立即发车的信号,属命令式的信号
46	好了信号	行车有关人员完成一个工作任务,给对方显示"好了"信号,说明任务完成,如乘客上下车完毕等,属联系信号
47	信号防护员	指在线路现场施工,根据需要设置防护信号的员工
48	司机	驾驶电客车运行的专职人员,有客车、工程车司机
49	车辆检修调度	在基地负责组织车辆的检查维修工作及故障处理的调度员
50	值班站长	车站当值的负责人,下设行车、客运值班员、站务等
51	车站值班员	车站值班员,车站行车及客运值班员,协助值班站长管理行车及客运工作的人员
52	站务员	负责车站某一部分的工作,包括售票员、站台、站厅服务员
53	值班主任	OCC调度指挥当值负责人,下设行车、电力、环控等调度员
54	行调	负责行车指挥工作的专职人员
55	电调	负责供电系统管理和调度的专职人员
56	环调	负责环境控制系统管理和调度的专职人员
57	设调	物资设施部除车辆外的所有设备的维修、检查、施工的组织实施专职人员(不含办公室管辖设备)
58	信号机内(外)方	信号机防护的一方为内方,相反的为外方
59	道岔左(右)位	面向道岔尖轨,左手为左位,右手为右位

参考文献

[1] 姜春霞，史富强. 城市轨道交通电客车驾驶[M]. 上海：上海交通大学出版社，2018.

[2] 王丽红，陈晓宏. 城市轨道交通电动电客车驾驶[M]. 北京：人民交通出版社，2019.

[3] 蔡海云. 城市轨道交通电动电客车驾驶[M]. 北京：人民交通出版社，2019.

[4] 张耀宁. 城市轨道交通车辆驾驶[M]. 北京：中国铁道出版社，2017.

[5] 毛昱洁. 城市轨道交通电动电客车故障应急处理[M]. 北京：人民交通出版社，2015.

[6] 史富强. 城市轨道交通车辆构造[M]. 山东：中国石油大学出版社，2016.

[7] 史富强，秦孝峰. 城市轨道交通运营安全管理[M]. 华中科技大学出版社，2022.

[8] 回文明. 城市轨道交通供电技术[M]. 山东：中国石油大学出版社，2015.

[9] 牛凯兰，牛红霞. 城市轨道交通行车组织[M]. 北京：机械工业出版社，2013.

[10] 李宇辉. 城市轨道交通应急处理[M]. 北京：人民交通出版社，2011.

[11] 阎国强，仇海兵. 城市轨道交通概论[M]. 北京：人民交通出版社，2010.

[12] 仇海兵. 城市轨道交通车站设备[M]. 北京：人民交通出版社，2011.

[13] 徐新玉. 城市轨道交通运营管理规章[M]. 北京：人民交通出版社，2011.

[14] 耿幸福. 城市轨道交通行车组织[M]. 北京：人民交通出版社，2012.

[15] 李显川. 城市轨道交通车辆运用[M]. 北京：电子工业出版社，2012.

[16] 永秀. 城市轨道交通车站运作管理[M]. 北京：机械工业出版社，2012.

[17] 牛凯兰，牛红霞. 城市轨道交通行车组织[M]. 北京：机械工业出版社，2013.

[18] 李建国. 城市轨道交通系统概论[M]. 北京：机械工业出版社，2012.

[19] 裴瑞江. 城市轨道交通客运组织[M]. 北京：机械工业出版社，2013.

[20] 李慧玲，刘冰. 城市轨道交通安全管理[M]. 北京：人民交通出版社，2011.